사회복지관 성과관리 척도집

지은구 · 김민주 · 이원주 · 이영광 공저

Performance Management Scale for the Welfare Centers

학지사

머리말

사회복지관은 한국 사회에서 지역사회 주민들을 위한 사회복지사업의 교두보 역할을 담당하면서 지난 1980년대 후반 국고보조금사업으로 전환된 이후 그 숫자에 있어 괄목한 만한 성장을 거듭하고 있다. 현재 노인, 장애인을 포함하여 지역주민들의 어려움을 해결하기 위하여 복합적인 사회복지서비스를 제공하고 있는 대표적인 사회복지관은 노인종합복지관, 장애인종합복지관 그리고 지역종합복지관 세 가지로 나눌 수 있다. 2016년을 기준으로 전국에 1,020여 개의 사회복지관이 운영되고 있으며 이들은 지금도 지역사회로부터 소외되고 차별받는 지역주민들의 사회적 욕구 해소 및 삶의 질 향상을 위하여 노력하고 있고, 그 필요성에 의하여 사회복지관의 수는 지속적으로 증가할 것으로 예측되고 있다. 또한 한 기관당 최소 5명 이상의 사회복지사가 근무하고 있다고 가정한다면 최소 5,000명에서 많게는 약 20,000명 이상의 사회복지사가 사회복지관에서 지역사회 주민들의 복지 증진을 위한 노력에 힘을 쏟고 있다. 사회복지관 운영을 통해 성취하고자 하는 사회적 목적은 지역주민들의 삶의 질 향상과 밀접한 연관이 있으며, 이는 곧 지역사회에서 배제와 차별이 감소하고 지역사회가 보다 건강하고 더불어 잘 살 수 있도록 변화된다는 것을 의미한다.

이 저서는 지역과 노인 그리고 장애인 등을 대상으로 종합적인 서비스를 제공하고 있는 사회복지관의 발전과 안정적 운영을 담보할 수 있는 조직관리 방안을 본격적으로 다룬다. 사회복지관 스스로 사회적 목적을 성취하기 위해 기관 자체적인 노력의 정도를 평가하고 이에 대한 개선방안을 내놓을 수 있다고 한다면, 변화하는 사회환경에 적극적으로 대처하고 조직혁신을 위한 방안을 스스로 찾을 수 있다고 한다면, 그리고 복지관을 이용하는 이용자들이나 그들의 가족 그리고 지역주민을 포함하는 지역사회 전체의 복지 향상을 위한 노력의 정도를 스스로 평가하고 이에 대한 문제점들을 스스로 찾을 수 있다고 한다면, 사회복지관은 양적 측면의 발전과 함께 질적 측면에서도 몇 단계 성숙할 수 있을 것이다. 그런 의미에서 이 저서는 본격적으로 사회복지관이 성취하고자 노력하는 사회적 목적 달성을 위한 노력의 정도를 측정하는 성과관리측정도구를 다룬다. 사회복지관의 성과를 관리하기 위해서는 반드시 측정해야 하고, 측정하기 위해서는 필연적으로 측정할 수 있는 도구가 필요하다. 성과관리측정도구는 성과관리모형에 입각하여 제시되어야 하며, 성과관리모형에 적합하지 않은 측정도구의 활용은 조직성과관리적 측면에서 무의미하다고 볼 수 있다. 이 저서에서 개발하여 제시하는 성과관리측정도구는 이미 개발된 '사회복지관 자기주도성 성과관리모형(SOPMM)'에 최적화되어 있다. 즉, 사회복지관 직원들의 역량강화와 조직발전 그리고 직원들의 조직목적 달성을 위한 노력의 정도를 나타내는 조직사회 자본강화를 목적으로 설계된 성과관리모형에 적합하도록 설계된 측정도구이다. 특히 사회복지관의 질적 변화의 중심에 있는 사회복지관 활동의 확장 및 정당성을 스스로 입증하기 위한 노력과 증거를 통한 사회적 당위성을 확보하기 위한 노력의 일환으로 사회복지관 스스로 입증할 수 있는 정보 및 자료를 제시할 수 있도록 개발되었다.

현재까지 사회복지관들은 스스로 성과를 관리할 수 있는 조직관리 방안이 없으므로 이 저서가 제시하는 사회복지관 성과관리측정도구가 현장전문가들에 활용되어 더욱 신뢰할 수 있고 타당한 척도로 발전되기를 진심으로 기원하는 바이다. 『사회복지관 성과관리 척도집』의 발간에는 사회복지관에서 땀 흘리고 있는 많은 사회복지사의 도움이 있었음을 밝힌다. 또한 쉽지 않은 영역의 학술서 출간을 흔쾌히 승낙하여 주신 학지사 김진환 대표님에게도 깊은 감사를 드린다.

2019년

저자를 대표하여 지은구

차례

제1장

서론[1]

제1절 연구의 목적

제2절 연구의 과정 및 방법

1) 본 저서는 한국노인종합복지관협회의 재정지원으로 이루어짐.

제1절 연구의 목적

1 연구의 필요성

조직의 성과가 관리되기 위해서는 반드시 성과가 측정되어야 하는 것과 같이, 사회복지관이 안정적으로 운영되고 지역주민들로부터 노인, 장애인 그리고 지역주민들 삶의 질 향상을 위해 노력하고 있음을 인정받기 위해서는 반드시 사회복지관의 성과가 관리되고 개선되어야 한다. 사회복지관의 성과가 측정되기 위해서는 성과를 측정하기 위한 측정도구(척도나 지수 또는 지표)가 반드시 구축되어 있어야 한다. 특히, 측정도구는 조직의 성과를 측정하기 위한 기본적 틀, 즉 특정 기관에 적합한 성과측정모형에 기초하여야 한다. 조직운영에 가장 적합한 성과측정모형을 개발하고 성과측정을 위한 측정도구들을 개발하는 것은 장시간의 노력을 필요로 하며, 개발된 측정도구를 활용하여 성과측정을 수행하고 결과를 분석하여 성과보고서를 작성하며 성과보고서를 차기 연도 사업에 적극적으로 활용하기 위해서는 또 다른 장시간의 노력이 필요하다. 따라서 지역사회에서 사회복지 관련 서비스를 제공하고 있는 사회복지관[2)]의 성과를 측정하기 위해서는 설립목적 및 사회복지관의 성격에 맞는 성과측정모형을 개발하여야 하고 이에 적합한 성과측정도구를 개발하여 성과를 측정하여야 한다. 성과관리모형과 모형에 적합한 성과측정도구들을 총칭하면 성과관리시스템이라고 할 수 있다.

2) 본 저서에서 '사회복지관'은 지역에 설립되어 노인, 장애인 그리고 지역주민들에게 다양한 사회복지서비스를 제공하고 있는 지역사회복지관, 노인복지관 그리고 장애인복지관을 총칭하는 개념으로 사용되었다.

사회복지관의 안정적 운영 및 발전을 위한 성과관리 방안, 즉 성과관리시스템 구축을 위한 노력으로 지은구 등(2018)은 사회복지관의 성과를 측정하여 기관의 안정 및 발전을 도모하기 위한 성과관리모형을 개발하였다. 개발된 '사회복지관 자기주도성 성과관리모형(Self-Oriented Performance Management Model for Welfare Centers: SOPMM)'은 기관들의 자발적인 성과측정 노력을 통해서 기관 및 직원들의 역량을 강화할 수 있도록 돕는 자기주도성 역량강화에 초점이 맞추어져 있는 '자기주도성 성과관리모형'이며 성과개선을 통해 성과를 지속적으로 관리할 수 있는 모형이다. 특히, 개발된 모형은 기존의 성과관리모형들에 대한 비교연구를 통하여 사회복지관의 성과관리에 가장 적합하다고 인정되는 단계별 · 요소별 성과관리모형이었다. 즉, 사회복지관들의 자발적인 자체평가를 통해서 기관 및 직원들의 역량을 강화할 수 있도록 돕는 자기주도성 역량강화에 초점이 맞추어져 있는 관리모형으로 자체적인 각 영역별 평가를 통해 성과를 지속적으로 관리할 수 있는 관리모형이었다.

사회복지관 자기주도성 성과관리모형(SOPMM)이 작동하기 위해서는 반드시 모형에 적합한 성과개선을 담보할 수 있는 성과측정도구가 개발되어야 한다. 성과측정도구는 성과관리모형을 작동시키기 위한 기본적인 토대이다. 따라서 본 저서의 일차적인 목적은 사회복지관 성과관리모형에 적합한 성과관리 영역별 성과측정도구를 개발하여 제시하는 것이다. 사회복지관에서 보편적으로 적용할 수 있는 성과관리를 위한 성과측정도구 개발은 향후 사회복지관의 안정적이고 지속적인 발전을 담보할 수 있는 사전단계라는 의미를 가지고 있다.

사회복지관 성과관리모형을 적용하면 성과측정을 위한 성과측정영역은 가치영역, 과정영역 그리고 결과영역으로 구성되어 있으며 가치영역은 신뢰관리, 규범관리 그리고 비전관리의 성과측정요소가 있고 과정영역은 이용자관리를 포함한 12개의 성과측정요소가 있으며 결과영역에는 효과관리, 품질관리 그리고 평가관리의 성과측정요소가 있어 성과측정요소는 3개의 영역에서 총 18개 요소로 구성되어 있다. 이들 성과측정영역별 요소들을 측정을 하기 위해서는 영역별 성과측정도구가 반드시 존재하여야 하므로 사회복지관 성과관리모형을 현장에 적용하여 성과를 측정하기 위한 성과측정도구, 즉 성과측정척도 개발이 필요하다. 사회복지관의 성과측정도구로의 개발 가능한 영역들은 다음과 같다.

① 가치영역

- 비전관리: 조직의 비전과 미션에 대한 공감 형성 및 이를 위한 지도자의 노력
- 규범관리: 직원들이 공유하는 사회적 가치지향성의 정도
- 신뢰관리: 신뢰의 정도, 사회복지관 조직에 대한 조직사회 자본의 인식 정도 등

② 과정영역

- 인적자원관리: 조직의 직원에 대한 관리, 즉 직무태도(직무몰입, 직무만족 그리고 이직의사 등)
- 프로그램관리: 프로그램 적합성
- 이용자관리: 이용자권리 보호 및 불만족과 만족의 정도
- 협력관리: 협력인식, 기관 간, 직원 간, 상사와의 협력에 대한 인식 및 노력
- 재무관리: 재무관리의 적합성
- 갈등관리: 갈등인식, 직원 간, 상사와의 그리고 이용자와의 갈등 해결을 위한 노력
- 시설안전관리: 시설안전의 적합성
- 혁신관리: 변화인식의 정도 또는 변화지향성의 정도
- 조직관리: 조직구조의 적합성
- 정보문서관리: 정보문서관리 적합성
- 자원개발관리: 자원개발(직원의 자원개발을 위한 노력 및 조직관리적 측면에서의 유용성) 정도
- 지역사회관리: 지역사회관리의 적절성

③ 결과영역

- 품질관리: 서비스품질에 대한 제공자 관점에서의 직원들 인식
- 효과관리: 프로그램에 대한 효과, 이용자에 대한 효과 그리고 가족 및 지역사회에 대한 효과 등에 대한 직원들의 인식
- 평가관리: 시설평가에 대한 조직의 계획이나 준비의 상태
- 영향력: 이용자들에 대한 영향력, 즉 이용자 및 이용자가족들의 상태, 태도, 기능, 인식 등의 변화. 예를 들어, 사회참여활동, 사회적응력, 자아존중감, 가족통합, 가족적응, 생활만족이나 삶의 만족, 행복함, 사기, 삶의 질, 복지인식, 사회

통합, 사회자본 등과 같은 이용자들에 대한 사업의 효과, 즉 영향력의 정도에 대한 이용자들의 인식

앞의 성과관리 측정요소들 중 본 연구에서 개발하여 제시하려는 성과측정도구(척도/지수)들을 구체적으로 살펴보면 다음과 같다.

1) 가치영역: 사회적 가치지향성 척도

먼저, 가치영역은 비영리조직인 사회복지관의 사회적 가치지향성의 정도 및 조직관리적 측면에서 사회적 가치지향성을 위한 노력의 정도를 측정하기 위한 영역이다. 크게 비전관리영역, 신뢰관리영역 그리고 규범관리영역으로 구성되며 이 세 영역을 통칭하여 사회적 가치지향성으로 지칭한다. 따라서 사회적 가치지향성은 세부적으로 신뢰관리 척도, 규범관리 척도 그리고 비전관리 척도로 구성되어 있다.

- 비전관리: 조직의 비전과 미션에 대한 공감대 형성에 대한 인식 및 비전 및 미션을 성취하기 위한 지도자의 노력 및 특성을 측정하는 '비전관리 척도'
- 신뢰관리: 신뢰의 정도, 사회복지관 조직에 대한 조직사회자본의 인식 정도 등을 측정하는 '신뢰관리 척도'
- 규범관리: 직원들이 공유하는 기관의 사회적 가치지향성 정도를 측정하는 '규범관리 척도' 또는 '가치지향성지수'

2) 과정영역

사회복지관 성과를 구성하는 과정영역은 조직의 모든 행동을 관리하는 영역이다. 인력부터 시설 그리고 지역사회 관리 등 총 12개의 성과측정영역으로 구성되어 있으며 각 영역별 1개의 척도를 통해 복지관의 모든 노력과 행동에 대한 수준을 측정한다. 따라서 과정영역의 측정은 총 12개로 구성된 성과측정도구들이 활용된다.

- 인적자원관리: 직무태도, 즉 직무몰입, 직무만족 그리고 이직의사 등을 측정하는 '인력관리 척도'

- 프로그램관리: 복지관 사업 또는 프로그램 운영의 적절성 및 적합성을 측정하는 '프로그램관리 척도'
- 협력관리: 기관장 및 직원들의 협력에 대한 인식의 정도 및 기관 간, 직원 간, 상사와의 협력 노력을 측정하기 위한 '협력인식 척도'
- 재무관리: 재무관리의 적절성을 측정하는 '재무관리 척도'
- 갈등관리: 직원들의 갈등인식, 직원 간, 상사와의 그리고 이용자와의 갈등 해결을 위한 노력의 정도 등을 측정하는 '갈등관리 척도'
- 시설안전관리: 기관 및 시설의 안정성을 점검하는 '시설안전점검 척도'
- 혁신관리: 기관장을 포함한 직원들의 조직변화의 필요성과 변화에 대한 인식의 정도 또는 변화지향성의 정도를 측정하는 '조직혁신 척도'
- 조직관리: 기관의 부서화(팀) 및 각종 위원회 등 조직구조가 조직이 설정한 목적성취를 위해 최적화되어 있는가? 즉, 조직구조의 적절성을 측정하는 '조직구조 척도'
- 정보문서관리: 기관정보문서 관리의 적절성을 측정하는 '정보문서관리 척도'
- 자원개발관리: 기관 및 지역사회의 자원의 개발 및 활용 정도를 측정하는 '자원개발(역량) 척도'
- 지역사회관리: 지역사회관리를 위한 기관의 노력 및 적절성을 측정하는 '지역사회관리 척도'
- 이용자관리: 사회복지관 이용자들의 재이용의사, 권유의사 그리고 서비스 만족의 정도 등을 측정하는 '이용자관리 척도'

3) 결과영역

사회복지관 성과의 결과영역에 대한 수준의 측정은 결과를 구성하는 서비스품질관리, 효과관리 그리고 평가관리의 세 부분으로 구성된다. 각각의 영역은 독자적인 척도를 통해 현 복지관의 결과영역에 대한 수준을 측정하게 된다.

- 품질관리: 기관에서 제공하는 서비스품질에 대한 이용자들의 인식을 측정하는 '서비스품질관리 척도'
- 효과관리: 사업의 효과성 향상을 위한 사회복지관의 노력에 대해 직원들이 인식하는 프로그램(사업) 및 이용자효과에 대한 전반적인 효과관리 측정도구, 즉 '효과관

리 척도'

• **평가관리**: 복지시설평가에 대한 조직의 계획이나 준비의 상태 등을 점검하는 '평가관리 척도'

본 연구를 통해 개발하려는 성과측정도구는 성과관리 18개 영역의 총 18개 척도이다. 성과측정에 적합하면서 신뢰하고 타당한 표준측정도구가 없으면 성과측정이 불가능함을 의미하므로 성과측정도구, 즉 척도의 개발이 이루어지면 기관들은 개발된 척도를 활용하여 자체적인 성과개선 노력을 시행할 수 있을 것이다. 이를 위해서는 성과관리영역별 성과측정의 결과 값이 상대적 중요도에 따라 표준화되어 있어야 상대적 비교가 가능하므로 성과측정 결과 값을 평균화할 수 있는 상대적 가중치, 즉 기준값 역시 본 연구를 통해서 제시될 것이다. 또한 향후 후속연구의 과제로 결과영역에서 이용자들의 변화 상태를 측정할 수 있는, 즉 복지관 사업의 이용자들에 대한 영향력의 정도를 측정할 수 있는 다양한 측정도구로서 결과영역의 효과성을 측정하는 척도 개발 연구를 후속연구의 주제로 제안한다.

2 연구의 목적

사회복지관 성과관리를 위한 성과측정도구 개발을 목적으로 하는 본 연구의 방향은 크게 두 가지로 분류된다. 첫째는 사회복지관 성과관리모형에 적합한 검증된 표준성과관리측정도구를 개발하는 것이며, 둘째는 사회복지관의 특성 및 유형에 맞게 성과관리가 이루어질 수 있도록 성과관리 척도의 성과관리영역별 상대적 중요도를 결정하기 위한 기준값을 제시하는 것이다. 기준값, 즉 상대적 가중치는 성과의 가치, 과정 그리고 결과의 성과관리영역별 상대적 중요도를 분석하여 기준값을 제시하는 것을 의미한다.

본 연구를 통해 개발되는 사회복지관 성과관리를 위한 성과측정도구를 활용하면 사회복지관 간의 상대적 비교가 가능하고 조직의 내적 역량강화를 위한 노력을 경주할 수 있으므로 전체 사회복지관의 발전을 담보할 수 있다. 또한 검증된 성과측정도구를 활용하여 사회복지관 자체적인 성과관리가 가능해짐으로 인해 사회복지관의 성과개선을 위한 개별 복지관들의 안정적인 사업 운영 및 발전이 담보될 수 있다. 또한 사회복지시설평가를 위한 시간 및 노력을 단축할 수 있고 자체적인 시설평가 준비가 가능하여 복지관 사업의 효율성 및 효과성 개선에 이바지할 수 있다. 결론적으로 본 연구인 사회복지관 성과관리를 위한 성과측정도구는 조직 자체적인 관리 및 운영 전반에 대한 점검이 상대적 비교자료를 통해 상시적으로 이루어질 수 있어 조직지체(또는 조직후퇴)와 조직발전을 위한 문제점의 발견 및 해소방안과 노력의 우선순위를 설정하여 집중과 선택을 통한 조직개선이 이루어질 수 있도록 하는 데 도움이 될 것이므로 현 사회복지시설평가가 갖는 평가내용과 현장성과의 괴리라는 문제점을 개선하는 데 많은 도움이 될 것으로 기대할 수 있다.

제2절 연구의 과정 및 방법

1 연구의 과정

지역에서 종합적인 서비스를 제공하는 지역사회복지관, 장애인복지관 그리고 노인복지관을 포함하는 사회복지관의 성과개선을 통하여 조직 안정과 발전을 담보할 수 있도록 복지관 자체적인 자기주도성 성과관리모형을 활용하기 위해서는 성과관리모형에 입각한 측정도구의 개발이 필요하다. 사회복지관의 지속적인 발전을 담보할 수 있는 표준적인 성과측정모형을 작동시키기 위한 성과측정도구의 개발이라는 본 연구의 목적을 성취하기 위하여 선행연구의 연구자들에 의해 제시된 성과측정척도들을 찾아 비교분석한다. 그 후 사회복지관에 적합한 단계별・요소별 성과를 측정할 수 있는 측정 도구를 개발하여 전문가들의 내용타당도 검증을 마치고 나서 서비스 이용자 및 제공기관 직원들을 대상으로 하는 설문조사를 통하여 최종적으로 신뢰할 수 있고 타당한 척도를 개발할 것이다. 사회복지관의 성과관리를 위한 성과측정도구 개발의 과정을 그림으로 나타내면 [그림 1-1]과 같다.

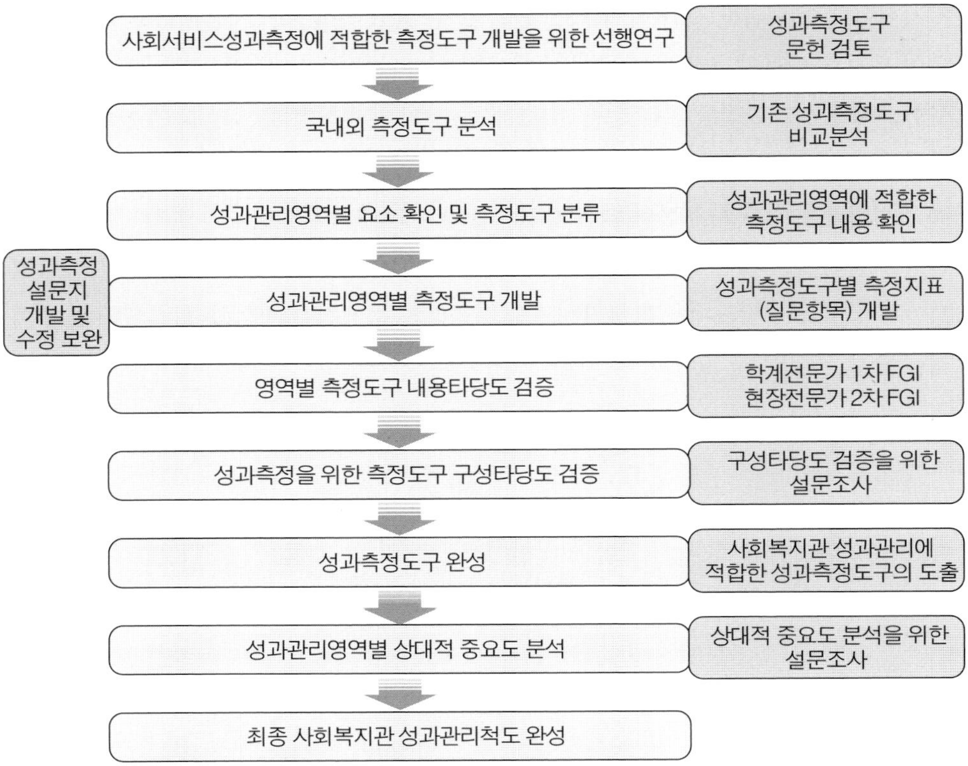

[그림 1-1] 사회복지관 성과관리모형에 적합한 성과측정도구의 개발과정

2 연구의 방법

사회복지관의 성과관리모형에 적합한 성과를 측정하는 측정도구 개발을 위하여 다음과 같은 연구방법론을 적용하였다.

첫째, 성과측정을 위하여 단계별 · 요소별 성과측정영역의 측정요소들을 확인하고 각 측정요소들에 적합한 성과측정항목들을 선행연구에 기초하여 추출함으로써 예비문항을 선정한다. 측정요소(요인)별 질문항목들에 대한 액면타당도를 검증한다.

둘째, 1차 선정된 예비문항의 내용타당도를 검증하기 위하여 사회복지 관련 학계전문가들을 대상으로 집단면접을 통해 수정 보완한다. 그 후 수정된 예비측정항목들을 가지고 사회복지영역의 현장전문가들로 구성된 집단을 대상으로 2차 면접을 시행하고 수정 및 보완 작업을 거쳐 측정도구의 내용타당도를 향상시킨다.

셋째, 도출된 척도들의 질문항목들에 대한 두 차례의 초점집단면접을 거쳐 수정 및 보완된 1차 예비척도들의 문항을 이용하여, 보다 신뢰할 수 있고 타당한 척도로 개발하기 위해 전국의 지역사회복지관 직원(관장 포함) 및 이용자들을 대상으로 설문조사를 시행한다.

넷째, 설문조사를 통해 수집된 자료를 기초로 성과측정요소별 성과측정도구를 개발하기 위하여 AMOS 21.0을 활용하고 주성분분석과 베리맥스회전법을 사용하여 탐색적 요인분석을 실시한다. 성과측정영역별 측정도구의 내적 일치도를 검증하기 위해 SPSS Win 21.0을 활용하여 신뢰도 분석을 시행하며 탐색적 요인분석 결과, 도출된 문항들에 대해 상관관계분석을 시행한다.

다섯째, 탐색적 요인분석 결과, 도출된 항목들을 최대우도법(maximum likelihood)을 활용하여 확인적 요인분석을 시행하고 질문항목들의 설명력 및 적합도지수를 확인한다.

여섯째, 적합도가 확인된 척도의 구성타당도를 검증하기 위하여 수렴 및 판별타당도를 검증한다. 수렴타당도는 수렴신뢰도(convergent reliability: CR) 값을 기준으로 하는 방법을 활용하여 검증하며, 판별타당도는 평균분산추출(average variance extracted: AVE)과 표준오차추정구간(two standard error interval estimates) 값을 사용하여 검증하여 최종적으로 성과관리영역별 성과측정을 위한 척도를 완성한다.

일곱째, 성과관리 측정영역별(3개 관점의 18개 영역) 상대적 중요도를 측정하기 위하여 AHP(Analytic Hierarchy Process)분석[3]을 시행한다. 그 후 가치, 과정 그리고 결과 관점의 18개 영역별 상대적 가중치를 결정하여 제시하고 성과측정척도가 포함된 사회복지관 자기주도성 성과관리모형(SOPMM)을 최종적으로 완성한다.

3) AHP분석을 위하여 DRESS 프로그램(ver. 1.7)을 사용하며 도출된 관점을 두 개씩 묶어서 서로 비교하는 이원비교방식을 적용한다. 즉, 가치, 과정 그리고 결과 관점의 18개 영역별로 가중치를 두어 전문가 조사를 시행하였다.

제2장

사회복지관 성과관리모형과 측정 영역

제1절 사회복지관의 성과와 성과관리[1)]

1 사회복지관 성과관리모형의 필요성

사회복지관 성과관리모형의 필요성을 요약하면, 성과관리모형은 2016년 상반기를 기준으로 전국에 위치해 있는 대표적인 사회복지이용시설인 약 1,020여 개의 노인복지관, 장애인복지관, 지역사회복지관이 지역사회에 거주하는 이용자들에게 효과적인 서비스를 제공하기 위하여 필요한 조직관리 운영방안, 즉 안정적인 사업 제공과 조직의 발전을 위한 운영 및 관리방안이 무엇인가를 찾는 것이다. 사회복지관들은 지역에 거주하는 주민들의 복지 증진을 위한 10개 이상의 다양한 사업을 전개하며 지난 30여 년 동안 양적으로 발전하여 왔다. 하지만 지역사회와 이용자들에게 미치는 영향력을 객관적으로 입증하며 발전하여 왔다기보다는 급격한 사회문제의 복잡성과 다양성에 기반을 둔 사회문제 해결 및 욕구의 증대에 따른 사회적인 대응으로서 지역주민들에게 다양한 사회복지서비스를 체계적으로 제공하여 주는 종합복지서비스기관 설립의 필요성으로 인해 양적으로 확대되어 왔다는 점을 부인할 수 없다.

현실적으로 사회복지관에서 근무하는 사회복지사들(기관장을 포함하여)은 수많은 사업의 제공에 따라 야근을 감수하며 이용자들과 하루하루를 매우 바쁘게 보내고 있다. 하지만 사회복지관을 둘러싼 조직 내외적 환경변화에 대한 체계적인 대응방안을 구축하여 분석하고 이에 따른 대응을 하고 있지 못하며, 복지관에서 제공하는 사업의 효과

---

1) 이하의 내용은 지은구 외(2018)의 내용 일부를 필요에 따라 참고하여 수정, 보완하였음. 보다 구체적인 내용은 책을 참고하길 바람.

성을 이용자의 관점에서 그리고 직원들의 관점에서 검증하는 객관적인 측정도구를 적극적으로 활용하고 있지 못하고 있다. 나아가 사회복지사들은 복지관 사업 전반의 발전 및 조직발전 그리고 직원들의 역량을 강화할 수 있도록 하는 조직운영발전방안을 체계적으로 구축하여 복지관을 운영하지도 못하고 있다.

모든 조직은 조직을 운영 관리하기 위한 조직운영관리방안을 구축하고 이를 적극적으로 활용하여야 한다. 특히, 조직성장 및 조직발전을 위한 관리운영방안이 구축되고 체계적으로 활용되어야 한다. 1990년대 이후 조직발전과 성장을 위한 조직운영관리방안으로 발전하여 온 대표적인 모형은 성과관리(Performance management)모형이다. 성과관리모형은 특히 영리기업들이 조직성과를 개선하여 조직발전을 관리한다는 측면에서 적극적으로 활용한 이후 2000년대에는 그 영역이 정부조직 및 비영리조직으로까지 확대되어 오고 있다. 간략히 말하면, 성과관리는 현재의 조직성과와 과거의 조직성과 간의 차이를 비교하여 성과의 개선 여부를 확인하고 들어난 문제점 및 성과 개선을 중심으로 조직을 관리 운영하는 방안이다. 성과가 관리되기 위해서는 가장 우선적으로 조직성과를 관리하기 위한 성과관리모형이 구축되어 있어야 하고 구축된 성과관리모형에는 조직성과가 정의되고 성과가 측정될 수 있는 측정도구를 활용하여 조직의 성과를 측정하는 체계적인 방안이 포함되어 있어야 한다.

영리조직과 달리 사회복지관은 사회복지증진이라는 사회적 목적 실현을 궁극적인 조직성과로 하는 대표적인 비영리조직이다. 따라서 사회복지관 성과관리모형은 사회복지관의 측면에서 조직성과가 정의되고 정의된 조직성과영역에 맞는 성과측정도구를 활용하여 성과가 관리될 수 있도록 하는 방안들이 포함되어 있어야 한다. 시장지향성 및 이윤추구를 목적으로 하는 영리조직의 성과와 사회적 지향성 및 사회적 가치 실현을 목적으로 비영리조직의 성과는 같을 수 없다. 따라서 성과관리모형과 성과측정도구 역시 조직의 특성을 반영하여 조직별로 달리 구축되어야 함은 당연하다고 볼 수 있다. 비영리조직인 사회복지관이 운영을 통해 개선하려고 하는 조직성과는 무엇일까에 대한 대답을 찾기 위해 비영리조직의 성과에 대한 개념을 보다 구체적으로 살펴보기로 한다.

2 사회복지관의 성과

조직의 성과는 단지 영리기업에서 강조하는 산출된 서비스나 상품의 양 또는 산출량을 만들어 내는 데 들어간 투입비용과 대비하여 조직에 가져다준 이익 또는 혜택만을 고려하는 효율적 측면만을 그 고유영역으로 하지 않음은 주지의 사실이다. 특히, 비영리 사회복지조직의 성격상 조직의 효과성 내지는 조직의 성과는 사회복지서비스 제공에 따른 이용자 자신의 변화를 포함하여 주변 사람들의 변화, 나아가 지역사회의 변화와 같은 복지외부효과도 생산하므로 사회복지관 성과의 영역은 변화를 위한 모든 행동이 포함되는 매우 광범위한 영역이라고 할 수 있다. 따라서 사회복지관의 성과를 구성하는 영역은 조직의 존재 가치와 가치실현을 위한 모든 노력 그리고 행동에 따른 변화를 의미하는 것으로 가치영역, 과정영역 그리고 결과영역 등 세 가지로 구분할 수 있으며 구체적인 내용은 다음과 같다(지은구, 2012b; 지은구 외, 2018).

첫째, 성과는 자원을 활동과 산출로 연계하고, 나아가 조직이나 사업의 기대된 목적으로 연계시키는 것을 의미한다. 따라서 성과란 기대된 결과대비 실제 성취한 결과와의 비교를 통해서 그 능력이 입증된다. 이를 성과의 결과영역이라고 부를 수 있다.

둘째, 성과는 단순한 결과만을 의미하지 않으며 결과물을 만들어 내는 과정이나 행동을 포함한다. 이를 성과의 과정영역이라고 부를 수 있다.

셋째, 성과는 조직의 가치를 실현하는 것을 포함한다. 특히, 비영리 사회복지조직의 생존 이유는 바로 사회적 가치의 실현이라고 할 수 있으므로 이를 가치영역이라고 부를 수 있다.

가치영역이 성과의 투입부분에서 강조되는 이유는 비영리조직, 나아가 사회복지조직이 지역사회의 개선이나 사회구성원들의 삶의 질 개선 등과 같은 사회적 가치실현을 궁극적 목적으로 하므로 가치의 실현은 곧 사회복지조직의 성과로 나타난다는 것을 전제하기 때문이다. 즉, 성과가 조직가치의 실현이라 해석되는 것은 조직이 설정한 조직목적을 실현하기 위하여 결과물을 생산 또는 제공하며, 조직이 제공하는 생산물이나 서비스는 결국 조직이 설정한 조직목적의 실현을 위한 도구로 활용된다는 것이고, 조직목적의 실현은 조직의 가치가 구현되는 것임을 의미하기 때문이다. 사회복지조직의 성과구성요소를 그림으로 나타내면 [그림 2-1]과 같다.

[그림 2-1] 비영리 사회복지조직 성과의 세 요소

자료: 지은구 외(2018), p. 125에서 재인용.

성과의 구성요소가 가치, 과정 그리고 결과라는 것은 곧 사회복지조직인 사회복지관의 성과 역시 가치, 과정 그리고 결과로 이루어졌음을 나타내는 것이다. 사회복지관의 성과가 가치, 과정 그리고 결과로 이루어졌다는 것은 또한 성과의 가치영역, 과정영역 그리고 결과영역을 잘 관리하면 사회복지관의 성과가 증진되고 개선될 수 있음을 나타내는 것이다.

지역사회복지관은 지역사회를 기반으로 안정된 시설과 전문 인력을 갖추고 지역주민의 참여와 협력을 통하여 지역사회복지 문제를 예방하고 해결하기 위하여 종합적인 복지서비스를 제공하는 시설을 말한다. 지역사회복지란 주민의 복지증진과 삶의 질 향상을 위하여 지역사회 차원에서 전개하는 사회복지를 의미한다. 따라서 지역복지관은 사회복지서비스 욕구를 가지고 있는 모든 지역주민들을 대상으로 보호서비스, 재가복지서비스, 자립능력 배양을 위한 교육훈련 등 그들이 필요로 하는 복지서비스를 제공하고 가족기능강화 및 주민 상호 간 연대감 조성을 통한 각종 지역사회 문제를 예방 치료하는 종합적인 복지서비스 전달기구로서 지역사회 주민의 복지증진을 위한 중심적 역할을 수행하게 된다(보건복지부, 2016b). 결국 지역사회복지관의 성과란 지역주민 복지증진을 위한 가치영역과 과정영역 그리고 결과영역으로 구성되는 개념으로 '지역주민 복지증진이라는 가치실현을 위해 종합적인 복지서비스를 제공하여 지역주민들의 삶의 질이 향상되도록 하는 것'이라고 규정할 수 있다.

또한 장애인복지관은 장애인을 위한 체계적인 복지서비스를 제공하여 장애인의 재활과 자립능력을 극대화함은 물론, 장애인식개선과 전문화된 사업의 개발과 수행을 통해 사회통합을 이룩하고 장애인과 비장애인이 더불어 행복하게 살아갈 수 있는 세상을 만드는 일에 중추적인 역할을 담당하는 지역시설이다. 또한 장애인복지관은 지역 장애인의 재활자립과 복지증진을 도모하는 것(보건복지부, 2017)을 목적으로 한다. 결국 장애인복지관의 성과란 장애인복지증진을 위한 가치영역과 과정영역 그리고 결과영역으로 구성되는 개념으로 '지역 장애인들의 재활자립과 복지증진이라는 가치실현을 위해 필요한 복지서비스를 제공하여 행복한 삶이 보장되는 것'이라고 규정할 수 있다.

그리고 노인복지관은 노인의 교양 · 취미생활 및 사회참여활동 등에 대한 각종 정보와 서비스를 제공하고, 건강증진 및 질병예방과 소득보장 · 재가복지, 그 밖에 노인의 복지증진에 필요한 종합적인 노인복지서비스를 제공하는 노인여가시설이다. 노인복지관의 설립목적은 노인복지서비스가 필요한 노인을 대상으로 ① 건강한 노후를 위한 예방, 취약노인 케어 기반 구축 및 확충, ② 활동적인 노후를 위한 사회참여 여건 조성 및 활성화, ③ 안정적 노후를 위한 소득보장의 다양화와 내실화를 통해 성공적인 노후가 실현될 수 있도록 지원하는 종합적 노인복지서비스 전달기구로서 중심적 역할을 수행하는 것이다(보건복지부, 2016a). 노인복지관의 사회적 가치는 노인복지서비스 제공을 통한 노인복지증진이다. 따라서 노인복지관은 노인복지증진이라는 가치를 실현하기 위해 이를 가능하도록 하는 다양한 행동들을 수행하며 이러한 행동들은 결국 결과

지역사회복지관의 성과

주민복지증진이라는 가치실현(가치영역)을 위해 종합적인 복지서비스를 제공하여(과정영역) 지역주민들의 삶의 질이 향상되도록 하는 것(결과영역)

장애인복지관의 성과

지역 장애인들의 복지증진이라는 가치실현(가치영역)을 위해 필요한 복지서비스를 제공하여(과정영역) 행복한 삶이 보장되는 것(결과영역)

노인복지관의 성과

노인복지증진이라는 가치실현(가치영역)을 위해 다양한 노인복지서비스를 제공하여(과정영역) 성공적인 노후생활이 보장되는 것(결과영역)

로서 노인들의 삶의 질 향상 내지는 성공적인 노후를 실현하는 데 이바지할 것이다. 결론적으로 노인복지관의 성과란 노인복지증진을 위한 가치영역과 과정영역 그리고 결과영역으로 구성되는 개념으로 '노인복지증진이라는 가치실현을 위해 다양한 노인복지서비스를 제공하여 성공적인 노후생활이 보장되는 것'이라고 규정할 수 있다.

다음 [그림 2-2]는 사회복지관의 성과를 구성하는 세 영역과 성과의 관계를 나타낸다.

[그림 2-2] 사회복지관의 성과와 성과의 영역

③ 사회복지관 성과관리

성과관리란 성과측정을 통하여 수집된 정보를 활용하여 조직 전반의 성과를 개선하려는 조직관리 기법이라고 정의하였으므로 이러한 성과관리의 정의를 적용하면 사회복지관 성과관리는 성과측정을 통하여 수집된 정보를 활용하여 사회복지관의 성과를 개선하려는 조직관리 기법이라고 할 수 있다. 특히, 사회복지관의 성과관리는 '지역주민, 노인 그리고 장애인 복지증진'이라는 사회적 가치실현을 목적으로 수행되는 것이며 조직사회자본을 증진시키고 조직학습과 조직발전이라는 성과중심문화에 기반을 둔 협력활동이어야 한다. 또한 사회복지관 성과관리는 일회적인 과업이 아니고 지속적인 과정으로서 조직의 미래방향을 결정하는 결정수립도구의 역할을 하여야 한다.

사회복지관 성과관리 ··························

- 성과측정을 통하여 수집된 정보를 활용하여 사회복지관의 성과를 개선하려는 조직관리 기법
- 사회복지증진이라는 사회적 가치실현을 목적으로 수행되는 조직학습과 조직발전이라는 성과중심문화에 기반을 둔 협력활동

제2절 사회복지관 성과관리모형

① 사회복지관 성과관리의 영역

본 연구가 제시하고자 하는 사회복지관 성과관리모형은 성과측정을 통한 조직성과 개선을 담보하여야 하며 구체적으로는 성과관리가 조직사회자본을 강화하고 조직을 발전시키며 조직구성원들이 학습을 통해 조직학습능력이 강화되도록 하는 자기주도성 성과관리모형이다. 본 연구는 이미 앞 장에서 밝힌 바와 같이 사회복지관의 성과가 가

치, 과정 그리고 결과의 영역(dimension)으로 구성되어 있다고 본다. 가치영역은 조직의 비전 및 미션을 성취하기 위한 가치지향적인 노력을 포함하며 체계주의적 관점에서 본다면 투입영역을 전환한 개념이다. 과정영역은 조직의 비전을 성취하기 위한 의식적인 행동과업으로 조직관리요소인 재무관리, 인력관리, 이용자관리, 프로그램관리, 갈등관리, 시설관리 등이 포함된 개념이다. 마지막으로 결과영역은 산출과 결과(outcomes)를 포함하는 영역으로 비전과 미션의 달성 및 성취, 즉 이용자, 조직, 나아가 사회의 변화를 다루는 영역이다. 다음의 그림은 사회복지관 성과관리의 세 영역을 나타낸다.

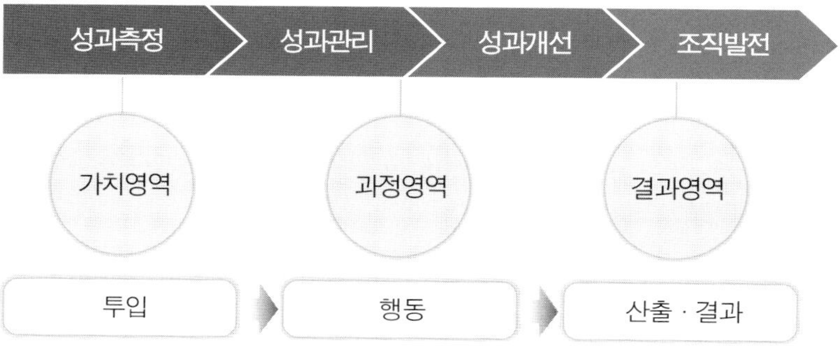

[그림 2-3] 사회복지관 성과관리의 영역

자료: 지은구 외(2018), p. 18에서 재인용

2 사회복지관 성과관리영역별 구성요소

사회복지관 성과관리의 관리 구성요소는 성과관리의 이론적 배경에서 살펴본 바와 같이 조직사회자본이론, 조직발전이론 그리고 조직학습이론에 근거하여 도출될 수 있다. 각각의 이론과 조직관리 구성요소의 관계를 표로 나타내면 〈표 2-1〉과 같다.

〈표 2-1〉 성과관리이론과 사회복지관 성과관리의 구성요소

이론적 배경	사회복지관 성과관리의 구성요소
조직사회자본이론	신뢰, 비전, 규범, 협력, 참여, (시설)안전
조직발전이론	혁신, 변화, 갈등, 리더십, 조직구조, 지역사회(환경), 효과, 평가
학습조직이론	인력, 지역사회, 품질, 이용자, 정보문서, 재무

조직사회자본이론은 조직구성원으로 하여금 공통된 목적을 보다 더 효과적으로 달성하기 위해 협력하고 함께 행동할 수 있도록 조직구성원들 사이의 상호관계 속에 내재하고 있는 자본을 강조하는 이론이다. 조직구성원들의 상호행동을 규정하여 조직의 목적성취를 위한 모든 행동에 영향을 미친다. 따라서 조직사회자본이라는 개념을 설명하는 구성요소로는 앞에서 제시한 바와 같이 신뢰, 안전, 참여, 규범, 협력, 비전, 안전 등이 있다. 이들 구성요소들을 사회복지관 성과관리의 구성요소에 적용하여 보면 시설안전관리, 비전관리, 협력관리, 규범관리 등이 조직사회자본이론에 영향을 받은 성과관리 구성요소임을 알 수 있다.

조직발전이론은 리더십, 조직구조, 전략적 계획, 의사소통, 조직갈등, 협력과 신뢰 등의 증진, 개선이나 해결 그리고 조직효과성 증대 등을 통해 조직을 변화시키고 발전시키는 것을 목적으로 하는 이론이다. 따라서 사회복지관 성과관리의 주요 관리요소로서 가치영역의 비전관리, 협력관리, 신뢰관리 등의 요소를 포함하여 과정영역의 조직관리, 갈등관리, 지역사회관리, 혁신관리 등과 그리고 결과영역에서 효과관리, 품질관리 그리고 평가관리 등의 요소들은 모두 조직발전이론에 따른 사회복지관 성과관리 요소라고 할 수 있다.

학습조직이론은 조직이 조직구성원들의 학습을 촉진시켜서 끊임없이 변화하고 발전하는 것을 강조하는 이론으로 시스템사고, 개인적 숙련, 정신모델, 공유된 비전 그리고 팀 학습과 같은 5개의 주요 특성으로 한다. 따라서 성과측정을 위한 다양한 지식과 기술 그리고 성과측정과정으로의 직원개입은 직원들의 학습능력을 향상시키며, 성과측정을 통해 얻어진 정보나 자료들은 조직학습의 좋은 원료로서 작동함이 강조된다. 결국 학습조직이론의 주요 특성 중 하나인 공유된 비전이나 개인적 숙련, 팀 학습 등의 요소들은 바로 학습조직이론에 따른 성과관리요소가 될 수 있다. 따라서 사회복지관 성과관리요소로 비전관리와 규범관리, 팀 학습과 자기개발 등을 포함하는 인력관리, 이용자들에 대한 빠른 응답과 불만처리 등은 이용자관리, 서비스 질 개선은 품질관리 그리고 지역사회에 대한 체계적이고 과학적인 분석은 곧 지역사회관리를 나타내고, 문서관리와 회계(재무)는 조직학습에 필요한 요소이므로 문서관리와 재무관리 역시 학습조직이론에 적합한 사회복지관 관리 구성요소라고 할 수 있다.

결론적으로 사회복지관 성과는 가치영역, 과정영역 그리고 결과영역으로 구성되며 각각의 영역에는 다양한 관리요소들이 포함되는데, 가치영역을 구성하는 사회복지관 성과관리요소는 신뢰관리, 규범관리, 비전관리로 이루어지고, 과정영역은 인력관리,

프로그램관리, 시설안전관리, 재무관리, 혁신관리, 지역사회관리, 자원개발관리, 갈등관리, 이용자관리, 협력관리, 조직관리 등 총 12개 요소로 이루어진다고 할 수 있으며, 마지막으로 결과관리는 평가관리, 효과관리 그리고 품질관리로 구성된다. 결국 사회복지관 성과관리는 3개의 영역에 총 18개의 관리요소로 구성되며 18개의 관리요소가 적절히 기능하게 된다면 사회복지관의 성과는 개선되며 직원들의 역량은 강화되고 나아가 조직은 발전된다고 전제할 수 있다.

[그림 2-4]는 사회복지관 성과관리의 세 영역과 18개의 영역별 관리요소를 그림으로 나타낸 것이다. 신뢰관리, 규범관리 그리고 비전관리는 가치영역에 속하며 인력관리를 포함한 12개의 관리요소는 과정영역에 속하고 평가관리, 효과관리 그리고 품질관리는 결과영역에 속하는 관리요소이다.

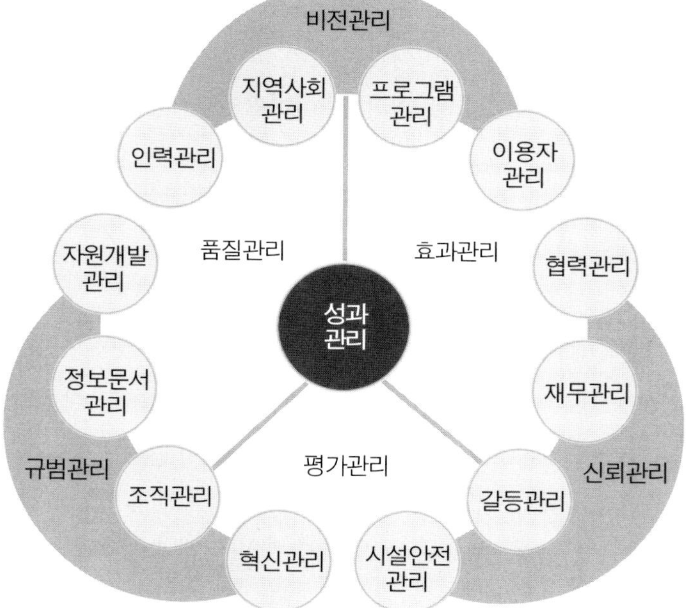

[그림 2-4] 사회복지관 성과관리영역과 영역별 관리요소

자료: 지은구 외(2018), p. 18에서 재인용

제3절 사회복지관 성과관리모형 해설과 관리 구성요소

1 사회복지관 성과관리모형 해설

사회복지관 자기주도성 성과관리모형의 특징은 다음과 같다. 첫째, 사회복지관이라는 조직을 사회적 가치실현을 위한 행동을 수행하는 사회적 단위로 보아 가치영역을 투입단계에서 가장 중요한 성과관리영역으로 상정하였다는 점이다. 둘째, 성과관리의 전 (관리구성)요소가 대부분 이론적 배경에 근거하며 현실 복지관을 둘러싼 환경적 요소에 대한 분석에 의해 도출되었다는 점이라고 할 수 있다.

결론적으로 사회복지관 성과관리모형의 핵심은 성과를 가치영역, 과정영역 그리고 결과영역으로 구성되는 개념으로 설정하고 가치영역의 성과를 관리하기 위한 관리요소로 신뢰관리요소, 규범관리요소, 비전관리요소를, 그리고 과정영역의 성과를 관리하기 위한 구성요소로 총 12개의 구성요소, 즉 협력관리요소, 프로그램관리요소, 정보문서관리요소, 인력관리요소, 이용자관리요소, 재무관리요소, 갈등관리요소, 시설안전관리요소, 혁신관리요소, 조직관리요소, 자원개발관리요소 그리고 지역사회관리요소를 설정하며, 마지막으로 결과영역은 물질관리요소, 효과관리요소 그리고 평가관리요소로 설정한다는 점이다. 단계적 성과관리영역으로 구분하면 투입은 가치영역으로, 행동은 과정영역으로 그리고 산출 및 결과는 결과영역으로 구분된다. 또한 요소별 성과관리를 적용하면 총 18개의 관리요소가 포함되는 성과관리모형임을 알 수 있다.

1) 단계별 성과관리영역

단계별 성과관리영역은 투입, 행동(처리) 그리고 산출 및 결과의 각 단계별 성과를 측정하여 관리하는 것을 의미하는데 사회복지관 성과관리모형에서는 투입이 가치영역이고 행동 및 처리는 과정영역이며 산출 및 결과는 결과영역으로 구분된다. 영향력이론을 적용하면 투입과 행동, 산출은 성취하려는 결과를 낳게 되어 영향력을 유지하게 된다. 단계별 성과관리영역을 그림으로 나타내면 [그림 2-5]와 같다.

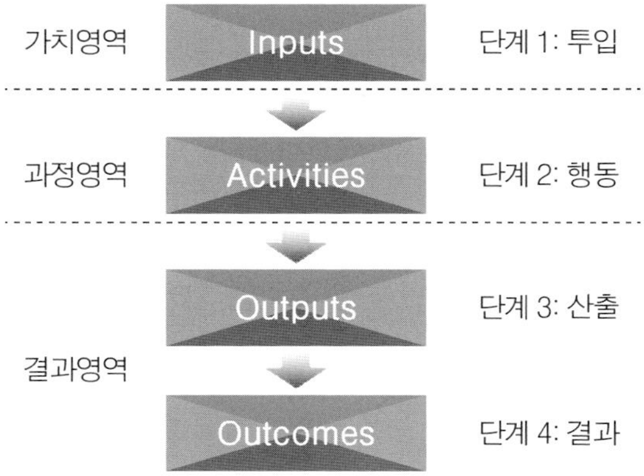

[그림 2-5] 단계적 성과관리영역

(1) 가치영역: 사회적 가치지향성

가치영역은 사회복지관이 실현하려는 사회적 가치지향성 영역을 의미한다. 즉, 복지관의 가치실현을 다루는 영역으로 조직구성원들의 모든 조직 활동의 기준을 제시하는 영역이다. 사회복지관의 가치는 노인복지증진이라는 사회적 가치실현을 위해 존재하므로 사회복지관 및 조직구성원들의 모든 행동은 가치실현과 밀접한 연관이 있어야 한다. 사회복지관이 가치를 실현하기 위해서 추구하는 행동으로는 존중, 열정, 성실, 역량강화, 통합, 소통, 책임감, 전문성 등이 있으며 이러한 가치실현을 위한 직원들의 행동을 관리하기 위해서 구체적인 관리 구성요소로 신뢰관리, 규범관리 그리고 비전관리가 필요하다.

사회복지관 성과관리 가치영역 ···········

- 사회복지관의 복지증진이라는 가치실현을 다루는 영역으로 조직구성원들의 모든 조직행동의 기준을 제시하는 영역
- 가치영역은 신뢰, 규범 그리고 비전에 대한 관리요소를 포함한다.

(2) 과정영역

과정영역은 조직의 가치실현을 위한 조직행동의 내용을 다루는 영역으로 조직을 운영 관리하기 위해 필요한 과정을 의미한다. 즉, 조직의 가치실현을 위한 일련의 노력들

또는 일련의 행동들을 다루는 영역으로 복지증진을 위한 사회복지관 운영의 모든 행동들을 다루는 영역이다.

사회복지관 성과관리 과정영역

- 사회복지관의 가치실현을 위한 일련의 노력들 또는 일련의 행동들을 다루는 영역
- 과정영역은 조직의 가치실현을 위한 구체적인 행동으로 재무관리, 인력관리, 조직관리, 프로그램관리, 자원개발관리, 이용자관리, 협력관리, 갈등관리, 시설안전관리, 혁신관리, 정보문서관리, 지역사회관리 등을 포함하여 총 12개의 관리 구성요소를 포함한다.

(3) 결과영역

결과영역은 조직성과의 산출과 결과를 다루는 영역으로 사회복지관은 복지증진을 위한 가치를 실현하기 위해 다양한 사업 및 서비스를 제공한다. 따라서 결과영역은 이러한 사회복지관의 가치실현을 위한 노력의 결과로서 주민들의 복지증진을 통한 삶의 질 향상이나 안정적인 생활의 보장이라는 조직결과를 관리하는 영역이므로 서비스의 품질과 이용자의 만족은 결과영역의 중요한 요소이다. 또한 재정적 책임성을 입증하기 위해 주기적으로 시행하는 사회복지시설평가 역시 사회복지관의 결과영역에서 다루어야 하는 관리요소이다. 결국 사회복지관 성과관리의 결과영역을 구성하는 관리 구성요소로는 품질관리, 이용자효과관리 그리고 시설평가관리가 있다.

사회복지관 성과관리 결과영역

- 사회복지관의 복지증진을 통한 삶의 질 향상이나 안정적인 생활의 보장이라는 조직결과의 산출과 결과를 다루는 영역
- 결과영역은 조직결과물을 다루는 영역으로 서비스품질과 조직효과성 그리고 시설평가관리를 관리 구성요소로 포함한다.

2) 요소별 성과관리요소

요소별 성과측정은 성과를 구성하는 요소들을 측정의 단위로 삼는 것을 의미하므로 요소별 성과관리요소는 조직성과관리의 구성요소를 나타낸다. 성과는 조직의 가치실현을 위한 총체적인 노력으로 이루어지며 가치영역과 과정영역 그리고 결과영역의 전 단계를 거쳐 이루어지는 모든 조직활동이자 조직구성원들의 노력이다. 사회복지관 성과관리 구성요소들은 가치영역의 3개의 구성요소(비전관리요소, 규범관리요소, 신뢰관리요소)를 포함하여 총 18개의 구성요소로 이루어진다. 즉, 18개의 성과관리요소를 잘 관리하고 수행하면 성과는 개선되고 조직은 발전함을 전제하는 것이다.

(1) 가치영역

■ 비전관리

비전관리요소는 사회복지관이 추구하는 미래의 상이나 이미지를 구축하기 위한 모든 행동을 관리하는 것을 의미한다. 즉, 사회복지관이 추구하고 지향하는 가치가 조직구성원들이 추구하고 지향하는 가치로 인식될 수 있도록 하는 모든 행동들이 비전관리에 포함된다. 사회복지관은 복지증진이라는 가치실현을 위한 노력의 집합체라고 할 수 있으므로 이러한 가치실현의 노력은 모든 직원들이 추구하는 공동의 비전이라고 할 수 있다.

사회복지관 비전관리

- 비전관리는 사회복지관이 추구하는 미래의 상을 관리하는 것을 의미한다.
- 사회복지관이 추구하고 지향하는 비전이 조직구성원들이 추구하고 지향하는 비전으로 인식될 수 있도록 하는 모든 행동이 관리의 대상이다.
- 사회복지관의 비전관리에는 조직의 존재 이유를 설명하는 미션을 관리하는 과정도 포함된다.

■ 규범관리

규범관리요소는 사회복지관 조직구성원들의 상호행동에 대한 지침이나 규칙을 설정하고 관리하는 것을 의미한다. 따라서 규범관리는 복지관의 전 직원들이 수행하는 행동을 지배하는 규정이므로 직원들의 행동패턴은 규범관리에 의해서 결정된다고 할 수 있다. 복지관의 규범은 조직구성원들에 의해 공유되고 전파되며 특정한 상황에 대해 조직구성원들이 유사한 방식으로 행동하도록 만드는 것이므로 복지관 행동윤리강령이나 복지관 직원사명 또는 실천원칙과 직원헌장이나 이용자헌장 등에 내재화되어 있다고 할 수 있다.

사회복지관 규범관리

- 사회복지관 조직구성원들의 상호행동에 대한 지침이나 규칙을 설정하고 관리하는 것을 의미한다.
- 규범관리는 조직구성원들에게 공유되고 전파되며 특정한 상황에 대해 조직구성원들이 유사한 방식으로 행동하도록 만드는 것을 나타낸다.

■ 신뢰관리

신뢰관리요소는 사회복지관에 대한 믿음과 사회복지관의 관장을 포함하여 전 직원, 지역주민 그리고 이용자 등 사회복지관의 이해당사자들 간의 믿음이 형성되도록 하고 믿음을 유지하도록 관리하는 것을 의미한다. 따라서 신뢰관리는 직원들의 조직에 대한 신뢰와 직원들 간의 신뢰 그리고 직원과 이용자와 지역주민과의 신뢰 등 조직 및 프로그램을 포함한 모든 행위주체들과의 상호 간의 신뢰를 구축하기 위한 노력이 유지될 수 있도록 하는 것을 나타낸다.

사회복지관 신뢰관리

- 신뢰관리는 조직에 대한 믿음과 조직의 관장을 포함하여 전 직원, 지역주민 그리고 이용자 등 복지관의 이해당사자들 간의 믿음이 형성되도록 하고 믿음을 유지하도록 관리하는 것을 의미한다.
- 신뢰관리는 조직 내에서 직원들이 서로를, 직원이 조직을, 직원이 리더(직장상사)를, 이용자가 조직이나 조직이 제공하는 사업 그리고 조직을 대표하는 리더를 믿도록 만드는 것이다.

(2) 과정영역

■ 인적자원(인력)관리

인적자원관리요소는 조직행동의 행동주체이자 기본적 단위인 직원을 관리하는 것을 의미한다. 직원을 공개적으로 채용하고 직원의 학습능력을 고양시켜 역량을 강화하며 직원교육과 훈련 그리고 슈퍼비전을 통해 직원들의 성장을 돕는 전 과정을 관리하여 직원들이 행복하게 조직의 가치실현을 위해 노력할 수 있도록 하는 것이 인력관리의 핵심이다. 따라서 인력관리에는 직원들이 조직을 이탈하지 않도록 하는 직무보장과 각종 사회보장혜택 등이 포함된다.

사회복지관 인력관리

- 인력관리는 사회복지관 인력을 모집, 선발, 임명하고 직원의 잠재역량을 발휘하도록 지원하고 관리하는 것을 의미한다.
- 인력관리는 조직행동의 행동주체이자 기본적 단위인 직원에 대한 직무를 보장하고 직원 성장 및 역량강화를 위해 관리하는 것을 의미한다.

■ 프로그램관리

프로그램관리요소는 사회복지관에서 제공되는 모든 단위사업이나 프로그램의 투입에서 결과까지의 전 과정을 관리하는 것을 의미한다. 프로그램은 이용자들의 변화를 위한 도구로서 각종 혜택과 서비스가 프로그램을 통해서 제공되므로 서비스를 원하는 모든 이용자들에 대한 형평한 서비스와 효과적인 서비스가 제공될 수 있도록 하여야 한다.

사회복지관 프로그램관리

- 프로그램관리는, 첫째, 프로그램 설계단계에서 실질적인 프로그램을 운영하기 전까지의 과정, 즉 프로그램계획서 작성과정에 대한 관리와, 둘째, 프로그램 기획과정에 대한 관리와 프로그램의 진행으로서 투입과 산출까지의 과정을 관리를 의미한다.
- 사회복지관에서 제공되는 모든 단위사업이나 프로그램의 기획과정 및 사회복지관 프로그램의 투입에서 산출까지의 과정을 관리하는 것을 의미한다.

■ 이용자관리

이용자관리요소는 이용자의 권리를 보장하고 이용자들의 불만을 해결하고 처리하며 이용자들의 변화하는 욕구를 지속적으로 파악하여 대응하는 모든 행동들을 관리하는 것을 나타낸다. 이용자들은 종속관계에 있는 단순한 서비스대상자들이 아니며 사회복지관을 운영하는 운영의 주체이므로 그들의 결정구조에 대한 참여와 권리 그리고 자기결정권은 보장되어야 한다.

사회복지관 이용자관리

- 이용자관리는 이용자의 측면에서 이용자의 욕구나 불만족, 이용자의 권리와 비밀보장, 이용자의 자기결정권, 이용자 정보보호, 이용자 참여 및 사례관리 등과 같은 이용자를 위한 환경적 여건이 조성되도록 점검하고 노력하는 과정이다.
- 사회복지관의 이용자관리는 형평성과 공평성 그리고 다양성에 대한 책임 있는 응답 행동으로 볼 수 있으며, 이용자들에 대한 형평성은 상황에 따라 다르게, 공평성은 모두에게 동일한 조건으로, 그리고 다양성은 이와 같은 사실을 두고 서로 다른 시각이 있을 수 있는 것을 받아들이는 것이다.

■ 협력관리

협력관리요소는 어떤 조직이나 직원도 이용자들이 가지고 있는 복합적이고 다양한 욕구나 문제를 완벽하게 해결하는 것은 불가능하다는 것을 전제한다. 사회복지조직은 직원들 사이의 상호행동 그리고 조직과 조직 사이의 상호행동에 기초한 협력활동을 통해서 조직의 목적 실현을 성취하기 위해 노력한다. 따라서 협력관리는 조직과 조직 그리고 직원들 간의 상호협력이 유지되고 증진되도록 관리하는 것을 의미한다.

사회복지관 협력관리

- 협력관리는 조직이 본래의 목적을 달성하기 위해 조직 내에서 조직구성원들과의 협력적 관계를 수립하고 관리부분과 조직 외적인 다양한 지역사회 자원체계들과의 협력을 관리하는 것을 의미한다.
- 사회복지관이 추구하는 가치의 실현을 위해 조직과 조직 그리고 직원들 간의 상호협력이 유지되고 증진되도록 관리하는 것을 의미한다.

■ 재무관리

재무관리요소는 사회복지관의 모든 재정을 관리하는 것으로 수입과 지출, 회계 그리고 예산수립과 세무 등을 관리하는 것을 의미한다. 예산은 화폐로 표현되는 조직의 행동을 나타내 주므로 재무관리는 이해관련당사자들에게 조직의 행동과 활동에 대한 정당성을 부여받는 노력이라고 할 수 있다. 기관의 비품이나 물품에 대한 관리 역시 재무관리에 포함된다.

사회복지관 재무관리

- 재무관리는 재화와 용역의 제공능력을 적정하게 유지하였는지에 대한 재무정보를 일정한 양식과 보충자료를 통해서 조직이 목표 달성에 필요한 재무자원을 합리적이고 계획적으로 동원, 배분하고 효율적이고 효과적으로 사용·관리하는 과정이다.
- 사회복지관의 재무관리는 사회복지관의 자금 흐름과 관련된 모든 의사결정을 보다 효과적으로 유도하고 관리하기 위한 기법이다.
- 사회복지관의 모든 재정을 관리하는 것으로 수입과 지출 그리고 예산수립과 세무 그리고 물품 등을 관리하는 것을 의미한다.

■ 갈등관리

갈등관리요소는 조직에서 발생하는 직원들 사이에 발생하는 갈등, 직원과 이용자 사이의 갈등 그리고 직원과 관장이나 부장 사이의 갈등을 관리하는 것을 의미한다. 조직 안에서 발생하는 모든 갈등은 조직발전을 위한 학습의 요소가 되며 조직갈등을 해결하기 위한 조직적 차원에서의 노력은 조직갈등을 통한 조직발전을 담보할 수 있다. 따라서 사회복지관은 조직 안에서 발생할 수 있는 갈등이 원만히 해결되고 처리될 수 있는 시스템을 구축하는 것이 중요하다.

사회복지관 갈등관리

- 갈등관리는 갈등으로 인한 부정적 효과를 저감하고 긍정적 효과를 극대화하기 위한 체계적 대응이다.
- 사회복지관의 갈등관리는 사회복지관에서 발생하는 모든 갈등을 해결하고 예방하기 위한 노력이자 행동을 의미한다.

■ 시설안전관리

시설안전관리요소는 이용자 및 직원의 안전을 보장하도록 조직의 시설을 관리하는 것을 의미한다. 시설안전관리에는 조직에서 사용하는 각종 비품과 물품에 대한 안전과 편의시설, 주방시설 등과 같은 내·외부의 각종 시설에 대한 안전검사 등이 포함된다. 각종 안전사고는 항상 발생할 수 있으므로 사고나 위기 상황에 대한 대처방안을 수립하고 시행하는 것은 매우 중요한 시설안전관리요소가 된다.

사회복지관 시설안전관리

- 시설안전관리는 시설 내·외적으로 존재하고 있는 위험요인들을 제어 및 관리함으로써 사고를 미연에 방지하는 일과 사고 발생 후에 신속하게 대응하여 조직의 손해를 최소화하며 안정성을 제고하고 질 높은 서비스를 제공하는 모든 활동이다.
- 시설안전관리는 이용자 및 직원의 안전을 보장하도록 조직의 시설을 관리하는 것을 의미한다.

■ 혁신관리

혁신관리요소는 사회복지관이 직면한 조직 환경 변화요소에 적극적으로 대처하도록 하기 위한 조직변화와 혁신계획을 관리하는 것을 의미한다. 조직은 변화하지 않으면 퇴보할 수밖에 없으며 조직발전은 구체적인 전략적 계획에 따라 진행되어야 한다. 조직혁신은 결국 전략적 계획의 수립과 실행에 대한 관리를 포함한다고 할 수 있다.

사회복지관 혁신관리

- 혁신관리는 사회복지관이 직면한 조직 환경 변화요소에 적극적으로 대처하도록 하기 위한 조직변화와 혁신계획을 관리하는 것을 의미한다.
- 조직변화를 위해 새로운 제도나 기술을 채택하고 나아가 조직의 배분구조나 내부구조의 변화과정을 관리하는 것이다.
- 조직적 측면에서 조직의 변화를 추구하는 다양한 행동들을 채택하고 관리하는 것을 의미한다.

■ 조직(구조)관리

조직관리요소는 조직부서의 배치와 인력들의 적절한 배치 및 업무분담 등 조직의 구조에 대한 관리를 의미한다. 조직의 구조는 조직의 가치실현을 가능하도록 하는 실체로서 조직의 특성 및 운영 목적에 맞게 부서화가 이루어져야 한다. 제한적인 인력을 가진 사회복지관이 추구하는 가치실현을 위한 노력을 효과적으로 수행하기 위해서는 다양한 공식적·비공식적 조직이 필요하며 전문성을 가진 외부세력으로부터의 지지와 후원 그리고 도움도 절대적으로 필요하다. 따라서 조직구조관리는 조직구성원들의 적절한 배치 및 지역사회 전문인력들의 조직 행동에 대한 참여를 관리하는 것을 나타낸다.

사회복지관 조직(구조)관리

조직구조관리는 조직구성원들의 적절한 배치 및 지역사회 전문인력들의 조직 행동에 대한 참여를 관리하는 것을 나타낸다.

■ 정보문서관리

정보문서관리요소는 사회복지관의 사업과 프로그램에 대한 모든 문서의 작성 및 보관 그리고 정보의 공유, 그리고 조직운영과 관련된 모든 문서의 작성 및 보관 그리고 정보의 공유를 관리하는 것을 의미한다. 정보는 힘을 나타내는 하나의 지표로서 사회복지관의 모든 정보는 필요로 하는 모든 사람이나 집단들에게 공개되어야 하며 조직운영 관련 모든 서류는 기록되어야 하며 어려움 없이 접근 가능하도록 유지·보관되어야 한다.

사회복지관 정보문서관리

사회복지관의 사업과 프로그램에 대한 모든 문서의 작성 및 보관 그리고 정보의 공유, 그리고 조직운영과 관련된 모든 문서의 작성 및 보관 그리고 정보의 공유를 관리하는 것을 의미한다.

■ 자원개발관리

자원개발관리는 지역사회의 지지나 후원을 유지하고 증진시키기 위한 방안을 관리하는 것을 의미한다. 사회복지관의 사업을 효과적으로 수행하기 위해서는 지역사회로부터의 지지와 협력이 필요하다. 현재 사회복지관은 국고보조금사업이나 민간재단으로부터 재원을 확보한 사업 이외 회원비나 기부금 등과 같은 지역사회로부터의 재정적 지원이 매우 부족한 것이 현실이다. 지역사회로부터의 지지나 후원활동에 있어 자원봉사자들의 기여 또한 중요한 부분으로 이들에 대한 관리와 후원지지체계를 확보하는 것도 조직성과관리 개선을 위한 매우 중요한 부분이다.

사회복지관 자원개발관리 ···················

- 자원개발관리는 지역사회의 지지나 후원을 유지하고 증진시키기 위한 방안을 관리하는 것을 의미한다.
- 자원개발관리는 이용자를 위해 서비스를 제공하는 데 필요한 물적 · 인적 자원, 지역사회의 구체적인 문제를 해결하는 데 필요한 지역사회 내 다양한 자원 등을 파악하고 활용하는 등 다양한 유형의 자원을 주고받는 과정이라 볼 수 있다.

■ 지역사회관리

지역사회관리요소는 지역에 근거하는 사회복지관의 지역사회 환경을 관리하는 것을 의미한다. 지역사회의 특정 공간에 자리 잡은 사회복지관은 지역사회의 환경에 직 · 간접적인 영향을 받을 수밖에 없고 이러한 복지관을 둘러싼 환경의 변화는 곧 사업과 프로그램 그리고 서비스의 변화, 조직구조의 변화, 지역 노인들의 욕구해결에 대한 대응방안의 변화, 지속적으로 변화하는 지역사회문제에 대한 분석과 해결방안에 대한 변화 등을 관리하여야 할 필요성을 제기하고 있다. 따라서 지역사회관리는 지역사회가 직면한 다양한 문제에 대한 해결방안을 수립하고 환경적 · 인구통계적 변화를 수용하고 해결하기 위한 대응방안을 관리하는 것을 의미한다.

사회복지관 지역사회관리 ···················

지역사회관리는 지역사회가 직면한 다양한 문제에 대한 해결방안을 수립하고 사회복지영역에 영향을 미칠 수 있는 정치 · 경제 · 사회 · 문화 환경의 변화 및 인구통계적 변화를 수용하고 해결하기 위한 대응 방안을 관리하는 것을 의미한다.

(3) 결과영역

■ 서비스품질관리

서비스품질관리요소는 사회복지관이 제공하는 서비스의 품질을 일정 수준 이상으로 유지 · 보존하고 향상시키기 위해 노력하는 것을 의미한다. 품질은 복합적이고 다면적인 용어로서 다양한 구성요소를 포함하는 개념이므로 품질을 지속적으로 향상시키기 위해서는 품질을 측정하고 개선을 모색할 수 있는 관리방안이 반드시 필요하다. 따라서 서비스품질관리는 복지관이 제공하는 서비스의 품질을 측정하고 향상시킬 수 있는 방안을 모색할 수 있도록 하는 것을 의미한다.

사회복지관 서비스품질관리

- 품질관리는 사회복지관이 제공하는 서비스의 품질을 일정 수준 이상으로 유지 · 보존하고 향상시키기 위해 노력하는 것으로 품질측정을 통해 이루어진다.
- 품질관리는 사회복지관이 제공하는 서비스의 품질을 측정하고 향상시킬 수 있는 방안을 모색할 수 있도록 하는 것을 의미한다.
- 품질관리는 사회복지관에서 제공되는 서비스의 품질을 일정 수준으로 유지하고 조직의 환경 및 이용자들의 욕구를 반영하여 지속적으로 향상되고 개선되도록 하는 것을 나타낸다.

■ 효과관리

효과관리요소는 사회복지관이 각종 사업을 통하여 성취하려는 목표가 얼마나 성취되었는가를 측정하고 개선방안을 찾기 위해 노력하는 것을 의미한다. 조직의 가치실현을 위한 모든 활동이 얼마나 효과적이었는가는 조직이 달성하려고 설정한 단위사업 목표들의 성취여부에 의해서 평가받을 수 있으며 이는 곧 조직의 효과를 관리하는 관리방안의 작동에 크게 의존한다.

사회복지관 효과관리

- 사회복지관이 설정한 미션을 성취하기 위해 노력하는 과정을 관리하는 것이다. 구체적으로는 복지관이 각종 사업을 통하여 성취하려는 목표가 얼마나 성취되었는가를 측정하고 개선방안을 찾기 위해 노력하는 것을 의미한다.

효과는 사업의 이용자들에 영향을 미치는 영향력 측면에서도 측정이 가능하여야 한다. 즉, 조직관리적 측면과 제공자 관점에서 보면 효과관리 척도는 조직의 효과관리를 위한 직원들의 관점을 나타내 주는 척도이지만 성과는 사업 참여에 따른 이용자들의 변화 정도 역시 중요한 영역이므로 결과영역에서 성과관리를 위하여 복지관 사업의 이용자들에 대한 영향력의 정도를 측정하는 척도, 즉 이용자 변화 정도를 측정하는 이용자 관점의 영향력 척도의 개발 및 적용 역시 중요하다.

■ 평가관리

평가관리는 단위 사업이나 프로그램 그리고 사회복지관을 포함한 사회복지시설평가에 대한 지침과 지표를 관리하기 위해 조직 자체적인 평가체계의 확립과 운영을 관리하는 것을 의미한다. 사회복지관이 자체적으로 사업이나 프로그램에 대한 평가를 시행하고 사회복지관 평가를 준비할 수 있도록 하는 자체 평가 환류시스템을 갖추고 있도록 하는 것은 평가를 통한 사업 및 프로그램의 개선과 시설평가에 대비한 조직의 부담을 최소화할 수 있도록 하는 데 있어 매우 결정적인 방안이다. 평가관리요소는 또한 직원의 승진과 보상을 평가하는 직원승진과 보상체계에 대한 관리를 포함하며 단위 사업이나 프로그램 평가관리요소도 포함한다.

사회복지관 평가관리

- 평가관리는 성과관리의 한 요소로서 조직의 가치실현을 위한 실천행동을 개선시키기 위해 그리고 서비스의 제공과 사용에 대한 경험을 개선시키기 위해 시행되는 조직관리 기법이다.
- 평가관리는 단위 사업이나 프로그램 그리고 복지관을 포함한 사회복지시설평가에 대한 지침과 지표를 관리하기 위해 조직 자체적인 평가체계의 확립과 운영을 관리하는 것

을 의미한다.

- 평가관리는 시설평가와 직원평가 그리고 프로그램평가의 전 과정을 관리하는 것을 의미한다.

2 사회복지관 성과관리모형

이상과 같은 사회복지관 성과관리를 위한 기본모형은 단계적 성과와 요소별 성과를 혼합하여 총 18개의 관리영역에서 성과를 측정하는 모형으로서 이를 [그림 2-6]으로 나타내면 다음과 같다.

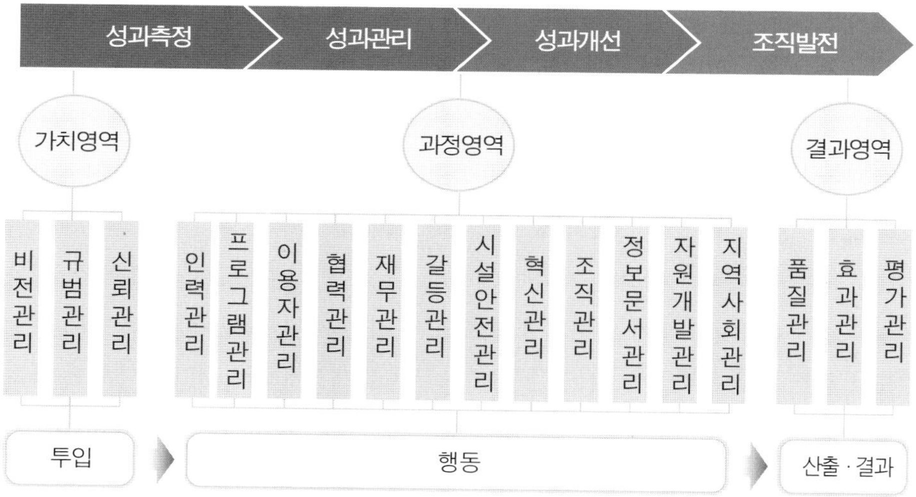

[그림 2-6] 사회복지관 성과관리모형

자료: 지은구 외(2018), p. 18에서 재인용

3 사회복지관 성과관리영역과 관리 구성요소 및 관리요소별 측정도구 내용

사회복지관 자기주도성 성과관리를 위한 모형에 대해 지은구 등은 2018년 『사회복지관 자기주도성 성과관리모형』에서 성과를 가치영역, 과정영역 그리고 결과영역으로 삼분화하여 제시하였고 가치영역에서 비전관리, 규범관리 그리고 신뢰관리의 성과관리요소를 도출하였다. 비전관리척도로는 기관장을 포함한 직원들의 미션과 비전의 가치지향성 정도, 미션 및 비전의 공유 정도, 관장의 리더십, 관장의 업무수행 전문성 그리고 관장의 조직운영철학을 포함하여 총 23개 문항으로 구성된 비전관리지침, 즉 1차 비전관리를 위한 예비척도를 제시하였고, 규범관리 척도로는 윤리경영을 위한 준비 및 노력 그리고 윤리헌장/윤리강령/윤리기준의 준수여부에 대한 총 6개의 규범관리지침, 즉 측정질문을 제시하였으며, 신뢰관리척도로는 이용자들의 조직 및 직원에 대한 신뢰 정도를 포함하여 총 5개 영역에서 32개의 신뢰관리지침, 즉 신뢰관리를 위한 예비척도를 제시하였다.

과정영역에서는 12개의 성과관리요소에서 인적자원관리지침으로 27개(인적자원관리 척도의 성과측정질문), 프로그램관리지침으로 29개(프로그램관리 척도의 성과측정질문), 이용자관리지침으로 22개(이용자관리 척도의 성과측정질문), 협력관리지침으로 11개(협력관리 척도의 성과측정질문), 재무관리지침 24개(재무관리 척도의 성과측정질문), 갈등관리지침 20개(갈등관리 척도의 성과측정질문), 시설안전관리지침 21개(시설안전관리 척도의 성과측정질문), 혁신관리지침 23개(혁신관리 척도의 성과측정질문), 조직관리지침 18개(조직관리 척도의 성과측정질문), 정보문서관리 지침 15개(정보문서관리 척도의 성과측정질문), 자원개발관리지침 17개(자원개발관리 척도의 성과측정질문), 그리고 지역사회관리지침 8개(지역사회관리 척도의 성과측정질문) 등 성과측정을 위한 총 235개의 질문항목들을 도출하여 제시하였다.

그리고 마지막으로 결과영역에서는 품질관리지침으로 유형성 등 총 8개 영역에서 30개의 질문항목으로 구성된 품질관리 척도를 제시하였으며, 효과관리지침으로는 13개의 질문항목으로 구성된 효과관리 척도를 제시하였고, 평과관리지침으로 총 17개의 질문항목으로 구성된 평가관리 척도를 제시하였다.

〈표 2-2〉는 사회복지관 성과의 세 관리영역별 총 18개의 성과관리요소와 관리요소별 지침으로 구성된 측정척도와 구체적인 측정내용을 나타낸다.

〈표 2-2〉 노인종합복지관 성과관리 측정도구 및 측정영역

성과관리별			척도명	성과측정 하위변수	지침/문항
가치영역	1.	비전관리	비전관리 척도	미션과 비전의 가치지향성	8
				미션 및 비전의 공유 정도	3
				관장의 리더십	3
				관장의 업무수행 전문성	3
				관장의 조직운영철학	6
	2.	규범관리	규범관리 척도	윤리경영을 위한 준비	1
				윤리경영을 위한 노력	2
				윤리헌장/윤리강령/윤리기준의 준수	3
	3.	신뢰관리	신뢰관리 척도	이용자들의 조직 및 직원에 대한 신뢰	5
				직원들의 조직에 대한 신뢰	5
				직원들의 직장상사에 대한 신뢰	15
				직원들 간의 신뢰	3
				직원의 프로그램에 대한 신뢰	4
과정영역	4.	인적자원관리	인적자원관리 척도	직원관리 적절성	13
				직무적절성	5
				직원계발 노력 적절성	7
				직무태도의 적절성	2
	5.	프로그램관리	프로그램관리 척도	프로그램 계획 적절성	5
				프로그램 모니터링 적절성	10
				프로그램 참여인력 전문성	11
				프로그램 대상자 적절성	3
	6.	이용자관리	이용자관리 척도	이용자 불만 및 만족	3
				이용자 권리	3
				이용자 정보보호	4
				이용자 참여	4
				이용자 개별적 사례관리	8

과정영역	7.	협력관리	협력관리척도	직원 간 협력관계	3
				조직 간 협력관계	5
				지역주민 간 협력	3
	8.	재무관리	재무관리척도	재무관리지식	5
				재무관리기술	15
				재무관리태도	4
	9.	갈등관리	갈등관리척도	이용자들 간의 갈등처리	5
				이용자와 직원 간의 갈등처리	5
				직원 간의 갈등처리	5
				지자체와의 갈등처리	5
	10.	시설안전관리	시설안전관리척도	실내 · 외 안전	8
				주변안전	3
				부대시설안전	3
				안전관리	7
	11.	혁신관리	혁신관리척도	조직 내 · 외부 환경분석	9
				혁신준비	4
				변화의 필요성 인식	10
	12.	조직관리	조직관리척도	공식적 조직활동	12
				비공식적 조직활동	3
				조직문화	3
	13.	정보문서관리	정보문서관리척도	온라인정보시스템관리	7
				오프라인 정보시스템관리	2
				문서시스템관리	6
	14.	자원개발관리	자원개발관리척도	가치자원	3
				태도자원	5
				기술자원	5
				지식자원	4
	15.	지역사회관리	지역사회관리척도	지역사회 정책분석	3
				지역사회 인구통계분석	3
				지역사회문제분석	2

결과영역	16.	품질관리	서비스품질 관리 척도	유형성	4
				신뢰성	5
				응답성	4
				확신성	3
				공감성	4
				접근성	2
				권리성	4
				협력성	4
	17.	효과관리	효과관리 척도	프로그램효과	4
				이용자효과	4
				가족 및 지역사회효과	5
	18.	평가관리	평가관리 척도	시설평가	4
				직원평가	8
				프로그램평가	5
18개 성과관리영역의 총 18개 척도 356개 항목					**356**

자료: 지은구 외(2018)에서 재인용

성과관리모형에 적합한 성과측정질문항목의 응답점수는 응답자들의 판별능력이 중요함을 고려하여 모든 질문항목의 응답을 응답자 중심의 접근방법인 리커트 7점 척도로 구성하였다. 척도의 점수가 많으면 많을수록 응답분포를 크게 하여 응답자들을 판별할 수 있는 능력(discriminant power)이 커지는 장점이 있지만 응답이 어려워지는 단점이 있다.

제3장

사회복지관 성과관리영역별 상대적 중요도 분석

제1절 성과측정모형 중요도 측정

1 AHP 분석

앞에서 최종적으로 개발하여 제시된 사회복지관 성과관리모형은 성과를 가치, 과정 그리고 결과의 영역으로 구분하여 가치영역에서 3개의 성과관리요소, 과정영역에서 12개의 성과관리요소 그리고 결과영역에서 3개의 성과관리요소가 도출되어 최종적으로 3개 성과관리영역의 18개 성과관리요소가 도출되었다. 18개의 성과관리영역별 요소가 모두 동일한 중요도를 가진다고 가정한다면 총점은 각각의 구성요소를 100점으로 하였을 경우 1,800점이 될 수 있다. 하지만 만약 가치와 과정 그리고 결과영역의 중요도가 각각 차이가 존재하고 또한 18개의 영역별 구성요소들 중에서도 각각의 중요도가 차이가 있다고 가정한다면 모든 구성요소를 100점으로 통일하여 총점이 1,800점이라고 환산할 수 없게 된다. 따라서 사회복지관의 성과관리모형이 작동하기 위해서는 3개의 성과관리영역별 상대적 중요도 및 가치영역의 3개 요소, 과정영역의 12개 요소 그리고 결과영역의 3개 요소별 상대적 중요도가 각각 도출되고 계산되어야 한다.

이 장에서는 사회복지관 성과관리 측정영역별(3개 관점의 18개 영역) 상대적 중요도를 측정하기 위하여 AHP(Analytic Hierarchy Process) 분석[1]을 시행하고 가치, 과정 그리고 결과 관점의 총 18개 영역별 상대적 가중치를 결정하여 제시한 후, 성과측정척도

1) AHP 분석은 우리나라에서는 일반적으로 계층분석 또는 계층분석과정으로 불린다. AHP 분석은 1970년대 초반 Satty에 의해서 개발되었으며 의사결정자가 선택할 수 있는 여러 가지 대안을 체계적으로 순위화시키는 방법이다.

가 포함된 최종 사회복지관 성과관리성과측정모형(Self-Oriented Performance Management System for Senior Center: SOPMS)을 완성하였다.

AHP 분석은 일반적으로 측정(measurement)을 위한 이론이라고 할 수 있으며 전문가들의 판단에 의존해서 양대 비교방식을 통해 상대적 중요도를 도출하는 방법이다(Saaty, 2008). 따라서 결정하여야 하는 요인들의 우선순위를 알기 위하여 또는 여러 결정요인들에 대한 상대적 가중치를 결정하기 위하여 주로 많이 사용된다. 즉, 측정의 측면에서 본다면 측정요소나 요인들에 대한 전문가들의 판단을 통해 요소별 상대적 중요도나 가중치를 결정하기 위하여 주로 활용하는 이론적 틀이자 측정도구라고 할 수 있다.

AHP 분석단계는 크게 네 단계로 구분될 수 있다. 첫 번째 단계는 의사결정할 사항들을 단계적으로 분류하여 의사결정요소들을 계층화하는 단계이며, 두 번째 단계는 이원비교방식으로 상대적 중요도를 측정하는 단계이고, 세 번째 단계는 고유치를 사용하여 계층별 상대적 가중치를 구하는 단계이며, 네 번째는 계층구조에서 도출된 가중치를 종합하여 평가대상이 되는 여러 요소들을 평가하여 종합순위를 결정하는 단계이다(윤은기, 2012).

2 자료수집방법

사회복지관 성과관리의 3개 관점과 관점별 총 18개 영역에 대한 상대적 비교를 위해서는 가치, 과정 그리고 결과 관점의 18개 영역별로 상대적 중요도를 도출해 내야 하는데, 이를 위해 사회복지관 관장 및 부장을 대상으로 무작위 40명을 선정하여 설문지를 통한 전문가조사를 시행하였다. 본 연구의 조사기간은 2016년 11월 25일에서부터 2주간 진행되었으며 AHP분석을 위한 설문조사는 심층적으로 이루어졌다.

3 조사도구

성과측정 결과에 대한 기관별 상대적 비교를 위하여 양대 간 비교를 중심으로 하는 AHP 분석을 실시하는데, 이를 위해 복지관 관장 및 부장들을 중심으로 18개 성과측정영역의 상대적 가중치 결정을 위한 설문조사를 시행하였다. 설문지는 도출된 관점을 두 개씩 묶어서 서로 비교하는 이원비교방식을 적용하였다. 즉, 가치관점의 3개 영역(요소)과 과정관점의 12개 영역(요소), 그리고 결과관점의 3개 영역(요소) 등 18개 분야의 사회복지관 성과영역을 선정하여 AHP분석기법에 의거하여 이원비교방식으로 설문지 질문항목을 구성하였다. 이원비교의 척도는 9점이며 점수의 의미는 〈표 3-1〉과 같다.

〈표 3-1〉 AHP 척도의 의미

중요도의 강도	정의	설명
1	중요도가 같음(동등)	두 요인의 중요도가 같다.
2	조금 중요하다.	'동등'과 '약간' 사이
3	약간 중요하다.	하나의 요인이 다른 요인에 비해 약간 더 중요하다.
4	상당히 중요하다.	'약간'과 '많이' 사이
5	많이 중요하다.	하나의 요인이 다른 요인에 비해 많이 중요
6	매우 많이 중요하다.	'많이'와 '아주 많이' 사이
7	아주 많이 중요하다.	하나의 요인이 다른 요인에 비해 아주 많이 중요하다.
8	대단히 많이 중요하다.	'아주 많이'와 '극히' 사이
9	극히 중요하다.	하나의 요인이 다른 요인에 비해 극히 중요하다.

4 자료분석방법

AHP 분석에 사용될 자료의 수집과 분석을 위한 조사방법을 설명하면 다음과 같다. 첫째, 본 연구에서는 AHP 분석을 활용한 우선순위 및 가중치 선정을 위하여 3대 사회복지관 현장전문가(관장 및 부장 급 40인)들을 대상으로 직접 설문조사를 시행하였다. 둘째, 설문 구성은 구성된 계층구조에 맞추어 요소 간의 상호비교가 쉽도록 작성하여 양대 비교의 척도는 9점으로 제시하였다. 셋째, AHP 분석에 Dress program(Ver. 1.7)을 사용하였다.

본 연구에 참여한 전문가집단의 설문대상자 중 개별 응답자 일관성지수(Consistency Ratio: CR)가 현저히 낮은 설문응답을 제외하였다. 본 연구의 설문에 응답한 양대 비교

행렬에 대해 유효성을 검정한 결과, 20% 이하의 불일치도(Inconsistency) 분석을 포함하였다. AHP 분석에서 일치도를 나타내는 일관성지수는 신뢰성의 오류에 대한 기준 지표를 제공하고 있는데 일반적으로 10% 범위의 오차까지는 매우 좋은 판단자료로 간주하며 20%의 범위까지는 허용할 수 있는 자료로 본다. 일치도가 20%를 넘어서는 경우 판단자료의 논리성에 많은 문제점이 있는 것으로 분석에서 제외하였으며, 일관성지수 0.2(20%) 이하인 설문지에서 상대적 가중치를 산정하였다.

제2절 성과측정모형 상대적 중요도 분석결과

1 상대적 중요도 분석결과

1) 개요

AHP 분석은 사회복지관 성과관리의 관점과 영역별 상대적 중요성 및 가중치 분석을 위해 시행되었으며 설문조사는 사회복지관의 관장과 부장 등의 복지현장전문가들을 중심으로 2016년 11월 25일부터 2주일에 걸쳐 진행되었다. 설문지는 전체 40부 중에서 38부를 회수하여 불성실한 답변을 한 8부를 제외하고 30부를 대상으로 하였다. 분석이 가능한 총 30부 중에서 일관성지수가 0.2 이상인 20부를 기각하고 실제 분석은 일관성지수가 0.2 이하인 10부를 대상으로 하였다.

2) 제1단계: 성과관리의 관점별 중요도 분석결과

성과관리의 관점별 상대적 중요도는 〈표 3-2〉와 같다. 세 가지 관점 중에서 '가치관점'이 54%로 가장 높은 가중치를 가지며, 다음으로는 '결과관점'이 27%, '과정관점'이 19%의 순으로 가중치를 가지는 것으로 나타났다. 일관성지수(CR)는 .19 수준으로 각 관점에 대한 중요도 산정은 유의미한 것으로 판단할 수 있다. 〈표 3-2〉는 성과의 세

관점별 상대적 가중치 및 우선순위를 나타내 준다.

〈표 3-2〉 관점별 상대적 가중치

평가영역	상대적 가중치	우선순위	CR
가치관점	.54	1순위	.19
과정관점	.19	3순위	
결과관점	.27	2순위	

3) 제2단계: 성과관리 영역별 중요도 분석결과

성과관리 관점 중 가치관점의 영역별 중요도는 〈표 3-3〉과 같다. 세 가지 영역 중에서 '신뢰관리'가 38%로 가장 높은 가중치를 가지며, 다음으로는 '비전관리'가 35%, '규범관리'는 27%의 순으로 가중치를 가지는 것으로 나타났다. 일관성지수(CR)는 .12 수준으로 각 영역에 대한 중요도 산정은 유의미한 것으로 판단할 수 있다.

〈표 3-3〉 가치관점 상대적 가중치

관점	측정영역	가중치	우선순위	CR
가치관점	비전관리	.35	2순위	.12
	규범관리	.27	3순위	
	신뢰관리	.38	1순위	

성과관리 관점 중 과정관점의 영역별 중요도는 〈표 3-4〉와 같다. 12개 영역 중에서 '조직관리'가 13%로 가장 높은 가중치를 가지며, 다음으로는 '인적자원관리'가 12%, '재무관리'가 11%, '갈등관리'가 10%, '이용자관리'가 9%, '지역사회관리'가 8%, '프로그램관리'와 '혁신관리' 그리고 '자원개발관리'가 7%, '협력관리'가 6%, '시설안전관리'와 '정보문서관리'가 5%의 순으로 가중치를 가지는 것으로 나타났다. 일관성지수(CR)는 .13 수준으로 각 영역에 대한 중요도 산정은 유의미한 것으로 판단할 수 있다.

〈표 3-4〉 과정관점 상대적 가중치

관점	측정영역	가중치	우선순위	CR
과정관점	인적자원관리	.12	2순위	.13
	프로그램관리	.07	7순위	
	이용자관리	.09	5순위	
	협력관리	.06	10순위	
	재무관리	.11	3순위	
	갈등관리	.10	4순위	
	시설안전관리	.05	11순위	
	혁신관리	.07	7순위	
	조직관리	.13	1순위	
	정보문서관리	.05	11순위	
	자원개발관리	.07	7순위	
	지역사회관리	.08	6순위	

성과관리 관점 중 결과관점의 영역별 중요도는 〈표 3-5〉와 같다. 세 가지 영역 중에서 '품질관리'가 40%로 가장 높은 가중치를 가지며, 다음으로는 '효과관리'가 35%, '평가관리'는 25%의 순으로 가중치를 가지는 것으로 나타났다. 일관성지수(CR)는 .10 수준으로 각 영역에 대한 중요도 산정은 유의미한 것으로 판단할 수 있다.

〈표 3-5〉 결과관점 상대적 가중치

관점	측정영역	가중치	우선순위	CR
결과관점	품질관리	.40	1순위	.10
	효과관리	.35	2순위	
	평가관리	.25	3순위	

4) 제3단계: 상대적 가중치 비교 및 종합

사회복지관 성과관리모형의 상대적 가중치와 우선순위 및 환산치 설정은 〈표 3-6〉과 같다. 먼저, 측정관점별 상대적 중요도와 우선순위는 가치관점(.54) → 결과관점

(.27) → 과정관점(.19)의 순서로 나타났다. 다음으로 측정영역별 상대적 가중치와 우선순위를 살펴보면, 첫째, 가치관점 영역의 경우 신뢰관리(.35) → 비전관리(.38) → 규범관리(.27) 순으로 나타났다. 둘째, 과정관점 영역의 경우 조직관리(.13) → 인적자원관리(.12) → 재무관리(.11) → 갈등관리(.10) → 이용자관리(.09) → 지역사회관리(.08) → 프로그램관리, 혁신관리, 자원개발관리(.07) → 협력관리(.06) → 시설안전관리, 정보문서관리(.05) 순으로 나타났다. 셋째, 결과관점 영역의 경우 품질관리(.40) → 효과관리(.35) → 평가관리(.25) 순으로 나타났다.

사회복지관 성과관리모형의 목표환산치는 각 관점에 부여된 가중치를 기준으로 환산하여 목표가중치가 환산되었다. 측정관점별로는 가치관점의 경우 540점(54%), 과정관점은 190점(19%), 결과관점은 270점(27%)으로 목표환산치가 부여되었으며 총합은 1,000점(100%)이다. 영역별로 살펴보면 가치관점의 세 영역의 경우 비전관리는 189점(18.9%), 규범관리는 146점(14.6%), 신뢰관리는 205점(20.5%)으로 나타났으며, 총합은 540점(54%)이다. 과정관점의 열두 영역의 경우 인적자원관리는 22.8점(2.28%), 프로그램관리는 13.3점(1.33%), 이용자관리는 17.1점(1.71%), 협력관리는 11.4점(1.14%), 재무관리는 20.9점(2.09%), 갈등관리는 19점(1.90%), 시설안전관리는 9.5점(0.95%), 혁신관리는 13.3점(1.33%), 조직관리는 24.7점(2.47%), 정보문서관리는 9.5점(0.95%), 자원개발관리는 13.3점(1.33%), 지역사회관리는 15.2점(1.52%)으로 나타났으며, 총합은 190점(19%)이다. 결과관점의 세 영역의 경우 품질관리는 108점(10.8%), 효과관리는 94.5점(9.45%), 평가관리는 67.5점(6.75%)으로 나타났으며, 총합은 270점(27%)이다.

〈표 3-6〉 사회복지관 성과관리모형의 상대적 가중치와 우선순위 및 환산치 설정

측정관점	가중치	순위	목표환산치	측정영역	가중치	순위	목표환산치
가치관점	.54	1순위	54%	비전관리	.35	2순위	189(18.9%)
				규범관리	.27	3순위	146(14.6%)
				신뢰관리	.38	1순위	205(20.5%)
				소계	1.000(100%)		540(54%)

과정관점	.19	3순위	19%	인적자원관리	.12	2순위	22.8(2.28%)
				프로그램관리	.07	7순위	13.3(1.33%)
				이용자관리	.09	5순위	17.1(1.71%)
				협력관리	.06	10순위	11.4(1.14%)
				재무관리	.11	3순위	20.9(2.09%)
				갈등관리	.10	4순위	19(1.90%)
				시설안전관리	.05	11순위	9.5(0.95%)
				혁신관리	.07	7순위	13.3(1.33%)
				조직관리	.13	1순위	24.7(2.47%)
				정보문서관리	.05	11순위	9.5(0.95%)
				자원개발관리	.07	7순위	13.3(1.33%)
				지역사회관리	.08	6순위	15.2(1.52%)
				소계	1.000(100%)		190(19%)
결과관점	.27	2순위	27%	품질관리	.40	1순위	108(10.8%)
				효과관리	.35	2순위	94.5(9.45%)
				평가관리	.25	3순위	67.5(6.75%)
				소계	1.000(100%)		270(27%)
합계	1,000(100%)		100%	합계	1,000(100%)		1,000(100%)

2 성과측정영역별 상대적 중요도를 반영한 최종 성과측정모형

[그림 3-1]은 앞의 〈표 3-6〉을 근거로 목표환산치를 계산하여 사회복지관 성과측정모형의 AHP 계층구조를 도식화한 것이다. 최종 사회복지관 성과측정모형은 3개의 관점과 18개의 영역으로 구성되어 있으며, 관점과 가중치는 다음과 같다. 구체적으로 보면 가치관점 540점(54%), 과정관점 190점(19%), 결과관점 270점(27%)이며, 가치관점 중 비전관리는 189점(18.9%), 규범관리는 146점(14.6%), 그리고 신뢰관리는 205점(20.5%)이다. 과정관점 중에서는 인적자원관리 22.8점(2.28%), 프로그램관리 13.3점(1.33%), 이용자관리 17.1점(1.71%), 협력관리 11.4점(1.14%), 재무관리 20.9점(2.09%), 갈등관리 19점(1.90%), 시설안전관리 9.5점(0.95%), 혁신관리 13.3점(1.33%), 조직관리

24.7점(2.47%), 정보문서관리 9.5점(0.95%), 자원개발관리 13.3점(1.33%), 지역사회관리 15.2점(1.52%)이고 결과관점 중에서는 품질관리 108점(10.8%), 효과관리 94.5점(9.45%), 그리고 평가관리 67.5점(6.75%)이다.

[그림 3-1] 사회복지관 성과관리모형 AHP 계층구조도

제4장

사회복지관 성과관리 가치영역의 측정

제1절 사회복지관의 가치

1 조직가치

조직가치는 조직구성원들의 과업행동을 인도하는 규율이나 원칙과 같은 의미를 가지고 있다. 가치는 조직의 모든 행동과업을 규정하고 인도하므로 조직구성원들의 행동과업이나 조직이 제공하는 모든 서비스는 조직의 가치를 실현하는 범위 안에서 이루어진다. 즉, 모든 조직은 매일매일의 과업행동을 통해서 가치를 입증한다고 할 수 있다. 조직의 가치를 통해서 사람들은 조직구성원들이 어떻게 행동할 것인지를 예측하고 기대할 수 있다. 일반적으로 조직들은 가치가 너무 많이 설정되면 혼란이 올 수 있으므로 몇 개의 핵심적인 가치를 가지고 있다(지은구, 2012b).

조직 가치

- 조직을 인도하는 기본 원칙으로서 조직구성원들이 따라야 하는 규율이나 규칙
- 조직구성원들의 기대된 행동을 규정하며 조직구성원들이 조직 외부세계와 상호행동하는 원칙
- 조직구성원들의 과업행동을 인도하는 규율이나 원칙
- 조직가치를 통해서 사람들은 조직구성원들이 어떻게 행동할 것인지를 예측하고 기대할 수 있음

결국 조직의 가치는 직원의 과업행동을 규정하므로 조직성과를 가져오는 가장 핵심적인 부분이라고 할 수 있다. 일반적으로 조직의 핵심적인 가치는 곧 조직의 미션과 비전을 통해서 공표되며 조직의 미션 및 비전을 성취하려는 전 직원들의 모든 행동은 지도자의 리더십과 조직에서 제공되는 서비스에 대한 신뢰와 직원들 사이에 그리고 직원과 지도자 그리고 이용자 사이에 형성된 신뢰에 의해서 실현되고 구체화된다고 볼 수 있다.

결국 조직의 성과관리를 통한 가치의 실현은 구체적으로 신뢰에 대한 관리(신뢰관리), 조직비전 및 미션에 대한 관리(비전관리) 그리고 조직구성원들의 행동유형을 규정하는 직원 행동규범에 대한 관리(규범관리)에 의해서 이루어진다고 할 수 있다. 조직의 비전과 미션은 상호관련이 있어야 하고 가치지향적인 노력을 인도하는 진술이어야 하며 직원들은 비전과 미션을 성취하기 위한 노력을 기울이도록 모든 행동이나 기준이 설정되어 있어야 한다. 모든 조직구성원들은 상호 간에 신뢰를 바탕으로 조직의 비전과 미션의 성취를 위한 노력을 기울여야 한다. 조직의 비전과 미션의 성취라는 조직행동에 있어 특히 기관장의 행동이나 노력은 매우 중요하므로 기관장의 사회적 가치지향성을 위한 노력의 정도와 능력 등은 매우 중요한 비전관리의 영역이라고 할 수 있다.

2 사회복지관의 사회적 가치지향성

사회복지관은 비영리조직으로서 사회적 가치를 실현하기 위해 노력하는 사회적 단위이자 체계다. 사회복지관의 사회적 가치실현을 위한 노력, 즉 사회적 가치지향성은 곧 사회복지관 운영의 투입단계에서 복지관 성과에 결정적인 중요 요소이다. 사회복지관이 노인, 장애인을 포함하는 주민복지증진이라는 사회적 가치를 실현하기 위해 노력하여야 한다는 사회적 가치지향성은 곧 복지관 관장을 포함한 모든 직원들의 노력과 행동을 규정하는 지침이자 정신적인 토대로서 사회복지관의 행동과 결과를 규정하는 원칙이자 원리이다.

사회복지관 성과관리에서 가치영역은 사회복지관이라는 비영리조직의 사회적 가치구현을 다루는 영역으로 조직구성원들의 모든 조직행동의 기준을 제시하는 영역이다. 사회복지관은 장애인 및 노인을 포함하는 주민복지증진이라는 사회적 가치의 실현을 위하여 존재하므로 복지관 및 조직구성원들의 모든 행동은 주민복지증진이라는 가치실현과 밀접한 연관이 있어야 한다.

사회복지관 성과관리 가치영역

사회복지관의 노인 및 장애인을 포함하는 주민복지증진이라는 가치구현을 다루는 영역으로 복지관구성원들의 모든 조직행동의 기준을 제시하는 영역

따라서 사회복지관 성과관리의 가치영역은 사회복지관이 성취하려는 사회적 가치인 주민복지증진을 위한 노력을 의미하므로 사회복지관의 성과를 개선하기 위한 노력으로서 복지관이 나아가야 할 방향성을 결정하는 중요한 성과관리영역이 된다. 이러한 의미에서 가치영역은 복지관의 사회적 가치지향성을 의미한다고 할 수 있다.

사회복지관의 성과관리를 통한 사회적 가치실현은 조직가치영역에서 밝힌 바와 같이 구체적으로 신뢰에 대한 관리(신뢰관리), 조직의 비전 및 미션에 대한 관리(비전관리) 그리고 조직구성원들의 행동유형을 규정하는 규범에 대한 관리(규범관리)에 의해서 이루어지므로 가치관리의 영역(dimension)은 신뢰관리, 비전관리 그리고 규범관리로 구성된다. 즉, 사회복지관은 신뢰와 규범 그리고 비전의 관리를 통하여 사회적 가치지향성을 유지·관리하기 위해 노력함을 의미한다.

비전관리영역은 사회복지관의 가치를 실현하기 위한 노력 중 복지관의 미션과 비전의 상호연관성 여부 및 사회적 가치지향성, 지도자의 비전과 철학 및 가치실현을 위한 능력과 노력, 직원과 지도자 간의 비전공유 등을 규정하는 영역이다.

규범관리영역은 사회복지관의 조직구성원들에 의해 공유되고 전파되며 특정한 상황에 대해 조직구성원들이 유사한 방식으로 행동하도록 만드는 복지관 행동윤리강령이나 복지관 직원사명 또는 실천원칙과 직원헌장이나 이용자헌장 등과 같은 직원들의 행동이나 태도를 규정한다.

신뢰관리영역은 직원과 지도자 사이의 신뢰, 직원 간 신뢰, 이용자의 조직에 대한 신뢰나 직원에 대한 신뢰를 나타내는 영역이다. 즉, 사회복지관의 가치를 실현하기 위한 모든 노력이나 행동들은 설정된 조직의 비전과 미션을 성취하기 위한 노력이나 행동에 반영되며 또한 직원들은 조직의 가치실현을 위해 유사한 방식으로 행동하게 하는 규범의 반영을 의미한다. 마지막으로 가치실현을 위한 노력은 가치가 무엇을 믿고, 무엇을

지지하며, 무엇을 중요하게 생각하느냐 하는 문제에 있어서 무엇을 나타낸다는 점을 반영하여 믿고 지지하기 위한 기본적인 토대인 신뢰관리의 필요성을 강조한다고 할 수 있다.

3 사회적 가치지향성과 성과측정

사회적 가치실현을 위한 노력의 정도를 나타내는 사회적 가치지향성은 조직구성원들(돌봄인력을 포함)의 조직 안에서 이루어지는 상호행동을 규정할 수 있는 투입영역의 성과측정에 있어 중요한 측정도구가 된다. 직원들의 상호행동에 영향을 주는 사회적 가치지향성에 대한 인식의 정도가 높다면 이는 제공되는 사회복지서비스의 품질에 영향을 줄 것이며 이는 이용자들의 삶의 변화에도 긍정적으로 작용할 수 있기 때문이다.

결국 사회복지관의 성과관리를 구성하는 사회적 가치지향성은 복지관의 비전과 미션(또는 목적과 목표)에 대한 기관장 및 직원들의 공유 정도와 가치실현을 위한 그들의 행동에 영향을 미치는 공유된 규범의 정도, 기관장의 가치지향성을 위한 노력의 정도 및 능력 그리고 가치실현을 위한 노력에 대한 직원들의 신뢰 정도 등을 포함한다.

4 사회적 가치지향성의 측정

본 연구에서 투입은 성과측정에 있어 가치영역에 해당되는 것으로서 사회복지관이 추구하는 사회적 가치의 실현여부가 곧 투입영역에서 확인되는 성과라고 할 수 있다. 복지관은 비영리조직으로서 개인의 이익을 추구하지 않으며 전체 사회, 특히 노인사회의 이익을 추구한다. 복지관의 사회적 가치지향성은 앞에서 설명한 바와 같이 노인복지 증진이며 이를 위한 투입으로 다양한 복지서비스가 제공되는 것이고 이는 곧 이용자 개개인 및 전체 사회의 복지증진을 의미하는 것이라고 할 수 있다. 결국 투입에 대한 성과측정은 이용자의 사회복지증진이라는 가치가 삶의 질 향상이나 생활만족도 향상 그리고 주민들이 갖는 사회문제에 대한 인식의 개선이나 사회복지사업, 나아가 지역사회나 지자체와 정부에 대한 신뢰와 같은 사회자본 향상 등에 영향을 줄 수 있으므로 이들 영역에 영향을 미치는 사회적 가치실현을 위한 노력에 대한 측정이 곧 투입단계에서의 성과측정영역이라고 할 수 있다. 사회적 가치실현을 위한 노력이 없으면, 즉 투입이 없으면 당연히 국민의 사회복지증진이라는 궁극적 성과는 실현될 수 없으므로 이를 실현할 수 있도록 하는 투입영역의 측정이 매우 중요하다.

투입영역에서 비용이나 인력 등의 물적 자원이 어느 정도 투입되었는지 등은 주민복지증진을 위한 사회복지사업의 성과를 전적으로 대변할 수 없으므로 투입은 복지관 성과 중 기관이나 인력들의 가치지향성을 측정하는 것을 통해서 입증될 수 있다. 따라서 제공기관의 비전이나 미션, 제공되는 사업의 목적과 목표의 사회가치 적합성 그리고 직원들의 사회적 가치지향성에 대한 인식과 기관장의 능력과 태도 등은 모두 투입단계에서 확인할 수 있는 투입측정영역이다.

결국 사회적 가치지향성의 측정영역은 복지관의 비전과 미션(또는 목적과 목표)에 대한 기관장 및 직원들의 공유 정도와 가치실현을 위한 그들의 행동에 영향을 미치는 공유된 규범의 정도, 기관장의 가치지향성을 위한 노력의 정도 및 능력 그리고 가치실현을 위한 노력에 대한 직원들의 신뢰 정도 등을 포함한다.

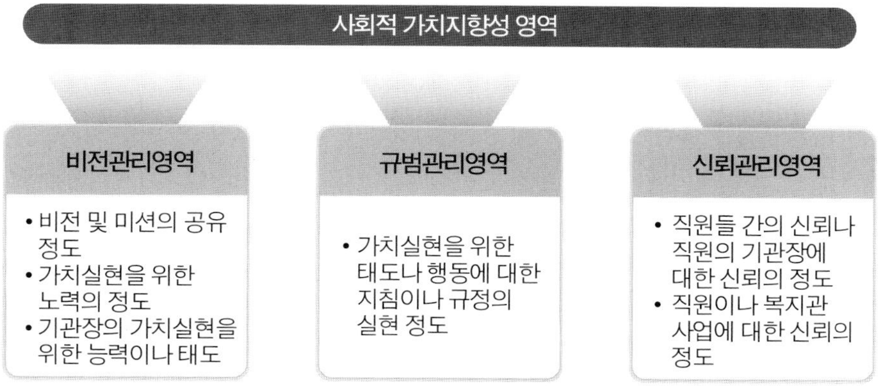

[그림 4-1] 사회적 가치지향성의 영역

결국 사회복지관의 투입영역에서 측정하여야 하는 사회적 가치지향성의 비전관리, 신뢰관리 그리고 규범관리의 성과측정영역은 다음과 같다.

사회적 가치지향성의 측정영역

- 기관이 설정한 미션과 비전의 사회적 가치지향성
- 기관이 설정한 미션과 비전에 대한 직원들의 공감 정도
- 기관장과 직원들의 사회적 가치에 대한 인식 정도
- 기관장을 포함한 조직구성원들의 사회적 가치실현을 위한 노력 정도
- 기관장 및 직원의 사회문제에 대한 인식 정도
- 기관장의 능력과 조직운영에 대한 태도 및 철학
- 직원들의 조직행동유형을 위한 기준이나 규칙의 인식여부
- 기관장에 대한 직원들의 신뢰 정도와 직원 간 신뢰 정도
- 기관과 기관장을 포함한 직원이나 프로그램(사업)에 대한 신뢰 정도 등

제2절 비전관리의 측정과 측정도구

가치는 비전과 미션을 성취하고 추동하는 원동력이다. 가치는 비전 및 미션을 성취하기 위해 조직구성원들이 어떻게 행동할 것인가(직원 행동양식의 규정)를 나타내는 것이며 비전은 조직이 추구하는 미래의 상(image)이나 그림을 의미하고 미션은 조직이 왜 생존하는가에 대한 대답을 의미한다. 비전은 조직의 가치와 미션을 연결하는 연결고리의 역할을 수행한다. 따라서 성과의 가치영역은 비전과 미션이라는 개념을 중심으로 구성된다. 비전관리는 조직이 추구하는 가치의 실현여부를 관리하는 영역으로 비전관리에는 당연히 미션에 대한 관리도 포함한다. 비전관리의 구체적 내용을 살펴보면 다음과 같다.

1 비전관리의 개념

1) 비전

비전이란 사전적 의미로 '내다보이는 장래의 상황'을 의미하며 꿈으로도 표현된다. 미래의 현실성 있고, 믿을 만하며 매력적인 미래상이다. 올바른 비전은 사람들에게 활력을 불러일으킴으로써 그들의 기술, 재능, 지원을 통해 미래로 도약하게 하는 아이디어이다. 비전은 미래에 대한 이상적이고 특별한 이미지(Kouzes & Posner, 1987)로서 결국 '미래상'과 '공유'의 의미가 공통적으로 포함되어 있다.

조직비전은 조직이 나아가기를 기대하는 미래의 상이라고 할 수 있으며 이와 같은 조직비전에 대한 개념 및 조직비전과 조직성과에 대한 연구들은 조직성과를 관리하고 개선하기 위해서는 비전의 관리가 매우 결정적임을 의미하는 것이라고 지적하고 있다. 이러한 점에서 비전을 관리하는 비전관리는 결국 조직이 추구하고 지향하는 사회적 가치가 조직구성원들 자신이 추구하고 지향하는 가치로 받아들여지도록 지속적으로 노력하고 관리하는 것이라고 정의할 수 있다.

조직의 비전관리에 있어 지도자의 능력과 역할은 매우 중요하다고 할 수 있는데 이는 조직운영에 있어 조직의 지도자는 곧 비전의 창시자이면서 동시에 비전을 성취하려는 인도자의 역할을 수행하여야 하기 때문이다. 비전의 리더십(visionary leadership)은 지도자, 곧 조직의 장이 비전을 성취할 수 있도록 직원들을 인도하고 비전이 성취 가능하도록 조직의 모든 업무를 분장할 수 있고 특히 자신이 무엇보다도 비전성취를 위한 능력을 갖출 수 있도록 노력할 때 갖추어진다.

결국 조직성과개선을 위한 관리요소로서 비전관리는 가장 중심적인 두 축인 조직의 비전과 미션을 관리하는 과정을 의미하는 것이다. 조직의 비전과 미션은 최고지도자와 직원들의 관계에 의해서 실현되므로 지도자의 비전 및 미션 성취를 위한 노력과 능력여부 그리고 조직의 비전과 미션에 대한 직원들의 공감 정도는 조직의 비전관리에 있어서 가장 결정적인 관리요소이다.

비전

- 미래에 대한 이상적이고 특별한 상(image)
- 내다보이는 장래의 상황

조직비전

- 조직이 나아가기를 기대하는 미래의 상
- 조직이 미래에 되고자 하는 것을 나타내는 진술 또는 글로 표현한 조직의 미래 사진
- 미션을 의미 있는 결과물로 바꾸고 시간이나 노력, 돈과 같은 자원의 할당을 인도하는 역할

비전관리

- 조직이 추구하고 지향하는 가치가 조직구성원들 자신이 추구하고 지향하는 가치로 받아들여지도록 지속적으로 노력하는 조직행동
- 조직의 비전과 미션을 관리하는 과정

2) 미션

미션은 사전적 정의로 해야 할 일이나 임무를 나타낸다. 일반적으로 조직의 설립목적은 미션(mission statement)[1]이라고 불린다. 미션은 매우 분명하고 간결한 조직 설립의 근거를 제시하는 문장이나 문맥으로서 왜 조직이 만들어졌는가 또는 왜 존재하는가를 다른 사람들이 쉽게 이해할 수 있도록 돕는다. Tribe(1997)는 미션을 조직이 무엇을 성취하고 추구하는지를 간단명료하게 설명하는 표현진술이라고 정의하였다. 일반적으로 미션은 시간제한이 없으며 오랫동안 사용되는 특성이 있다(지은구, 2012). Marr(2009)는 미션이 조직이 왜 존재하며 무엇을 하는지를 설명하는 진술이라고 규정하였다. 따라서 조직설립목적을 나타내는 미션은 조직의 비전(조직이 미래사진이나 상)을 관리함에 있어 매우 중요한 관리요소가 된다.

어떤 조직을 처음 접하는 사람은 누구라도 그 조직이 무엇이며 어떤 서비스를 제공

1) 일반적으로 우리나라에서는 미션이라는 용어보다는 조직설립목적 또는 조직목적이라는 용어를 자주 사용하지만 이 용어들은 모두 같은 의미로 사용된다.

하고 왜 존재하는가에 대해 알 수 없다. 조직의 미션은 바로 이러한 질문에 대한 답을 제공하는 진술이다. 이미 앞에서 설명한 바와 같이 미션은 왜 조직이 만들어졌는가 또는 왜 존재하는가를 다른 사람들이 쉽게 이해할 수 있도록 설명하는 진술이라고 할 수 있다. 일반적으로 미션은 분명하고 간단하게 진술되고 이해하기가 쉬워야 하며 변화를 조장하고 쉽게 고치거나 수정되기보다는 장기적으로 유지되는 진술이라는 속성을 갖는다(지은구, 2012b).

Witham(2007)에 의하면, 미션은 조직의 동질성을 보여 주는 특성으로서 조직의 곳곳에 미션이 스며드는 것이 조직의 성공을 위한 가장 효과적인 길이라고 제시하였다. 또한 가장 성공적인 조직은 미션을 통하여 조직구성원들의 업무수행에 의미를 부여한다고 하였다. 성공적인 조직은 조직의 목적, 즉 미션이 달성된 조직(Miller, Farnet, & Bushman, 1997)이며 미션은 조직의 성공과 조직구성원들의 동기와 관련(Forehand, 2000)되어 있는 것이다(유수진, 2009). 미션은 조직이 사회의 한 구성체로서 책임과 목적, 사명을 명확히 하고 장기적으로 나아갈 방향과 행동원칙을 포함해 조직과 구성원이 공유하고자 하는 가치와 정신을 사내외에 공식적으로 표명하여 명문화한 것이다. Forehand(2000)는 조직의 목표달성과 조직구성원들의 동기를 증가시키기 위한 가치 있는 도구로서 미션을 제시하고 있다.

미션

해야 할 중요한 일이나 임무

조직미션

- 조직이 왜 존재하며 무엇을 하는지를 설명하는 진술
- 왜 조직이 만들어졌는가 또는 왜 존재하는가를 다른 사람들이 쉽게 이해할 수 있도록 설명하는 진술
- 조직이 무엇을 성취하고 추구하는지를 간단명료하게 설명하는 표현진술
- 조직이 사회의 한 구성체로서 책임과 목적, 사명을 명확히 하고 장기적으로 나아갈 방향과 행동원칙을 포함해 조직과 구성원이 공유하고자 하는 가치와 정신을 사내외에 공식적으로 표명하여 명문화한 것

2 비전관리(의 요소)와 성과관리

비전을 관리하는 비전관리는 결국 조직이 추구하고 지향하는 가치가 조직구성원들 자신이 추구하고 지향하는 가치로 받아들여지도록 지속적으로 노력하고 관리하는 것이라고 정의할 수 있다. 비전과 미션에 대한 관리를 포함하는 비전관리는 결국 조직구성원들의 직무몰입과 조직몰입에 긍정적인 영향을 주고 이는 결국 조직의 성과개선에 영향을 미친다.

조직성과개선을 위한 관리요소로서 비전관리는 가장 중심적인 두 축인 조직의 비전과 미션을 관리하는 과정을 의미하는 것이고 이러한 비전관리는 특히 지도자의 능력에 의해 많은 영향을 받는다. 따라서 조직의 비전관리에 있어 지도자의 능력과 역할은 매우 중요하다고 할 수 있고 조직의 비전과 미션은 최고지도자와 직원들의 관계에 의해서 실현되므로 지도자의 비전 및 미션성취를 위한 노력과 능력여부 그리고 조직의 비전과 미션에 대한 직원들의 공감 정도는 조직의 비전관리에 있어서 가장 결정적인 관리요소이다. 특히 관리자는 비전을 경제적 · 사회적 · 개인적 관점에서 명확하게 가지고 있어야 하며, 비전이 모든 의사결정에 고려될 수 있도록 하여야 한다. 조직은 경쟁적 우위의 확보와 같은 실무적인 성과를 나타낼 수 있기에 미션, 비전과 같은 관리철학의 개발과 설정은 상당히 중요하다는 것이 전략적 관리의 핵심적인 사항이라 할 수 있다. 결론적으로 비전관리에 있어 지도자의 비전과 미션을 수립하고 시행하는 능력과 조직운영을 위한 철학은 매우 중요한 비전관리의 전략이라고 할 수 있다.

3 비전관리의 측정요소

비전관리의 관리요소로는 앞에서 지적한 바와 같이 사회복지관의 비전과 미션의 사회적 가치지향성, 관장을 포함한 직원들의 비전 및 미션의 공유 정도, 관장의 리더십 및 업무수행 전문적 능력, 관장의 조직운영철학 등이 포함된다.

[그림 4-2] 비전관리의 측정요소

4 비전관리 측정도구

비영리조직의 비전을 관리하기 위한 객관적인 비전관리 측정도구는 개발되어 있지 않다. 본 연구에서는 비전관리의 측정요소로서 비전과 미션의 가치지향성 여부, 관장 및 직원의 비전 및 미션의 공유 정도, 관장의 리더십 및 전문적 능력과 태도 그리고 관장의 조직운영철학 등으로 설정하고 앞의 측정요소를 측정하기에 적합한 질문항목을 자체 개발하여 도출한 후 전문가 집단의 면접을 통하여 수정 및 보완의 과정을 거쳐 최종 1차 비전관리 예비지표를 선정하였다. 다음의 사회복지관 비전관리 척도는 5개 영역의 총 23개 문항으로 측정하도록 구성되어 있으며 리커트 7점 척도를 활용하고 질문항목에 대한 가독성을 높이기 위하여 모두 긍정적인 질문으로 구성되어 있다. 선행연구를 통해 개발된 예비척도는 5개 비전관리영역의 26개 문항으로 구성되어 있었으나 2차에 거친 전문가들을 대상으로 하는 초점집단면접을 통해 수정 및 보완되어 내용타당도가 향상된 최종 23개 문항의 척도가 개발되었다. 특히, 1차 예비척도 23개 질문항목 중 적절성에 대한 지적으로 2차 전문가면접에서 21번의 문항이 수정되었다. 최종 수정된 사회복지관 예비 비전관리 척도는 〈표 4-1〉과 같다.

〈표 4-1〉 비전관리 척도

비전관리 측정내용			동의 정도						
			1	2	3	4	5	6	7
미션과 비전의 가치 지향성	1.	나는 우리 복지관의 미션과 비전을 잘 알고 있다.							
	2.	우리 복지관의 미션은 사회적 가치실현과 연관이 있다(=사회적 가치는 노인복지증진, 노인들의 삶의 질 향상 등을 의미).							
	3.	우리 복지관은 미션을 성취하기 위해 노력하고 있다.							
	4.	우리 복지관의 모든 과업행동은 미션성취와 연관이 있다.							
	5.	우리 복지관의 비전은 미션과 상호 연관이 있다.							
	6.	우리 복지관의 비전은 사회적 가치실현(노인복지증진)과 연관이 있다.							
	7.	우리 복지관은 비전을 성취하기 위해 노력하고 있다.							
	8.	우리 복지관의 모든 과업행동은 비전성취와 연관이 있다.							
미션 및 비전의 공유 정도	9.	우리 복지관의 직원들은 우리 조직이 조직의 미션 및 비전을 성취하기 위해 노력하고 있다고 생각한다.							
	10.	우리 복지관의 미션과 비전은 조직몰입을 위한 강력한 동기요인이다.							
	11.	나는 우리 복지관의 미션과 비전을 존중하며 이를 실천하기 위해 노력한다.							
관장의 리더십	12.	관장은 복지관을 둘러싼 환경에 적극적으로 대처할 수 있는 능력이 있다.							
	13.	관장은 직원 개개인들을 존중한다.							
	14.	관장은 직원 및 이용자의 생각을 이해하기 위해 노력한다.							
관장의 업무 수행 전문성	15.	관장은 직원들로부터 업무수행에 있어 전문적 능력을 인정받고 있다.							
	16.	관장의 문제해결을 위한 분석 및 대처방안은 항상 신뢰가 간다.							
	17.	관장은 직원들의 성장 및 역량강화에 도움이 되는 슈퍼비전을 제공한다.							

관장의 조직 운영 철학	18.	관장은 복지관의 사회적 가치실현(노인복지증진 등)을 위해 노력하고 있다.							
	19.	관장은 개인의 이익보다 사회적 이익을 더욱 중요시한다(=개인적 이익은 복지관 버스 등과 같은 비품이나 용품의 개인적 사용이나 직원들에게 개인적 업무부탁 등 의미).							
	20.	관장은 모든 직원들과 열린 의사소통을 한다.							
	21.	관장은 특정 종교 및 정치적 색채를 띠지 않는다.							
	22.	관장은 직원들의 성장을 중요하게 생각하며 이를 적극적으로 지원한다.							
	23.	관장은 직원들을 배려한다.							

제3절 규범관리의 측정과 측정도구

1 규범관리의 개념

규범은 기대되는 행동유형으로서 복지관의 모든 직원들의 행동을 인도하고 규정하는 중요한 성과관리 가치영역의 관리요소이다. 특히 직원들의 행위를 규정하는 규범은 사회복지관이라는 조직 안에서 이루어지는 조직규범을 의미한다고 할 수 있다. 즉, 규범은 사회구성원들의 행위를 인도하는 사회적인 규범이 아니라 조직구성원들의 행위를 인도하는 조직규범을 의미하므로 조직규범에 영향을 받는 사회복지관 직원들의 행동유형을 이해하는 데 유용하다.

사회복지관 성과관리 가치영역에서 규범을 관리한다는 것은 곧 조직규범을 관리한다는 것을 의미한다. 조직 또는 집단의 규범은 조직구성원이나 집단구성원 간 상호작용을 통해 개발되는 행동에 대한 지침이다(Cialdini & Trost, 1998). 따라서 조직이나 집단의 규범은 조직구성원 및 집단구성원들에 의해 공유되고 전파되며 특정한 상황에 대해 구성원들이 유사한 방식으로 행동하도록 만든다. 조직이나 집단에서 개인의 자발적 행동은 조직과 집단에 의해 지지될 수도 있고 혹은 억압될 수도 있다. 즉, 동일한 행동이라도 집단맥락에 따라 다르게 해석될 수 있는데 이러한 맥락을 집단의 규범이라고 할 수 있다. 이와 같은 맥락에서 본다면 조직규범은 조직구성원들의 상호행동을 규정하고 상호행동은 곧 조직구성원 사이의 관계적 교환을 의미하므로 규범은 곧 관계규범을 관리하는 것이라고 할 수 있다. 결국 조직규범은 직원들이 어떻게 행동하는가를 규정함으로써 사회복지관의 규범 역시 직원들이 어떻게 행동하는가를 규정하는 지침이라고 할 수 있으며 직원들과 직원 그리고 이용자 사이의 관계를 규정한다 할 수 있다.

결국 사회복지관의 성과관리 측면에서 규범을 관리한다는 것, 즉 규범관리는 조직구성원들의 상호행동에 대한 지침이나 규칙을 관리한다는 것을 의미한다. 사회복지관의 규범은 조직구성원들에 의해 공유되고 전파되며 특정한 상황에 대해 조직구성원들이 유사한 방식으로 행동하도록 만드는 것이므로 사회복지관 행동윤리강령이나 사회복지관 직원사명 또는 실천원칙과 직원헌장이나 이용자헌장 등에 내재화되어 있다고 할 수 있다. 사회복지관을 이용하는 이용자들을 포함한 지역주민들은 복지관 직원들의 행동양식을 규정하는 규범이나 규칙 등을 통하여 그들의 행동을 이해하는 데 도움을 받을 수 있다. 즉, 직원들의 행동양식을 이해하는 데 규범은 중요한 역할을 한다. 사회복지관 규범관리에 있어 중요한 질문은 다음과 같다.

- 우리는 복지관의 조직구성원들이 어떠한 행동을 할 것임을 기대하고 있는가?
- 복지관의 직원들은 어떠한 상호행동을 하는 것을 기대하는가?

결론적으로, 규범관리란 조직구성원들에 의해 공유되고 전파되며 특정한 상황에 대해 조직구성원들이 유사한 방식으로 행동하도록 만드는 것을 나타낸다.

규범

어떻게 행동할 것이라고 기대되는 유형이나 패턴

조직규범

- 조직구성원이나 조직구성원 간 상호작용을 통해 개발되는 행동에 대한 지침
- 직원들이 어떻게 행동하는가를 규정하는 지침

규범관리

- 조직구성원들의 상호행동에 대한 지침이나 규칙을 관리하는 것
- 조직구성원들에 의해 공유되고 전파되며 특정한 상황에 대해 조직구성원들이 유사한 방식으로 행동하도록 만드는 과정

2 규범관리의 측정요소

규범관리란 조직구성원들에 의해 공유되고 전파되며 특정한 상황에 대해 조직구성원들이 유사한 방식으로 행동하도록 만드는 것을 의미한다. 따라서 조직의 규범을 관리하기 위해 필요한 관리 구성요소로는 사회복지관 윤리경영규정, 직원들을 위한 윤리강령, 행동원칙이나 기준, 직원사명 또는 실천원칙과 직원헌장이나 이용자헌장 등이 있을 수 있다. 규범관리의 적절성을 측정하기 위한 성과관리 가치영역의 규범관리 측정요소로는, 첫째, 기관의 윤리경영을 위한 준비, 둘째, 기관의 윤리경영을 위한 노력의 정도, 셋째, 직원들의 윤리경영규정, 윤리강령, 직원들의 행동원칙이나 실천원칙 또는 직원헌장 그리고 이용자헌장 등의 준수여부 등이 포함된다.

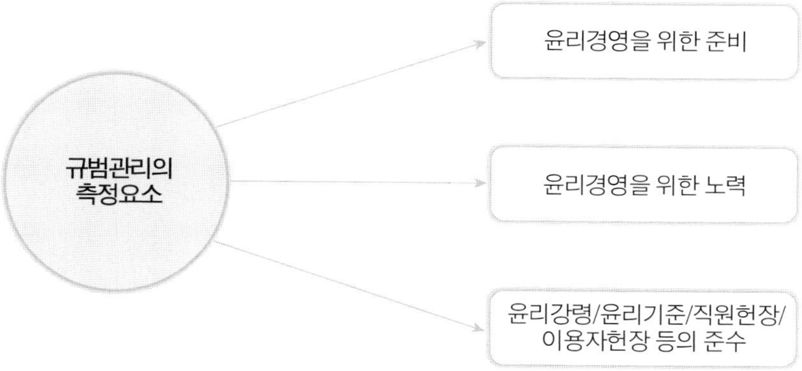

[그림 4-3] 규범관리의 측정요소

3 규범관리 측정도구

사회복지관의 성과관리를 위한 가치영역에서 규범관리의 정도를 측정하기 위하여 조직의 윤리경영을 위한 준비 정도 및 노력 정도, 직원들의 직원윤리강령/윤리기준/직원헌장/이용자헌장의 준수여부에 대한 영역으로 구분하여 측정하도록 한다. 사회복지관 규범관리 척도는 3개 영역의 총 9개 문항으로 측정하도록 구성되어 있으며 리커트 7점 척도를 활용하고 질문항목에 대한 가독성을 높이기 위하여 모두 긍정적인 질문으로 구성되어 있다. 선행연구를 통해 개발된 척도는 3개 규범관리영역의 13개 문항으로 구성되어 있었으나 두 차례에 거친 전문가들을 대상으로 하는 초점집단면접을 통해 수정 및 보완되어 내용타당도가 향상된 최종 9개 문항의 척도가 개발되었다. 특히 1차 예비척도 9개 질문항목 중 중복가능성 및 적절성에 대한 지적으로 3개 문항이 삭제되고 2차 전문가면접에서 6개의 문항으로 수정되었다. 최종 수정된 사회복지관 예비 규범관리 척도는 〈표 4-2〉와 같다.

〈표 4-2〉 규범관리 척도

규범관리 측정내용			동의 정도						
			1	2	3	4	5	6	7
윤리경영을 위한 준비	1.	우리 복지관은 직원들의 윤리적 행동을 규정하는 각종 지침이나 규정(윤리헌장/윤리강령/윤리기준)을 가지고 있다.							
윤리경영을 위한 노력	2.	우리 복지관은 설정된 윤리경영을 실현하기 위해 노력하고 있다.							
	3.	우리 복지관의 윤리경영 규정은 현실에 맞게 설정되어 있으며 실현 가능하다.							
윤리헌장/윤리강령/윤리기준의 준수	4.	우리 직원들은 조직의 윤리헌장/윤리강령/윤리기준을 잘 알고 있다.							
	5.	우리 직원들은 윤리헌장/윤리강령/윤리기준을 준수하고 있다.							
	6.	우리 직원들은 윤리강령 준수를 위한 개인별 실천계획서*를 작성하고 실행하고 있다.							

* 개인별 실천계획서는 직원 개인별 윤리강령을 어떻게 준수할 것인가에 대한 계획서를 의미함

제4절 신뢰관리의 측정과 측정도구

1 신뢰관리의 개념

신뢰의 개념은 당사자 간 관계의 특성, 신뢰의 내용, 신뢰의 근거 등에서 다양한 견해가 존재하므로 다차원적일 수 있다. 일반적으로 신뢰는 타인이 행위를 할 때 나의 이해와 관심을 고려할 것이라는 기대를 말하며(Lin, Cook, & Burt, 2001), 믿고 의지한다는 사전적 의미가 있다. 신뢰는 관계지향적이므로 사람과의 관계 속에 존재하며, 신뢰가 있음으로 인해서 관련 행위자들은 서로 협동하게 되며, 감시, 통제의 비용을 절감할 수 있게 된다(안우환, 2005). 더 나아가 사회적 안정과 사회적 결속 그리고 협력을 증진시키는 기능을 한다(Lin, Cook, & Burt, 2001).

사회복지관과 같은 휴먼서비스를 제공하는 비영리조직에 있어 제공되는 모든 서비스는 관계지향적 성격을 갖고 있다는 특징이 있으며 관계지향적 속성은 곧 이용자들과 직원들 상호 간에 내재되어 있는 조직에 대한, 상사직원에 대한, 조직 자체에 대한 그리고 조직에서 제공하는 사업이나 프로그램에 대한 신뢰를 바탕으로 한다. 신뢰는 곧 조직성과에 직접적인 영향을 미친다는 것이 많은 학자들에 의해 입증되었다. 특히, 일반기업경영에서 신뢰관리는 곧 사회책임경영의 한 구성요소로서 인정되고 있다. 즉, 현재 일반기업에서 영업기법으로 활용하고 있는 사회책임경영(corporate social responsibility: CSR) 역시 기업신뢰구축을 위한 관리기법이라고 할 수 있다. 사회책임경영을 통해 지역사회구성원들로부터 기업이미지를 제고하고 국민들이 신뢰의 기업이라는 믿음을 갖도록 하면 이것이 조직성과 및 조직이윤창출에 도움이 된다는 것이 사회책임경영의 핵심이다.

신뢰관리는 사회복지관에 대한 믿음과, 관장을 포함하여 전 직원, 지역주민 그리고 이용자 등 사회복지관의 이해당사자들 간의 믿음이 형성되도록 하고 믿음을 유지하도록 관리하는 것을 의미한다. 따라서 신뢰관리는 직원들의 조직에 대한 신뢰와 직원들 간의 신뢰 그리고 직원과 이용자 및 지역주민 간의 신뢰 등 조직 및 프로그램을 포함한 모든 행위주체들 상호 간의 신뢰를 구축하기 위한 노력이 유지될 수 있도록 하는 것을 나타낸다. 따라서 사회복지관의 성과관리 측면에서 신뢰를 관리한다는 것, 즉 신뢰관리는 조직구성원들 상호 간의 신뢰와 이용자들의 조직과 직원 그리고 사업에 대한 신뢰 그리고 지도자에 대한 신뢰를 관리한다는 것을 의미한다.

신뢰

- 신뢰는 타인이 행위를 할 때 나의 이해와 관심을 고려할 것이라는 기대
- 사전적 의미로 믿고 의지하는 것

신뢰관리

- 신뢰관리는 조직에 대한 믿음과, 조직의 리더를 포함하여 전 직원, 지역주민 그리고 이용자 등 사회복지관의 이해당사자들 간의 믿음이 형성되도록 하고 믿음을 유지하도록 관리하는 것
- 신뢰관리의 목적은 조직 내에서 직원들이 서로를, 직원이 조직을, 직원이 리더를, 이용자가 조직을 그리고 조직이나 조직이 제공하는 사업 그리고 조직을 대표하는 리더를 믿도록 만드는 것
- 신뢰관리는 조직구성원들 상호 간의 신뢰와 이용자들의 조직과 직원 그리고 사업에 대한 신뢰 그리고 지도자에 대한 신뢰를 관리하는 것

사회복지관 신뢰관리

사회복지관에 대한 믿음과, 관장을 포함하여 전 직원, 지역주민 그리고 이용자 등 사회복지관의 이해당사자들 간의 믿음이 형성되도록 하고 믿음을 유지하도록 관리하는 것

2 신뢰관리의 측정요소

사회복지관의 성과관리 측면에서 신뢰를 관리한다는 것, 즉 신뢰관리는 조직구성원들 상호 간의 신뢰, 이용자들의 조직과 직원 그리고 사업에 대한 신뢰 그리고 지도자에 대한 신뢰를 관리한다는 것을 의미한다. 따라서 신뢰관리의 정도를 측정하기 위한 측정요소, 즉 복지관 신뢰관리의 적절성은, 첫째, 직원 상호 간의 신뢰, 둘째, 직장상사에 대한 직원들의 신뢰, 셋째, 이용자들의 조직 및 직원에 대한 신뢰, 넷째, 직원들의 조직에 대한 신뢰, 다섯째, 직원들의 복지관 사업 및 프로그램에 대한 신뢰의 정도를 통해

측정될 수 있다. [그림 4-4]는 신뢰관리의 측정요소를 나타낸다.

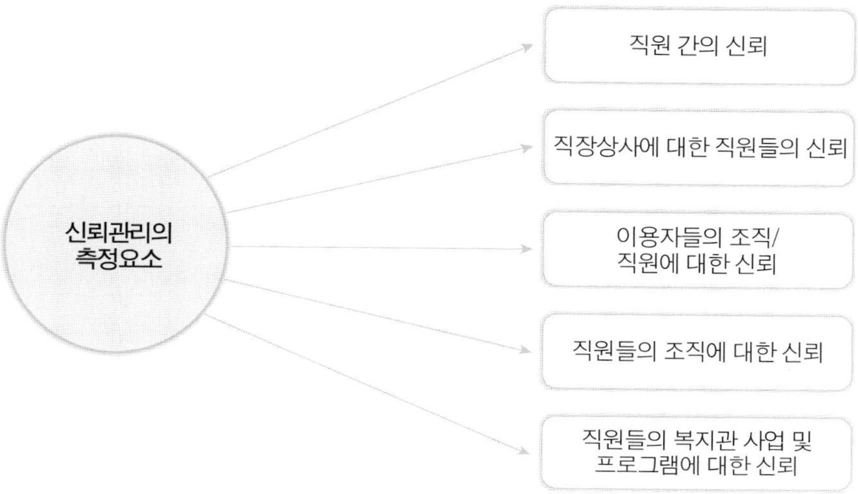

[그림 4-4] 신뢰관리의 측정요소

③ 신뢰관리 측정도구

사회복지관의 성과관리를 위한 가치영역에서 신뢰의 정도를 측정하기 위하여 신뢰를 직원들의 직장상사에 대한 신뢰, 직원들 간의 신뢰, 이용자들의 조직 및 직원에 대한 신뢰, 직원들의 조직에 대한 신뢰, 그리고 직원들의 프로그램에 대한 신뢰로 구분하여 측정하도록 한다. 복지관 신뢰척도는 5개 영역의 총 32개 문항으로 측정하도록 구성되어 있으며 리커트 7점 척도를 활용하고 질문항목에 대한 가독성을 높이기 위하여 모두 긍정적인 질문으로 구성되어 있다. 선행연구를 통해 개발된 척도는 5개 신뢰관리 영역의 36개 문항으로 구성되어 있었으나 2차에 걸친 전문가들을 대상으로 하는 초점집단면접을 통해 수정 및 보완되어 내용타당도가 향상된 최종 32개 문항의 척도가 개발되었다. 특히, 1차 예비척도 33개 질문항목 중 중복가능성 및 적절성에 대한 지적으로 1개 문항이 삭제되고 2차 전문가면접에서 32개의 문항으로 수정되었다. 최종 수정된 사회복지관 신뢰관리 척도는 〈표 4-3〉과 같다.

〈표 4-3〉 신뢰관리 척도

신뢰관리 측정내용			동의 정도						
			1	2	3	4	5	6	7
이용자들의 조직 및 직원에 대한 신뢰	1.	나는 우리 복지관의 이용자들이 복지관의 운영원칙이나 규정을 신뢰한다고 생각한다.							
	2.	나는 우리 복지관의 이용자들이 복지관을 신뢰한다고 생각한다.							
	3.	우리 복지관의 이용자들은 복지관이 그들에게 든든한 지원을 제공할 것이라고 믿고 있는 것 같다.							
	4.	우리 복지관의 이용자들은 복지관의 결정에 잘 따른다.							
	5.	우리 복지관의 이용자들은 관장을 포함한 직원들을 신뢰한다고 생각한다.							
직원들의 조직에 대한 신뢰	6.	나는 우리 복지관의 운영원칙이나 규정을 신뢰한다.							
	7.	나는 복지관이 직원들에게 한 약속을 잘 이행한다고 생각한다.							
	8.	나는 우리 복지관이 직원 의견을 반영하기 위해 노력한다고 생각한다.							
	9.	우리 직원의 복지관에 대한 신뢰는 매우 두텁다.							
	10.	나는 우리 복지관의 의사결정구조와 결정을 신뢰한다.							
직원들의 직장상사에 대한 신뢰	11.	나는 직장상사를 신뢰한다.							
	12.	나는 직장상사들이 나의 고충을 잘 알고 있다고 생각한다.							
	13.	나는 직장상사들이 나의 고충을 해결하기 위해 노력할 것이라고 생각한다.							
	14.	나는 직장상사들이 직원들을 모두 공정하게 대하며 형평성 있는 직무관리가 이루어지고 있다고 생각한다.							
	15.	나의 노력은 직장상사로부터 인정받는 편이다.							
	16.	나는 직원들의 욕구가 직장상사들에게 매우 중요하다고 생각한다.							

	17.	나는 직무와 관련해서 어려움에 처하는 경우 직장상사들에게 의지할 수 있다.								
	18.	직장상사들은 조직에 해를 끼치는 어떠한 행동도 하지 않을 것이다.								
	19.	직장상사들은 약속한 것을 지킬 것이다.								
	20.	직장상사들은 수행되어야 하는 일들에 관해 충분한 지식을 가지고 있다.								
	21.	직장상사들은 나의 실수에 대해 기꺼이 용서하고 그 일을 잊는다.								
	22.	직장상사들의 말과 행동은 일치한다.								
	23.	직장상사들은 직원들과 정보를 공유한다.								
	24.	직장상사들과 직원 사이의 관계는 우호적이다.								
	25.	나는 동료들과 함께 일하는 것이 즐겁다.								
직원들 간의 신뢰	26.	나는 나의 동료를 신뢰한다.								
	27.	동료는 나에게 협력자이고 지원자이다.								
	28.	나는 동료들이 나를 신뢰한다고 생각한다.								
직원의 프로그램에 대한 신뢰	29.	나는 우리 복지관이 제공하는 사업이나 프로그램을 신뢰한다.								
	30.	나는 우리 복지관이 제공하는 프로그램이 이용자들에게 많은 도움이 될 것이라고 생각한다.								
	31.	우리 복지관의 프로그램은 타 기관에 추천할 만하다.								
	32.	나는 우리 이용자들이 복지관이 제공하는 프로그램에 관심을 기울이며 적극적으로 참여한다고 생각한다.								

제5장

사회복지관 성과관리 과정영역의 측정

제1절 프로그램관리의 측정과 측정도구

1 프로그램관리의 개념

사회복지프로그램은 사회복지정책이 의도하는 변화를 실천에 옮기기 위한 도구로서 서비스를 전달하는 역할을 수행한다. 사회복지조직은 클라이언트와 사회복지사 사이에서 서비스를 교환하는 교환의 장이라고 할 수 있고 프로그램은 이 서비스를 클라이언트에게 전달하는 하나의 수단이라고 할 수 있기 때문에 프로그램은 사회복지조직이 달성하려고 하는 목적성취를 위한 하나의 수단이라고 할 수 있다(지은구, 2007). 모든 사회복지조직은 조직에서 제공하는 프로그램을 통하여 지역사회 및 이용자들에게 개입하게 되고 프로그램을 통하여 목적하는 바를 성취하기 위해 노력하게 된다. 즉, 조직의 목적 실현 여부는 곧 사회복지조직에서 제공되는 프로그램에 의해서 결정된다고 할 수 있다.

사회복지관 역시 장애인 및 노인들을 포함한 주민복지증진이라는 목적을 달성하기 위하여 프로그램을 제공하는 조직이다. 따라서 조직목적 달성여부를 결정짓는 프로그램에 대한 지속적인 관리는 매우 중요한 조직의 과업이며 성과를 결정짓는 중요한 요소라고 할 수 있다. 프로그램은 체계적 관점을 적용하면 투입과 행동, 산출과 결과 그리고 환류작업을 거쳐 순환적으로 운영된다.

프로그램관리는 앞에서 제시된 프로그램의 투입단계에서 결과단계까지의 전 과정을 관리하는 것을 포함한다. 개발된 프로그램의 제공은 논리적으로 투입과 결과까지의 전 과정을 거쳐 이용자들에게 영향력을 미치게 된다. 사회복지 프로그램 개발 및 평가 관련 교재들의 내용은 프로그램 기획, 관리 및 평가에 대한 구체적인 이론과 방법을 다루고 있으며, 프로포절 작성 원칙을 제시한다. 프로그램 개발과정은 프로그램을 기획하고 설계하는 일련의 단계로 구성된다. 지은구(2005)는 프로그램 설계를 사회문제의 분석, 욕구사정, 프로그램 대상자 선정, 프로그램 가설 및 목적과 목표의 설정, 프로그램 내용의 구체화, 프로그램의 실행의 6단계로 구분하였다. 사회복지 프로그램을 개발할 때 고려할 사항은 참여자들의 욕구와 특성에 대한 적합성, 프로그램 관련 제반 여건 고려(운영자의 수행능력과 기술, 재정적인 여건, 자료와 시설의 요소, 행정적 지원, 지역사회의 욕구와 기대, 대외적인 협력관계, 현실적 여건 등), 프로그램 개발 전 과정에 클라이언트의 참여, 참여자들의 발달단계에 적합한 프로그램 설계, 변화하는 상황에 대한 융통성 있는 대응 등이다.

결국 프로그램관리는 프로그램의 설계단계에서 실질적인 프로그램을 운영하기 전까지의 과정, 즉 프로그램계획서 작성과정에 대한 관리와 프로그램 기획과정에 대한 관리와 프로그램의 진행과정으로서 투입과 산출까지의 과정을 관리하는 것을 의미한다. 프로그램이 기대하는 결과에 대한 관리는 결과영역의 효과관리에서 이루어진다. 따라서 프로그램관리는 계획서 작성부터 프로그램의 투입과 행동 그리고 산출까지의 과정에 대한 관리, 즉 프로그램의 이용자와 지역사회 등에 대한 영향력을 제외한 프로그램 기획과 운영 전반에 대한 관리를 의미한다.

프로그램과 사회복지프로그램

- 프로그램은 이 서비스를 클라이언트에게 전달하는 하나의 수단
- 사회복지프로그램은 사회복지조직이 달성하려고 하는 목적성취를 위한 하나의 수단

프로그램관리

프로그램관리는, 첫째, 프로그램의 설계단계에서 실질적인 프로그램을 운영하기 전까지의 과정, 즉 프로그램계획서 작성과정에 대한 관리와, 둘째, 프로그램 기획과정에 대한 관리와 프로그램의 진행으로서 투입과 산출까지의 과정을 관리하는 것

사회복지관 프로그램관리

사회복지관에서 제공되는 모든 단위사업이나 프로그램의 기획과정 및 사회복지관 프로그램의 투입에서 산출까지의 과정을 관리하는 것

2 프로그램관리의 측정요소

1) 프로그램관리의 영역

프로그램관리가 프로그램계획서 작성과정에 대한 관리와 프로그램의 진행과정으로서 투입과 산출까지의 과정을 관리하는 것을 의미하므로 프로그램관리의 영역은 첫째, 계획서 작성 전반과 둘째, 프로그램 운영 전반에 대한 관리를 포함하게 된다.

2) 프로그램관리 측정요소

프로그램의 적절한 관리 여부를 측정하기 위한 프로그램관리의 측정요소는 위에서 지적한 프로그램의 관리영역에 기초한다. 즉, 프로그램관리 측정요소는 계획서 작성 전반과 프로그램 운영 전반에 대한 측정으로 구성된다. [그림 5-1]은 프로그램관리 측정요소를 나타낸다.

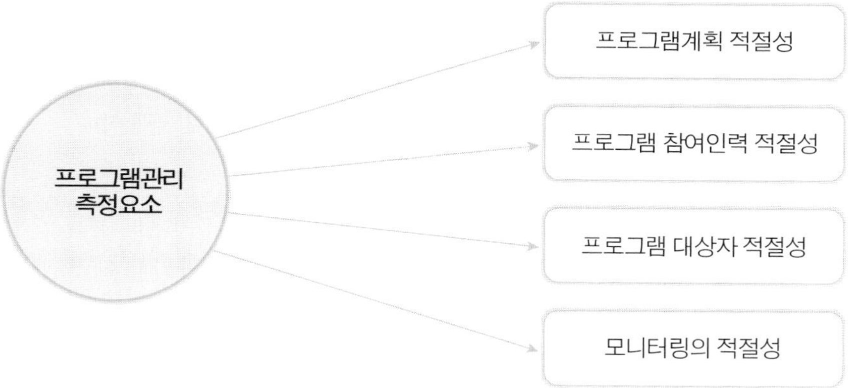

[그림 5-1] 프로그램관리 측정요소

프로그램계획 적절성, 즉 프로그램계획서 작성과정 점검을 위한 구체적인 측정항목들로는 프로그램계획서 작성 전반에 대한 점검을 의미하며 계획서 작성의 타당성, 적절성 그리고 전문성 등을 포함한다. 작성과정의 타당성은 프로그램이 이용자들의 욕구에 기초하여 작성되었는가를, 적절성은 프로그램에서 제공하는 서비스가 이용자들에게 영향력을 미칠 정도의 수준으로 제공되도록 설계되었는지를, 그리고 전문성은 프로그램이 전문인력에 의해서 서비스가 제공되도록 설계되었는지 등에 대한 점검을 하는 것을 의미한다. 특히, 프로그램계획서가 지역노인들의 욕구에 기초하여 작성되었는지, 즉 욕구사정과 서비스만족도 등의 계획서 반영여부 및 지역사정 결과의 반영여부 등이 포함된다. 이는 결국 지역노인의 욕구사정 시행 여부가 계획서 내용 점검에 있어 결정적인 요소임을 강조하는 것임을 알 수 있다.

Martin(2009)은 프로그램의 관리에 있어 모든 사회복지프로그램들이 투입단계에서 해결하려는 문제의 확인과 문제를 해결하기 위한 조직차원에서의 전략적 계획과 지역사회의 문제해결을 위한 욕구를 강조하고 프로그램관리를 위해 투입단계에서는 개입된 직원의 수 및 시설이나 장비 그리고 클라이언트의 수 및 해결하려고 하는 문제 등을 확인하는 것이 중요함을 강조하였는데 이는 프로그램을 진행하는 인력적 측면에서 보면 전문성을 갖춘 적절하고 충분한 인력에 의한 프로그램의 운영이 곧 프로그램의 운영 및 프로그램이 목적하는 목표의 성취여부와 연관이 있기 때문이다. 따라서 프로그램에 대한 인력의 확인 역시 중요한 프로그램관리의 측정영역을 구성한다.

프로그램에 참여하는 대상자집단의 적절성 역시 프로그램 운영 및 효과적인 관리의 측면에서 중요하다고 할 수 있는데 이는 프로그램이 관리할 수 있을 정도의 적절한 대상자의 수가 곧 대상자들에 대한 프로그램의 효과 및 안정적인 운영과 밀접한 연관이 있으며 나아가 프로그램이 영향력을 행사하려는, 즉 프로그램이 변화의 초점으로 하는 사람들이 대상자에 포함되어야 표적효율성이 향상될 수 있기 때문이다.

모니터링의 적절성은 곧 프로그램 운영과정 점검을 위해 필요하다. 즉, 모니터링은 프로그램이 계획된 대로 진행되고 있는지를 점검하는 것으로서 프로그램 운영과정 점검을 위한 측정항목으로는 대상자관리와 사업인력(강사 및 자원봉사자)에 대한 관리 등이 포함된다. 프로그램 대상자들에 대한 서비스의 영향력을 강화하기 위해서는 서비스를 반드시 필요로 하는 사람들에게 전문인력과 전문적인 서비스전달체계를 통하여 제공되어야 하며 이는 프로그램의 운영이나 제공되는 서비스의 질에 중요한 영향을 미치는 요인이므로 이에 대한 철저한 관리는 프로그램의 성공적 전략과 밀접한 연관이 있다고 할 수 있다.

3 프로그램관리 측정도구

사회복지관의 성과관리를 위한 과정영역에서 프로그램에 대한 관리의 정도를 측정하기 위하여 프로그램관리를, 첫째, 프로그램계획 적절성, 둘째, 프로그램 모니터링 적절성, 셋째, 프로그램 참여인력 적절성, 넷째, 프로그램의 대상자 적절성으로 구분하여 측정하도록 한다. 사회복지관 프로그램관리 1차 예비척도는 4개 영역의 총 29개 문항으로 측정하도록 구성되어 있으며 리커트 7점 척도를 활용하고 질문항목에 대한 가독성을 높이기 위하여 모두 긍정적인 질문으로 구성되어 있다. 선행연구를 통해 개발된 척도는 4개의 프로그램관리영역의 총 35개 문항으로 구성되어 있었으나 전문가들을 대상으로 하는 초점집단면접을 통해 수정 및 보완되어 내용타당도가 향상된 최종 29개 문항의 척도가 개발되었다. 특히 예비척도 35개 질문항목 중 중복가능성 및 적절성에 대한 지적으로 6개 문항이 삭제 및 수정되고 2차 전문가면접에서 29개의 문항으로 구성된 척도로 보완되었다. 1차 예비척도에 대한 2차 전문가면접을 통해서 질문항목의 수정이 이루어져 최종 예비 프로그램관리 척도는 29개 문항으로 보완되었다. 1차 예비척도의 15번 문항이 수정되고 최종 5번 문항이 추가되었다. 최종 수정된 사회복지관 예비 프로그램관리 척도는 〈표 5-1〉과 같다.

〈표 5-1〉 프로그램관리 척도

프로그램관리 측정내용			동의 정도						
			1	2	3	4	5	6	7
프로그램 계획 적절성	1.	우리 복지관의 모든 사업계획서에는 기관이 추구하는 미션과 비전이 포함되어 있다.							
	2.	우리 복지관은 지역사회 사정 및 클라이언트의 욕구나 문제에 기반을 두어 사업계획서를 작성한다.							
	3.	우리 복지관은 계획서 작성 시 계획실행에 따르는 직원 업무부담을 고려한다.							
	4.	우리 복지관은 계획서 작성 시 계획실행에 따르는 예산을 고려한다.							
	5.	우리 복지관은 계획서 작성 시 자문위원의 자문을 받고 계획서에 반영한다.							

프로그램 모니터링 적절성	6.	우리 복지관은 사업의 추진상태를 정기적으로 점검하고 있다.							
	7.	우리 복지관은 프로그램의 분기별 점검 계획안을 설정하고 이를 실시하고 있다.							
	8.	우리 복지관은 모든 프로그램에 대해 운영과정을 점검하는 과정평가를 실시하고 있다.							
	9.	우리 복지관은 점검결과가 제공 서비스와 관련된 팀 내에서 공유되고 있다.							
	10.	우리 복지관은 점검결과를 반영하여 서비스 계획을 조정하고 실행한다.							
	11.	우리 복지관은 서비스를 접수하고 적격성 여부를 접수자에게 통보하고 있다.							
	12.	우리 복지관은 접수 양식 및 접수과정에서 소요기간 등에 대한 지침이 마련되어 있고, 이를 준수한다.							
	13.	우리 복지관은 이용자와 서비스를 계약하고 서비스 관련 내용을 설명한다.							
	14.	우리 복지관은 이용자에게 서비스 동의서 사본과 서비스 관련 내용에 대해 자료를 제공하고 있다.							
	15.	우리 복지관은 서비스 계획서와 서비스 일지(진행일지, 자원봉사자 일지, 출석부 등), 회의 기록, 서비스 결과보고서 등을 관리하고 있다.							
프로그램 참여인력 적절성	16.	우리 복지관은 모든 강사와 계약서를 작성하고 있다.							
	17.	우리 복지관은 모든 강사에 대한 평가를 시행하고 있다.							
	18.	우리 복지관은 자원봉사자 및 실습생 모집·운영에 관한 계획이 명문화되어 있으며 이를 준수한다.							
	19.	자원봉사자 모집 안내를 적극적으로 홍보하고 있다.							
	20.	우리 복지관은 자원봉사자를 기관의 필요성에 맞춰 적절하게 모집·운영하고 있다.							
	21.	우리 복지관은 자원봉사자 관리를 하며 다른 직원들에게도 이들의 활동시기와 활동 내용 등을 알리고 있다.							
	22.	우리 복지관은 사업계획에 근거한 참여인력관리가 이루어지고 있다.							

프로그램 참여인력 적절성	23.	우리 복지관은 외부강사와 같은 시간제 인력에 대한 관리가 되고 있다.							
	24.	우리 복지관의 자원봉사자에게는 담당 직원과 슈퍼바이저가 정해져 있다.							
	25.	우리 복지관의 담당 직원과 슈퍼바이저는 이들의 활동과 관련하여 지속적인 피드백을 제공하고 있다.							
	26.	우리 복지관은 자원봉사자들의 활동사항을 기록하여 보관하고 있다.							
프로그램 대상자 적절성	27.	우리 복지관의 프로그램에 참여하는 대상자의 수는 적절하다.							
	28.	우리 복지관의 프로그램에 참여하는 이용자들의 자격기준은 적절하다.							
	29.	우리 복지관의 프로그램은 서비스를 필요로 하는 대상자들에게 제공되고 있다.							

제2절 인적자원관리의 측정과 측정도구

1 인적자원관리(인력관리)의 개념

인적자원관리는 조직의 인력 또는 인적자원(human resource)을 관리하는 경영의 한 부분 또는 하위과정(subprocess)이다. 따라서 인적자원관리는 인적자원의 계획과 확보로부터 시작하여 이의 효율적인 활용과 유지·보존, 그리고 임금과 직원계발에 이르기까지 노사관계를 비롯한 모든 기능과 활동을 포함한다(이학종, 양혁승, 2014). 경영학에서는 인사관리 활동의 중요성을 다음과 같이 설명하고 있다. 첫째, 경영을 잘하려면 우수한 인적자원을 확보해야 한다. 둘째, 기업조직의 산출물은 인간의 활동에 의해서만 가능하기 때문이다. 아무리 기계가 좋아도 이러한 기계를 만들고 사용하는 주체는 사람이다. 셋째, 인적자원은 물적 자원과 달리 개인의 목표가 따로 있는데 이를 회사의 목표와 조화시켜야만 양쪽에 모두 이익이다. 넷째, 물적 자원은 가치가 고정되어 있지만 인적자원은 관리 정도에 따라 개발이 가능하여 조직에 공헌도를 계속 높일 수 있다(임창희, 2006: 302). 인적자원에 대한 관리는 직원을 선발하고, 유지 또는 관리하고, 직원들의 능력을 개발하며, 필요할 때 그들의 퇴임까지를 포함하는 중요한 조직운영 및 행정과정이다. 기관의 효율성과 효과성은 어떻게 직원을 고용하는지, 어떻게 그들이 그들의 업무를 생각하는지, 그리고 그들이 어떤 일을 하는지에 직접적으로 달려 있다고도 할 수 있다(지은구, 2005).

일반 영리를 추구하는 조직에서도 인력관리의 중요성을 인지하고 있는 바, 하물며 인간의 삶의 질 향상을 위해 일하는 비영리조직인 사회복지시설에서야 그 중요성이 더 부각될 수밖에 없다. 사회복지시설의 목적은 이용자를 포함한 지역주민과 지역사회에 양질의 사회복지서비스를 제공하는 데 있다. 사회복지서비스는 주로 대인서비스로 사회복지사들의 전문적인 판단이나 재량 등에 크게 의존할 수밖에 없다. 인간의 삶의 질을 향상시키고, 사회 공동의 자원을 활용하는 사회복지시설에서 사회복지서비스를 제공하는 전문인력에 대한 관리는 사회복지조직의 성패를 좌우하는 매우 중요한 핵심 요소라고 볼 수 있다(서울시노인종합복지관, 2011). 사회복지시설의 미션과 비전에 부합되는 인력을 모집, 선발, 임명하고 잠재역량을 발휘하도록 지원하고 관리하는 것은 기관조직의 발전 및 개선을 담보하는 성과관리에 있어 매우 중요한 요소이다.

사회복지서비스의 실천주체가 사회복지사인 사회복지관에서는 사람이 치료도구이므로, 인적자원의 관리는 곧 서비스의 질과 연결된다는 점에서 더욱 중요하다. 사회복지관의 주요 사업수행을 위한 전문인력을 보면, 사회복지사는 영양사, 심리상담가, 간호사, 물리치료사 등 다양한 전문직종의 인력과 함께 협업하고 있다. 따라서 인력관리지침은 사회복지시설관리안내에 따라 채용절차를 준수하여야 한다. 사업수행에 필요한 자격을 가진 전문인력의 채용과 배치, 교육, 훈련, 승진 그리고 잠재역량을 발휘하도록 지원하고 관리하는 인력관리가 필요하다.

결국 인적자원관리가 추구해야 하는 목표는 조직의 목표를 달성하도록 인력을 관리하는 한편, 구성원 개인의 욕구충족과 자아계발의 터전을 마련하여 자신의 역할을 담당하고 조직발전에 기여하도록 촉진하는 것이라고 할 수 있다. 따라서 인적자원관리, 즉 사회복지관의 인력관리는 기본적으로 인력을 모집, 선발, 임명하고 직원의 잠재역량을 발휘하도록 지원하고 관리하는 것으로 이를 위해 조직행동의 행동주체이자 기본적 단위인 직원에 대한 직무를 보장하고 직원 성장 및 역량을 강화하도록 하기 위해 관리하는 것을 의미한다고 할 수 있다.

인적자원관리

- 조직의 인력 또는 인적자원을 관리하는 경영의 한 부분 또는 하위과정
- 인적자원의 계획과 확보로부터 시작하여 이의 효율적인 활용과 유지 · 보존, 그리고 임금과 직원계발에 이르기까지 노사관계를 비롯한 모든 기능과 활동을 포함

사회복지관 인적자원관리

- 사회복지관 인력관리는 복지관 인력을 모집, 선발, 임명하고 직원의 잠재역량을 발휘하도록 지원하고 관리하는 것
- 사회복지관 조직행동의 행동주체이자 기본적 단위인 직원에 대한 직무를 보장하고 직원 성장 및 역량을 강화하도록 하기 위해 관리하는 것

2 인적자원관리의 측정요소

사회복지관이 필요한 인력의 모집에서부터 필요한 인력을 선발하여 적당한 보상체계를 통하여 관리하고, 적합한 업무를 분장하며, 직원들이 조직에서 스스로 학습하며, 조직발전에 기여하게 자기역량을 개발할 수 있도록 기획하고 실행하며 지원하는 인적자원관리의 전 과정은 조직학습 및 조직발전과 성장 그리고 조직의 성과개선을 위한 기본적 토대이다. 인적자원관리를 통한 직원에 대한 대접 및 존중은 곧 직원의 직무몰입과 직무만족을 개선시키며 나아가 건강한 조직문화를 창출하고 유지 · 발전시켜 조직의 발전을 담보할 수 있다.

사회복지관의 조직성과를 개선하는 한 영역으로서 인적자원에 대한 적당한 관리의 작동여부에 대한 측정은 곧 앞의 복지관 인적자원관리의 개념에서 밝힌 바와 같이 선발과정부터 배치 그리고 적당한 보상체계 및 조직의 직원계발을 위한 노력 등에서 확인될 수 있다. 즉, 첫째, 직원은 적절한 방법으로 모집되고 선발되어야 하며, 둘째, 선발된 직원은 적당한 보상체계를 통해 자신의 노동에 대한 정당한 권리를 보장받아야 하고, 셋째, 자신에게 적합한 직무의 양과 질이 보장되어야 하며, 넷째, 적당한 슈퍼비전과 직무훈

련 및 교육을 통해 자신의 역량이 개발될 수 있는 기회가 보장되어야 한다. 따라서 업무의 양과 질을 측정하는 직무적절성에 대한 측정과 직무에 대한 몰입의 정도, 직무만족에 대한 직원들의 인식 및 이직의사 등을 포함하는 직무태도에 대한 측정, 선발체계 및 직원복지와 보상의 적절성에 대한 측정 그리고 조직의 직원계발을 위한 노력의 정도를 측정하는 직원계발노력의 정도 등은 곧 인적자원관리의 적절성을 측정하는 중요한 측정요소이다.

결국 사회복지관의 인적자원관리의 적절성을 측정하기 위한 측정요소는 직무적절성, 직무태도의 적절성, 직원복지와 선발 및 보상체계의 적절성 그리고 직원계발노력의 적절성이다.

첫째, 직무적절성은 직무 양과 질의 적절성을 의미한다. 직무 양과 질의 적절성은 복지관의 직원들이 맡은 업무의 적절한 수준을 점검하는 항목으로서 업무의 양, 즉 분담의 정도와 업무가 직원의 능력에 맞게 배치되었는지, 맡은 업무가 전문성을 발휘할 수 있는지 등에 대한 측정이 주된 측정항목이 된다.

둘째, 직무태도의 적절성은 직원들이 자신의 직무에 어느 정도 몰입할 수 있는지, 자신의 업무에 대한 전반적인 만족도는 어떠한지 그리고 이직의사는 어떠한지 등을 포함하는 직무태도에 대한 점검항목들을 포함한다.

셋째, 직원관리의 적절성은 직원복지와 선발 및 보상체계의 적절성을 의미한다. 직원복지와 선발 및 보상체계의 적절성은 직원들에 대한 각종 수당에 대한 지급이나 월급여의 적절성 그리고 직원승진 등에 대한 공개적인 시스템에 의해 적절하게 작동하고 있는지 등에 대해 측정하는 것을 포함한다.

넷째, 직원계발노력의 적절성은 사회복지관이 직원을 채용한 이후 직원들의 역량강화를 위한 기회 제공 및 노력의 정도를 점검하는 것으로서 직원계발을 위한 각종 교육참여나 직무훈련과 슈퍼비전의 적절한 제공여부 등을 측정하는 항목들로 구성된다.

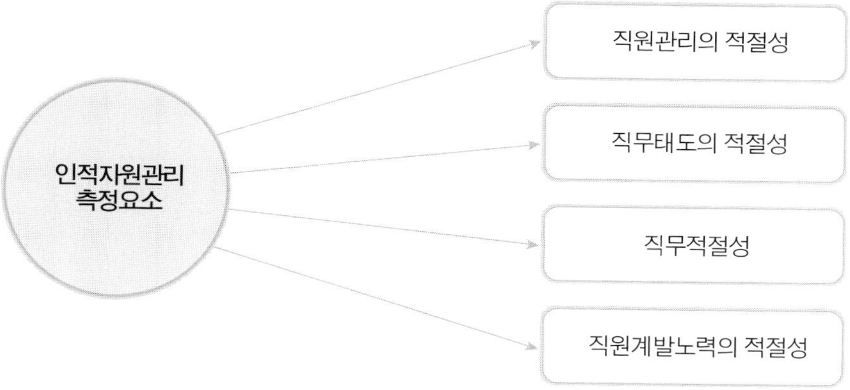

[그림 5-2] 인적자원관리 측정요소

3 인적자원관리 측정도구

사회복지관의 성과관리를 위한 과정영역에서 인적자원에 대한 관리의 정도를 측정하기 위하여 인적자원관리를, 첫째, 직원관리의 적절성, 둘째, 직원들의 직무태도의 적절성, 셋째, 직무적절성, 넷째, 직원계발을 위한 조직의 노력적절성으로 구분하여 측정하도록 한다. 복지관 인적자원관리 척도는 4개 영역의 총 30개 문항으로 측정하도록 구성되어 있으며 리커트 7점 척도를 활용하고 질문항목에 대한 가독성을 높이기 위하여 모두 긍정적인 질문으로 구성되어 있다. 선행연구를 통해 개발된 척도는 4개 인적자원관리영역의 35개 문항으로 구성되어 있었으나 2차에 걸친 전문가들을 대상으로 하는 초점집단면접을 통해 수정 및 보완되어 내용타당도가 향상된 최종 30개 문항의 척도가 개발되었다. 특히, 1차 예비척도 35개 질문항목 중 중복가능성 및 적절성에 대한 지적으로 8개 문항이 삭제되고 2차 전문가면접에서 27개의 문항으로 수정되었다. 최종 수정된 사회복지관 예비인적자원관리 척도는 〈표 5-2〉와 같다.

〈표 5-2〉 인적자원관리 척도

인적자원관리 측정내용			동의 정도						
			1	2	3	4	5	6	7
직원 관리 적절성	1.	우리 복지관은 인력채용 공고와 공식적 채용절차를 거쳐 인력을 선발하고 있고 관련근거들이 보관되어 있다.							
	2.	우리 복지관은 직원 채용을 위한 인사위원회가 잘 운영되고 있다.							
	3.	우리 복지관은 직원들의 보수지원 지침과 절차가 규정대로 시행하고 있다.							
	4.	우리 복지관은 직무평가에 의한 보상이 적정하게 이루어지고 있다.							
	5.	우리 복지관은 승진관리를 위한 관리지침이 있으며 이를 잘 준수하고 있다.							
	6.	우리 복지관은 직원의 건강관리를 위한 정기검진을 정기적으로 실시하고 있다.							
	7.	우리 복지관은 직원들의 법정 휴가 사용이 잘 이루어지고 있다.							
	8.	우리 복지관은 고충상담에 필요한 절차와 과정(개인면담 신청, 메일 등)이 직원들에게 적절히 고지되고 있다.							
	9.	우리 복지관은 고충상담 결과를 반영하여 기관의 업무환경 개선, 업무의 재배치, 문제해결과 관련한 프로그램 등을 파악하여 결과를 상담 후 개인에게 통보하고 있다.							
	10.	우리 복지관의 고충상담 신청은 비공개적으로 가능하도록 하며, 고충상담의 내용은 비밀보장을 하고 있다.							
	11.	우리 복지관은 고충상담 결과에 따라 업무의 재배치와 대상자의 변경 등이 필요할 경우 복지관 내 제도의 개선을 통해 해결하고 있다.							
	12.	우리 복지관은 노동법 및 운영규정에 의한 근로시간을 적절히 준수하고 있다.							
	13.	우리 복지관은 적절한 노동환경 개선을 위한 상사와 부하의 의사소통 채널을 확보하고 시행하고 있다.							

직무 적절성	14.	우리 복지관은 직원의 경력 및 전문성, 역량에 대한 분석이 이루어지고 있다.							
	15.	우리 복지관은 직무분석에 따른 업무분장을 명시화하고 있다.							
	16.	우리 복지관의 직원들은 직무분석에 따른 직무를 실행하고 있다.							
	17.	우리 복지관은 서비스 특성을 고려하여 필요한 인력의 유형과 규모를 파악하고 있다.							
	18.	우리 복지관은 서비스 특성을 고려하여 법적 기준에 맞는 전문직 및 기타 직원을 확보하고 있다.							
직원 계발 노력 적절성	19.	우리 복지관은 직원의 역량강화를 위한 계획이 수립되어 있다.							
	20.	우리 복지관은 신입직원의 직무교육이 잘 이루어지고 있다.							
	21.	우리 복지관은 직원의 경력관리를 위한 다양한 내・외부 교육의 기회가 제공되고 있다.							
	22.	우리 복지관은 업무수행에 필요한 교육에 참여하도록 행정적・재정적으로 지원하고 있다							
	23.	우리 복지관은 목표로 하는 서비스를 실현하기 위한 슈퍼비전지침을 가지고 있으며 이를 준수한다.							
	24.	우리 복지관의 슈퍼바이저는 슈퍼비전을 제공하기 위해 필요한 내・외부 교육을 정기적으로 받고 있다.							
	25.	우리 복지관의 슈퍼바이저는 사업담당자에게 주 5회 이상의 정기적인 슈퍼비전을 주고 있다.							
직무 태도의 적절성	26.	우리 복지관은 직원의 근무만족도 조사를 정기적으로 실시하고 있다.							
	27.	우리 복지관은 직원의 업무환경개선을 위하여 기관장과 직원 간의 간담회를 정기적으로 실시하고 있다.							

제3절 혁신관리의 측정과 측정도구

1 혁신관리의 개념

1) 혁신과 혁신관리

혁신(innovation)이란 묵은 관습, 조직, 방법 등을 적절하다고 생각하는 방법으로 새롭게 바꾸는 것을 말한다. Hasenfeld와 Paton(1983)은 조직혁신이란 조직에 의해서 새로운 것으로 인식된 상품, 서비스 또는 기술을 채택하는 것이라고 정의하였다. 따라서 혁신이란 새로운 제도나 기술 등을 도입하는 것으로 이해할 수 있다. 일반적으로 혁신이라 하면 일반 기업의 경영혁신을 이야기한다. 기업에서 경영혁신이 필요한 이유는 시장의 고객과 고객의 욕구가 변하고 새로운 경쟁자가 뛰어들어 같은 제품으로는 같은 이익을 올리기 어렵기 때문이다. 경영혁신이라는 것은 기업이 목표달성을 위해 지금까지 해 오던 사업과 업무를 새로운 아이디어와 새로운 방식으로 탈바꿈하는 것이라고 정의할 수 있다. 경영혁신의 대상은 무한하다고 볼 수 있다. 기업의 경영이념과 철학에서부터 사업종목, 관리방식과 리더십스타일, 조직구조와 제도, 기업문화 등 경영의 대상과 수단 모두가 경영혁신의 대상이 될 수 있다. 넓은 의미에서 경영혁신이란 기업의 생산 및 판매활동과 직접 관련되는 기술의 혁신과 조직의 설계, 자원배분, 직무설계방식 등을 새롭게 변화시키는 경영의 혁신을 의미한다.

결국 혁신은 좁은 의미에서 본다면 새로운 제도나 기술 등을 채택하는 것을 의미하지만 넓은 의미에서 본다면 자원배분구조(자원할당)나 조직 내부구조의 변화를 추구하는 것이라고 할 수 있다. 이러한 혁신의 개념을 수용하면 조직관리적 측면에서 혁신관리란 조직변화를 위해 새로운 제도나 기술을 채택하고 나아가 조직 내부구조의 변화과정을 관리하는 것이라고 할 수 있다.

혁신

새로운 제도나 기술 등을 채택한다든지 또는 자원배분구조(자원할당)나 조직 내부구조의 변화를 추구하는 것

조직혁신

조직에 의해서 새로운 것으로 인식된 상품, 서비스 또는 기술을 채택하는 것

조직혁신관리

- 조직변화를 위해 새로운 제도나 기술을 채택하고 나아가 조직의 배분구조나 내부구조의 변화과정을 관리하는 것
- 조직적 측면에서 조직의 변화를 추구하는 다양한 행동들을 채택하고 관리하는 것

2) 사회복지관과 혁신관리

사회복지관은 비영리조직으로서 공공이나 민간 재원을 토대로 사회적 지원을 필요로 하는 대상자들에게 사회복지서비스를 제공하는 기관이다. 최근 사회복지현장의 변화는 급속하고 다양하다. 사회복지현장을 둘러싼 이러한 변화는 곧 사회복지관의 혁신관리가 필요한 이유들을 나타내 준다. 따라서 사회복지관이 직면한 앞과 같은 조직환경 변화요소에 적극적으로 대처할 수 있는 조직변화 및 혁신관리가 필요하다.

사회복지관 혁신관리

- 사회복지관이 직면한 조직 환경 변화요소에 적극적으로 대처하도록 하기 위한 조직변화와 혁신계획을 관리하는 것
- 조직변화를 위해 새로운 제도나 기술을 채택하고 나아가 조직의 배분구조나 내부구조의 변화과정을 관리하는 것

2 혁신관리의 측정요소

조직의 변화 또는 혁신은 Cummings와 Worley(2005)가 제시한 바와 같이 변화의 도입단계, 변화를 위한 조직진단단계, 그리고 변화를 기획하고 실행하고 평가하는 단계로 구분될 수 있다. 이들의 모형을 적용하면 사회복지관 변화를 위한 노력은 다음과 같은 단계를 거치게 되므로 이에 대한 관리가 필요하다.

- 조직이 직면한 문제나 조직의 환경에 대한 정확한 분석과 이와 관련한 정보를 취합하는 것, 즉 조직을 둘러싼 환경변화에 대한 정보의 수집
- 조직이 혁신하기 위해 지금 조직의 현 상황, 즉 조직의 현실을 진단하는 조직진단
- 혁신을 위한 계획, 즉 혁신계획안의 수립
- 혁신의 시행
- 혁신노력의 평가

따라서 혁신관리에서는 조직환경분석과 조직진단 그리고 전략적 계획안의 작성과 내용 등을 검토하는 관리요소들이 필요하며 이 관리요소들에 대한 점검은 곧 사회복지관 혁신관리의 정도를 측정하는 측정요소가 될 수 있다. 또한 조직혁신과 변화에 대한 조직구성원들의 인식이나 필요성의 정도, 즉 공감대 형성여부 역시 혁신의 성공적 관리를 위한 중요한 측정요소가 될 수 있다. 마지막으로 조직혁신을 위한 조직의 준비, 즉 변화계획서 작성 및 전략적 계획의 작성여부 등은 조직의 혁신관리를 위하여 반드시 측정되어야 하는 요소라고 할 수 있다.

구체적으로 혁신관리의 여부를 측정하기 위하 혁신관리의 측정요소는 다음과 같다.

- 사회복지관 관장을 포함한 직원들의 변화의 필요성에 대한 공감대 형성, 즉 변화와 혁신의 필요성에 대한 인식의 정도
- 조직혁신을 위한 조직진단, 즉 조직의 내적 환경에 대한 분석, 조직 내적 환경분석은 서비스전달체계의 점검, 조직인력에 대한 보상 및 승진체계 조직원들의 업무 및 인력배치의 적절성 등이 포함될 수 있다.
- 조직을 둘러싼 조직 외적 환경 분석, 즉 SWOT분석
- 조직변화 및 혁신을 위한 준비

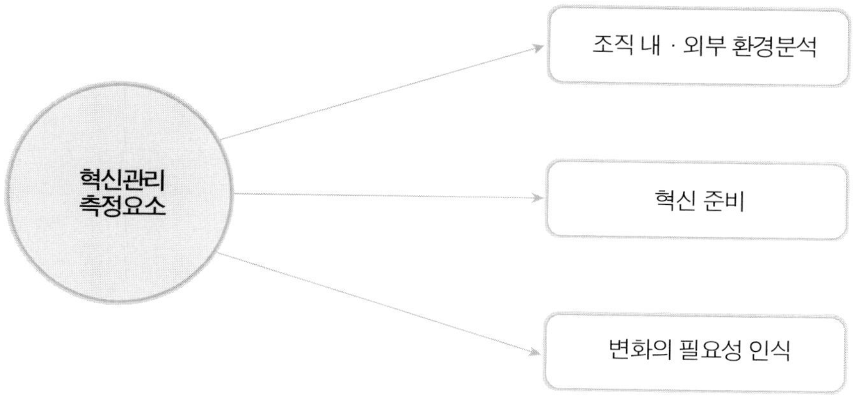

[그림 5-3] 혁신관리 측정요소

3 혁신관리 측정도구

1) 혁신관리의 측정

혁신관리 척도는 사회복지관 성과관리의 과정영역 중 혁신관리에 대한 직원들의 인식을 점검하는 측정도구이다. 즉, 복지관 성과관리의 과정영역 중 조직변화의 필요성과 조직혁신을 위한 직원들의 인식을 측정하고, 조직의 현 상태를 진단하며, 조직혁신을 위한 조직의 노력 등을 측정하는 것을 목적으로 한다. 복지관의 성과관리를 위한 혁신관리영역에서 복지관의 혁신관리 수준을 측정하기 위하여 본 연구에서는 혁신관리를, 첫째, 직원들의 조직변화 필요성에 대한 인식, 둘째, 조직 내 · 외부 환경분석의 적절성, 셋째, 조직혁신(변화)를 위한 조직의 준비 등을 중심으로 측정요소를 구분하여 측정하도록 한다.

2) 혁신관리 측정도구

조직변화의 필요성, 즉 직원들을 상대로 조직혁신의 필요성을 측정하는 대표적인 척도는 Nadler와 Shaw(1995)가 제시한 조직혁신인식지수가 있다. 다음의 표는 Nadler와 Shaw(1995)가 제시한 조직혁신인식지수를 나타낸다.

〈표 5-3〉 Nadler와 Shaw(1995)의 조직혁신인식지수

〈내가 몸담고 있는 조직이 얼마나 혁신적인가를 알아볼 수 있는 질문지의 예〉

❑ 다음의 문항을 읽고 가장 적당한 대답에 O표 하십시오. 1점은 '전혀 그렇지 않다'이고 10점은 '전적으로 그렇다'입니다.

1. 나의 기관은 높은 성과를 가지고 있는 조직이라고 생각된다.

1 2 3 4 5 6 7 8 9 10

2. 우리는 우리의 서비스를 개선시키기 위한 새로운 방법을 항상 기대한다.

1 2 3 4 5 6 7 8 9 10

3. 우리는 규칙적으로 클라이언트들로부터의 정보(input)와 피드백을 추구한다. 그 결과 우리는 더 좋은 서비스를 클라이언트들에게 제공할 수 있다.

1 2 3 4 5 6 7 8 9 10

4. 우리는 서비스를 제공하기 위한 비용을 줄이는 방법을 개발시켜 왔다.

1 2 3 4 5 6 7 8 9 10

5. 우리는 행정비용을 줄이기 위한 방법을 인식하여 왔다.

1 2 3 4 5 6 7 8 9 10

6. 나의 기관은 새로운 서비스전달체계를 최근에 실행했다.

1 2 3 4 5 6 7 8 9 10

7. 우리는 우리의 서비스 전달을 개선시키기 위한 기술을 사용하고 있다.

1 2 3 4 5 6 7 8 9 10

8. 클라이언트들은 나의 기관에서 서비스를 빨리 그리고 꾸준히 받는다.

1 2 3 4 5 6 7 8 9 10

9. 우리는 새로운 프로그램과 서비스를 빠르게 도입하는 데 있어 성공적이다.

1 2 3 4 5 6 7 8 9 10

10. 나의 기관에서 직원들은 최상의 업무를 수행하도록 동기부여 받는다.

1 2 3 4 5 6 7 8 9 10

11. 우리 기관의 노사관계는 꾸준히 개선되고 있다.

1 2 3 4 5 6 7 8 9 10

12. 나의 기관은 매우 빠르게 변화를 관리하는 데 있어 성공적이다.

1 2 3 4 5 6 7 8 9 10

13. 나의 기관은 다른 기업(영리기업)이 하는 것보다 더욱 효율적으로 서비스를 제공하고 있다.

1 2 3 4 5 6 7 8 9 10

점수: 7점 이상을 대답한 항목을 세서 10개에서 13개 항목에서 7점 이상을 대답하였다면 당신의 기관은 혁신적 기관이며 7에서 9개 항목에서 7점 이상을 대답하였다면 당신의 기관은 진전이 진행 중에 있는 기관이고 6개 이하의 항목에서 7점 이상을 대답하였다면 당신의 기관은 문제가 있는 변화가 필요한 기관입니다.

자료: 지은구(2012a), p. 88에서 재인용

〈표 5-3〉의 척도는 영리조직을 중심으로 하여 개발된 척도이다. 따라서 비영리조직, 특히 사회복지관에 적용 가능한 조직혁신필요성 척도로 수정하여야 할 필요성이 있다. 이를 위해 비영리조직의 혁신 필요성을 인식할 수 있도록 〈표 5-4〉와 같이 수정하였다.

〈표 5-4〉의 척도를 참고로 하여 본 연구에서는 선행연구를 통하여 조직혁신관리를 위한 예비척도를 개발하였다. 사회복지관 혁신관리 척도는 3개 영역의 총 23개 문항으로 측정하도록 구성되어 있으며 리커트 7점 척도를 활용하고 질문항목에 대한 가독성을 높이기 위하여 모두 긍정적인 질문으로 구성되어 있다. 선행연구를 통해 개발된 척도는 3개 영역의 총 30개 문항으로 구성되어 있었으나 1차 전문가들을 대상으로 하는 초점집단면접을 통해 수정 및 보완되어 내용타당도가 향상된 1차 예비척도는 24개 문항의 척도가 개발되었다. 특히, 개발된 예비척도 24개 질문항목 중 질문의 중복가능성 및 적절성에 대한 지적으로 1개 문항이 삭제되고 7개 문항이 수정되어 2차 전문가

〈표 5-4〉 비영리 조직혁신인식지수

당신은 다음과 같은 질문에 어떻게 생각하십니까?	
혁신의 필요성	1. 나는 우리 복지관이 높은 성과를 가지고 있는 조직이라고 생각한다.
	2. 우리는 서비스를 개선시키기 위한 새로운 방법을 항상 추구한다.
	3. 우리는 규칙적으로 클라이언트들로부터의 정보와 피드백을 추구한다. 그 결과 우리는 더 좋은 서비스를 클라이언트들에게 제공할 수 있다.
	4. 우리는 행정비용을 줄이기 위한 방법을 인식하여 왔다.
	5. 우리 복지관은 새로운 서비스전달체계를 최근에 실행했다.
	6. 우리 복지관은 서비스 전달을 개선시키기 위한 새로운 지식이나 기술을 사용하고 있다.
	7. 클라이언트들은 우리 복지관에서 서비스를 빨리 그리고 꾸준히 제공받는다.
	8. 우리 복지관은 새로운 프로그램과 서비스를 빠르게 도입하는 데 있어 성공적이다.
	9. 우리 복지관에서 직원들은 최상의 업무를 수행하도록 동기부여 받는다.
	10. 우리 복지관의 노사관계는 꾸준히 개선되고 있다.
	11. 우리 복지관은 매우 빠르게 변화를 관리하는 데 있어 성공적이다.
	12. 우리 복지관은 다른 기관보다 더욱 효과적으로 서비스를 제공하고 있다.

면접에서 최종적으로 수정된 23개의 문항으로 구성된 척도로 보완되었다. 〈표 5-5〉는 최종 개발된 사회복지관 예비 혁신관리 척도이다.

〈표 5-5〉 혁신관리 척도

혁신관리 측정내용			동의 정도						
			1	2	3	4	5	6	7
조직 내·외부 환경분석	1.	우리 복지관은 서비스 제공과정 및 내용에 대해 주기적으로 점검을 실시하고 있다.							
	2.	우리 복지관은 조직변화를 위해 조직구성원에 대한 진단을 정기적으로 실시하고 있다.							
	3.	우리 복지관은 서비스 전달과정에서 발견되는 문제점이나 개선점들을 자유롭게 개진할 수 있는 지침이 마련되어 있으며 이를 잘 준수한다.							

	4.	우리 복지관은 클라이언트의 서비스 개선사항에 대한 피드백을 받을 수 있는 체계가 되어 있다.							
	5.	우리 복지관은 종사자들이 서비스 실행과정에서 발생하는 문제점과 개선사항에 대해 건의할 수 있는 체계가 마련되어 있다.							
조직 내 · 외부 환경분석	6.	우리 복지관은 조직 내 모든 부서의 구분과 업무내용에 대한 규정이 마련되어 있다.							
	7.	우리 복지관의 조직부서는 조직목적을 성취하기에 적합하게 구성되어 있다.							
	8.	우리 부서가 다루는 업무의 책임성과 자율성은 우리 부서가 가지고 있다.							
	9.	우리 복지관은 조직을 둘러싼 위험요소를 파악하기 위해 SWOT분석 등을 실시하고 있다.							
	10.	우리 복지관은 미션과 비전을 기초로 하는 체계적인 조직발전계획서(중장기발전계획)를 가지고 있으며 이를 준수한다.							
혁신 준비	11.	우리 복지관은 지역사회와 클라이언트 욕구에 근거하여 명확한 목표와 목적을 설정하여 중장기계획안을 제시하고 있으며 이를 준수한다.							
	12.	우리 복지관은 새로운 서비스를 제공하기 위해 항상 노력한다.							
	13.	우리 복지관은 이용자들로부터의 정보와 피드백을 주기적으로 점검한다.							
	14.	나의 기관은 높은 성과를 가지고 있는 조직이라고 생각된다.							
	15.	우리는 서비스를 개선시키기 위한 새로운 방법을 항상 추구한다.							
변화의 필요성 인식	16.	우리는 규칙적으로 이용자들로부터의 정보와 피드백을 추구한다. 그 결과 우리는 더 좋은 서비스를 이용자들에게 제공할 수 있다.							
	17.	우리 복지관은 지난 1년간 새로운 프로그램 또는 사업을 실행했다.							

	18.	우리 복지관은 서비스 전달을 개선시키기 위한 최근의 지식이나 기술을 사용하고 있다.							
	19.	이용자들은 나의 기관에서 서비스를 빨리 그리고 꾸준히 제공받는다.							
변화의 필요성 인식	20.	우리 복지관은 새로운 프로그램과 서비스를 빠르게 도입하는 데 있어 성공적이다.							
	21.	우리 복지관에서 직원들은 최상의 업무를 수행하도록 동기부여 받는다.							
	22.	우리 복지관은 매우 빠르게 변화를 관리하는 데 있어 성공적이다.							
	23.	우리 복지관은 경영평가나 사회복지시설평가에서 2회 이상 우수등급 이상을 받아 다른 기관보다 더욱 효과적으로 서비스를 제공하고 있다.							

제4절 이용자관리의 측정과 측정도구

1 이용자관리의 개념

1) 이용자관리의 필요성

이용자는 사전적 의미로 '어떤 물건이나 시설, 서비스 등을 이용하는 사람'이라고 정의하고 있다. 사회복지영역에서 이용자는 사회복지서비스를 받는 모든 대상자를 뜻한다. 따라서 시설이나 기관에서 제공하는 서비스를 이용하는 당사자를 이용자의 주체로 볼 수 있다. 이용자와 같은 의미로 클라이언트, 내방객, 내담인, 민원인, 소비자, 고객 등의 용어가 혼용되고 있다. 최근에는 사회복지영역에서 클라이언트라는 용어보다 당사자의 권리와 영향력이 강조되는 이용자라는 용어가 복지서비스의 전반에서 많이 사용되고 있다. 이용자를 구분하여 보면 크게는 서비스의 직접적인 이용 당사자를 1차적

이용자, 서비스 이용 당사자의 가족 및 보호자를 2차적 이용자, 향후 서비스를 이용할 대기자를 3차적 이용자(잠재적 이용자)라 볼 수 있다.

이용자는 소비자 개념과 유사하다고 볼 수 있으며 이용자의 4대 권리로 제시된 선택의 권리, 안전의 권리, 정보입수의 권리, 의사반영의 권리(최재성, 장신재, 2001)를 사회복지관의 서비스와 관련하여 이해할 수 있다. 선택의 권리는 이용자가 원하는 양질의 서비스를 스스로가 선택하고 이용할 수 있는 권리를 보장하는 것이고, 안전의 권리는 서비스를 이용하면서 서비스의 위해로부터 보호받을 수 있는 권리를 보장해 주어야 하는 것이며, 정보입수의 권리는 이용자에게 제공되는 서비스를 공개하고 개인의 특성에 맞는 서비스를 선택할 수 있도록 원조하는 것이고, 마지막으로 의사반영의 권리는 이용자의 욕구와 만족에 근거하여 서비스가 제공되어야 하며 이용자의 의사를 계속적으로 반영하는 적극적 개념으로 보고 있다.

사회복지관에서 이용자는 자신의 욕구를 충족시키는 데 관련된 복지, 건강의료, 교육, 문화 및 여가 등 서비스 제공을 위하여 복지관과 접촉하고 있는 사람을 의미한다. 이용자가 자신에게 필요한 적절한 서비스를 제공받기 위하여 자신의 의사를 반영하고 참여하고자 하는 욕구와 이러한 자신의 욕구를 충족하고 독립성을 보장받기 위한 권리나 권한강화, 적절한 지원을 강조하는 경향이 존재하게 된다. 이러한 이용자의 개별적인 참여가 보장되기 위해서는 조직관리적 측면에서 점검이 필요하다. 즉, 이용자의 측면에서 '이용자의 욕구나 불만족, 이용자의 권리와 비밀보장, 이용자의 자기결정권, 이용자 정보보호, 이용자 참여 및 사례관리' 등과 같은 이용자를 위한 환경적 여건이 조성되도록 복지관은 노력하여야 한다. 이용자가 자신의 서비스 제공계획에 참여하고 실질적으로 권리를 보장받으며 자신의 정보가 안전하게 관리되며 이용자 개개인들의 욕구와 환경에 적합한 개별적인 사례를 제공받는다면, 복지관 이용자들의 만족은 향상될 것이고 당연히 삶의 질은 개선 및 향상될 것이므로 성공적인 성과관리를 위하여 복지관은 이용자관리에 보다 많은 시간과 노력을 경주하여야 할 것이다.

사회복지영역에서의 지역사회보호운동과 민간영역에서의 소비자주권인식의 발전과 함께 21세기의 사회복지조직은 제공자(제공기관) 위주의 복지에서 이용자가 선택하고 결정하는 이용자 위주의 복지조직으로 빠르게 변화하고 있다. 이러한 변화 경향은 서비스 이용주체의 권리와 편의성과 같은 복지욕구의 충족 없이는 이용자들이 건강한 문화생활을 누리면서 최저한도의 생활을 향유할 수 없다는 것을 보여 주는 시대적 흐름이다. 즉, 복지관은 이용자 욕구 판정이나 서비스 실시계획, 서비스 평가에 이용자의 동의나 선택, 참가를 촉진함과 아울러 의사결정능력이 저하된 고령자의 경우는 자기결정권의 대리나 옹호를 제공하는 등 이용자의 권리 반영을 위한 노력이 필요하다. 따라서 복지관의 이용자권리는 자기결정권의 존중이 중요시되고 권리의식의 향상과 함께 사회복지의 근간을 유지하는 중요한 요소라고 할 수 있다.

보다 넓은 시각에서 이용자관리는 이용자에 대하여 '형평성과 공평성 그리고 다양성에 대한 책임 있는 응답 행동'으로 볼 수 있다. 즉, 이용자들에 대한 형평성은 상황에 따라 다르게, 공평성은 모두에게 동일한 조건으로, 그리고 다양성은 이와 같은 사실을 두고 서로 다른 시각이 있을 수 있다는 것을 받아들이는 것이라 할 수 있다.

2) 사회복지관 서비스 이용자

사회복지관은 이용자의 기능향상을 도우며, 적절한 생활을 누릴 수 있는 건강 유지, 거주, 이동, 적정한 소득과 함께 사회참여와 관련한 어려움을 감소(Atchley, 1980)시키는 데 노력하여야 한다. 그리고 이용자가 일반적 욕구에서부터 법률적 · 사회적 지위 유지에 대한 도움과 적응 문제뿐만 아니라 지역사회의 구성원으로서 살아갈 수 있도록 삶을 질적으로 제고하는 것을 지지해야 한다. 복지관은 이용자가 쉽게 접근할 수 있도록 홍보나 정보제공을 통해 고지하고 회원으로 가입하여 자신에게 맞는 프로그램이나 서비스를 이용할 수 있도록 안내하며 이용하지 못할 경우는 장애물이 되는 요인이 무엇인지를 파악하고 문제를 제거하여 원활히 이용할 수 있도록 도와야 한다. 회원탈퇴나 제적관리를 통해 변화의 흐름을 파악하고 전 과정에 걸친 회원관리가 필요하다.

사회복지관은 이용자와 서비스 제공자 사이의 대등한 관계를 위해서 권리-의무관계가 명확하게 체계화된 구조가 필요하다. 이용자와 복지관은 계약을 맺어 서비스를 선택하고 이용자의 의사가 존중되는 서비스의 질적, 양적 예측 시스템 개발이 필요하다. 특히, 이용자의 권리는 서비스품질을 구성하는 주요한 개념으로 복지관을 이용하는 모든 이용자들은 존엄한 존재로 대우받을 권리를 보장받아야 하며, 양질의 서비스를 제공받을 권리를 보장받아야 하고, 지신들의 의사는 자신들이 결정할 수 있는 자기결정권 및 복지관의 모든 사업에 참여할 수 있는 참여의 권리 그리고 사적 생활이 침해받지 않도록 개인의 비밀을 보장받아야 하며, 또한 모든 개인의 정보는 보호받아야 한다. 따라서 이용자권리 향상을 위해 복지관이 위치한 지역사회 내의 사회참여와 관련한 개개 기관 직원 간의 유기적인 협력체계의 구축을 통하여 경쟁보다는 서비스의 공유를 통하여 이용자 중심

서비스 제공이 가능토록 해야 한다. 이는 이용자들을 대상으로 단순히 서비스를 제공하는 차원을 넘어 이용자들의 권리와 이익을 대변할 수 있는 조직체로서의 역할을 강조해야 한다는 것이다. 따라서 정기적인 이용자와 비정기적인 이용자에 대한 관리의 체계화가 필요하다.

이용자

사전적 의미로 어떤 물건이나 시설, 서비스 등을 이용하는 사람

사회복지관 이용자

사회복지관의 이용자는 자신의 욕구를 충족시키는 데 관련된 복지, 건강의료, 교육, 문화 및 여가 등 서비스 제공을 위하여 복지관과 접촉하고 있는 사람

사회복지관 이용자관리

- 이용자의 측면에서 '이용자의 욕구나 불만족, 이용자의 권리와 비밀보장, 이용자의 자기결정권, 이용자 정보보호, 이용자 참여 및 사례관리' 등과 같은 이용자를 위한 환경적 여건이 조성되도록 점검하고 노력하는 과정
- 형평성과 공평성 그리고 다양성에 대한 책임 있는 응답 행동으로 볼 수 있으며, 이용자들에 대한 형평성은 상황에 따라 다르게, 공평성은 모두에게 동일한 조건으로, 그리고 다양성은 이와 같은 사실을 두고 서로 다른 시각이 있을 수 있는 것을 받아들이는 것

2 이용자관리의 측정요소

이용자관리는 '이용자의 욕구나 불만족, 이용자의 권리와 비밀보장, 이용자의 자기결정권, 이용자 정보보호, 이용자 참여 및 사례관리' 등과 같은 이용자를 위한 환경적 여건이 조성되도록 점검하고 노력하는 과정이라고 정의될 수 있으므로 이용자에 대한 관리 상태가 적절하게 이루어지고 있는지를 점검하기 위해서는 이를 위한 측정요소가 필요하다. 이용자관리의 정도를 측정하기 위한 측정요소로는 이용자의 자기결정권을 포함하는 이용자권리, 이용자 정보보호, 이용자 참여, 이용자의 개별적 사례, 이용자의 불만 등이 있다.

첫째, 이용자권리는 이용자들에 대한 권리실현의 정도를 측정하는 것으로서 이용자 권리는 '이용자가 사람답게 살기 위해 필요한 것으로서 당연히 인정된 기본적 권리' '이용자가 자연인으로 누려야 할 당연한 권리' '이용자가 존엄한 존재가 되기 위해 가져야 할 당연한 권리'를 의미한다. 이용자권리보장에 대한 직원교육의 제공여부, 자기결정권의 실현여부, 이용자권리보장을 위한 규정의 준수여부 등에 대한 점검이 주된 측정항목이 된다.

둘째, 이용자 정보보호는 이용자 개인정보가 어떻게 관리되고 있는가를 점검하는 영역으로 이용자의 서비스 제공기록이나 각종 개인정보는 체계적인 규칙이나 기준에 따라 적절하게 관리 보호되어야 한다. 따라서 측정항목으로는 개인정보의 중요도 분류기준 설정 및 적용여부, 개인정보보호에 대한 직원교육의 제공여부 등이 될 수 있다.

셋째, 이용자 참여는 이용자들의 복지관사업 전반에 대한 참여와 구체적인 서비스 제공과정에 대한 참여 정도를 측정하는 것으로서 복지관에서 어떠한 서비스를 어느 정도 받아야 하는가에 영향을 주는 결정에 대해 이용자들을 참여시킴으로써 서비스 제공자와 이용자의 불평등한 관계의 개선을 모색하는 것이 주된 목적이라고 할 수 있다. 따라서 이용자 참여는 이용자들이 서비스 기획부터 제공까지의 과정이나 서비스의 양과 횟수 그리고 중단 등에 대한 결정에 대한 참여 정도를 확인하는 측정항목들이 포함된다.

넷째, 이용자의 개별적 사례에 대한 측정은 이용자들의 개별성에 근거하여 서비스가 제공되고 있는지를 확인하는 것으로서 사례관리의 제공여부를 점검하는 측정항목들이 포함된다. 즉, 복지관은 다양한 욕구를 가지고 있는 이용자에 대해 그 욕구에 맞는 개별적인 지원계획을 세우고 여러 가지 자원을 연결, 동원하여 적절한 서비스를 제공함으로써 이용자의 기능 회복 및 복지증진을 도모할 수 있도록 사례관리를 제공하여야 하므로 사례관리의 적절한 제공여부가 측정항목이 된다.

다섯째, 이용자의 불만에 대한 측정은 서비스 제공과정에서 야기될 수 있는 이용자들의 이의제기나 불만사항들이 적절하게 처리되는지를 점검하는 것이다. 즉, 복지관은 이용자 불만 발생 시 불만의 원인이 무엇인지를 파악하여 이를 해결하기 위해 자원을 투입하는 등 적절한 대처를 할 필요가 있으며 이용자의 불편, 불만사항을 해소하기 위하여 공식적인 절차(건의함, 생활노인위원회, 정례적인 간담회 등의 실시)를 마련하고 제기된 불평과 불만사항을 신속히 해결하고, 그 처리결과를 공개하도록 하여야 한다. 따라서 이용자들의 불만사항에 대한 측정은 불만사항의 처리과정과 후속조치들에 대한 점검이 필수적이다. 또한 이용자 만족에 대한 정기적인 점검 역시 불만사항에 대한 점검 측정항목이 될 수 있다.

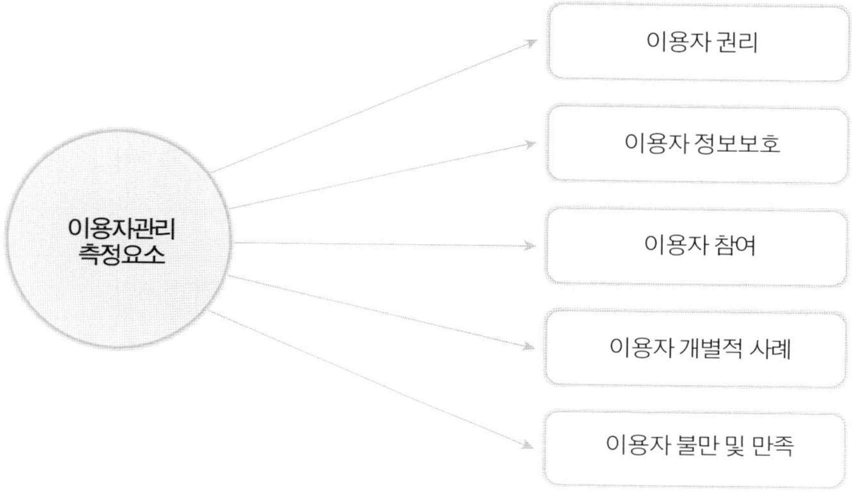

[그림 5-4] 이용자관리 측정요소

3 이용자관리 측정도구

사회복지관의 성과관리를 위한 과정영역에서 이용자에 대한 관리의 수준을 측정하기 위하여 이용자관리를, 첫째, 이용자권리의 적절성, 둘째, 이용자 정보보호의 적절성, 셋째, 이용자 참여의 적절성, 넷째, 이용자들에 대한 개별 사례관리의 수준 그리고 다섯째, 이용자들의 불만사항 처리나 만족의 정도로 구분하여 측정하도록 한다. 사회복지관 이용자관리 척도는 5개 영역의 총 22개 문항으로 측정하도록 구성되어 있으며 리커트 7점 척도를 활용하고 질문항목에 대한 가독성을 높이기 위하여 모두 긍정적인 질문으로 구성되어 있다. 선행연구를 통해 개발된 척도는 5개의 이용자관리영역의 총 29개 문항으로 구성되어 있었으나 2차에 걸친 전문가들을 대상으로 하는 초점집단면접을 통해 수정 및 보완되어 내용타당도가 향상된 최종 22개 문항의 척도가 개발되었다. 특히, 예비척도 22개 질문항목 중 질문의 적절성에 대한 지적으로 8개 문항이 수정되고 2차 전문가면접에서 최종 22개의 문항으로 구성된 척도로 보완되었다. 〈표 5-6〉은 최종 개발된 사회복지관 이용자관리 척도이다.

〈표 5-6〉 이용자관리 척도

이용자관리 측정내용			동의 정도						
			1	2	3	4	5	6	7
이용자 불만	1.	우리 복지관은 불만사항이 신속하게 처리되고 있다.							
	2.	우리 복지관은 이용자들의 불만사항과 이에 대한 처리결과를 공개하고 있다.							
	3.	우리 복지관은 이용자의 불만사항에 대해 후속조치가 이루어지고 있다.							
이용자 권리	4.	우리 복지관은 이용자의 권리가 보장되고 있다.							
	5.	우리 복지관은 이용자에 대한 권리보장규정이 운영내규로 마련되어 있으며 이를 잘 준수한다.							
	6.	우리 복지관은 이용자 권리보장에 대한 직원교육이 연 1회 이상 정기적으로 이루어지고 있다.							
이용자 정보보호	7.	우리 복지관은 이용자 개인정보를 철저히 관리하고 있다.							
	8.	우리 복지관은 기밀로 분류된 정보의 수준에 따라 등급을 나누어 보관하고 있다.							
	9.	우리 복지관은 직원들에게 개인정보보호 교육을 연 1회 이상 실시하고 있다.							
	10.	우리 복지관은 보유연한이 지난 개인정보들을 적절히 파기하고 있다.							
이용자 참여	11.	우리 복지관은 이용자와 가족이 자유롭게 참여하여 자신들의 의견을 충분히 개진할 수 있다.							
	12.	우리 복지관은 문제발생 시 이용자와 직원들이 함께 해결해 나간다.							
	13.	우리 복지관은 이용자가 이의를 제기하면 받아들여진다.							
	14.	이용자의 서비스 중단은 이용자와 직원이 함께 논의하고 기록된다.							
이용자 개별적 사례관리	15.	우리 복지관은 사례관리지침이 구비되어 있으며 이를 준수한다.							
	16.	우리 복지관은 사례발견을 위해 다양한 노력을 한다.							

이용자 개별적 사례관리	17.	우리 복지관은 접수 양식을 활용하여 잠재적 사례관리 서비스 이용자를 관리하고 있다.							
	18.	우리 복지관은 사례관리 적격성 여부를 결정하여 이용자들에게 신속하게 통보한다.							
	19.	우리 복지관은 사례관리를 전담하는 사례관리전담 직원(또는 팀)을 확보하고 있다.							
	20.	우리 복지관은 사례관리를 위한 개별 공간(사례관리 상담실)을 확보하고 활용하고 있다.							
	21.	우리 복지관은 사례관리회의를 주기적으로 개최한다.							
	22.	우리 복지관은 사례관리를 위해 자문위원을 활용하고 있다.							

제5절 협력관리의 측정과 측정도구

1 협력관리의 개념

협력이란 '특정한 목적을 달성하기 위하여 서로 힘을 합하여 돕는 과정'이다. 사회복지관은 지역사회 노인들의 복지증진 향상을 위해 노력하지만 모든 노인복지증진을 위한 노력을 단독적으로 수행하지 않으며 다양한 후원조직이나 협력조직들과의 상호행동을 통해 더 나은 지역사회를 건설하기 위하여 노력한다. 따라서 노인복지증진이라는 구체적인 목적을 성취하기 위해서 관련된 다양한 지역사회체계와의 협력은 필수사항이며, 이러한 지역사회와의 협력 결과는 복지관이 추구하는 노인의 삶의 질 향상과 사회참여 증진 등의 목표에 긍정적인 요소로 작용한다.

협력관리란 조직이 본래의 목적을 달성하기 위해 조직 내에서 조직구성원들과의 협력관계를 수립하고 관리부분과 조직 외적인 다양한 지역사회 자원체계들과의 협력을 관리하는 것을 의미한다. 사회복지관 내 직원들과의 협력에는 의사결정과정에 직원의 참여와 직원 간 권한위임구조 등이 포함되며, 타 기관과의 협력으로는 지역사회 내 다양한 자원체계들과 공동사업 추진계획 및 협약 체결 등과 지역사회에서 시행되는 지역행사 및 지역모임, 지역의 각종 위원회 참여 등이 해당된다.

먼저, 조직 내 협력관계를 보면, 기관의 단기 및 중장기 계획수립 과정 및 조직의 중요한 안건에 대한 결정과정에 직원의 참여를 보장하고 투명한 절차를 거쳐 이를 결정해야 한다. 이러한 과정에 대한 직원의 참여는 기관의 미션과 비전을 공유하고 일치시킬 수 있도록 하며 기관의 계획과 자신의 미래에 대한 계획을 조율할 수 있는 기회를 갖게 한다. 기관은 기관 내 직원들이 수직적 관계든지 수평적 관계든지 간에 서로 간에 불이익에 대한 두려움 없이 의사소통할 수 있는 통로가 항상 열려 있도록 제도적 장치를 마련하여 구성원들의 의견을 수렴하려는 노력을 하여야 한다. 이와 더불어 기관의 경험역량 표준화와 공식화의 정도 등을 종합적으로 진단한 후 직원 간 적절한 권한위임구조를 확립하도록 한다. 이를 통해 기관의 구성원들은 스스로의 역할과 책임에 대해 충분히 공유하고 책임성을 갖도록 한다. 이러한 권한위임구조는 사전에 만들어진 명확한 업무설계와 상세한 업무분장 기준안이 작성된 후에 가능하다. 따라서 기관은 명확한 업무설계와 권한위임이 잘 이루어질 수 있도록 업무분장에 대한 기준안들을 상세하게 기록하여야 한다. 또한 내부지침과 같은 보조적인 형태의 기준자료집을 작성하여 직원 간 권한위임이 적절하게 이루어질 수 있도록 하여야 한다.

두 번째로 조직 외적인 협력관계는 조직과 조직 사이의 협력관계를 나타내며 내용을 살펴보면 다음과 같다. 조직이 인적자원관리, 재정관리, 정보관리, 서비스 질 관리를 통해 서비스의 양과 질을 극대화시키고자 하는 것처럼 조직간 협력관리는 사회복지서비스의 양과 질을 향상시키고자 조직 간 협력을 달성하는 방법이자 기술이라 할 수 있다(우정자, 2006). 노인복지의 특성상 노인복지서비스 제공을 위해서는 다양한 전문인력뿐만 아니라 다양한 자원들이 복합적으로 제공되어야 한다. 따라서 복지관과 지역사회 내 의료기관, 보건소 및 사회복지관련 기관, 장기요양기관, 지역사회복지협의회, 지역사회복지협의체 등 다양한 지역사회 자원체계들과의 협력과 네트워크는 매우 중요하다. 사회복지부문은 그 특성상 서비스 공급의 다양성이 확보되어야 하며 이는 사회복지서비스에 대한 주민의 수요의 편차가 크기 때문이다(김준기, 이민호, 2006).

사회복지서비스의 다양성 확보를 위해 사회복지기관은 지역 내 유관 기관 및 단체와 조직적 네트워크를 구축하여 이용자들에게 분절되지 않고 통합적인 사회복지서비스를 제공하려고 노력하는 한편, 사회문제 해결을 위해 유기적으로 협력하고 교류하여야 한다. 사회복지기관 간의 협력 내용은 클라이언트 의뢰, 서비스나 프로그램의 교환, 공동사업, 공동대응 등으로 다양하다. 클라이언트 의뢰는 클라이언트를 보다 적합한 다른 조직의 소속으로 재배치하거나 다른 조직으로부터 의뢰받아 자기 조직 소속으로 재배치받는 것을 말한다. 서비스나 프로그램의 교환은 자원봉사, 종교적 혹은 전문적 서비스를 주고받는 인적 서비스 교환과 자금, 기자재 및 장비, 정보와 기술 등을 주고받는 자원의 교환을 모두 포함한다(김광점, 2000). 공동사업 또는 공동대응은 사회복지기관이 지역사회문제 해결을 위해 지역사회 기관 및 단체와 협력사업을 함께 하는 것을 말한다. 사회복지기관은 유관기관과의 협조체계를 구축하고 유지함으로써 사업추진의 효율성과 효과성을 제고하여 지역사회 내에서 기관의 입지를 강화할 수 있도록 한다.

결국 사회복지관의 협력을 위한 노력은 조직발전 및 성장을 위한 디딤돌의 역할을 할 수 있으므로, 다양한 협력관계 구축 및 발전을 위한 노력을 기울이기 위한 시간과 인력의 투입은 소비적인 자원투입이 아닌 생산적인 활동을 강화하기 위한 노력의 일환으로 이해되는 것이 조직성과관리적 측면에서 매우 중요하다.

협력

특정한 목적을 달성하기 위하여 서로 힘을 합하여 돕는 과정

조직협력

조직이 본래의 목적을 달성하기 위해 조직 내에서 조직구성원들과의 협력관계를 수립하고 관리부분과 조직 외적인 다양한 지역사회 자원체계들과의 협력을 관리하는 것

사회복지관 협력관리

사회복지관이 추구하는 가치의 실현을 위해 조직과 조직 그리고 직원들 간의 상호협력이 유지되고 증진되도록 관리하는 것

2 협력관리의 측정요소

협력은 공식적인 절차를 통해서 조직들이 동일한 목적을 성취하기 위해 함께 일하는 것을 의미한다(지은구, 2012b). 협력관리는 조직 내적인 협력과 조직 외적인 협력을 통해 조직이 목적하는 가치의 실현, 즉 목적성취를 위하여 노력하는 과정을 관리하는 것이므로 사회복지관은 조직의 미션을 달성하기 위해서 조직 내부와 외부에서 협력을 잘 관리할 필요가 있다. 사회복지관의 내적 협력관리는 직원의 업무분장과 권한위임 구조를 토대로 공식 · 비공식적 회의, 업무연락 등 다양한 방법을 통해 이루어진다. 외부조직과의 지역사회 삶의 질 개선 또는 지역주민들의 사회복지개선이라는 공동의 목적을 달성하기 위한 사회복지관의 외적 협력관계는 외부조직과의 협약체결, 협의체, 협의회, 위원회 등에 대한 참여 그리고 특정 이슈나 지역사회문제를 다루는 포럼, 간담회 등을 운영하는 방안 등이 있을 수 있다. 복지관을 둘러싼 사회환경의 변화와 이용자들의 변화하는 욕구에 적극적으로 대응하기 위하여 복지관들은 주변의 공공 및 비영리 인간봉사영역의 조직들과 원만한 협력관계를 구축하는 것이 중요하다.

결국 협력관리를 구성하는 중요한 두 축은 조직의 내적 협력과 외적 협력으로 구성되므로 성과관리를 위한 사회복지관 협력관리의 정도를 측정하기 위해서는 앞의 두 영역, 즉 조직의 내적 협력관계의 확인과 조직의 외적 협력관계의 확인이 필요하다.

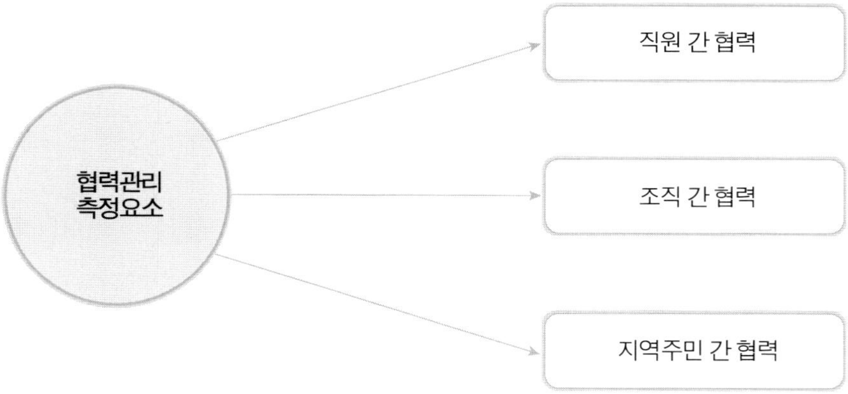

[그림 5-5] 협력관리 측정요소

③ 협력관리 측정도구

협력관리 척도는 사회복지관 성과관리의 과정영역 중 협력관리에 대한 직원들의 인식을 점검하는 측정도구로서 복지관 사업을 수행함에 있어 직원 간, 조직 간 그리고 지역주민 간의 상호협력이 어느 정도 이루어지고 있는지를 측정하기 위해 개발되었다. 사회복지관의 성과관리를 위한 과정영역에서 복지관의 협력 수준을 측정하기 위하여 본 연구에서는 협력관리를, 첫째, 직원 간에 발생하는 협력의 적절성, 둘째, 사회복지관과 기타 관련 조직 간의 협력, 셋째, 지역주민 간에 발생하는 협력으로 구분하여 측정하도록 한다. 사회복지관 협력관리 척도는 3개 영역의 총 11개 문항으로 측정하도록 구성되어 있으며 리커트 7점 척도를 활용하고 질문항목에 대한 가독성을 높이기 위하여 모두 긍정적인 질문으로 구성되어 있다. 선행연구를 통해 개발된 척도는 3개 영역의 총 14개 문항으로 구성되어 있었으나 1차 전문가들을 대상으로 하는 초점집단면접을 통해 수정 및 보완되어 내용타당도가 향상된 최종 예비척도는 12개 문항의 척도가 개발되었다. 특히 예비척도 12개 질문항목 중 질문의 적절성에 대한 지적으로 1개 문항이 삭제되고 5개 문항이 수정되어 2차 전문가면접에서 최종 11개의 문항으로 구성된 척도로 보완되었다. 〈표 5-7〉은 최종 개발된 사회복지관 예비 협력관리 척도이다.

〈표 5-7〉 협력관리 척도

협력관리 측정내용			동의 정도						
			1	2	3	4	5	6	7
직원 간 협력 관계	1.	우리 복지관은 기관의 사업계획, 인사문제 등 중요 안건 결정과정에 직원의 참여를 보장하는 명문화된 규정을 가지고 있으며 이를 준수한다.							
	2.	우리 복지관의 관리자(관장, 부장, 사무국장)는 중요 안건 결정을 위해 직원들의 의견을 충분히 수렴한다.							
	3.	우리 복지관의 관리자(관장, 부장, 사무국장)는 정기적 회의를 통하여 직원들에게 중요 안건의 내용과 결정 경위를 설명한다.							

조직 간 협력 관계	4.	우리 복지관은 공동사업을 추진할 연계기관을 개발하고 사업을 추진하고 있다.							
	5.	우리 복지관은 타 기관과의 공동사업을 위한 협약서를 작성하여 체결하고 있고 이를 실현하기 위해 노력한다.							
	6.	우리 복지관은 타 조직과의 협력을 전담하는 전담직원을 확보하고 잘 활용하고 있다.							
	7.	우리 복지관의 관장을 포함한 직장상사들은 타 기관과의 협력사업을 중요한 조직과업으로 인식한다.							
	8.	우리 복지관은 지역사회 조직 · 단체와의 네트워크에 참여하고 있다.							
지역주민 간 협력 관계	9.	우리 복지관은 자체 행사에 지역주민이 참가하도록 하거나 지역행사에 이용자를 참여시킨다.							
	10.	우리 복지관은 지역주민이 참가할 수 있는 자체 행사를 기획하고 운영하고 있다.							
	11.	우리 복지관은 지역주민과의 소통을 위해 노력하고 있다(소식지, 홈페이지, SNS 등 포함).							

제6절 조직(구조)관리의 측정과 측정도구

1 조직관리의 개념

조직(특히 조직구조)관리는 조직의 구조를 관리하는 것으로서 조직 내 권력(power)과 권한(authority)의 배치를 결정하게 되며 구조에 관한 조직설계는 크게 네 가지 영역으로서 전문화(specialization), 조직형태(shape), 권력분배(distribution of power), 부서화(departmentalization)로 나누어진다(김현주, 정재상 역, 2005). 첫째, 전문화는 업무를 수행하기 위해 사용되는 직무 전문성(job specialties)의 유형과 수를 의미한다. 둘째, 조직

형태는 조직의 수준에 따라 각 부서를 결정하는 평균적인 인력의 수를 가리키며 각 부서를 구성하는 인력의 수가 평균적으로 많을수록 평평한 형태의 조직구조가 된다고 볼 수 있다. 셋째, 권력분배는 조직의 분화(differentiation) 과정으로 볼 수 있다. 두 가지 차원으로 구성된다고 볼 수 있는데 수직적 분화와 수평적 분화이다. 수직적인 권력분배는 상부에 권한이 집중되는 집권화(centralization)와 하부에 권한이 이양되는 분권화(decentralization)에 관련된다. 수평적인 권력분배는 부서의 위치와 권한에 관한 것으로서 조직에서 더욱 중추적인 역할을 하는 부서로 권력이 이동하는 것을 말한다. 넷째, 부서화는 조직의 수준별로 어떤 부서를 설치해야 하는지에 대한 것으로 이때 부서를 나누는 기준은 부서별 기능, 제품과 서비스, 업무흐름의 프로세스, 지역 등을 들 수 있다(서울복지재단, 2006).

조직구조는 조직 내의 작업과 활동의 공식적이고 체계적인 배열을 의미하며 이들 활동의 상호 간의 관계를 형성시키는 조직의 틀을 말한다. 조직은 많은 기능의 수행을 통해서 조직 그 자체의 목표를 달성할 수 있다. 이 같은 기능 수행은 구성원의 역할 분담 과정을 통해서 실현이 가능하기 때문에 모든 조직구성원들에게 기능을 분담시키도록 해야 한다. 조직의 모든 기능은 질적인 기준에 따라 세분화되고 그것이 보다 질서정연하게 구조화됨으로써 모든 구성원들이 분업과 협업의 원리에 따라서 업무를 집행할 수 있도록 모든 업무의 구조화가 실행되어야 한다. 따라서 조직구조를 관리하는 조직관리는 조직구성원들의 적절한 배치 및 지역사회 전문인력들의 조직 행동에 대한 참여 등을 관리하는 것을 나타낸다.

조직(구조)관리

조직구성원들의 적절한 배치 및 지역사회 전문인력들의 조직 행동에 대한 참여 등을 관리하는 것

2 조직관리의 측정요소

사회복지관은 설립배경과 운영의 목적을 분명하게 갖고 있는 조직이다. 그렇기 때문에 조직설계에 기본이 되는 전문성과 부서별 기능도 타 유형의 조직에 비하여 목적성이 뚜렷하다고 할 수 있다. 동시에 각 조직마다 갖고 있는 자원과 환경이 다른 만큼 모든 유형의 시설들이 동일한 조직의 형태를 가질 수 없는 배경도 존재한다. 복지관의 조직관리에서는 적절한 구성원의 배치와 지역사회의 전문인력이 조직 내 의사결정과정에 참여하도록 하는 것이 필요하다. 조직 내 부서의 적절성과 각 부서별 전문인력의 적절한 배치와 관리가 기본적으로 전문화되어야 한다. 복지관은 사회복지인력, 돌봄인력, 간호인력, 재활치료인력 등 다양한 전문직이 공동협력하여 사회복지서비스를 제공한다. 그러므로 전문직종별 교류와 협력이 필수적인데 각종 자발적, 비자발적 모임을 통해 이를 지원하는 조직체계의 구조가 필요하다.

조직은 크게 공식적 조직과 비공식적 조직으로 나눌 수 있다.

공식적 조직은 계층제와 권한관계를 내용으로 인위적으로 만들어지고 법률, 법규나 직제에 의하여 명문화된 제도상의 조직을 말한다. 사이먼은 공식적 조직을 조직이 구성원을 위하여 신중하고 합법적으로 계획된 행동 및 구성원 간의 관계라고 정의를 내리고 있으며 Barnard(1970)는 의식적으로 조성된 2인 이상의 사람들의 활동이나 기능의 체계라고 정의하고 있다.

비공식적 조직은 현실적인 인간간계를 토대로 자연발생적으로 형성되는 조직을 말한다. 비공식적 조직은 1930년대 이후 인간관계론 내지 신 고전이론에서 리더십, 사기, 의사소통의 문제와 더불어 가장 중시되어 온 분야이다. 즉, 비공식적 조직은 조직의 구성원 간에 존재하는 개인적인 실제관계이며 제도상의 조직에는 전혀 표현되지 않거나 불충분하게 표현된 상호관계라 볼 수 있다.

조직구조는 조직의 성과와 조직구성원들의 직무몰입이나 조직몰입에 영향을 준다는 것은 이미 많은 연구(김근세, 이경호, 2005; 김호정, 2003; 주효진, 2004)들을 통해 입증되었다. 조직구조가 직원들의 조직몰입이나 직무몰입 그리고 직무태도 등에 영향을 준다는 측면에서 보면 조직구조는 또한 직원들에 의해서 만들어지고 경험되는 조직문화와도 깊은 연관이 있다고 할 수 있다. Glick(1985)은 조직문화가 다른 조직과 구별되는 독특한 특성이라는 주장에 동의하였으며 Schein(1983)은 조직문화가 다른 조직과 구별할 수 있는 차별적 능력으로서 대부분 조직구조와 연관이 있다고 강조하였다.

Pascale와 Athos(1981)는 조직문화를 광의로 해석하여 조직구조가 조직문화를 이루는 한 구성요소라고 주장하였으며 Schein(1985)은 조직구조가 조직문화를 형성하는 한 요소라고 인식하였다. 결국 조직문화는 공식적 조직과 비공식적 조직의 구조를 통해서 직원들에 의해서 만들어지고 발산되며 경험된다는 측면에서 조직구조는 조직문화와 깊은 연관이 있다고 할 수 있다.

조직문화는 조직이 가지고 있는 상징이나 언어이념, 의식, 전통 등 총체적 개념이다. 이러한 조직문화는 조직구성원들이 지속적으로 공유하여 온 기본적인 믿음이 무엇인지를 살펴보아야 한다. 이러한 기본적인 믿음은 조직이 외부환경에 어떻게 대응하여 살아남을 것인가 하는 생존의 문제와 조직 내부요소들의 문제를 해결하는 과정에서 형성되며, 이것이 일찍이 문제를 반복적이면서도 만족할 만하게 해결해 줌에 따라 구성원들이 다양하게 여기고 의심 없이 당연한 것으로 받아들이게 된다(신형재, 권용만, 2009).

따라서 앞과 같은 선행연구들의 결과에 의하면 조직구조관리, 즉 사회복지관의 조직(구조)관리를 구성하는 구성영역(측정요소)은, 첫째, 공식적 조직에 대한 진단, 둘째, 비공식적 조직에 대한 진단, 셋째, 조직문화로 나타날 것이다. 이를 그림으로 나타내면 [그림 5-6]과 같다.

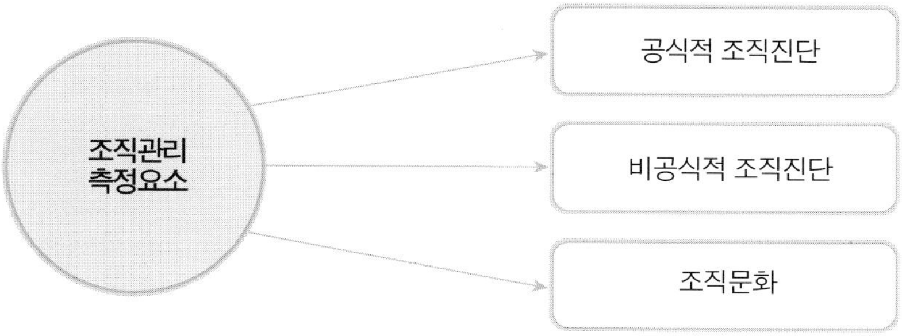

[그림 5-6] 조직관리 측정요소

3 조직관리 측정도구

조직관리 척도는 사회복지관 성과관리의 과정영역 중 조직관리에 대한 직원들의 인식을 점검하는 측정도구이다. 즉, 복지관 성과관리의 과정영역 중 조직관리에 대한 직원들의 인식을 점검하고 기관의 부서화(팀) 및 각종 위원회 등 조직구조가 조직이 설정한 목적성취를 위해 최적화되어 있는가 등과 같이 조직구조의 적절성을 측정하는 것을 목적으로 한다. 복지관의 성과관리를 위한 조직관리영역에서 복지관의 조직관리 수준을 측정하기 위하여 본 연구에서는 조직관리를, 첫째, 공식적 조직진단 또는 활동, 둘째, 비공식적 조직진단 또는 활동, 셋째, 조직문화 등을 중심으로 측정요소를 구분하여 측정하도록 한다.

조직관리 측정도구를 개발하기 위하여 본 연구에서는 공식적 조직진단 측정도구는 대부분의 연구에서 언급하고 있는 운영위원회 운영규정의 명문화와 정기적 운영위원회 운영, 그리고 서울복지재단(2016)의 2015 DAY-CARE센터 인증지표 및 지침서, 국가법령정보센터의 기업・준정부기관의 인사운영에 관한 지침 등에서 일반적으로 언급되고 있는 측정도구들을 참고하였다. 특히, 비공식적 조직진단 측정도구는 서울복지재단(2006) 그리고 경영시스템으로 노사관리에서 주로 언급하고 있는 지표를 사용하였으며, 조직문화 측정도구는 이러한 점을 이해하고 전영빈(2014)이 적합한 조직문화로서 소속조직의 지배적인 특성으로 제시한 4문항을 재구성하여 사용하였다.

사회복지관 조직구조에 대한 관리척도는 3개 영역의 총 18개 문항으로 측정하도록 구성되어 있으며 리커트 7점 척도를 활용하고 질문항목에 대한 가독성을 높이기 위하여 모두 긍정적인 질문으로 구성되어 있다. 선행연구를 통해 개발된 척도는 3개 영역의 총 21개 문항으로 구성되어 있었으나 1차 전문가들을 대상으로 하는 초점집단면접을 통해 수정 및 보완되어 내용타당도가 향상된 1차 예비척도는 21개 문항의 척도가 개발되었다. 특히, 개발된 예비척도 21개 질문항목 중 질문의 중복가능성 및 적절성에 대한 지적으로 3개 문항이 삭제되고 7개 문항이 수정되어 2차 전문가면접에서 최종적으로 수정된 18개의 문항으로 구성된 척도로 보완되었다. 〈표 5-8〉은 최종 개발된 사회복지관 조직구조에 대한 예비 조직관리 척도이다.

〈표 5-8〉 조직관리 척도

조직관리 측정내용			동의 정도						
			1	2	3	4	5	6	7
공식적 조직활동	1.	우리 복지관은 운영위원회를 연 4회 운영하고 있다.							
	2.	우리 복지관은 운영위원회 개최상황(운영횟수, 안건 등) 및 결과를 기록·관리하고 있다.							
	3.	우리 복지관은 이용자, 이용자 가족 및 보호자, 후원자, 전문가 등을 운영위원으로 참여시키고 있다.							
	4.	우리 복지관은 운영위원회 내용을 직원, 이용자 및 보호자, 후원자, 지역주민 등에게 공개한다.							
	5.	우리 복지관은 운영위원회 건의사항을 반영한 결과를 위원들에게 안내·통보하고 있다.							
	6.	우리 복지관의 운영위원회 구성(규모, 대표성)은 적절하다.							
	7.	우리 복지관은 복지관 운영의 전문성 강화를 위하여 자문위원을 활용하고 있다.							
	8.	우리 복지관은 인사위원회의 구성과 기능에 대한 규정이 있으며 이를 준수한다.							
	9.	우리 복지관의 인사위원회 구성(규모, 대표성)은 적절하다.							
	10.	우리 복지관은 인사위원회 운영과 관련하여 회의록을 작성하여 보고절차에 의해 보고하고 보관, 관리되고 있다.							
	11.	우리 복지관의 조직구조는 조직의 미션과 비전을 실천할 수 있도록 적절하게 구성되어 있다.							
	12.	우리 복지관의 구조(팀, 부서, 과)는 사회복지서비스 효과성을 증진하는 데 유용하다.							
비공식적 조직활동	13.	우리 복지관은 정기적, 비정기적 팀별 분임토의 및 사례관리 토론 등의 지식공유 모임을 운영한다.							
	14.	우리 복지관은 기관 내 직원 간 유기적 관계 형성 및 공동체 의식 함양 및 교류를 위한 모임이 있다.							
	15.	우리 복지관은 직원의 성장과 발전을 위한 다양한 모임을 지원하고 있다.							
조직문화	16.	우리 복지관은 인간적이며, 따뜻한 것 같다.							
	17.	우리 복지관은 역동적이며 진취적이다.							
	18.	우리 복지관의 직원들은 위험을 감수하려고 한다.							

제7절 자원개발관리의 측정과 측정도구

1 자원개발관리의 개념

자원개발은 무엇보다도 이용자를 위해 서비스를 제공하는 데 필요한 물적, 인적 자원 등 다양한 유형의 자원을 주고받는 과정이라고 볼 수 있다(노연희, 2007). 비영리조직의 자원개발은 재정 및 기능적 특성으로 환경에 대한 의존성이 강하다는 측면에서 그 중요성이 강조되어 왔다. 비영리조직은 필요한 물적 자원을 정부, 민간단체, 영리기업 및 개인 등 다수의 재정지원자로부터 다양한 방식으로 확보하며 인적자원 역시 지역사회 주민이나 민간단체 등으로부터 확보한다. 따라서 다양한 자원지원자(founder)의 개발 및 관리와 자원의 안정적인 확보와 관련된 자원개발활동을 하여야 하는 것은 조직의 안정적 사업전개를 위해 매우 중요하다고 할 수 있으며 나아가 조직의 목표달성과 궁극적인 조직의 생존에 있어서 매우 중요한 요소로 인식되어 왔다. 따라서 자원개발관리는 이용자를 위해 서비스를 제공하는 데 필요한 물적 · 인적 자원, 그리고 지역사회의 구체적인 문제를 해결하는 데 필요한 지역사회 내 다양한 자원 등을 파악하고 활용하기 위하여 다양한 유형의 자원을 주고받는 과정이라 볼 수 있다. 조직은 그 생존과 발전을 위해서 다양한 자원을 필요로 하지만 그중 안정적인 재정자원의 확보가 조직의 성패를 가늠한다 해도 과언이 아닐 정도로 중요한 구실을 한다(정무성, 2000; 황성철, 2000).

비영리조직은 조직이 위치하고 있는 기능적인 측면에서 지역사회의 문제를 해결하고 궁극적으로 공공의 목적을 달성하기 위해 활동한다. 이를 위하여 지역사회 내의 주민과의 협력관계를 기반으로 한 자원개발능력이 매우 중요하다고 볼 수 있다(Hunter & Staggenborg, 1988). 즉, 자원개발은 단지 비영리조직이 활동하는 데 필요한 자원을 획득한다는 의미를 넘어서 지역사회의 구체적인 문제를 해결하기 위해 지역주민의 참여를 요구한다는 중요한 의미도 있다. Beierle(1998)는 주민참여를 주민에 대한 교육 및 정보 제공, 의사결정에 주민의 의사 반영, 결정의 본질적 질 제고, 정부에 대한 신뢰 향상, 갈등 축소, 비용-효과성 제고의 효과를 가져올 수 있다고 강조하였다.

자원개발

이용자를 위해 서비스를 제공하는 데 필요한 물적 · 인적 자원 등 다양한 유형의 자원을 주고받는 과정

자원개발관리

이용자를 위해 서비스를 제공하는 데 필요한 물적 · 인적 자원, 그리고 지역사회의 구체적인 문제를 해결하는 데 필요한 지역사회 내 다양한 자원 등을 파악하고 활용하기 위하여 다양한 유형의 자원을 주고받는 과정

2 자원개발관리의 측정요소

자원개발은 앞에서 설명한 바와 같이 이용자를 위해 서비스를 제공하는 데 필요한 물적 · 인적 자원 등 다양한 유형의 자원을 주고받는 과정이다. 사회복지관에서의 자원개발의 의미는 서로 주고받는 관계를 형성하는 활동 또는 지역사회와 함께하는 것이라 할 수 있다. 즉, 서로 고리를 만들어 가는 과정, 서로 연결할 수 있는 주고받는 관계, 조직과 자원 간의 관계 형성, 사람들을 만들기 위한 작업, 지역사회의 관심을 끌어오는 것, 다른 사람이 채워주는 것, 지역사회와 연계, 파트너를 찾는 과정, 자원에 대한 피드백을 주는 것, 목표달성을 위해 필요한 것, 인간다운 삶을 위해 필요한 것을 만들어 가는 과정으로 폭넓은 의미가 있다고 볼 수 있다. 따라서 사회복지관에서의 자원개발은 도움이 되고 필요한 활동으로 복지관의 전반적인 운영과 관련하여 조직과 관련된 모든 사람과 집단에게 도움이 될 뿐만 아니라, 부족한 재정자원을 확보하여 이용노인들의 삶의 질을 향상시키는 데 필요하다는 것으로서 모금 및 후원자개발 계획 및 확보노력, 자원봉사자 관리, 지역주민참여, 홍보와 마케팅 등이 해당된다고 볼 수 있다. 이러한 측정요소는 자원개발에서의 가치, 태도, 기술 그리고 지식으로 나타날 것이다.

가치자원은 사회복지 가치가 무엇을 의미하며, 그 가치를 실현하기 위한 자원개발의 철학과 전략, 그리고 방법이라 할 수 있다.

태도자원은 사람의 가치관에 따라 나타나는 행동 및 감정이다. 따라서 다양한 의사소통과 욕구들이 존재한다.

기술자원은 지역사회 내 사람들 간의 관계를 강화함으로써 연계망이라 일컫는 사회적 자산을 형성하는 것이다. 지역사회 내의 문제해결을 위해 현존하는 자원으로 불충분할 때 자원동원을 위한 외부의 극적인 이벤트가 요구되는 상황에서 활용된다. 첫째, 조직체의 지도자로 하여금 구성원들이 특정한 사회적 쟁점을 위해 활동에 참여하도록 요청한다. 둘째, 개인의 자원동원 기술은 개인으로 하여금 필요한 활동에 참여하도록 설득한다. 셋째, 네트워크를 통한 자원동원은 리더를 통하여 지역사회활동에 참여하도록 촉진하는 메시지를 전달하고 구성원 내에서 상호 간의 영향력을 통하여 자원동원을 하는 것이다.

지식자원은 연결자로서의 지역사회와 외부세계의 연결고리를 구축하여 외부 지지자들로부터 정보와 지식을 얻어 내는 것이다.

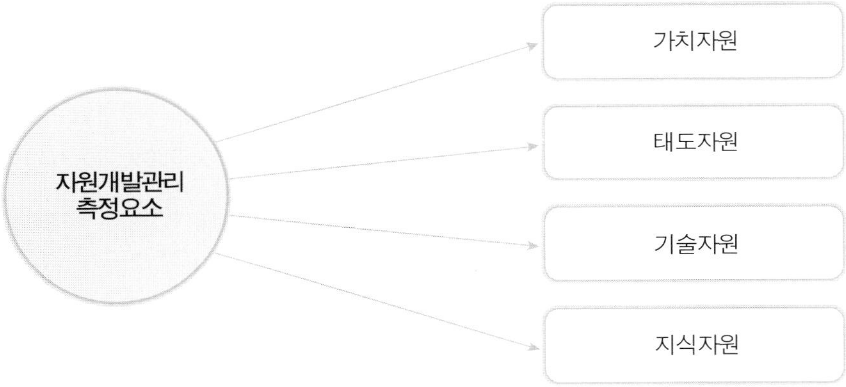

[그림 5-7] 자원개발관리 측정요소

3 자원개발관리 측정도구

자원개발관리 척도는 사회복지관 성과관리의 과정영역 중 자원개발관리에 대한 직원들의 인식을 점검하는 측정도구이다. 즉, 사회복지관 성과관리의 과정영역 중 자원개발관리에 대한 직원들의 인식을 점검하고 복지관 및 직원들의 자원개발을 위한 가치, 태도, 기술 그리고 지식의 영역에서 자원개발능력의 정도를 측정하는 것을 목적으로 한다. 사회복지관의 성과관리를 위한 과정영역에서 복지관의 자원개발관리 수준을 측정하기 위하여 본 연구에서는 자원개발관리의 측정요소를, 첫째, 가치자원, 둘째, 태도자원, 셋째, 기술자원, 넷째, 지식자원을 중심으로 구성하여 측정하도록 한다. 특히, 본 연구에서는 선행연구를 통하여 도출된 자원개발관련 질문항목들과 이종운(2017)이 제시한 자원개발역량 점검을 위한 질문항목들을 사회복지관에 맞게 재구성하여 예비척도를 도출하였다. 사회복지관 자원개발관리척도는 4개 영역의 총 17개 문항으로 측정하도록 구성되어 있으며 리커트 7점 척도를 활용하고 질문항목에 대한 가독성을 높이기 위하여 모두 긍정적인 질문으로 구성되어 있다. 1차 예비척도는 선행연구 및 전문가면접을 통해 4개 영역의 총 17개 문항으로 구성되어 있었으나 2차 전문가면접을 통하여 1개의 질문항목이 수정되었다. 〈표 5-9〉는 최종 개발된 사회복지관 자원개발관리 척도이다.

〈표 5-9〉 자원개발관리 척도

자원개발관리 측정내용			동의 정도						
			1	2	3	4	5	6	7
가치자원	1.	우리 복지관은 자원개발에 있어서 진실성, 정직성, 법적 내용을 준수한다.							
	2.	나는 자원개발 시 윤리적 기준을 준수하고, 투명한 운영을 위해 정직한 자세로 성실하게 임한다.							
	3.	나는 공인으로서의 품행과 처신을 통해 사회복지사로서 신뢰받을 수 있도록 노력한다.							
태도자원	4.	우리 복지관은 자원연계를 할 기회가 결여되었거나 공급이 부족할 때 새로운 자원을 적극적으로 개발하여 활용하려고 한다.							
	5.	우리 복지관은 자원개발을 위해 참신하거나 새로운 아이디어를 추구한다.							
	6.	우리 복지관은 기부자와 충실한 의사소통(감사편지 등)을 하고 있다.							
	7.	우리 복지관은 기부자들에게 믿을 만한 조언자 역할을 할 수 있다.							
	8.	우리 복지관은 기부자의 동기, 가치, 욕구, 상황 등에 대한 배려 및 개별화를 통한 관리를 하고 있다.							

기술자원	9.	우리 복지관은 다른 기관과 지역사회 내 네트워크를 통해 지역자원을 공유하고 있다.							
	10.	우리 복지관은 자원개발을 위해 목표를 계획하고 모금활동, 홍보 및 전략을 수립할 수 있는 능력을 가지고 있다.							
	11.	우리 복지관은 기부자의 욕구에 부합하는 제안서를 작성할 수 한다.							
	12.	우리 복지관은 자원개발에 있어서 협상에 필요한 핵심적인 행동이 무엇인지 파악하고 있다.							
	13.	우리 복지관은 기부자, 이용자 등 자원개발과 관련된 사람들의 생각, 감정, 관심사를 이해하기 위해 노력한다.							
지식자원	14.	우리 복지관은 자원개발의 업무를 수행하기 위해 필요한 지식을 교육하고 있다.							
	15.	우리 복지관은 지역사회의 사회, 경제, 정치 및 문화적 상황에 대해서 잘 이해하고 있다.							
	16.	우리 복지관은 지역사회자원 목록을 연 1회 이상 보완하기 위하여 노력하고 있다.							
	17.	우리 복지관은 기부자와 관련된 법과 세제 등을 이해하고 권리향상과 옹호를 실행하고 있다.							

제8절 재무관리의 측정과 측정도구

1 재무관리의 개념

재무관리는 화폐를 매개체로 하여 조직의 모든 경영활동을 전체적인 관점에서 계획하고 조정하며 통제하는 관리기능이라 할 수 있다. 오늘날 조직의 환경이 복잡해지고 경쟁 또한 격화됨에 따라, 재무관리는 자금조달에만 한정되지 않고, 조달된 자본을 어떻게 효율적이고 효과적으로 운영할 것인가 하는 활동의 문제로 확대되었다. 조직은 그 본래의 목적을 달성하기 위해 여러 가지 활동을 수행한다. 이 가운데 재무활동은 조직활동을 수행하는 데 필요한 소요자본을 확보하는 자금조달에 관한 활동이라 할 수 있다. 이러한 재무활동이 합리적으로 수행되기 위해서는 목표를 설정하고 목표달성을 위한 관리과정을 거치게 된다. 따라서 재무관리란 조직의 자금 활용과 조달에 관한 의사결정을 중심으로 재화와 용역의 제공능력을 적정하게 유지하였는지에 대한 재무정보를 일정한 양식과 보충자료를 통해서 관리하는 것이라 볼 수 있다. 즉, 조직이 목표달성을 위해 필요한 재무자원을 합리적이고 계획적으로 동원, 배분하고 효율적이고 효과적으로 사용·관리하는 과정으로 정의할 수 있다. 결국 재무관리는 자금의 효과적인 운영을 통해 조직의 원래 목적인 조직가치를 극대화시켜 나가는 데 그 의의가 있다고 할 수 있다. 특히, 비영리조직의 재무관리는 제도화된 조직체, 독립성, 이익 무분배, 자치성, 자발성, 공익성 등의 특징으로 그 관리의 중요성이 더 해지고 있다.

김정린(2005)은 존스 홉킨스 비영리영역 비교연구 프로젝트를 통해 전 세계 22개국의 비영리조직을 대상으로 한 연구의 결과, 비영리조직의 여섯 가지 특성(자원의 합리적 사용, 투명성, 재투자, 재무적인 부분에서 자가관리 매뉴얼을 통하여 스스로 관리, 이용자나 이해관계자들에게 자금의 흐름을 명확히 제시, 공익을 추구하며 공익에 기여)에 대해 정의하는 부분은 재무관리의 중요성과 관련되어 있다.

사회복지관의 재무관리는 기업의 재무관리와 다른 면이 있다. 기업의 재무관리 목적이 기업의 가치를 극대화하여 주주들에게 더 많은 부를 창출하는 것이라면, 사회복지관의 재무관리는 비영리조직의 가치를 극대화시켜서 비영리조직에 헌신하는 기부자들에게 물질적인 부를 창출시켜 주는 것이 아니라 사회복지관이 이루어 내는 성과를 통해 정신적인 부를 창출하여 정신적인 만족도라는 가치를 제공함으로써 조직이 장기적으로 안정적인 자원제공자 확보에 도움이 되도록 하는 데 목적이 있다. 사회복지관의 재무관리는 복지관의 자금 흐름과 관련된 모든 의사결정을 보다 효과적으로 유도하고 관리하기 위한 기법이라 할 수 있다. 즉, 복지관의 가치를 극대화하는 과정에 수반되는 모든 재무적 의사결정을 합리적으로 내리기 위한 방법이라 할 수 있다.

재무관리

재화와 용역의 제공능력을 적정하게 유지하였는지에 대한 재무정보를 일정한 양식과 보충자료를 통해서 조직이 목표달성을 위해 필요한 재무자원을 합리적이고 계획적으로 동원, 배분하고 효율적이고 효과적으로 사용·관리하는 과정

사회복지관 재무관리

- 복지관의 자금 흐름과 관련된 모든 의사결정을 보다 효과적으로 유도하고 관리하기 위한 기법
- 사회복지관의 가치를 극대화하는 과정에 수반되는 모든 재무적 의사결정을 합리적으로 내리기 위한 방법

2 재무관리의 측정요소

사회복지관의 재무관리는 수입과 지출에 관한 재정적인 운영에 많은 이해관계자들의 주목을 받고 있고, 재무 자체가 복지관의 운영에 많은 영향을 미치고 있는 것이 현실이다. 따라서 복지관이 합리적으로 재정을 관리하는 것은 복지관이 건전하고, 그리고 지속적인 성장을 이루는 데 막대한 영향을 미치므로 그 관리의 필요성은 절대적이라 할 것이다. 따라서 재무관리 과정에서 재무관리에 관한 이론적 지식과 경험을 체계화하여 비영리조직으로서의 투명성과 신뢰성의 증진, 다양한 수익원천들에 대한 적절한 포트폴리오의 구성, 안정적인 모금활동, 재정에 대한 적절한 사회적 기대에 대한 부응 등이 이루어지도록 하여야 할 것이다. 이를 위해 복지관은 사회복지법인 재무회계규칙, 예산과 결산, 회계(수입과 지출), 계약, 물품, 감사, 세무관리 등을 중점적으로 관리하여야 할 것이다. 이는 재무관리에 대한 지식과 기술, 태도에 관련되어 있다고 볼 수 있다.

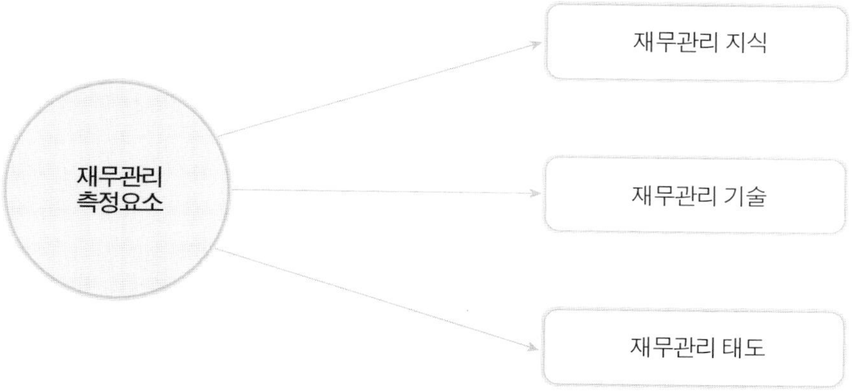

[그림 5-8] 재무관리의 측정요소

3 재무관리 측정도구

재무관리 척도는 사회복지관 성과관리의 과정영역 중 재무관리에 대한 직원들의 인식을 점검하는 측정도구이다. 즉, 사회복지관 성과관리의 과정영역 중 재무 담당직원의 인식을 점검하고 직원을 대상으로 기관 재무의 지식, 기술 그리고 태도에 대한 적절성을 측정하여 복지관의 재무관리 전반에 대한 점검을 하는 것을 목적으로 한다. 특히, 사회복지관의 성과관리를 위한 과정영역에서 복지관의 재무관리 수준을 측정하기 위하여 본 연구에서는 재무관리를, 첫째, 재무관리에 대한 태도, 둘째, 재무관리의 지식, 셋째, 재무관리의 기술을 중심으로 측정요소를 구분하여 측정하도록 한다. 사회복지관 재무관리 척도는 3개 영역의 총 24개 문항으로 측정하도록 구성되어 있으며 리커트 7점 척도를 활용하고 질문항목에 대한 가독성을 높이기 위하여 모두 긍정적인 질문으로 구성되어 있다. 선행연구를 통해 개발된 척도는 3개 영역의 총 36개 문항으로 구성되어 있었으나 1차 전문가들을 대상으로 하는 초점집단면접을 통해 수정 및 보완되어 내용타당도가 향상된 1차 예비척도는 26개 문항의 척도였다. 하지만 개발된 1차 예비척도 26개 질문항목 중 질문의 적절성에 대한 지적으로 2개 문항이 삭제되고 9개 문항이 수정되어 2차 전문가면접에서 최종적으로 수정된 24개의 문항으로 구성된 척도로 보완되었다. 〈표 5-10〉은 최종 개발된 사회복지관 예비 재무관리 척도이다.

〈표 5-10〉 재무관리 척도

재무관리 측정내용			동의 정도						
			1	2	3	4	5	6	7
재무관리 지식	1.	우리 복지관의 회계장부 및 증빙서류는 정확하게 관리되고 있다.							
	2.	우리 복지관은 사회복지법인 및 사회복지시설재무회계규칙 등 관련 법규, 지침 등을 준수하고 있다.							
	3.	우리 복지관의 법인회계, 시설회계는 각각 독립적인 회계를 가지고 있고 명확히 구분되어 있다.							
	4.	우리 복지관은 회계연도별 수입원과 지출원을 선정하여 체계적으로 관리하고 있다.							
	5.	우리 복지관 운영자는 회계와 관련하여 벌칙, 과태료, 행정처분 등의 내용들을 기본적으로 숙지하고 있다.							
재무관리 기술	6.	우리 복지관의 사업비는 사업계획서에 근거하여 집행하고 있다.							
	7.	우리 복지관의 세입예산은 재원별, 성질별로 관 · 항 · 목으로 구분하여 편성하고 있다.							
	8.	우리 복지관의 세출예산은 경비의 성질과 기능을 고려하여 관 · 항 · 목으로 구분하여 편성하고 있다.							
	9.	우리 복지관의 보조금 수입은 각 보조사업별로 명확히 구분하고 있다.							
	10.	우리 복지관은 세출 시 예산과목 또는 사업목적의 위배 사항은 없는지 확인한다.							
	11.	우리 복지관의 지정후원금은 용도 외로는 사용하지 않으며 예산 편성 및 확정 절차에 따라 세입 · 세출예산에 편성해서 사용하고 있다.							
	12.	우리 복지관은 수입원이 수납한 수입금을 그 다음날까지 금융기관에 예입한다.							
	13.	우리 복지관은 수입원이 수납하는 금액에 대해서는 영수증을 발급해서, 1부는 납부자에게, 또 1부는 복지관에서 보관하고 있다.							
	14.	지출은 지출결의서에 의해 지출업무를 담당하는 관리자의 지출명령이 있는 것에 한하여 지출하고 있다.							

	15.	우리 복지관은 수입재원(보조금, 후원금, 사업수입, 법인전입금) 사용·용도의 해당기준을 명확히 이해하고 집행하고 있다.							
	16.	우리 복지관은 회계관련 담당자에 대하여 재정보증 보험을 들고 있다.							
재무관리 기술	17.	우리 복지관은 공사 또는 물품구매에 대한 계약을 하기 전에 먼저 이 계약에 대한 내부 의사결정의 과정을 거친다.							
	18.	우리 복지관은 물품관리자(물품출납원)를 두고 있다.							
	19.	우리 복지관은 재물조사를 연 1회 실시하고 있다.							
	20.	우리 복지관은 불용품을 처리절차에 따라 처리하고 있다.							
	21.	우리 복지관은 시·도로부터 예산 관련 매년 1회 이상 지도점검을 받고 있다.							
재무관리 태도	22.	우리 복지관은 법인으로부터 예산 관련 매년 1회 이상 지도점검을 받고 있다.							
	23.	우리 복지관은 수입결의서, 지출결의서, 일계표, 총계정원장, 현금출납부를 정확하게 관리하고 있다							
	24.	우리 복지관은 정해진 날짜에 정확하게 세무관련 신고를 하고 있다.							

제9절 정보문서관리의 측정과 측정도구

1 정보문서관리의 개념

정보문서관리는 사회복지시설의 각종 정보를 가장 능률적으로 정확하게 수집, 분류, 정리분석, 전달하고 활용해서 처리하는 일련의 과정이라고 말할 수 있다. 이렇게 수집된 정보는 조직의 목표를 효과적으로 달성하는 데 사용된다. 이는 과거에 수작업으로 이루어지던 업무수행이 정보기술의 발달에 따라 컴퓨터를 중심으로 한 정보체계 혹은 전산화된 정보체계를 활용하여 사회복지관의 업무 절차나 흐름이 정형화된 구조와 시스템 하에서 관리되어야 함을 의미한다. 어떤 조직에 있어서든 정보문서관리의 목적은 시설 내부 사무관리에 관한 보안 정보 분류 및 담당과 책임사항 등을 정함으로써 사무의 간소화, 표준화, 과학화 및 정보화를 기하여 업무 능률을 높이고자 하는 것이다.

사회복지관 역시 조직의 대내외적 목표달성과 기능수행을 위해 다양한 정보가 필요하고, 그러한 정보는 효율적이고 효과적으로 관리되어야 하는데 이를 위해 필요한 방법이 바로 정보체계를 활용하고 문서를 체계적으로 관리하는 것이다. 오늘날의 사회복지관은 현대사회의 복잡성으로 인해 보다 체계적인 의사소통과 정보의 교환이 필요하게 되었고, 현재 이러한 정보관리의 필요성은 전산기술의 급속한 확산과 맞물려 대부분의 사회복지관에서 그 필요성이 강하게 대두되고 있다(서울복지재단, 2006).

정보문서관리

조직이나 시설의 각종 정보를 가장 능률적으로 정확하게 수집, 분류, 정리분석, 전달하고 활용해서 처리하는 일련의 과정

사회복지관 정보문서관리

사회복지관의 사업과 프로그램에 대한 모든 문서의 작성 및 보관 그리고 정보의 공유 그리고 조직운영과 관련된 모든 문서의 작성 및 보관 그리고 정보의 공유를 관리하는 것

② 정보문서관리의 측정요소

사회복지조직에서 정보문서관리는 사회복지통합관리망, 사회복지정보시스템의 활용이 기본적이다. 사회복지설관리안내에 따르면, 행복e음(사회복지통합관리망) 구축과 함께 온라인 보고 등 사회복지시설 업무를 전자적으로 처리할 수 있도록 업무처리절차를 제시하여야 한다. 이는 사회복지시설의 회계, 인사, 후원금, 서비스 이력관리 등 정

보화 기반 지원으로 시설의 업무처리 지원 및 회계의 투명성을 제고하기 위함이다. 사회복지관은 복지관의 정보문서관리 과정과 시스템을 기본적으로 전문인력들이 공유하고, 사회복지시설관리안내 지침에 의거하여 관리될 수 있도록 지원하는 것이 필요하다. 이는 온라인과 오프라인을 통한 관리와 문서관리시스템으로 나타날 것이다. 온라인과 오프라인의 개념은 컴퓨팅과 전자 통신에서 인간의 상호작용 관계에 이르기까지 일반화되어 있다. 예를 들면, 이용자를 모집하기 위해 직접 집을 찾거나(오프라인), 컴퓨터에 앉아서 이용자를 모집하였다(온라인).

온라인정보시스템관리는 인터넷에서 통용되는 정보를 체계적으로 관리하는 것을 말한다. 온라인 정보는 웹브라우저를 이용하여 보기/인쇄를 하거나 다운로드를 받아 보기/인쇄할 수 있는 형태로 제공된다. 온라인 정보는 변경된 내용을 업데이트하여 배포를 신속하게 할 수 있다는 점과, 인쇄물에 비해 비용이 저렴하다는 점, 컴퓨터를 가진 사용자라면 누구나 쉽게 접근하여 사용이 가능하다는 다양한 장점을 지니고 있다. 대표적인 온라인 문서 형식으로는 웹 문서의 표준인 HTML 파일, 전자문서의 표준인 PDF 파일, 윈도우 도움말 파일인 CHM 파일 등이 있다.

오프라인정보시스템관리는 컴퓨터 등을 활용해 온라인으로 수집된 기술적인 관리를 의미하는 것이 아니라 편지나 전화 그리고 방문 등을 통하여 수집된 정보의 관리를 총칭한다.

문서시스템관리는 문서업무의 절차와 방법을 합리화시킴으로써 모든 문서사무가 효율적으로 운영될 수 있도록 하는 체계화 과정을 말한다. 문서관리는 문서사무를 계획, 실시, 심사하는 과정으로 이루어진다. 사무관리규정 제3조에서는 문서를 다음과 같이 정의하고 있다. 문서라 함은 행정기관 내부 또는 상호 간이나 대외적으로 공무상 작성된 문서(도면, 사진, 디스크, 테이프, 필름, 슬라이드, 전자문서 등의 특수매체 기록을 포함한다.) 및 행정기관이 접수한 모든 문서를 말한다. 문서는 종이에 문자나 기호를 사용하여 사람의 생각이나 사물의 상태, 관계 등을 표시하고 기록한 것이다. 그러므로 회사나 관공서 등의 조직체에서 만들어지는 모든 기록을 문서라 할 수 있다. 문서는 조직체의 활동과 관련된 여러 사람의 생각을 여러 모습으로 담아 설명하고 있다. 문서의 특성은 전달성, 객관성, 보존성, 확실성(의사 전달과 의사 보존의 기능 포함) 등이다.

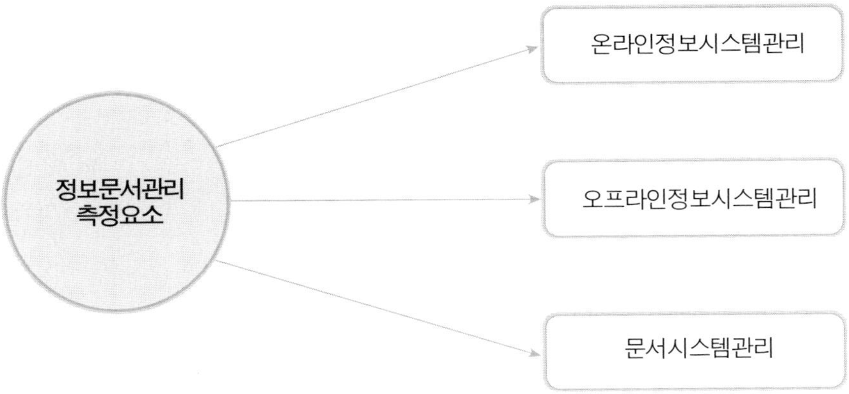

[그림 5-9] 정보문서관리 측정요소

3 정보문서관리 측정도구

정보문서관리 척도는 사회복지관 성과관리의 과정영역 중 정보문서관리에 대한 직원들의 인식을 점검하는 측정도구이다. 즉, 사회복지관 성과관리의 과정영역 중 정보문서관리에 대한 직원들의 인식을 점검하며 복지관이 온라인 및 오프라인의 정보를 어떻게 관리하는가에 대한 관리의 적절성을 측정함을 목적으로 한다. 본 연구에서는 정보문서관리를, 첫째, 온라인정보시스템관리, 둘째, 오프라인정보시스템관리, 셋째, 문서시스템관리를 중심으로 측정요소를 구분하여 측정하도록 한다. 사회복지관 정보문서관리 척도는 3개 영역의 총 15개 문항으로 측정하도록 구성되어 있으며 리커트 7점 척도를 활용하고 질문항목에 대한 가독성을 높이기 위하여 모두 긍정적인 질문으로 구성되어 있다. 선행연구를 통해 개발된 척도는 3개 영역의 총 20개 문항으로 구성되어 있었으나 1차 전문가들을 대상으로 하는 초점집단면접을 통해 수정 및 보완되어 내용타당도가 향상된 1차 예비척도는 16개 문항의 척도가 개발되었다. 특히, 개발된 예비척도 16개 질문항목 중 질문의 적절성에 대한 지적으로 1개 문항이 삭제되고 9개 문항이 수정되어 2차 전문가면접에서 최종적으로 수정된 15개의 문항으로 구성된 척도로 보완되었다. 〈표 5-11〉은 최종 개발된 사회복지관 예비 정보문서관리 척도이다.

〈표 5-11〉 정보문서관리 척도

정보문서관리 측정내용			동의 정도						
			1	2	3	4	5	6	7
온라인 정보 시스템 관리	1.	우리 복지관은 정보관리를 위한 사회복지통합관리망 프로그램을 적절히 활용하고 있다.							
	2.	우리 복지관은 사회복지통합관리망 관리(권한부여, 직원 입퇴사 등)를 위한 담당자가 지정되어 있다.							
	3.	우리 복지관은 정보운영 및 관리방안이 구축되어 있다.							
	4.	우리 복지관은 이용자의 정기적인 정보관리가 되고 있다.							
	5.	우리 복지관은 이용자의 개인정보 수집 및 활용에 관한 지침이 명문화되어 있으며 이를 준수한다.							
	6.	우리 복지관은 기록의 보존과 파기에 관한 절차가 있으며 이를 준수한다.							
	7.	우리 복지관은 정보관리를 위한 전산시스템을 구축하고 있다.							
오프라인 정보관리 시스템 관리	8.	우리 복지관은 이용자와의 서신이나 편지를 통한 비공식적 접촉이 이루어지고 있다.							
	9.	우리 복지관은 이용자와 관련하여 필요시 현장방문할 수 있는 전담인력이 있다.							
문서 시스템 관리	10.	우리 복지관은 문서관리규정을 제정하여 시행하고 있다.							
	11.	우리 복지관은 각종 문서관련 양식이 잘 구비되어 있다.							
	12.	우리 복지관은 일관된 서식이나 규정에 의한 기록정비체제를 마련하고 있다.							
	13.	우리 복지관은 문서의 보존과 관리에 담당자를 지정하고 있다.							
	14.	우리 복지관은 정기적으로 양식이 수정 · 보완되어 최신으로 관리되고 있다.							
	15.	우리 복지관은 모든 문서에 보존기한을 정하고, 이에 따라 관리하고 있다.							

제10절 시설안전관리의 측정과 측정도구

1 시설안전관리의 개념

1) 시설안전관리

위험으로부터의 시설안전관리는 시설 내외적으로 존재하고 있는 위험요인들을 제어 및 관리함으로써 사고를 미연에 방지하는 일과 사고발생 후에 신속하게 대응하여 조직의 손해를 최소화하며 안정성을 제고하고 질 높은 서비스를 제공하는 모든 활동이라 할 수 있다(보건복지부, 2014). 위험은 큰 사고에 이르지 않았지만 사고가 발생할 가능성이 있는 것을 말한다. 즉, 사고가 발생할 환경조건에서 발생하는 우연한 사고와 불가항력적인 사고를 의미한다고 볼 수 있다. 시설안전관리는 위험을 줄이기 위한 사전 예방활동이나 피하는 대피활동이다. 또한 다양한 위험을 예견하여 위험이 올 때 피해를 최소화하는 활동이며, 위험발생 시 최적의 위험처리 방법을 사전에 터득하는 대응활동이라고도 볼 수 있다.

시설은 재난과 재해로부터 시설의 재산과 소중한 생명을 보호해야 할 의무가 있다. 재난은 생명과 신체, 재산에 피해를 줄 수 있는 것이다. 재난은 자연적, 인위적, 사회적 요인에 의해 피해상황을 일으키는 것으로 자연재난과 사회적 재난으로 나눌 수 있다. 따라서 재난관리는 재난의 예방, 대비, 대응 및 복구를 위하여 행하는 모든 활동을 말한다(보건복지부, 2014).

시설안전관리

시설 내외적으로 존재하고 있는 위험요인들을 제어 및 관리함으로써 사고를 미연에 방지하는 일과 사고발생 후에 신속하게 대응하여 조직의 손해를 최소화하며 안정성을 제고하고 질 높은 서비스를 제공하는 모든 활동

2) 사회복지관 시설안전관리

사회복지관은 서비스 이용자 및 직원과 관계자의 생명을 보호하고 지키고, 서비스의 질을 향상시킬 필요성이 있다. 조직은 서비스 제공과정에서 그 과정 자체에 잠재적인 위험이 존재하고 있음을 알 수 있다. 이는 입구에서부터 출구에 이르기까지의 서비스 제공과정 전체에 존재하며, 기준개정, 이용자변화, 사업의 환경변화 등 이용 개시부터 종료에 이르기까지의 수준, 업무내용 그 자체가 위험이며 사업의 존속을 좌우하기도 한다. 따라서 이러한 과정에서의 이용자, 직원, 가족, 제3자를 포함하여 생명과 안전을 확보하는 것이 시설안전관리의 첫 번째 요소가 된다. 복지관은 항상 내외부환경에 관하여 검토가 필요하며 대책을 세워 두지 않으면 안 된다. 또한 다양한 위험정보를 단순히 접수해 두는 것만 아니라 그 요인을 분석하여 통계학적인 논리로 뒷받침해 둘 필요가 있다. 따라서 복지관은 이용자안전 및 직원안전, 보험, 내외부공간, 편의시설, 위생시설, 주방시설, 소방시설, 안내시설, 안전검사, 장비 및 비품구입, 유지보수 및 처리의 적절성 등 실내·외안전, 주변안전, 부대시설안전, 안전관리 점검을 하여야 한다.

사회복지관 시설안전관리 ····················

복지관을 이용하는 이용자의 안전 및 직원안전, 보험, 내외부공간, 편의시설, 위생시설, 주방시설, 소방시설, 안내시설, 안전검사, 장비 및 비품구입, 유지보수 및 처리의 적절성 등 실내·외안전, 주변안전, 부대시설안전, 안전관리 점검 등의 모든 활동을 의미

2 시설안전관리의 측정요소

시설안전관리의 적절성을 측정하기 위한 시설관리 척도의 측정요소는 앞에서 살펴본 바와 같이 실내·외안전, 주변안전, 부대시설안전 그리고 안전관리로 구성된다.

실내·외안전은 복지관에 있는 동안 많은 시간을 실내에서 생활하므로 실내·외의 설비 및 위생들을 적정 수준으로 유지하여 쾌적한 환경을 제공하도록 한다.

주변안전은 제공되는 시설, 설비를 수시로 점검하여 부적절하다고 생각될 경우는 신속히 보수조치를 함으로써 쾌적한 환경이 되도록 한다.

부대시설안전의 부대시설이란 주차장, 관리사무소, 담장 및 시설단지 안의 도로나 「건축법」 제2조 제1항 제4호에 따른 건축설비로 건축물에 설치하는 전기 · 전화 설비, 초고속 정보통신 설비, 가스 · 급수 · 배수(配水) · 배수(排水) · 환기 · 난방 · 소화(消火) · 배연(排煙) 및 오물처리의 설비, 굴뚝, 승강기, 피뢰침, 국기 게양대, 공동시청 안테나, 유선방송 수신시설, 우편함, 저수조(貯水槽), 그 밖에 국토해양부령으로 정하는 설비를 말한다. 그리고 시설 · 설비에 준하는 것으로서 대통령령으로 정하는 시설 또는 설비인 보안등 · 대문 · 경비실 · 자전거보관소, 조경시설, 옹벽, 축대, 안내표지판 · 공중화장실, 저수시설 · 지하양수시설 · 대피시설, 쓰레기수거 및 처리시설 · 오수처리시설 · 정화조, 소방시설 · 냉난방공급시설(지역난방공급시설은 제외한다) 및 방범설비, 「환경친화적 자동차의 개발 및 보급 촉진에 관한 법률」 제2조 제3호에 따른 전기자동차에 전기를 충전하여 공급하는 시설, 그 밖에 제1호부터 제7호까지의 시설 또는 설비와 비슷한 것으로서 국토교통부령으로 정하는 시설 또는 설비를 말한다.

안전관리는 각종 안전사고로부터 사람의 생명 · 신체 및 재산의 안전을 확보하기 위하여 하는 모든 활동을 말한다.

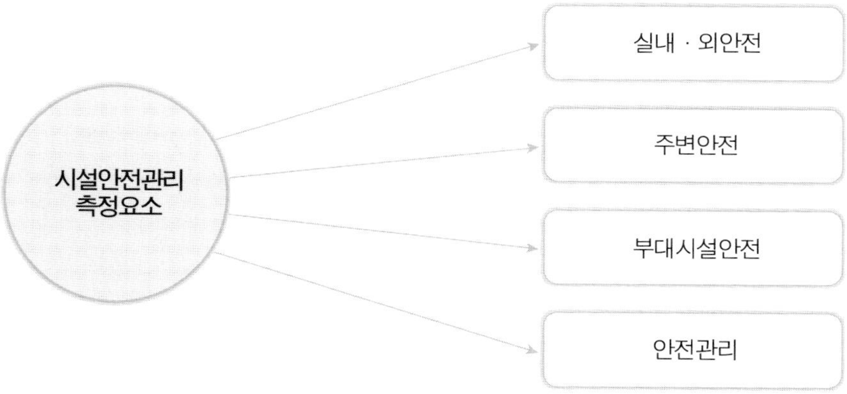

[그림 5-10] 시설안전관리 측정요소

③ 시설안전관리 측정도구

1) 시설안전관리의 측정

시설안전관리 척도는 사회복지관 성과관리의 과정영역 중 시설안전에 대한 직원들의 인식을 점검하는 측정도구이다. 복지관 성과관리의 과정영역 중 기관의 시설안전관리에 대한 직원들의 인식을 점검하고 복지관 실내·외안전 및 주변안전을 포함한 시설의 전반적인 안전관리의 적절성을 측정하는 것을 목적으로 한다. 시설안전관리의 정도를 측정하기 위하여 본 연구에서는 시설안전관리를 실내·외안전, 주변안전, 부대시설안전, 안전관리로 구성되는 개념으로 보고 측정도구를 개발하였다.

2) 시설안전관리 점검 측정도구

사회복지관 시설안전관리 점검척도를 개발하기 위하여 본 연구에서는 지성애, 김영옥, 홍혜경(1998)의 연구와 사회복지시설 안전관리 매뉴얼을 참고하였다. 지성애 등(1998)은 농어촌 보육시설의 안전점검 척도 개발에 관한 연구에서 시설의 일반환경, 시설의 실내환경, 그리고 시설의 실외환경의 3개 영역별로 구분하여 시설의 일반환경, 시설의 실내환경, 그리고 시설의 실외환경으로 구성하였다. 그리고 「건축법」 제2조 제1항 제4호와 시설 및 설비에 준하는 것으로 대통령령으로 정하는 시설 또는 설비의 안전관리를 참고하였다. 사회복지관 시설안전관리 점검척도는 4개 영역의 총 21개 문항으로 측정하도록 구성되어 있으며 리커트 7점 척도를 활용하고 질문항목에 대한 가독성을 높이기 위하여 모두 긍정적인 질문으로 구성되어 있다. 선행연구를 통해 개발된 척도는 4개 영역의 총 26개 문항으로 구성되어 있었으나 1차 전문가들을 대상으로 하는 초점집단면접을 통해 수정 및 보완되어 내용타당도가 향상된 1차 예비척도는 24개 문항의 척도가 개발되었다. 특히, 개발된 예비척도 24개 질문항목 중 질문의 중복가능성 및 적절성에 대한 지적으로 3개 문항이 삭제되고 10개 문항이 수정되어 2차 전문가면접에서 최종적으로 수정된 21개의 문항으로 구성된 척도로 보완되었다. 〈표 5-12〉는 최종 개발된 사회복지관 예비 시설안전관리 점검척도이다.

〈표 5-12〉 시설안전관리 척도

시설안전관리 측정내용			동의 정도						
			1	2	3	4	5	6	7
실내 · 외 안전	1.	우리 복지관의 모든 내 · 외부 공간의 설비들은 활동하기에 안전하다.							
	2.	우리 복지관의 주방은 위생적이며 안전하게 관리되고 있다(보건증의 비치 등).							
	3.	우리 복지관은 주방 안전 수칙 및 매뉴얼이 구비되어 있으며 이를 잘 준수한다.							
	4.	우리 복지관의 주방은 규칙적으로 식품위생에 대한 안전점검을 실시하고 있다.							
	5.	우리 복지관은 화재 시 대처할 수 있는 대처 매뉴얼이 있으며 모든 직원들은 이를 잘 인지하고 있다.							
	6.	우리 복지관은 화재발생을 대비한 소방모의훈련을 연 1회 이상 시행하고 있다.							
	7.	우리 복지관은 모든 비상구의 문이 제대로 열린다.							
	8.	우리 복지관의 소화기는 위급 시 쉽게 사용할 수 있으며, 모든 직원들은 소화기의 정확한 사용법을 안다.							
주변안전	9.	우리 복지관은 위험물안전관리 차원에서 전문 유지보수업체와 협력 및 계약하고 있다.							
	10.	우리 복지관은 정기적인 유지보수를 위해 관내를 정기적으로 순회하여 체크하고 있다.							
	11.	우리 복지관은 전기, 가스, 승강기, 소방 등 월 1회 이상 점검하고 있다.							
부대시설 안전	12.	우리 복지관의 편의시설(주차장, 관리사무소, 담장 등)은 관리가 잘 되고 있다.							
	13.	우리 복지관은 가스 · 급수 · 배수(配水) · 배수(排水) · 환기 · 난방 등이 잘 되고 있다.							
	14.	우리 복지관은 장애어르신의 이용편의 도모를 위한 장애인 편의시설의 설비 및 관리가 잘 되고 있다.							
안전관리	15.	우리 복지관은 위험에 대비하여 직원과 이용자들이 연 1회 이상 안전교육을 받고 있다.							

안전관리	16.	우리 복지관은 시설물안전관리 담당자를 두고 있으며 임무를 명확히 하고 있다.							
	17.	우리 복지관은 위생 방역소독을 정기적으로 실시하고 있다.							
	18.	우리 복지관은 피난안내자를 임명하고 있으며 임무를 명확히 하고 있다.							
	19.	우리 복지관은 층별 피난안내도가 설치되어 있다.							
	20.	우리 복지관은 비상구 표시등이 잘 부착되어 있고 정기적으로 점검이 이루어지고 있다.							
	21.	우리 복지관은 정기적인 점검으로 개선이나 지적사항이나 조치사항 발생 시 즉각 반영되고 있다.							

제11절 갈등관리의 측정과 측정도구

1 갈등관리의 개념

1) 갈등관리

갈등은 조직의 구성원이라면 누구나 경험하는 심리 및 행동적 현상으로 갈등이란 희소자원이나 업무의 불균형배분 또는 목표, 가치, 인지 등의 차이로 인해서 개인, 집단 및 조직의 심리, 행동 또는 그 양면에 나타나는 대립적 상호작용이라고 할 수 있다(Clinton, 1968: 박연호, 2000 재인용). 또한 갈등은 일반적으로 표면화되지 않은 불만상태도 포함하며 복수의 사람 또는 집단이 서로 양립할 수 없는 목표로 이해, 가치, 목표, 감정 등으로 대립되는 또는 대치되는 상태를 나타낸다(사회갈등연구소, 2014). 이러한 갈등이 발생하는 원인은 다양하고 복잡하지만 선행연구에 의하면, 갈등의 원인은 주로 상호의존성, 일방적 의존성, 직무의 수평적 분화, 낮은 공식화 또는 복잡한 규정, 한정된 자원, 평가와 보상체계의 차이, 목표 및 지각의 차이와 지위부조화, 정보의 왜곡, 구성원의 이질성으로 나타나고 있다(최해진, 1999).

사회복지관을 운영하는 데 있어 이해당사자들 간에 발생하는 갈등은 기본적으로 직원 간(상·하위 직원 간의 갈등 포함)의 갈등, 직원과 이용자 간의 갈등, 이용자 상호 간에 발생하는 갈등 그리고 계약관계에 있는 복지관과 공공기관, 즉 민간사회복지사들과 공무원 사이에 발생하는 갈등으로 구분될 수 있다. 갈등은 언제든지 발생할 수 있으므로 갈등을 사전에 예방하기 위해 신뢰 등 사회자본을 강화하기 위한 노력도 중요하며 갈등이 발생하였을 경우 이를 해결하기 위한 지침이나 갈등해결을 위한 최소의 방안을 준비하고 있는 것이 중요하다. 갈등은 주로 의사소통의 부재로 발생하는 경우가 많으므로 갈등관리를 위한 최소한의 조건은 의사소통을 활성화(특히, 설득의 의사소통)하는 방안을 마련하는 것이며 복지관 관장 등 상부관리자들은 갈등을 사전에 예방할 수 있는 사회자본을 강화하기 위한 제도적 노력을 기울여야 한다.

갈등관리는 갈등예방과 갈등해결을 동시에 포함한다. 갈등관리는 갈등으로 인한 부정적 효과를 저감하고 긍정적 효과를 극대화하기 위한 체계적 대응이다(사회갈등연구소, 2014). 따라서 갈등관리는 복지관에서 발생하는 모든 갈등을 해결하고 예방하기 위한 노력이자 행동을 의미한다. Budd와 Colvin(Roche, Teague, & Colvin, 2014)에 따르면 조직차원에서 갈등관리의 목적으로, 첫째, 조직효율성을 강화하며, 둘째, 형평성을 증진시키고, 셋째, 직원들의 참여 활성화를 강조하였다. 이것을 다음 〈표 5-13〉에 나타냈다.

〈표 5-13〉 갈등관리의 목적

목적	핵심 요소	
효율성: 부족한 자원의 효과적 사용	• 성과를 위한 장벽 제거 • 비용효과성 • 유연성	• 자원의 생산적 활용을 위한 장벽 제거 • 업무의 속도
형평성: 공평 및 정의	• 치우치지 않는 의사결정 • 동의 • 항의를 위한 기회	• 증거에 기초한 신뢰 • 효과적인 구제 • 자원의 독립적이고 공평한 활용
목소리: 결정 등 조직으로의 참여	• 논쟁해결시스템의 설계 및 운영 • 공청회 • 증거의 획득 및 제출 • 전문가의 활용이나 지지자에 의한 항의	

자료: Roche, Teague, & Colvin(2014), p. 13 〈표 1-1〉에서 재인용

본 연구에서는 사회복지관이라는 사회적 가치지향성을 추구하는 비영리조직의 갈등관리를 사회복지관에서 발생하는 모든 갈등을 해결하고 예방하기 위한 조직적 노력이자 행동이라고 정의한다.

갈등

- 조직의 구성원이라면 누구나 경험하는 심리 및 행동적 현상으로, 희소자원이나 업무의 불균형배분 또는 목표, 가치, 인지 등의 차이로 인해서 개인, 집단 및 조직의 심리, 행동 또는 그 양면에 나타나는 대립적 상호작용
- 일반적으로 표면화되지 않은 불만상태도 포함하며 복수의 사람 또는 집단이 서로 양립할 수 없는 목표로 이해, 가치, 목표, 감정 등으로 대립되는 또는 대치되는 상태

갈등관리

갈등으로 인한 부정적 효과를 줄이고 긍정적 효과를 극대화하기 위한 체계적 대응

사회복지관 갈등관리

복지관에서 발생하는 모든 갈등을 해결하고 예방하기 위한 노력이자 행동

갈등관리를 통해 복지관은 갈등에 대한 부정적인 효과를 최소화할 수 있으며 갈등 예방, 해결 및 해소를 통하여 복지관의 제반 활동 및 사업, 직원 간 그리고 이용자 간에 신뢰가 회복되어 사회자본이 크게 향상될 수 있다. 조직에서 발생하는 갈등을 해결하고 관리하기 위한 체계적 방안으로 최근 갈등관리시스템에 대한 필요성이 제기되고 있으며 이미 많은 조직에서는 갈등관리시스템을 구축하여 시행하고 있는 것이 현실이다. 갈등관리시스템의 일환으로 조직들은 갈등을 비공식적인 방안으로 해결하는 수동적인 방법에서 벗어나 조직 내 옴부즈맨제도를 도입하거나 갈등처리위원회 또는 갈등처리협의체 등을 설치하고 갈등에 대한 대응에 적극적으로 나서고 있다.

2) 갈등해소 및 해결과정

갈등해소 및 해결과정은 일반적으로 인식단계, 준비단계, 갈등관리단계, 협상단계,

합의단계로 나아간다. 이를 그림으로 나타내면 [그림 5-11]과 같다.

[그림 5-11] 갈등해결의 단계

자료: Lawyer (1994).

갈등해소 및 해결과정을 구체적으로 설명하면 다음과 같다(Lawyer, 1994).

(1) 인식단계

인식단계는 갈등해결을 위한 첫 단계이다. 갈등은 인식의 차이에서 비롯된다고 할 수 있으며 인식의 차이가 상대방에게 부정적인 영향을 미칠 때 발생하게 된다. 인식단계에서는 도대체 그 차이가 무엇인지 알 수가 없으며, 따라서 갈등의 원인이 무엇인지도 알 수 없다. 갈등인식단계에 들어서면 갈등 당사자들은 서로를 파악하기 시작하며 갈등의 원인과 대안의 모색에 대한 준비를 하게 된다.

(2) 준비단계

준비단계에서는 갈등해결을 하는 시점과 협상을 하는 시점을 나누어서 설명할 수 있으며 갈등해결을 하는 시점은 상대가 이야기할 수 있는 분위기를 조성할 필요가 있을 때이다. 협상을 하는 시점에서 협상방법의 경우, 갈등의 원인을 파악하고, 갈등전문가로서 상대방을 이끌어 가는 것이 중요하며, 특히 갈등관련 제안서를 서로 주고받을 경우, 그 제안서는 실제로 원하는 것보다는 겉으로 주장하는 것들로 포장되어 있으므로 그 속에서 핵심적인 것을 찾아내는 것이 중요하다.

(3) 갈등관리단계

갈등관리의 시점에서는 감정관리가 주요한 초점이 되어야 한다. 사람의 감정이 악화되어 있을 때에는 더 이상 악화되는 것을 피하여야 하며, 상대의 의견에 반응을 보여줌으로써 상호이해와 발전적 감정 상태를 조성하는 것이 중요하다. 서로 간의 차이점을 인정하고 원인 파악을 위한 대화를 시도하며, 의사교환이 없으면 차이점을 찾아낼

수가 없으므로 그 차이점을 찾아내기 위해서 갈등의 원인을 먼저 파악해야 하고 갈등해결을 위한 의사소통의 방안을 찾아야 한다. 갈등관리 후, 감정이 누그러뜨려지고, 원인이 파악되고 나면, 그다음부터는 협상단계로 진입하게 된다.

(4) 협상단계

협상단계에서는 갈등의 원인 및 해결을 위한 방안을 제시하는 제안서를 검토해야 한다. 이를 위해 상대가 실제로 원하는 것을 파악하는 것이 매우 중요하다. 또한 협상전략을 선택하게 되는데 일반적으로 협상전략에는 적대적 협상과 호혜적 협상이 있다.

- 적대적 협상(win-and-lose negotiation): 나의 이익과 상호관계의 손실을 다소 감수하는 것을 의미한다.
- 호혜적 협상(win-and-win negotiation): 서로 만족할 수 있는 대안을 도출해서 이익과 상호관계의 보전 및 증대를 하는 것을 의미한다.

(5) 합의단계

합의단계에서는 갈등 당사자들 사이에 갈등해결을 위한 합의서를 작성하게 된다.

2 갈등관리의 측정요소

사회복지관에서 발생하는 갈등을 해결하기 위한 조직적 차원에서 갈등관리영역은, 첫째, 이용자들 간에 발생하는 갈등, 둘째, 이용자와 직원 간에 발생하는 갈등, 셋째, 직원들 사이에 발생하는 갈등, 즉 동료직원 간에 발생할 수 있는 갈등과 직장상사와의 사이에 발생할 수 있는 갈등, 넷째, 복지관의 직원들과 지자체 직원들 사이에 발생할 수 있는 갈등, 즉 복지관과 지자체 사이의 갈등으로 나누어질 수 있으므로 복지관의 갈등관리 수준이나 정도를 측정하기 위한 측정요소들도 앞과 같은 요소로 분류될 수 있다.

이용자 간 갈등은 이용자 사이에서도 서로 다른 이해관계와 상호 갈등이 존재하며, 이 갈등은 그 규범인 표준을 제정하는 데에서 더욱 첨예하게 나타난다. 이용자들이 이미 각자의 이해관계를 가지므로 공정한 규칙을 제정할 수 없게 된다는 판단이었다. 그러나 현실 사회에서는 이미 저마다 각자의 이해관계를 가진 개인 등 수많은 행위자들이 존재하고 있다. 이러한 상황에서 규칙을 제정할 수밖에 없는 처지가 된다. 따라서 갈등의 해결을 위해서는 제공기관이 서비스 제공과 관련하여 불만이나 기타 이슈를 어떻게 해결할 것인지를 기술해 놓은 문서화된 방침을 가지고 있어야 하고, 갈등이 발생하였을 때 이 방침을 따라야 한다. 또한 제공기관은 이러한 방침에 대한 정보를 서비스 이용자나 관련 가족구성원에게 미리 제공하여야 한다.

이용자와 직원 간 갈등은 서로 간에 의사소통을 아무리 잘할지라도 생길 때가 있을 것이다. 이러한 갈등은 대개는 이슈에 관하여 대화하고 협상함으로써 해결될 수 있다. 이때 양측은 협상을 하면서 그것이 공평하다고 느껴야 하며 아무도 그 과정에서 감정이 상해서는 안 된다. 이것은 양측이 그들이 원하는 모든 것을 얻는다는 것을 의미하는 것이 아니라, 그들이 왜 그것을 원하는지를 이해하는 것을 의미한다. 물론 때로는 갈등이 만족스럽게 해결되지 않고 양측이 그 이슈가 해결될 수 없다고 결론 내릴 수도 있다. 그러한 갈등은 성격 차에서 기인할 수도 있고 아니면 너무 오랫동안 의사소통이 잘 이루어지지 않았기 때문일 수도 있다. 만약에 어떤 이슈에 있어서 서비스 이용자와 직원이 어떻게 해결해야 할지를 모르겠다고 느낄 때는 중립적인 제3자를 활용하는 것이 도움이 될 수도 있다. 조직의 고충처리위원회를 통해 조정자 역할을 할 수 있을 것이다.

직원 간 갈등은 조직 내의 두 사람 이상의 대인 간에 상대방을 이해하는 과정에서 개인의 가치관 차이로 인한 오해, 의견 차이, 역할 경쟁 등으로 인하여 발생한다. 당사자인 직원들도, 그들 간의 관계를 조율해야 하는 관리자도 갈등을 피하고 싶어 한다. 때론 정치적이며, 구성원 간의 대립을 야기한다. 업무 현장의 갈등이 장기화될수록 스트레스도 커진다. "갈등을 적절히 관리하지 못한다면, 조직의 커뮤니케이션 라인(communication line) 자체가 와해되는 재앙으로 다가올 것이다."라고 캘리포니아주 샌디에이고에 있는 국제갈등해결센터(National Conflict Resolution Center: NCRC)의 회장 스티브 딘킨은 강조하고 있다. 부서 내부에 갈등과 불신이 쌓인다면, 그들은 업무를 효율적으로 수행할 수 없게 된다. 그리고 갈등은 조직의 능률을 저하시키는 원인이 된다. 조직 내의 갈등은 특히 경기가 침체되고 채용 시장이 불안정할 때 증가할 수 있다. 이 시기에 일부 직원들은 자기 자신을 보호하려는 경향을 보이고, 때론 자신의 자리를 지키기 위해 동료를 궁지로 내모는 행동도 서슴지 않는다.

복지관과 지자체 간 갈등은 복지관의 직원과 지자체 직원들 사이에서 발생하는 갈등이다. 어떤 조직에 참여하는 개인은 가치관, 지식, 배경, 지위, 이해관계 등에서 서로 다른 특성을 가지고 있으므로 어떤 조직이든 그 정도의 차이는 있지만 불가피하게 갈등이 존재한다. 이러한 조직갈등은 조직 내에 둘 이상의 행동주체들 사이에서 이루어지는 이해관계의 상호작용 과정에서 나타나는 불균형적이고 대립적인 심리상태나 행동을 의미한다고 볼 수 있다. 이러한 갈등은 두 집단 간 업무수행상 발생하는 파생적 갈등이라기보다는 체제 자체로 인해 발생하는 근원적 갈등으로 보인다. 이를 해결하기 위해서는 지자체에서 복지관 각 부서가 담당할 업무에 대한 실질적인 직무분석을 통하여 명백히 구분하고 그 기준을 제시하여야 하며, 관리자는 이 기준을 토대로 직무한계를 분명하게 하고 직원들에게 책임의식을 고취하여 갈등이 발생하지 않도록 하여야 하고, 보수 · 복무규정 · 정년 제도를 단일화하여 교육전문직과 행정직 공무원이 차별화되지 않도록 처우개선을 제도적으로 뒷받침하기 위한 시스템을 도입해야 할 것이다.

이상의 내용을 종합하여 사회복지관에서 발생하는 갈등관리의 측정요소 유형은 여러 방면에서 동시다발적으로 발생할 수 있는데 그 첫 번째 갈등영역은 이용자 간의 갈등이며, 두 번째 갈등영역은 이용자와 직원 간의 갈등, 세 번째 갈등영역은 직원 간의 갈등이고, 마지막으로는 업무수행이나 협력관계와 관련하여 복지관과 지자체 간 갈등이 있을 수 있다.

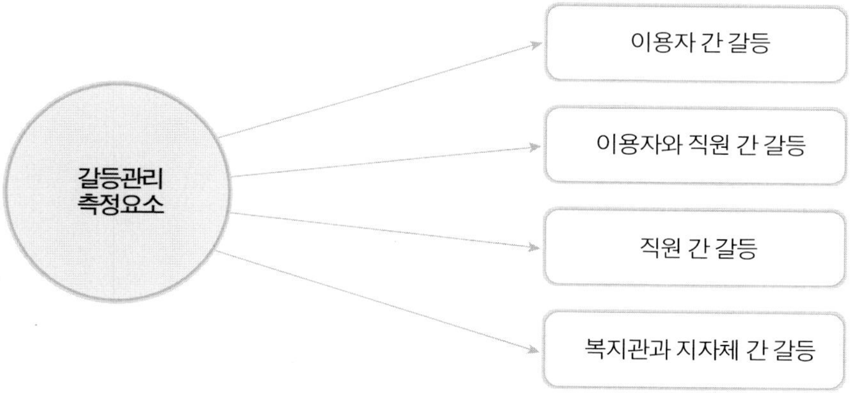

[그림 5-12] 갈등관리 측정요소

3 갈등관리 측정도구

갈등관리는 사회갈등연구소(2014)의 지역특성을 반영한 갈등관리 매뉴얼의 갈등조정협의체 운영을 참고할 수 있다. 갈등조정협의회는 일반적으로 '갈등조정협의회 적용 탐색'에서 '합의안 도출'에 이르기까지 6단계로 운영되고 있다. 운영 1~2단계가 협의회 준비 과정을 통해 모두 완료되었다면, 운영 3단계인 '운영규칙 마련 단계'부터 시작한다. 1단계는 적용 및 파악단계로 쟁점, 예상 의제 및 이해당사자의 파악과 갈등조정협의회 준비 실무팀 구성으로, 2단계는 협의회의 구성단계로, 참여자의 확정 및 동의 확보, 조정자 선정, 협의체 구성에 관한 공고로, 3단계는 운영규정 마련단계로, 운영규칙 마련을 위한 사전 모임, 관련 분과, 실무위원회, 소위원회 등의 필요성 검토, 당사자 간 조정절차의 목적, 관련 이해당사자의 범위, 조정대표자의 선정, 조정회의의 구성과 운영, 조정회의의 진행방식, 참관인의 자격과 의무, 조정회의의 일정 및 회의 진행일정, 합의절차, 최종 합의문의 작성 및 분배 등으로 구성된다. 그리고 4단계는 협의체 조정시작단계로, 회의 일정 및 장소 등의 통보와 공고, 주요 갈등쟁점의 제시와 관련 토론, 사실정보 확인 및 추가적 정보 수집이며, 5단계는 합의초안 마련단계로, 쟁점(선정 의제)별 토론 및 조정, 합의 초안의 마련이며, 6단계는 합의안 도출단계로, 조정안 초

[그림 5-13] 갈등조정협의체의 처리과정

안에 대한 합의 시도, 합의사항에 대한 최종 합의문 작성, 최종 합의문 도출 및 서명으로 마무리한다. 갈등조정협의체의 처리과정을 [그림 5-13]과 같이 나타낼 수 있다.

이와 같은 갈등처리조정협의체와 같은 조정기구의 정착 및 운영을 포함하여 복지관에서 발생하는 갈등에 대한 관리를 원활히 수행할 수 있는 갈등관리측정도구의 개발이 필요하다. 갈등관리 척도는 사회복지관 성과관리의 과정영역 중 갈등관리에 대한 직원들의 인식을 점검하는 측정도구이다. 즉, 복지관 성과관리의 과정영역 중 사업진행 시 발생할 수 있는 조직 내 갈등에 대한 직원들의 인식을 점검하고 복지관에서 발생할 수 있는 직원 간, 이용자와 직원 간, 일반직원과 상층직원 간 그리고 기관과 지자체 간 갈등에서 처리의 적절성을 측정하는 것을 목적으로 한다.

특히, 사회복지관의 성과관리를 위한 과정영역에서 복지관의 갈등관리 수준을 측정하기 위하여 본 연구에서는 갈등관리의 측정요소를, 첫째, 직원 간 발생하는 갈등처리의 적절성(특히 직장상사와 일반 직원사이에 발생할 수 있는 갈등에 대한 처리포함), 둘째, 이용자와 직원 간에 발생하는 갈등처리의 적절성, 셋째, 이용자 사이에 발생하는 갈등처리의 적절성, 넷째, 복지관의 직원과 지자체와의 사이에서 발생할 수 있는 갈등처리의 적절성으로 설정하여 측정하도록 한다. 사회복지관 갈등관리 척도는 4개 영역의 총 20개 문항으로 측정하도록 구성되어 있으며 리커트 7점 척도를 활용하고 질문항목에 대한 가독성을 높이기 위하여 모두 긍정적인 질문으로 구성되어 있다. 선행연구를 통해 개발된 척도는 4개 영역의 총 36개 문항으로 구성되어 있었으나 1차 전문가들을 대상으로 하는 초점집단면접을 통해 수정 및 보완되어 내용타당도가 향상된 1차 예비척도는 20개 문항의 척도이다. 특히, 개발된 예비척도 20개 질문항목 중 질문의 적절성에 대한 지적으로 10개 문항이 수정되고 2차 전문가면접에서 최종적으로 수정된 20개의 문항으로 구성된 척도로 보완되었다. 〈표 5-14〉는 최종 개발된 사회복지관 예비 갈등관리 척도이다.

〈표 5-14〉 갈등관리 척도

갈등관리 측정내용			동의 정도						
			1	2	3	4	5	6	7
이용자들 간의 갈등처리	1.	우리 복지관은 이용자들 간의 갈등을 파악하고 있다.							
	2.	우리 복지관은 이용자 간의 갈등처리 규정이나 지침이 마련되어 있으며 이를 준수한다.							
	3.	우리 복지관은 이용자 간 의견과 고충을 접수·해결하는 담당자가 지정되어 있다.							
	4.	우리 복지관은 이용자 간 갈등을 해결하기 위한 갈등(또는 고충)처리위원회가 운영되고 있다.							
	5.	우리 복지관은 이용자 간 갈등처리과정 및 결과에 대해 이용자에게 알려 주고 기록을 관리하고 있다.							
이용자와 직원 간의 갈등처리	6.	우리 복지관은 이용자와 직원 간의 갈등을 처리하는 규정이나 지침이 마련되어 있으며 이를 준수한다.							
	7.	우리 복지관은 이용자와 직원 간의 갈등을 해결하기 위한 고충처리위원회가 운영되고 있다.							
	8.	우리 복지관은 이용자와 직원 간의 면담과 소통의 기회를 정기적으로 마련하고 있다.							
	9.	우리 복지관은 이용자와 직원 간 갈등처리과정 및 결과에 대해 당사자에게 알려 주고 기록을 관리하고 있다.							
	10.	우리 복지관은 이용자와 직원 간에 발생하는 갈등을 사전 예방할 수 있도록 상호존중과 협력적 문제해결과정에 대한 교육을 이용자와 직원 모두에게 시행하고 있다.							
직원 간의 갈등처리	11.	우리 복지관은 직원 간의 갈등을 처리하는 규정이나 지침이 마련되어 있으며 이를 준수한다.							
	12.	우리 복지관은 직원 간의 갈등을 해결하기 위한 고충처리위원회가 운영되고 있다.							
	13.	우리 복지관은 직원 간의 면담과 소통의 기회를 정기적으로 마련하고 있다.							
	14.	우리 복지관은 직원 간 갈등처리과정 및 결과에 대해 당사자에게 알려 주고 기록을 관리하고 있다.							
	15.	우리 복지관은 직원 간에 발생하는 갈등을 사전 예방할 수 있도록 상호존중과 협력적 문제해결과정에 대한 교육을 직원 모두에게 시행하고 있다.							

지자체와의 갈등처리	16.	우리 복지관은 지자체와의 갈등을 처리하는 규정이나 지침이 마련되어 있으며 이를 준수한다.							
	17.	우리 복지관은 지자체와의 갈등을 해결하기 위한 갈등(또는 고충)처리위원회가 운영되고 있다.							
	18.	우리 복지관은 지자체와의 면담과 소통의 기회를 정기적으로 마련하고 있다.							
	19.	우리 복지관은 지자체와 갈등처리과정 및 결과에 대해 당사자에게 알려 주고 기록을 관리하고 있다.							
	20.	우리 복지관은 지자체와 발생하는 갈등을 사전 예방할 수 있도록 상호존중과 협력적 문제해결과정에 대한 교육을 직원 모두에게 시행하고 있다.							

제12절 지역사회관리의 측정과 측정도구

1 지역사회관리의 개념

지역사회는 모든 복지관들이 위치하는 공간적 영역이기도 하면서 사회복지실천의 중요한 물리적 환경이고 동시에 사회복지서비스 대상자가 되기도 하고, 서비스를 위한 자원연계의 토대가 된다는 점에서 사회복지사의 지역사회에 대한 이해는 매우 중요하다. 지역사회로부터 필요한 자원을 획득하고 개발하며 지역사회가 가지고 있는 다양한 문제를 해결하기 위해 지역사회에 개입하게 되고 지역사회가 보다 건강한 사회가 될 수 있도록 하기 위하여 대부분의 사회복지조직들은 노력을 하게 된다. 사회복지기관을 이용하는 모든 이용자들은 지역사회의 구성원들이며 이들이 가지고 있는 욕구는 지역사회에 기초한다는 것 역시 지역사회에 대한 보다 깊은 고찰과 분석이 필요함을 의미한다고 할 수 있다.

지역사회의 정치, 경제, 그리고 문화적 변화 그리고 지역사회가 안고 있는 문제나 갈등요소는 고스란히 지역사회구성원들에게 영향을 미칠 수밖에 없으므로 지역사회의 모든 현상이나 이슈 등을 이해하고 이에 대한 지속적인 분석을 통해 지역사회개입을 위한 실천방법들을 발전시켜 나가는 것 역시 모든 사회복지조직들이 당면한 조직운영의 목적이 될 수 있다.

지역사회는 진공상태가 아니며 지속적으로 다양한 지역사회의 내·외적 환경요인들에 의해서 변화한다. 지역사회의 변화는 곧 지역사회구성원들의 변화를 의미하므로 지역사회구성원들의 복지향상을 위해 노력하는 모든 사회복지조직들은 지역사회의 변화에 대한 심도 있는 연구와 조사를 등한시하여서는 안 된다고 할 수 있다. 즉, 사회복지기관에서는 지역사회가 직면한 문제가 무엇이며, 이러한 문제를 가진 주요한 대상자들은 누구이고, 이러한 문제를 발생하게 하는 원인은 무엇이며 이들 문제에 대한 지역사회의 대응방안은 어떠한지 등에 대한 분석을 통해 그 지역의 특성을 반영한 사회복지서비스를 실천하기 위해 노력하여야 한다.

생태체계이론에 따르면, 사회복지조직이 변화시키고자 하는 것은 결국 지역사회에 살고 있는 클라이언트와 클라이언트가 살고 있는 환경 모두라고 볼 수 있다. 사회복지기관이 관심을 가지고 변화시켜야 하는 대상은 곧 클라이언트이다. 그러므로 우리는 우리의 클라이언트는 누구이며, 우리가 해야 하는 임무가 무엇인지에 대한 이해를 위해서 지역사회에 대한 철저한 분석이 반드시 뒷받침되어야 한다. 이와 더불어 사회복지기관은 지역사회의 변화와 지역주민의 욕구 및 문제를 다양한 조사방법을 활용하여 분석하여, 환경변화에 민감하게 반영하고 이를 체계적으로 서비스 제공계획에 반영하여야 한다.

결국 지역사회관리란 지역사회가 직면하고 있는 다양한 문제에 대한 해결방안을 수립하고 정치, 제도, 경제, 사회, 문화를 포함하는 환경적 변화 및 인구통계적 변화를 수용하고 해결하기 위한 대응방안을 관리하는 것을 의미한다. 지역사회관리의 필요성은 지역에 기초한 사회복지조직들이 지역사회가 당면한 문제를 극복하고 해결하기 위해 지역사회의 환경적 변화 및 인구통계적 변화에 대한 올바른 이해와 이에 대한 체계적이고 과학적인 대응을 위한 관리의 필요성에 기반한다.

지역사회관리

지역사회가 직면하고 있는 다양한 문제에 대한 해결방안을 수립하고 사회복지영역에 영향을 미칠 수 있는 정치, 경제, 사회, 문화를 포함하는 환경적 변화 및 인구통계적 변화를 수용하고 해결하기 위한 대응방안을 관리하는 것

② 사회복지관 지역사회관리

오늘날 사회복지관은 노인 및 장애인을 포함하는 지역주민들에게 지역사회 기반의 종합적인 사회복지서비스 제공에 있어서 중추적인 역할을 담당하고 있으므로 격변하는 지역사회의 인구변화와 사회문제를 진단하고 이에 대응하기 위한 체계를 구축할 필요가 있다. 특히, 사회복지 관련 정책 환경의 변화는 사회복지관이 수행하고 있는 역할과 기능에 영향을 미치고 있다. 따라서 사회복지관은 특히 지역사회의 장애인과 노인 그리고 지역주민을 포함한 사회소외계층을 둘러싼 제도, 자원, 수요에 관한 자료를 지속적으로 수집하고 분석함으로써 환경과 지역주민들의 욕구에 능동적으로 대응할 뿐만 아니라 각 기관의 서비스 경쟁력 제고를 위한 혁신 과제를 개발해 나갈 필요가 있다.

③ 지역사회관리의 측정요소

지역사회관리를 위한 측정요소는 크게 지역사회에서 발생하는 제도적 또는 정책적 변화분석과 지역사회 인구통계분석 그리고 지역사회의 문제분석 등이 포함된다. 지역사회관리를 위한 성과측정요소를 보다 구체적으로 제시하면 첫째, 지역사회 정책분석에는 지역주민생활에 영향을 줄 수 있는 중앙 및 지방정부의 복지관련 정책의 변화나 각종 제도 및 서비스정책의 변화 등에 대한 자료의 검토와 분석여부 등을 나타낸다. 둘째, 지역사회 문제분석에서는 지역사회의 욕구에 대한 조사 및 분석 그리고 지역사회에서 제기되는 특정 상황이나 이슈 그리고 지역 현안 문제 등에 대한 조사 및 분석을 시행한다. 셋째, 지역사회 인구통계 분석에는 지역사회의 노인, 장애인을 포함하는 인구의 증감, 이혼율, 자살률, 빈곤율, 실업률, 폭력 및 학대 발생건수 등을 포함하여 주민과 관련된 각종 인구통계 변화의 분석 및 대응을 나타낸다.

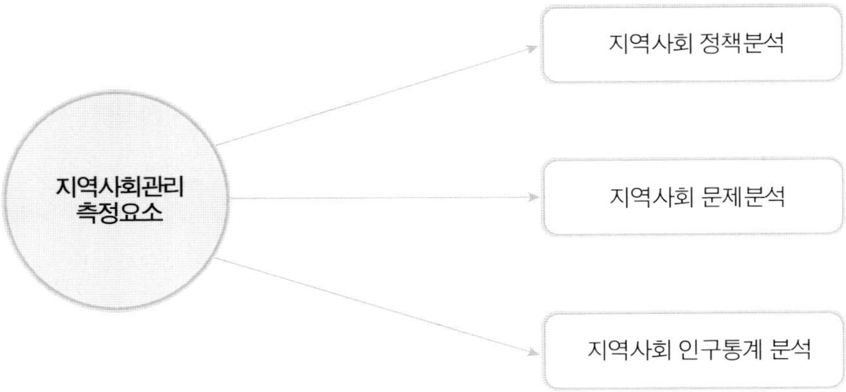

[그림 5-14] 지역사회관리 측정요소

4 지역사회관리 측정도구

지역사회관리 척도는 사회복지관 성과관리의 과정영역 중 지역사회관리에 대한 직원들의 인식을 점검하는 측정도구이다. 특히 지역사회의 환경 및 인구통계 분석 및 각종 노인관련 제도나 정책의 변화와 지역사회문제 등에 대한 조사 및 대처노력의 적절성을 측정한다. 본 연구에서 사회복지관의 지역사회관리의 정도를 측정하기 위하여 지역사회관리를, 첫째, 지역사회의 정책적 변화인식, 둘째, 지역사회의 인구통계적 변화에 대한 인식, 셋째, 지역사회에 발생하는 다양하고 복잡한 문제에 대한 인식으로 측정요소를 구분하여 측정하도록 한다. 사회복지관 지역사회관리 척도는 3개 영역의 총 8개 문항으로 측정하도록 구성되어 있으며 리커트 7점 척도를 활용하고 질문항목에 대한 가독성을 높이기 위하여 모두 긍정적인 질문으로 구성되어 있다. 선행연구를 통해 개발된 척도는 3개 영역의 총 12개 문항으로 구성되어 있었으나 1차 전문가들을 대상으로 하는 초점집단면접을 통해 수정 및 보완되어 내용타당도가 향상된 1차 예비척도는 8개 문항의 척도이다. 특히 개발된 예비척도 8개 질문항목 중 질문의 적절성에 대한 지적으로 1개 문항이 수정되고 2차 전문가면접에서 최종적으로 수정된 8개의 문항으로 구성된 척도로 보완되었다. 〈표 5-15〉는 최종 개발된 사회복지관 예비 지역사회관리 척도이다.

〈표 5-15〉 지역사회관리 척도

지역사회관리 측정내용			동의 정도						
			1	2	3	4	5	6	7
지역사회 정책분석	1.	우리 복지관은 변화하는 지역사회 욕구에 대해 조사를 하고 있다.							
	2.	우리 복지관은 지역의 노인, 장애인 및 지역주민들에게 영향을 미칠 수 있는 복지관련 정책이나 제도의 변화를 정확히 파악하고 있다							
	3.	우리 복지관은 노인, 장애인 및 지역주민들에게 제공되는 지역기관들의 서비스 실태를 정확하게 파악하고 있다.							
지역사회 인구통계 분석	4.	우리 복지관은 지자체, 공공기관의 최신 통계를 반영하여 사업을 계획한다.							
	5.	우리 복지관은 인구의 증감 및 노인관련 각종 인구통계 자료를 수시로 점검한다.							
	6.	우리 복지관은 유관기관의 복지관련 계획(보건복지백서, 보건복지통계연감, 지역사회보장계획, 보건의료계획 등)의 자료를 비치하고 활용한다.							
지역사회 문제분석	7.	우리 복지관은 최근에 지역사회에서 제기되고 있는 이슈나 특정 상황을 잘 알고 있다.							
	8.	우리 복지관은 변화하는 지역사회문제를 주기적으로 조사하고 분석하고 있다.							

제6장

사회복지관 성과관리 결과영역의 측정

제1절 서비스품질관리의 측정과 측정도구

1 서비스품질관리의 개념

휴먼서비스영역에서 제공되는 서비스의 품질을 정의하기는 매우 어려운 것이 사실이다. 이는 일반 영리영역에서도 서비스품질이 다면적인 측면을 포함하고 있어 정의하기가 어렵다는 측면과 이와 덧붙여 인간봉사영역인 비영리조직에서 제공하는 서비스의 품질은 더욱 다양한 측면을 포함하고 있다는 사실에 근거한다. Pillinger(2002)는 서비스품질을 프로그램 또는 서비스의 주요 성과지표 중 하나로서 생산물의 질적 수준을 비교하여 나타낼 수 있다고 한다. 그는 질적 수준의 비교로서, 첫째, 휴먼서비스라는 고유의 특성을 근거로 하여 품질 기준을 정하고, 둘째, 해당 서비스 분야 전문가가 설정한 기준에 기반을 두어 품질을 사정하고, 셋째, 서비스를 수급받는 수혜자의 지각과 기대하는 만족도 수준 사이의 차이에 중점을 두고, 넷째, 다양한 이해당사자의 적극적인 참여와 협상, 마지막으로 경영자와 행정관리자의 조직 내부의 내용규정에 근거하여 품질을 정의하여야 한다고 주장하였다. Parasuraman 등(1988a, 1988b) 등은 휴먼서비스의 품질은 아니지만 일반 영리조직에서 제공하는 서비스의 품질을 서비스의 우수성에 대한 전반적인 판단이나 태도로 정의하고 있다. 그는 SERVQUAL모델에서 서비스의 품질을 이용자들이 서비스 제공자들에 대해 갖는 기대와 실제 서비스 수행과 일치하는지에 대해 비교, 평가하는 것으로 이용자들이 서비스에 대해 갖게 되는 일반적인 태도, 지각된 질로 정의하였다.

결국 서비스품질을 통해서 이용자들이 서비스에 대해 갖게 되는 인식의 정도가 달라질 수 있으므로 이용자들이 기대하는 것 또는 요구하는 것이 달성되도록 하는 것이나 또는 이용자가 필요로 하고 요구하는 것은 제공되는 서비스품질에 의해서 결정된다고 할 수 있다. 따라서 사회복지관을 포함하여 비영리사회복지조직에서 제공하는 서비스품질은 서비스이용자들의 욕구를 충족시킬 수 있는 능력이나 이용자의 입장에서 이용자가 원하고 필요로 하는 것이라고 정의할 수 있으며 서비스품질관리는 결국 이용자가 원하고 필요로 하는 서비스가 제공되고 있는가를 관리의 최우선 목적으로 두는 것이라고 할 수 있다. 또한 관리자의 측면에서 질 관리의 핵심은 바로 이용자가 원하는 또는 필요로 하는 서비스를 제공하기 위해 사업을 지속적으로 개선(향상)하는 것이라고 할 수 있다. 필요로 하는 서비스를 제공하기 위해 지속적으로 서비스의 품질을 개선하는 것은 결국 앞에서 살펴본 사업의 과정에서 발생할 수 있는 부족이나 어려움을 수정하고 개선하는 것을 목적으로 하는 성과관리와 밀접한 연관이 있다고 할 수 있다. 결국 성과관리는 성과를 구성하는 한 영역으로서 사회복지조직이 제공하는 서비스의 품질관리를 통해서 이루어진다고 할 수 있다. 결론적으로 품질 보증은 품질개선(질의 향상)을 추구하며 품질개선이 지속적으로 이루어지도록 하는 것이 성과관리 측면에서 품질을 측정하는 이유라고 할 수 있다.

결론적으로 서비스품질관리는 사회복지관이 제공하는 서비스의 품질을 일정 수준 이상으로 유지 · 보존하고 향상시키기 위해 노력하는 것을 의미한다. 서비스품질은 정의하기가 어려운 복합적이고 다면적인 용어로서 다양한 구성요소를 포함하는 개념이므로 품질을 지속적으로 향상시키기 위해서는 제공기관에서 제공하는 서비스의 품질을 측정하고 개선방안을 모색할 수 있는 관리방안이 반드시 필요하다. 따라서 품질관리는 서비스기관이 제공하는 서비스의 품질을 측정하고 향상시킬 수 있는 방안을 모색하는 과정이라고 할 수 있다.

서비스품질

- 이용자들이 서비스에 대해 갖게 되는 일반적인 태도, 지각된 질
- 서비스이용자들의 욕구를 충족시킬 수 있는 능력이나 이용자의 입장에서 이용자가 원하고 필요로 하는 것

사회복지관 서비스품질관리

- 품질관리는 사회복지관이 제공하는 서비스의 품질을 일정 수준 이상으로 유지 · 보존

하고 향상시키기 위해 노력하는 것으로 품질측정을 통해 이루어진다.
- 사회복지관이 제공하는 서비스의 품질을 측정하고 향상시킬 수 있는 방안을 모색하는 과정
- 복지관에서 제공되는 서비스의 품질을 일정 정도 수준으로 유지하고 조직의 환경 및 이용자들의 욕구를 반영하여 지속적으로 품질이 향상되고 개선되도록 하는 관리방안

2 서비스품질관리의 측정요소

Parasuraman 등(1988b)이 개발하여 서비스품질척도로 가장 많이 인용되고 활용되는 SERVQUAL모델은 알려져 있는 바와 같이 은행, 신용회사, 수선 및 유지관리회사, 전화회사 등 영리조직의 서비스품질을 측정하는 척도로서 차이분석(Gap analysis: 기대한 품질과 경험한 품질 사이의 차이)에 기초하여 서비스의 품질을 측정한다. 특히, 이들은 서비스의 품질을 구성하는 요소로 유형성, 신뢰성, 응답성, 확신성, 공감성의 다섯 가지 차원으로 구성된 총 44개(기대하는 서비스 22개 문항과 경험한 서비스 22개 문항) 항목의 7점 척도를 제시하였다.

SERVQUAL모델이 제시한 다섯 가지의 품질영역을 주민복지증진이라는 사회적 가치 실현을 강조하는 사회복지관의 서비스품질을 구성하는 품질요인으로 적용하기 위해서는 사회복지관의 가치에 맞게 품질척도가 수정 및 보완되어 개발되어야 한다. 특히, 사회복지서비스영역에서 이루어진 김은정, 정소현(2009)과 지은구(2012b)의 연구에서는 사회복지조직의 서비스품질 구성요소로 사회성을 추가하였다. 하지만 이들이 제시한 사회성은 이용자의 권리보호, 이용자의 선택권에 대한 정보제공을 사회성 척도로 보았다. 구체적으로 사생활보호 및 존중, 비밀보장, 안전한 서비스 제공을 사회성의 측정지표로 제시하였다. 사회성이란 일상적으로 타인과의 관계에서 협동하고 서로 간에 원활한 상호작용을 하는 정도를 나타내는 인간관계 및 대인관계로서 사교적인 행동을 의미한다. 즉, 사람과 사람 사이의 관계를 맺는 능력, 타인과 잘 사귀고 잘 어울릴 수 있는 특성을 말한다. 따라서 이들이 말하는 사회성이라는 의미는 보다 정확히 표현한다면 사회성이라기보다는 곧 선택권이나 이용자 정보보장 등 이용자의 권리성을 의미하는 것이라고 볼 수 있다(지은구 외, 2013). 따라서 사회성을 권리성으로 대체하는 것이 적합하다.

또한 지역종합사회복지관이나 장애인복지관 및 노인복지관 등의 사회복지관은 이용자들이 찾아오는 이용기관이므로 이용자들의 기관 접근성 또한 중요한 품질을 구성하는 구성요소가 될 수 있다. 직원 간 그리고 조직 간 협력이나 조정 역시 이용자들에게 제공하는 서비스에 영향을 미치는 주요한 요소이다. 지역사회의 환경변화에 따른 사회복지조직의 이용자들이 직면한 환경의 변화는 다양하고 복잡한 이용자들의 문제나 욕구에 대한 다면적인 접근 및 통합적 사례관리의 필요성을 제기하였으며 이를 위해 사회복지조직의 사회복지사들로 하여금 통합적 서비스 제공 및 서비스의 협력방안에 대한 필요성을 제기하였다. 협력을 통한 서비스의 제공은 결국 이용자들에 대한 서비스품질에 영향을 줄 수 있으므로 영리조직과는 달리 비영리조직의 경우 협력은 중요한 품질구성요소이다.

[그림 6-1]의 그림은 사회복지관의 서비스품질을 구성하는 구성요소(또는 측정영역)를 나타낸다.

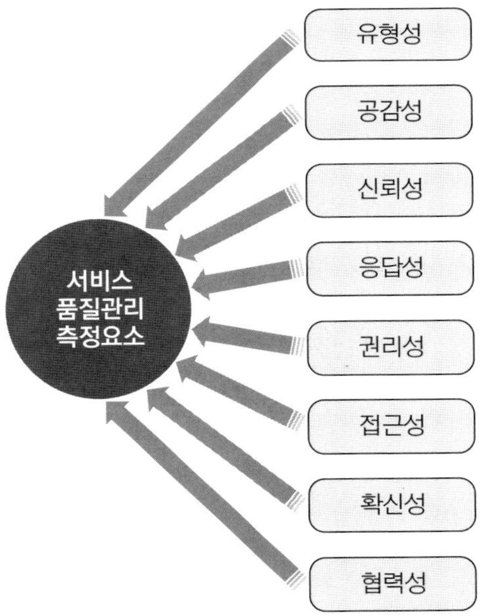

[그림 6-1] 사회복지관 서비스품질관리의 측정요소

③ 서비스품질관리 측정도구

1) SERVPERF(Service Performance)모델[1]

Cronin과 Taylor(1992)는 서비스 질에 있어 성과가 중심이 되는 측정을 주장하였는데 이 방식은 서비스 성과(service performance)를 강조한다는 측면에서 SERVPERF모델이라고 불린다. 특히, 그들은 태도를 하나의 척도로 사용하여 서비스 질을 측정하는 데 있어 기대항목을 모두 제거함으로써 기대와 지각(경험)의 44개 항목이 지각의 22개 항목으로 줄어들게 되어 SERVQUAL모델이 가지고 있는 한계들, 즉 타당도 검증의 어려움, 질문항목이 너무 많다는 점 그리고 서비스품질의 상대적 비교가 어렵다는 점 등을 어느 정도 극복하였다는 평가를 받았다.

SERVPERF모델은 서비스의 질을 측정하는 데 있어 차이모델에 근거한 비난을 수용하여 이용자들의 경험 또는 지각을 통해서만 측정한다. Cronin과 Taylor(1992)는 SERVPERF모델이 성과를 중심으로 하는 척도임을 주장하였는데 여기서 성과란 이용자들의 서비스 질에 대한 지각(또는 만족)을 의미하므로 성과를 매우 좁게 해석하고 있음을 알 수 있다. 즉, 그들은 5개 영역의 22개 질문이 곧 성과를 나타낸다고 보므로 서비스 질을 성과로 해석한다.

Cronin과 Taylor(1992)는 특히 22개의 질문항목을 가지고 서비스 질, 이용자만족 그리고 구매의사의 관계를 분석하는 데 활용하였다. 그들은 4개의 산업영역(패스트푸드, 세탁소, 은행 그리고 해충관리)에서의 연구결과를 바탕으로, 첫째, 서비스 질은 태도로 측정되어야 하며, 둘째, 서비스 질이 이용자만족의 전신이고, 셋째, 이용자 만족은 서비스 질보다 구매의사에 더 강력한 영향을 주므로 경영자나 관리자들은 서비스 질만 중요시할 것이 아니라 이용자만족을 위한 프로그램을 필요로 할 것이라고 결론지었다.

SERVPERF모델의 서비스 질 공식은 다음과 같다.

$$\text{서비스 질}(SQ_i) = \sum_{j=1}^{k} P_{ij}$$

SQ_i = 개인 i가 인지한 서비스 질, k = 서비스 질 질문항목의 수
j = 서비스 질 질문항목, P_{ij} = j 질문항목에 대한 개인 i의 지각

---

1) 서비스품질의 SERVPERF모델과 SERVQUAL모델은 지은구(2012b)의 제10장 8절을 참고하였음.

2) SERVPERF모델과 SERVQUAL모델의 한계

SERVPERF모델과 SERVQUAL모델은 모두 경영학, 외식, 호텔, 관광, 여가, 스포츠 등의 영역에서 서비스 질을 측정하는 도구로 많이 사용되고 있으며 최근에는 사회복지서비스분야에서도 이 두 모델을 사용하여 조직성과나 서비스 질을 측정한 논문들이 간혹 등장하고 있다. SERVPERF모델과 SERVQUAL모델 중 어떤 모델이 더 좋은 모델인지에 대해서는 적용하는 분야에 따라 또는 학자들에 따라 매우 다르게 나타나기 때문에 우열을 가늠하기는 어렵다는 것이 정설이다(Jain & Gupta, 2004). 이 두 모델의 가장 큰 차이점은 SERVPERF모델이 P와 E 사이의 불일치에 기초하지 않고 기대를 질문항목에서 제거하여 이용자의 만족만으로 질을 측정한다는 점이다. 특히, SERVPERF모델은 지각이라는 용어 대신 서비스 질에 대한 이용자만족이라는 용어를 성과라는 용어와 동일시한다.

Jain과 Gupta(2004)는 두 모델의 차이점을 다음과 같이 지적하였다.

첫째, SERVPERF모델이 SERVQUAL모델에 비해 단일항목 척도를 통하여 서비스 질을 측정하므로 서비스 질 구성개념을 설명하는 데 있어 수렴타당도와 판별타당도가 더 높으며 또한 SERVPERF모델이 SERVQUAL모델과 달리 전반적인 서비스 질 점수의 분산(variation)을 설명하는 데 더 유익하다고 할 수 있다. 또한 무엇보다도 SERVPERF모델은 질문항목이 50% 줄어들어 간편하게 자료를 수집할 수 있다.

둘째, SERVQUAL모델이 SERVPERF모델에 비해 이용자들의 서비스 질에 대한 진단능력(diagnostic ability)이 더 높다. 이는 지각한 점수만 가지고 측정하는 것보다 기대하는 점수와 지각한 점수를 모두 이용하여 이용자들의 인식을 측정하는 것이 더 풍부한 정보를 제공하므로 SERVQUAL모델이 서비스 질 척도로서의 진단능력이 더 뛰어나다는 것을 나타낸다. 질을 측정하는 데 있어 진단능력이 더 뛰어나다는 것은 조직관리 측면에서 조직이 제공하는 서비스의 질을 개선하기 위한 더욱 풍부한 정보를 제공받을 수 있음을 의미하는 것이므로 조직성과개선을 위해서는 SERVQUAL모델이 SERVPERF모델보다 활용도가 더 높다는 것을 나타낸다고 할 수 있다. 결국 SERVQUAL모델을 통해서 관리자들은 서비스 질을 나타내는 5개 영역에서 어떤 영역의 질이 기대하는 것과 인지하는 것 사이에 차이가 큰지를 영역별로 확인할 수 있으므로 조직이 어떤 부분에 더 많은 노력을 기울여야 하는지에 대한 풍부한 자료가 확보된다.

이와 같은 차이점을 근거로 Jain과 Gupta(2004)는 만약 조직의 전반적 서비스 질을 단순히 평가하는 것에 관심이 있고, 다른 조직과 품질을 비교하는 것을 원한다면 SERVPERF모델을 사용하는 것이 효과적인 반면, 조직의 서비스 질이 어떤 영역에서 부족한지를 찾아 개선하는 관리적 개입을 목적으로 한다면 SERVQUAL모델이 효과적이라고 주장하였다. 또한 Babakus와 Boller(1992)는 차이모델에 기초한 서비스의 질에 대한 E−P 간의 차이점수가 SERVQUAL척도의 지각구성요소에 이미 포함되어 있는 것 이상의 추가적인 정보를 제공하지는 않음을 주장하였다. 그들은 차이점수에 영향을 주는 결정적인 기여자는 지각점수인데 이는 이용자들이 기대하는 것(기대점수)은 항상 높기 때문이라고 주장하였다. 그들의 주장은 결국 지각점수나 P−E의 차이점수가 비슷하므로 굳이 차이점수를 활용하는 것이 의미가 없음을 의미한다(지은구, 2012b).

서비스품질이라는 추상적 개념을 설명하는 질의 구성요소에 대한 한계는 SERVQUAL모델의 가장 핵심적인 한계이다. SERVQUAL모델은 서비스 질이 오직 다섯 영역으로만 구성되어 있다고 간주함으로써 질 영역의 다양한 측면을 거부한다. 질 영역에 대한 문제는 결국 질의 구성개념에 대한 문제로 구성타당도를 결정짓는 매우 중요한 측면이라고 할 수 있다. 공공정책학자인 Poister(2003)는 질을 소요시간, 정확도, 철저성, 접근성, 편리성, 안전성 그리고 공손함으로, Grönroos(1984)는 질을 기술적 질, 기능적 질 그리고 평판적 질로, Lehtinen과 Lehtinen(1982)은 질을 상호행동적 질, 물리적 질 그리고 조직의 질로, Hedvall과 Paltschik(1989)은 질을 봉사하려는 의지와 능력 그리고 육체적 접근과 심리적 접근으로 구분하였다. LeBlanc과 Nguyen(1988)은 질이 조직이미지, 내부조직, 서비스생산시스템의 물리적 지원, 직원과 이용자의 상호행동 그리고 이용자만족의 수준으로 구성된다고 주장한다. 또한 사회복지학자인 Martin과 Kettner(2010)는 질을 경쟁력, 확실성, 의사소통, 보증, 예절, 내구성, 유형성, 공감성, 보장성, 응답성, 신뢰, 성과 등으로 구성되는 개념이라고 매우 포괄적으로 생각하였다. 결국 질을 구성하는 요소는 Parasuraman 등(1988)이 강조하는 바와 같이 다섯 영역으로 분류된다고 할 수 없으며, 학자들에 따라 그리고 서비스영역에 따라 매우 다르게 구분됨을 알 수 있어 질의 개념이 복잡성을 가진 개념이라고 할 수 있으며, 산업영역에 따라서는 질을 매우 단순하게 보는 경향도 존재하여 서비스 질은 기업으로부터 제공되는 서비스가 무엇인가에 따라 영향을 받을 수 있다고 할 수 있다(Buttle, 1996). Babakus와 Boller(1992)는 서비스 질 영역이 어떤 산업영역에서는 매우 단순하지만 어떤 산업영역에서는 매우 복잡함을 주장하였다. 이는 결국 비영리조직의 서비스품질에 대한 구성요소의 다양성과 복잡성이 반드시 서비스품질을 설명하는 구성요소에 반영되어야 하다는 것을 의미하는 것이다.

〈표 6-1〉은 두 모델의 특징을 나타낸 것이다.

〈표 6-1〉 SERVQUAL모델과 SERVPERF모델의 특징

SERVQUAL모델의 특징	SERVPERF모델의 특징
• 차이모델에 기초하여 기대한 서비스와 경험한 서비스의 차이를 분석(gap analysis)하기 위해 두 번의 조사를 시행하므로 시간과 노력과 경비가 1회 조사에 비해 두 배 필요 • 단일조직의 서비스품질관리에 적합	• 비슷한 유형의 서비스를 제공하는 조직 간 서비스품질 비교에 적합 • 한 번의 조사로 서비스품질의 수준을 분석(one-shot test)하므로 시간과 노력을 줄일 수 있으며 간편함 • 척도의 신뢰도와 타당도가 SERVQUAL모델에 비해 비교적 양호함

3) SERVPERF모델과 성과측정

SERVPERF모델은 SERVQUAL모델에서 드러난 여러 문제점들 중 차이모델과 관련된 한계를 극복하였다는 것과 보다 손쉽게 서비스 질을 측정할 수 있다는 점 이외에, SERVQUAL모델과 같은 질에 대한 영역과 측정항목을 가지고 질을 측정한다. 따라서 여러 성과요인들 중에서 서비스 질만을 측정하여 조직의 성과를 측정하는 측정모델이라고 할 수 있으며 기본적으로 SERVQUAL모델과 같이 서비스 질과 조직성과를 동일시하여 너무 좁게 성과를 바라본다는 한계를 가지고 있다. 특히 Cronin과 Taylor(1992)는 성과를 중심으로 하는 측정이라고 강조하였지만 여기서 성과란 결국 이용자만족을 의미한다는 측면에서 조직성과개선을 위한 측정모델로서의 한계는 극복하지 못하였다.

SERVPERF모델을 활용한다면 조직들 사이의 서비스 질을 비교하고 조직의 전반적인 서비스 질을 평가하는 데 유용하므로 조직 간 서비스의 품질을 비교한다거나 비슷한 사업 간 서비스품질의 비교분석이 목적이라고 한다면 당연히 SERVQUAL모델보다 타당도가 우수한 SERVPERF모델을 활용하는 것이 올바른 선택이라고 할 수 있다.

하지만 다섯 영역 중에서 보다 구체적으로 어떤 영역에서 개선이 필요한지를 찾아 조직서비스 개선을 추구하는 데는 한계를 내포하므로 단일 조직의 개선을 위한 측정모델로는 SERVQUAL모델보다 활용도가 더 높다고 할 수 있다.

결국 SERVQUAL모델과 SERVPERF모델은 모두 질을 중요시하는 1990년대 강조되었던 품질관리를 위한 측정도구이자 측정모델이라고 할 수 있으며 각각의 장단점을 살리는 측면에서 활용도가 결정될 수 있다고 할 수 있다. 본 연구에서는 이용자들이 인식하는 서비스품질의 기대효과는 일반적으로 모두 높으므로 기대한 품질과 지각한 품질을 비교하는 차이분석은 유의미하지 않다는 점과 척도의 구성타당도 입증 적합성 그리고 복지관이 제공하는 서비스품질이 결국 조직 간의 비교분석을 통한 기준을 통해 개선되어야 한다는 점으로 인해 SERVPERF모델을 개발하는 것에 초점을 두었다.

4) 사회복지관 서비스품질 측정도구

(1) 사회복지관 서비스품질 척도의 특징

사회복지관 서비스품질을 측정하는 측정척도 중 타당도가 검증된 것은 없다. 서비스품질 척도의 개발은 비영리조직이나 공공조직보다는 영리기업을 중심으로 개발되고 활용되고 있으며 최근 들어 영리기업에서 활용하는 서비스품질 척도를 검증절차 없이 비영리조직이나 공공조직으로 확대 적용하는 사례들이 늘어나고 있다. 비영리조직으로 적용되는 가장 대표적인 척도가 SERVQUAL모델과 SERVPERF모델이다. 하지만 두 측정모델 모두 영리기업을 대상으로 개발된 서비스품질 척도모델이므로 조직의 속성과 추구하는 가치가 상이한 사회복지조직, 특히 사회복지관의 서비스품질을 측정하는 측정모델로 활용하기 위해서는 그 유용성 및 적합성을 면밀히 검토해야 한다.

따라서 영리조직의 서비스품질 측정을 위해 개발된 SERVQUAL모델과 SERVPERF모델을 비영리조직의 서비스품질 측정모델로 수정 없이 적용하기보다는 비영리조직의 속성에 맞게 수정하여 새롭게 품질척도를 개발한 후 신뢰도 및 타당도 검증을 거친 척도의 개발이 필요하다. 최근 국내에서 비영리조직의 서비스품질 척도로 개발된 대표적인 모델이 지은구 등(2013)의 모델과 지은구 등(2015)의 모델이다. 먼저, 2013년에 개발된 모델은 지역종합사회복지관의 서비스품질 척도로서 지은구 등은 SERVQUAL모델을 대폭 수정하여 비영리조직인 사회복지관의 특성에 맞게 새롭게 권리성과 접근성이라는 품질측정요소를 도출하여 총 7개 품질영역(공감성, 응답성, 신뢰성, 확신성, 유형성, 권리성, 접근성)의 18개 항목으로 구성된 품질척도를 개발하였다. 또한 지은구 등은 2015년에 노인요양시설 서비스품질 측정척도 역시 개발하였는데 이들이 개발한 품질척도는 노인요양시설의 특성을 고려하여 새롭게 협력성이라는 품질측정요소를 추가하여 총 8개 품질영역(협력성, 공감성, 응답성, 신뢰성, 확신성, 유형성, 권리성, 접근성)에서 36개의 문항으로 구성된 품질척도를 개발하였다. 이들이 제시한 서비스품질 측정모델은 차이분석을 강조하는 SERVQUAL모델이 아닌 경험한 서비스에 대한 조사만을 강조하는 SERVPERF모델이다. SERVPERF모델을 활용한 가장 주된 이유는 앞의 SERVQUAL모델의 단점에서 지적한 바와 같이 사회복지서비스영역에서의 서비스품질 척도 개발에 대한 타당도 검증의 가능성을 높이고, 서비스품질의 상대적 비교(조직 간 비교)가 가능하도록 하며 단일조사를 통해 설문의 양을 줄일 수 있다는 점 때문이라고 할 수 있다.

(2) 사회복지관 서비스품질관리 척도

사회복지관의 서비스품질을 지속적으로 관리하기 위해서 복지관 서비스품질 척도를 사용하는 것도 효과적이다. 본 연구에서는 기존의 사회복지영역에서 개발한 품질척도를 수정 및 보완하여 사용하도록 한다. 특히, 앞에서 설명한 지은구 등(2015)이 노인요양의 서비스품질을 관리하기 위해 개발한 척도를 수정 및 보완하여 사용한다. 지은구 등(2015)이 개발하여 제시한 노인요양시설의 서비스품질 척도는 이용자들이 인식하는 척도가 아닌 직원들이 인식하는 서비스품질 척도라는 한계를 가지고 있지만, 서비스품질을 기존의 품질측정요소에서 비영리조직, 특히 노인요양시설의 서비스품질의 다양성과 복잡성을 이해하기에 적합한 개념으로 적용하여 개발하였다는 점에 의의가 있다.

본 연구의 성과관리 측정영역은 사회복지관이다. 따라서 서비스품질 척도는 당연히 사회복지관의 특성을 반영하여 개발되어야 한다. 즉, 사회복지관의 특성이 고려된 서비스품질 척도가 개발되어야 한다는 것을 의미한다. 본 연구에서는 지은구가 개발한 지역복지관 품질척도와 노인요양시설 품질척도를 수정 및 보완하여 품질관리의 주된 내용으로 활용하도록 한다. 다음의 표는 이미 개발된 지역복지관 품질척도와 노인요양시설 품질척도를 기초로 하여 수정 및 보완한 사회복지관 서비스품질 척도이다. 서비스품질 척도는 크게 직원들이 인식하는 서비스품질 척도가 존재하며 복지관을 이용하는 이용자들이 직접 자기기입식으로 복지관의 서비스품질을 측정하는 이용자 자기기입식 서비스품질척도가 있을 수 있다.

일반적으로 서비스품질의 정도는 서비스를 이용하는 이용자를 대상으로 하여 측정되지만 이용자가 영유아나 지적장애 정도가 높은 경우 또는 노인요양시설을 이용하면서 나이가 많고 인지능력이 정상적이지 못한 경우 이용자들에게 직접 서비스품질에 대한 인식을 측정하는 것이 어려우므로 이용자의 가족이나 서비스를 직접 제공하는 직원으로부터 품질이 측정되기도 한다. 사회복지관이 제공하는 서비스품질에 대한 측정 역시 이용자들의 인식을 직접 측정하는 것이 바람직하지만 본 연구의 목적은 사회복지관 성과관리를 위한 조직 자체적인 자기주도식 성과측정도구를 개발하는 것이 직원들이 인식하는 품질의 정도와 이용자들이 인식하는 품질의 정도가 비슷한 수준을 유지하는 것이 가장 중요하며 또한 사회복지관의 서비스에 대해 서비스를 직접 제공하는 직원들이 기관과 서비스에 대해 가장 많은 정보를 가지고 있으므로, 서비스 전달의 주체인 사회복지관 직원들이 인식하는 서비스품질 척도를 개발하여 사회복지관 성과관리에 활용한다. 직원들이 자체 인식하는 서비스품질의 측정은 조직품질관리를 위해 매우 중요한 것이 사실이다.

또한 사회복지관 서비스품질 척도는 기존의 모델 중 차이분석에 기인한 SERVQUAL 모델의 한계를 극복하기 위하여 서비스성과모델, 즉 척도의 타당도가 높고 조직 간 품질의 비교분석이 용이하여 품질관리의 활용도가 높은 SERVPERF모델을 적용하여 인간봉사영역의 특수성을 고려한 척도로 개발한다는 특징이 있다. 특히, 사회복지관은 1회 기관을 방문하여 서비스가 종결되는 단발성 사업을 제공하기보다는 최소 수개월 이상 서비스가 진행되는 사업이 대부분이다. 따라서 사회복지관의 사업 성격을 고려한다면 기대하는 서비스와 지각하는 서비스의 차이를 통해 품질을 측정하는 서비스품질 척도를 개발하는 것은 기관에 대한 적합도와 활용도 면에서나 척도의 타당도와 신뢰도 면에서 모두 적합하지 않다고 할 수 있다.

결론적으로, 본 연구에서 직원들의 입장에서 조직성과관리에 있어 품질을 유지 관리하는 것은 매우 중요한 과업이므로 직원들이 자기기입식으로 서비스의 품질을 자체 측정할 수 있는 서비스품질 척도를 SERVPERF모델에 기초하여 개발하도록 한다. 이는 향후 조직성과개선의 측면에서 이용자들이 직접 자기기입식으로 서비스품질을 측정한 결과와의 비교분석을 통해 더욱 향상된 서비스품질을 기대하게 하는 요인이 될 수 있다. 본 연구에서 개발하는 사회복지관 서비스품질 척도의 특징은 다음과 같다.

사회복지관 서비스품질 척도의 특징 …

- 기존의 영리조직을 대상으로 하는 서비스품질 척도와는 달리 비영리조직, 특히 사회적 가치지향성을 목적으로 하는 사회복지관의 특성을 고려한 사회복지관 서비스품질 척도이다.
- 사회복지관 성과관리를 위하여 복지관과 제공되는 서비스에 대해 가장 많은 정보를 가지고 있는 서비스 전달의 주체인 복지관 직원들이 인식하는 품질을 측정하는 서비스품질 척도이다.
- 사회복지관 성과관리를 위한 서비스품질 척도는 척도의 개발 및 활용도를 고려하여 SERVPERF모델을 기초로 하는 척도이다.

사회복지관에서 근무하는 직원들이 인식하는 복지관에서 제공하는 서비스에 대한 전반적인 품질의 인식을 측정하기 위하여 복지관의 서비스품질을 공감성, 유형성, 응답성, 신뢰성, 권리성, 확신성, 협력성, 접근성 등 총 8개 영역에서 측정하도록 개발된 1차 예비척도는 8개 품질영역의 36개 문항으로 구성되어 있다. 선행연구를 통해 개발된 1차 예비척도는 8개 품질영역의 36개 문항으로 구성되어 있었으나 2차에 걸친 전문가들을 대상으로 하는 초점집단면접을 통해 수정 및 보완되어 내용타당도가 향상된 최종 30개 문항의 척도가 개발되었다. 사회복지관 서비스품질척도는 8개 영역의 서비스품질을 총 30개 문항으로 측정하도록 구성되어 있으며 리커트 7점 척도를 활용하고 노인들의 질문항목에 대한 가독성을 높이기 위하여 모두 긍정적인 질문으로 구성되어 있다. 구체적으로 살펴보면 1차 서비스품질 예비척도 36개 질문항목 중 중복가능성과 질문의 적절성에 대한 지적으로 2차 전문가면접에서 6개의 문항이 삭제되고(유형성 4번 문항, 접근성 6번 문항, 신뢰성 10번 문항, 응답성 16번 문항, 공감성 22번 문항, 권리성 31번 문항) 6개의 문항이 수정되었다(예: 직원들은 어르신에게 관심을 가지고 있다 ⇒ 직원들은 이용자들에게 개별적 관심을 가지고 있다, 복지관은 어르신을 다른 사람과 차별하지 않고 동일하게 대한다 ⇒ 직원들은 모든 이용자들을 차별 없이 대한다 등). 최종적으로 수정 및 보완된 사회복지관 서비스품질 척도는 〈표 6-2〉와 같다.

〈표 6-2〉 서비스품질관리 척도

서비스품질관리 측정내용			동의 정도						
			1	2	3	4	5	6	7
유형성	1.	우리 복지관의 장비(주방시설, 체육시설, 교육시설, 물리치료기구 등)는 잘 관리되고 있으며 현대적으로 보인다.							
	2.	우리 복지관은 내·외부적으로 깨끗하고 깔끔한 분위기다.							
	3.	우리 복지관의 강사들과 직원들은 밝고 용모가 단정하다.							
	4.	우리 복지관은 어르신을 위한 편의시설(휴식공간, 승강기, 산책공간 등)을 가지고 있다.							
신뢰성	5.	정해진 시간에 무엇인가를 하기로 약속을 했을 때 우리 복지관은 그것을 수행한다.							
	6.	이용자들에게 문제가 발생하였을 때 강사들과 직원들은 공감을 해 주며 위안을 준다.							
	7.	우리 복지관의 서비스는 믿을 만하다.							
	8.	우리 복지관은 서비스를 제공하기로 약속한 시간에 서비스를 제공한다.							
	9.	우리 복지관은 서비스관련 기록들을 정확하게 보관하고 있다.							
응답성	10.	직원들은 이용자들에게 서비스가 제공될 시간을 정확하게 알려 준다.							
	11.	직원들은 이용자들을 항상 도울 의지가 있다.							
	12.	직원들은 이용자들의 요구에 신속하게 대응한다.							
	13.	서비스는 이용자들의 상태나 의사를 반영하여 제공된다.							
확신성	14.	직원들은 충분한 업무지식 및 기술을 갖추고 있다.							
	15.	이용자들은 직원들과 교류하면서 안전함을 느끼는 것 같다.							
	16.	직원들은 예의가 있고 친절하다.							
공감성	17.	직원들은 이용자들에게 개별적 관심을 가지고 있다.							
	18.	직원들은 우리가 무엇을 원하는지를 잘 알고 있다.							
	19.	직원들은 이용자들의 심신상태를 잘 파악하고 있다.							
	20.	우리 복지관에서 제공되는 서비스는 이용자들에게 편리한 시간에 제공된다.							

접근성	21.	우리 복지관은 이용자나 이용자 가족이 접근하기에 용이한 곳에 위치하고 있다.							
	22.	우리 복지관 교육의 홍보물과 자료집, 서비스 안내문은 쉽게 접할 수 있다.							
권리성	23.	이용자들은 언제나 서비스를 거절 및 중지시킬 수 있다.							
	24.	우리 복지관은 이용자들의 사생활과 자존심을 존중한다.							
	25.	우리 복지관은 이용자들에게 서비스에 대한 정보(제공시간, 빈도, 기간)를 설명하고 동의를 얻는다.							
	26.	직원들은 모든 이용자들을 차별 없이 대한다.							
협력성	27.	우리 복지관에는 자원봉사자가 자주 찾아온다.							
	28.	우리 복지관은 어르신이 위급 시 연락할 수 있는 가족 및 기타 긴급연락처를 파악하고 있다.							
	29.	우리 복지관의 직원들은 서로 도와주고 잘 지낸다.							
	30.	우리 복지관은 공공기관을 포함한 다른 노인복지기관이나 시설 및 단체 그리고 사회서비스 제공기관들과 협력하여 사업이나 서비스를 제공하고 있다.							

제2절 효과관리의 측정과 측정도구

1 효과관리의 개념

효과성(effectiveness)[2]은 조직관리 측면에서 조직이 달성하려는 목적의 달성 정도를 나타낸다. 따라서 효과관리란 조직이 성취하려는 목적의 달성 정도를 관리하는 과정이라고 할 수 있다. 일반적으로 목적은 미션과 같은 수준의 용어이므로 효과관리란 곧 조직관리 측면에서 조직이 설정한 미션을 성취하도록 노력하는 과정이라고 정의할 수 있다.

2) 본 연구에서는 효과와 효과성을 동일시하도록 한다.

효과

조직관리 측면에서 조직이 설정한 목적(미션)의 성취 정도를 나타낸다.

사회복지관 효과관리

- 사회복지관이 설정한 미션을 성취하기 위해 노력하는 과정
- 구체적으로는 복지관이 각종 사업을 통하여 성취하려는 목표가 얼마나 성취되었는가를 측정하고 개선방안을 찾기 위해 노력하는 것

효과는 기대된 또는 설정된 목적이나 목표 대비 성취된 목적이나 목표를 나타내는 지표를 통하여 알 수 있다. 효율성은 혜택이 화폐가치로 환원될 수 없는 경우 측정 불가능하다는 단점이 있지만 효과성은 혜택이 화폐가치로 환원되지 않아도 측정이 가능한 영역(지은구, 2012b)이므로 사회복지조직의 성과를 결과영역에서 측정하기 위하여 효과를 측정하고 효과의 향상을 위한 노력을 관리하는 효과관리는 무엇보다도 중요한 조직의 성과관리요소라고 할 수 있다.

조직의 미션성취를 위한 다양한 활동들은 조직이 제공하는 사업이나 프로그램 등에서 제공되는 교육, 상담 등과 같은 서비스를 통해서 이루어진다. 조직의 미션성취에 대한 효과 또는 영향력은 조직에서 제공하는 다양한 사업과 프로그램 등을 통해서 입증되는 것이므로 효과관리의 주된 대상은 사업과 프로그램의 효과이다. 특히, 사업이나 프로그램은 교육과 상담과 같은 서비스를 제공하고 효과는 서비스를 이용하는 이용자들의 변화에서 측정되는 것이므로 이용자들에게서 나타나는 효과 또한 효과관리의 대상이다. 이용자들의 변화는 가족과 주변 사람들에게, 나아가 지역사회에도 영향을 가져다주므로 효과관리의 대상은 또한 이용자들의 가족을 포함하는 지역사회구성원(지역주민들)과 지역사회도 포함하게 된다.

사회복지관 효과관리의 대상

- 단위사업이나 프로그램
- 이용자
- 가족을 포함하는 지역사회구성원들과 지역사회

따라서 효과관리는 프로그램의 효과, 이용자효과, 그리고 지역사회효과를 관리하는 과정으로 구분될 수 있다.

2 효과관리의 측정요소

1) 효과측정

효과는 개선, 유지, 수정, 보완되기 위해 관리되어야 하고 관리되기 위해서는 측정되어야 한다. 조직의 목적성취 여부나 프로그램의 목적/목표달성 여부, 즉 프로그램의 영향력의 정도가 측정되지 않는다면 효과는 관리하는 것이 사실상 불가능하다. 효과측정은 사회복지관 사업의 효과를 양적 기준으로 측정한다. 즉, 사업이 성취하려고 하는 결과목표(outcome objective)들이 얼마만큼 사업을 통해서 이루어졌는지에 대한 사업의 효과를 비율이나 백분율 등과 같은 수량을 중심으로 측정한다. 다시 말해, 사업이나 프로그램을 통해서 제공된 산출(output)이 지역사회, 지역주민 그리고 이용자들에게 어떠한 영향을 미쳐서 사업이 의도하였던 목표의 성취, 즉 지역사회구성원이나 이용자들의 변화가 있었는가를 수량을 통해서 확인하는 것이라고 할 수 있다.

일반적으로 효과측정은 설정된 사업목표에 대해서만 효과를 측정할 수 있기 때문에 효과를 관리하기 위해서는 사업이나 프로그램의 목표가 구체적으로 진술되어 있어야 한다. 즉, 진술되지 않은 사업의 목표는 효과를 측정하여 관리하는 것이 불가능하다. 예를 들어, 노인일자리사업의 사업목표가 단순히 기간 내에 사업에 참여한 노인들의 일자리 확보 비율이라고 한다면 효과는 단순히 하나의 효과, 즉 사업참여 노인들의 일자리 확보 비율로만 나타나게 된다. 하지만 노인일자리사업의 결과목표로서 참여노인들의 사회활동참여 증대, 노인자존감 증대, 노인생활태도 변화, 사회에 대한 책임감 향상, 경제적 안정감 증진, 가족관계의 개선 등을 설정한다면 사업의 효과는 위에서 진술된 모든 목표설정 진술에 따라 매우 다양하게 나타날 수 있다. 결론적으로 효과측정을 위해서는 설정된 목표와 효과 간의 관계를 정확하게 인식하는 것이 매우 중요하다.

효과측정

- 설정된 목표대비 성취의 정도
- 사업의 결과목표 달성 정도를 확인할 수 있는 각종 척도, 지수, 지표의 활용

2) 효과측정요소

앞에서 지적한 바와 같이 사업이나 프로그램의 효과관리는 세 가지 차원에서 이루어진다. 즉, 프로그램의 효과, 이용자효과 그리고 지역사회효과를 관리하는 과정이 효과관리라고 할 수 있다. 프로그램의 효과는 프로그램계획이나 프로그램평가계획에서 설정한 성취하려는 결과목표의 달성 정도를 나타내며 이용자효과는 프로그램을 이용하는 이용자들의 생활상의 변화나 태도, 기능, 감정이나 생각 등의 변화를 나타낸다. 즉, 이용자들의 일상생활 변화는 생활태도, 사회적응, 사회참여, 일상생활기능개선, 지위향상 등의 변화를 포함하여 개선된 태도나 행동, 기능, 감정, 인식, 상태 그리고 지위를 나타내는 각종 지표의 변화를 나타낸다. 지역사회효과는 이용자 가족을 포함하여 지역사회구성원들과 전체 지역사회에 영향을 미치는 프로그램이나 조직목적을 위한 노력 또는 행동에 따른 변화의 정도를 나타낸다. 따라서 효과관리를 위해 효과를 프로그램의 효과, 이용자효과 그리고 지역사회효과의 영역에서 측정해야 하며 이 중에서 프로그램의 직접적 대상자인 이용자들에 미친 사업이나 프로그램의 효과를 측정하는 것은 가장 핵심적인 효과측정의 영역이자 요소가 된다. 효과측정요소를 그림으로 나타내면 [그림 6-2]와 같다.

[그림 6-2] 효과측정요소

(1) 프로그램효과 측정

프로그램효과는 프로그램계획이나 프로그램평가계획에서 설정한 성취하려는 결과목표의 달성 정도를 측정하는 것을 의미한다. 모든 프로그램은 계획단계에서 성취하려는 결과목표를 설정하며 평가단계에서 달성하려는 프로그램의 효과가 어느 정도 달성되었는지에 대한 구체적인 평가계획이 제시되어 있으므로 목표달성의 정도, 즉 어느 정도 설정된 목표가 달성되었는지를 프로그램에 기초하여 측정하게 된다.

따라서 프로그램효과의 측정요소는 프로그램이 달성하려는 목표가 적절하게 설정되어 있는지를 확인하는 것이 매우 중요하다고 할 수 있다. 프로그램은 성취하려는 결과목표와 과정목표로 구분되어 진술되어 있어야 하며 결과목표는 측정될 수 있는 진술로 구성되어 있는지, 즉 측정 가능한 목표진술이 설정되어 있는지를 확인하는 것이므로 효과측정을 위해서는 설정된 목표와 효과 간의 관계를 정확하게 인식하는 것이 매우 중요하다. 또한 설정된 목표진술은 성취여부를 측정할 수 있는 척도나 지수 또는 지표들로 구체적으로 제시되어 있는지 그리고 제공되는 프로그램에 대한 직원들의 효과성을 어떻게 인식하고 있는지 등을 확인하는 것이 무엇보다도 중요하다.

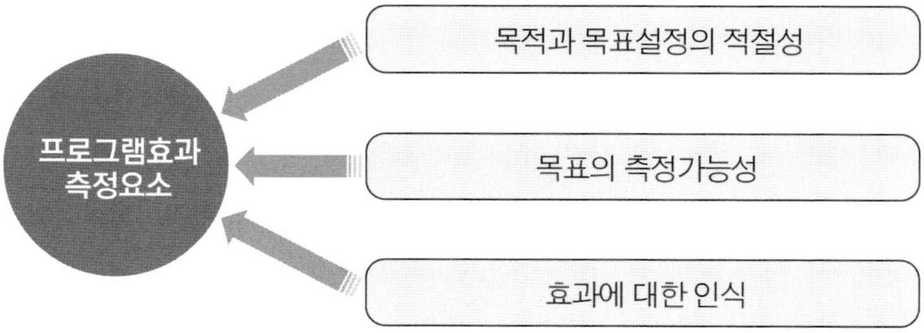

[그림 6-3] 프로그램효과 측정요소

(2) 이용자효과 측정

이용자효과 측정은 단위사업이나 프로그램을 이용한 이용자 개개인들에게 나타나는 변화의 정도를 측정하는 것을 의미한다. 사회복지관에서 제공되는 대부분의 프로그램은 프로그램이 제공하는 서비스나 교육, 문화, 사회참여, 상담 등 혜택을 통해 이용자들의 변화, 즉 이용자들의 기능, 태도, 지식, 생각이나 감정 또는 인식의 변화 또는 이용자들이 가지고 있는 위험요소나 문제의 해결이나 예방 등의 변화를 추구한다. 따라서 이용자들에게 직접적으로 영향을 미치는 프로그램의 이용자들에 대한 효과의 정도를 측정하는 것은 효과관리 측정영역에서 가장 중요한 측정요소이다.

예를 들어, 사회복지관의 교육 · 문화사업이 이용자들의 사회참여활동을 증진시키는 것이 목적이라고 한다면 사업의 효과는 이용자들의 사회참여활동에 대한 인식의 변화나 참여활동의 증가 등으로 나타나야 하며 이러한 효과는 반드시 측정 가능한 척도나 지수를 통해 확인되어야 한다. 따라서 이용자효과 측정요소는 이용자의 변화 정도를 측정할 수 있는 척도나 지수의 사용여부가 중요하다.

결론적으로 이용자효과를 측정하기 위한 요소로는 프로그램 혜택에 따른 이용자들의 효과는 정확하게 설정되어 있는가, 척도는 이용자들의 효과를 측정하기에 적합하게 설정되어 있는가 그리고 복지관은 이용자들의 사전 그리고 사후 변화를 적절하게 추적조사하고 있는가 등의 요소를 통해 입증될 수 있다. [그림 6-4]는 이용자효과에 대한 측정요소를 나타낸다.

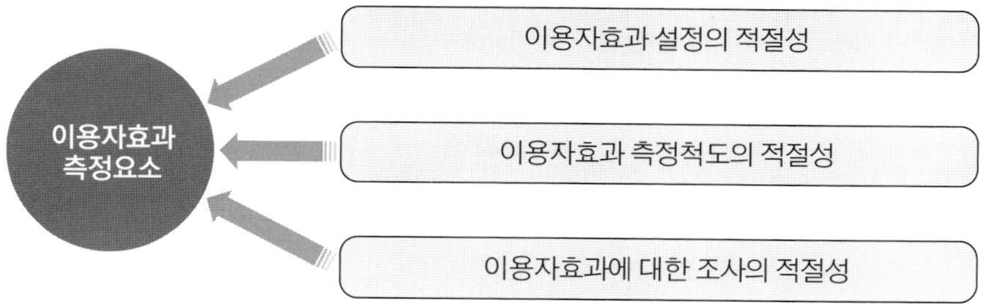

[그림 6-4] 이용자효과 측정요소

사회복지관을 이용하는 이용자들의 변화 정도, 즉 효과를 측정할 수 있는 효과성 측정척도로는 모든 이용자들에게 공통적으로 측정할 수 있는 생활만족도 척도, 이용자만족도 척도, 삶의 질 척도, 행복감척도, 사기 척도 등이 있다. 앞의 척도들은 복지관을 이용하는 이용자들의 생활상 변화 정도를 측정하는 가장 일반적인 척도들이다. 물론 복지관에서 제공하는 프로그램의 효과성척도는 프로그램의 성격에 따라 다양하게 적용될 수 있으며 대표적으로는 자아존중감척도나 자기효능감척도, 우울척도, 가족통합척도 등이 있다.

사회복지관 사업의 이용자에 대한 영향력(효과)을 측정할 수 있는 측정도구 …

- 이용자: 자아존중감척도, 자기효능감척도, 우울척도, 생활만족도척도, 이용자만족도척도, 삶의질척도, 행복감척도, 사기척도, 성공적노화척도, 사회참여척도, 서비스품질척도 등
- 이용자 가족: 가족순응성척도, 가족통합척도, 가족건강성척도 등
- 지역사회: 지역사회자본척도 등

(3) 지역사회효과 측정

지역사회효과 측정은 사회복지관의 주민복지증진이라는 목적을 성취하기 위한 모든 노력이 이용자 가족을 포함하는 지역사회에 미치는 영향력의 정도를 측정하는 것을 의미한다. 사회복지관에서는 다양한 사업이나 프로그램을 통해 주민복지증진을 위해서 노력하며 이러한 노력은 가장 작은 단위인 서비스 혜택의 직접적 대상자들인 주민들에게 영향을 미쳐 그들의 태도나 생각 또는 생활상의 변화를 가져다준다. 주민 개인의 인식이나 태도 그리고 생활상의 변화는 결국 더 큰 사회단위인 그들이 소속된 가족, 집단이나 조직 그리고 지역사회에 긍정적인 영향을 미친다. 따라서 복지관의 운영 및 사업에 따른 개인, 가족, 집단이나 조직, 나아가 지역사회에 미치는 파급효과는 더불어 잘사는 지역공동체를 구축하기 위한 그리고 지역사회발전과 지역복지발전을 위한 기초적인 사회자본으로 작동할 수 있다.

현실적으로 복지관에서 일하는 사회복지사들은 이용자들의 변화를 측정하는 것도 매우 어려운 과제인 것이 분명하지만 지역복지의 안정적인 발전과 복지국가 발전을 위한 미래사회의 동력을 확보하기 위해서는 복지관 사업에 따른 이용자효과라는 직접적인 결과물에 대한 측정만큼이나 가족 및 집단, 나아가 지역사회에 미치는 부수적인 복지외부효과를 측정하여 제시하는 것 역시 매우 중요한 과업이 아닐 수 없다.

결국 복지관이 제공하는 각종 사업이나 프로그램은 이용자들이 가지고 있는 문제나

욕구의 해결을 중심으로 이용자들의 변화를 가져다주는 역할을 수행하지만 이용자들의 변화로 인해 이용자 가족들과 지역사회구성원 그리고 전체 지역사회는 긍정적 외부효과 또는 복지외부효과를 기대할 수 있다(지은구, 2003). 사회복지조직은 사회적 가치 실현을 위해 노력하는 집단으로 그들의 노력은 곧 직접적 서비스의 대상자들이나 이용자를 포함하여 직접적으로 서비스를 제공받지 않는 이해관계자들에게 그리고 나아가 그들이 존재하는 모든 사회영역에서 긍정적인 효과를 창출할 수 있다.

예를 들어, 요가나 탁구 등과 같은 체육활동프로그램은 이용자들에게 건강의 유지나 사회참여활동 증가 그리고 우울증 감소나 자존심 향상 등의 직접적인 효과를 가져다줄 수 있음은 물론이고 이용자들의 가족들에게는 가족관계 증진이나 개선을 통한 가족불화 감소나 가족순응성 증대라는 효과 그리고 지역사회에는 사회참여활동의 활성화를 통한 지역사회 참여활동 증진, 건강한 생활보장을 통한 의료비 절감의 사회비용 감소 등의 복지외부효과, 즉 지역사회효과를 가져다줄 수 있다. 지역사회문제의 해결은 곧 지역주민들의 위험요소의 해결이나 욕구의 해결, 나아가 위험과 문제에 가장 가까이 직면해 있고 문제에 의해 고통받고 있는 이용자의 위험이나 문제가 해결되는 것으로부터 시작된다고 할 수 있다. 따라서 지역사회효과는 또한 복지관의 사업이나 프로그램에 대한 지지와 후원, 나아가 조직에 대한 지지와 후원의 동기를 유발할 수 있어 매우 중요한 효과관리의 요소가 된다.

결론적으로 지역사회효과를 측정하는 측정요소는, 첫째, 모든 사업의 목표에 가족이나 집단 그리고 지역사회에 대한 긍정적인 효과에 대한 진술의 작성여부, 둘째, 지역사회에 대한 인식 변화의 정도 등을 측정할 수 있는 척도나 지수 등을 활용하여 조사를 시행하는지에 대한 여부, 셋째, 지역사회주민들에게 복지관 사업의 효과를 홍보하기 위한 노력 여부 등이 될 수 있다. [그림 6-5]는 지역사회효과 측정요소를 나타낸다.

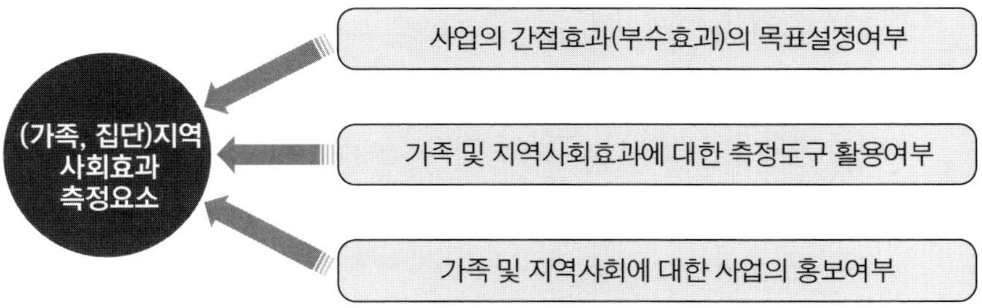

[그림 6-5] 지역사회효과 측정요소

사업의 부수효과 목표설정여부는 사업 또는 프로그램계획서 상에서 이용자에게 미치는 직접적 효과를 포함하여 가족을 포함하는 이해당사자들에게 미치는 영향력의 정도를 측정하기 위한 결과목표의 진술 여부는 사업의 기대효과 진술과 함께 사업이 성취하려는 중요한 목표이다. 프로그램의 이용자들에 대한 변화 외에 사업의 간접적인 부수효과의 영향력 정도를 측정하기 위해서는 목표진술이 설정되어 있어야 가능하며 이는 곧 사업의 기대효과 분석에 영향을 미치게 된다.

지역사회효과에 대한 측정도구 활용여부는 사업계획서에 포함된 사업의 간접적인 지역사회 영향력에 대한 서술은 객관적인 증거를 통해 입증될 수 있어야 한다. 증거는 사업의 부수효과 정도를 측정하는 측정도구에 의해 이루어지므로 이용자의 가족이나 이용자의 지역사회에 대한 인식 변화와 지역사회주민의 인식 개선 등을 측정하는 객관적인 측정도구의 활용은 지역사회효과를 측정하는 가장 핵심적인 방법이다.

가족 및 지역사회에 대한 사업의 홍보여부는 사업의 정당성이나 기관의 지역사회에 대한 책임성을 강화하기 위해서는 복지관사업에 대한 효과를 지역사회주민과 공유하는 작업이 필요하다. 복지관은 지역사회에 위치해 있는 지역사회를 구성하는 단지 하나의 사회적 단위로서 여러 방면의 다양한 다른 조직이나 개인 또는 집단으로부터의 지지와 협력을 필요로 한다. 증거기반 사회복지실천은 복지관의 모든 사업에 대한 지역사회 홍보를 강화하여 제공되는 서비스가 이용자 및 가족 그리고 지역사회에 어느 정도 영향력을 미치고 있는지에 대한 정보를 공개하여야 한다. 이는 지역사회를 구성하는 다양한 영역에서의 지원과 협력방안을 모색하고 기관의 정당성 및 지역사회에 대한 책임성을 강화하기 위한 당연한 역할이며 복지관과 사업제공자의 임무이자 책임이라고 할 수 있다.

3 효과관리 측정도구

사회복지관의 효과는 프로그램 효과, 이용자효과 그리고 지역사회효과를 관리하는 영역으로서 대표적인 측정질문항목은 이 세 영역에 근거하여 도출되었다. 효과관리는 이용자들에 대한 효과성을 측정하는 척도나 지수들을 활용하여 보다 구체적으로 입증될 수 있지만 사회복지관 운영을 위한 성과관리의 한 요소로서 효과관리 척도는 객관적으로 입증된 척도가 존재하지 않으므로 자체 개발하여 사용하도록 한다. 성과관리

결과영역의 효과관리 척도 개발을 위해 효과관리는 이용자효과, 프로그램효과 그리고 지역사회효과로 구성된 개념임을 이미 앞에서 설명하였으며 앞의 세 영역의 관리지침 항목으로부터 일차적으로 예비지표를 도출하고 전문가집단의 면접을 통하여 수정된 예비 효과관리 척도를 개발하였다. 2차에 걸친 전문가들을 대상으로 하는 초점집단면접을 통해 1개의 질문항목이 수정 및 보완되어 내용타당도가 향상되었다. 최종 13개 문항의 사회복지관 예비 효과관리 척도는 〈표 6-3〉과 같다.

〈표 6-3〉 효과관리 척도

효과관리 측정내용			동의 정도						
			1	2	3	4	5	6	7
프로그램 효과	1.	우리 복지관은 프로그램의 효과를 입증하기 위해 논리모델에 입각하여 프로그램의 과정을 단계별로 명확하게 제시하고 있다.							
	2.	우리 복지관의 모든 프로그램의 결과목표는 성취여부를 판단할 수 있도록 측정 가능하게 설정되어 있다.							
	3.	우리 복지관의 프로그램은 산출과 결과를 명확히 구분하고 있다.							
	4.	우리 복지관의 프로그램이 성취하려는 목표는 결과목표와 과정목표로 구분되어 기술되어 있다.							
이용자 효과	5.	우리 복지관은 이용자들의 생활상의 변화(기능, 태도, 인식, 생각, 감정 등의 변화)를 측정할 수 있는 측정도구인 척도나 지수를 활용하고 있다.							
	6.	우리 복지관은 이용자들의 변화의 정도가 프로그램 종료 후 또는 개시 전과 종료 후의 자료를 바탕으로 비교분석된다.							
	7.	우리 복지관 프로그램에서 제공되는 서비스의 양과 질은 이용자들의 욕구가 해결될 정도로 적절하다.							
	8.	나는 우리 복지관의 서비스가 이용자들에 생활상의 변화(기능, 태도, 인식, 생각, 감정 등의 변화)를 가져다줄 것이라고 확신한다.							

가족 및 지역사회 효과	9.	우리 복지관의 모든 사업과 프로그램에는 이용자의 가족 및 지역사회에 미치는 영향에 대한 결과(성과) 목표나 기대결과에 대한 진술이 포함되어 있다.							
	10.	우리 복지관의 프로그램은 기관을 이용하는 이용자 가족 그리고 지역사회주민에 대한 복지관이 제공하는 각종 사업에 대한 인식, 생각, 태도 등의 변화를 측정할 수 있도록 세부목표를 설정하고 있다(사업의 부수효과).							
	11.	우리 복지관의 프로그램은 기관을 이용하는 이용자 가족, 그리고 지역사회주민들이 복지관이 제공하는 각종 사업에 대한 그들의 인식이나 생각 등을 측정할 수 있는 척도나 지수 등을 활용한다.							
	12.	우리 복지관은 기관을 이용하는 이용자 가족, 지역사회주민 그리고 전체 지역사회에 복지관의 사업이나 프로그램의 효과를 알리기 위해 노력하고 있다.							
	13.	우리 복지관은 사업계획서 작성 시 사업에 참여하는 이용자들의 가족이나 지역사회에 미치는 사업의 효과에 대해 고려한다.							

제3절 평가관리의 측정과 측정도구

1 평가관리의 개념

조직구조를 평가하고 조직이 제공하는 사업이나 프로그램을 평가하는 것은 조직진단과도 같은 역할을 한다. 어디가 아프면 진단을 통해서 아픈 곳을 찾아 치료를 받는 것이 중요한 것과 같이 조직은 조직목적을 위한 모든 행동들에 대한 진단, 즉 평가를 받는 것이 조직의 생존과 발전을 위해 필요하다. 따라서 평가는 조직관리를 위한 관리구성요소라고 할 수 있다.

평가는 가치판단을 위한 행위의 과정이므로 사회복지시설들의 증거기반 실천행동을 위한 토대를 형성한다고 할 수 있다. 즉, 평가를 위해 모든 조직활동에 대한 증거를 수집하고 제시하여 활동에 대한 가치판단을 통해 조직의 존재 및 조직활동에 대한 책임성을 입증받는다는 점 또는 정당성을 부여받을 수 있다는 점이 평가의 중요한 역할이라고 할 수 있다. 따라서 사회복지관에서 평가는 복지관의 사회적 가치실현을 위한 실천행동들을 개선시키기 위한, 그리고 이용자들에게 서비스의 제공과 사용에 대한 이해나 경험을 개선시키기 위한 기회를 제공한다. 또한 평가는 원하는 성과가 성취되었는지를 검사하고 판단하기 위한 목적적 과정이므로 평가에 대한 관리, 즉 평가관리는 성과관리의 중요한 하나의 요소가 된다고 할 수 있다. 결국 사회복지관에게 있어서 평가관리는 조직적 실천행동을 개선시키기 위한 그리고 서비스의 제공과 사용에 대한 경험을 개선시키기 위한 기회를 제공한다고 볼 수 있다.

통상적으로 평가는 단위사업이나 프로그램에 대한 평가를 의미한다고 볼 수 있지만 현재 시행되고 있는 사회복지시설에 대한 평가 역시 중요한 조직관리의 영역이라고 할 수 있다. 현실적으로 비영리조직에 대한 재정적 책임성, 즉 복지관 국고보조금사업에 대한 책임성은 곧 정부가 주도하는 사회복지시설평가를 통해서만 공개적으로 입증된다고 할 수 있다. 따라서 사회복지조직의 경우 시설평가를 위한 관리는 조직관리를 위한 중요한 관리영역이 될 수 있다. 사회복지조직의 서비스를 개선시키는 것을 목적으로 조직행동을 평가한다는 의미에서 평가와 함께 프로그램평가라는 용어가 자주 사용되어 왔는데, 이는 조직적 차원에서의 사회복지사 개개인들의 실천행동들이 대부분 프로그램을 통해서 실현되기 때문이다. 따라서 기관에서 제공하는 프로그램에 대한 평가는 조직성과 개선 및 관리를 위한 중요한 관리의 영역이다. 또한 직원보상과 직원 승진 등의 인력관리적 측면에서 직원평가 역시 평가가 이루어지는 주된 영역이다. 기관은 직원들에 대한 평가를 통해 직원들의 능력을 객관적으로 평가하여 역량을 강화하기 위한 조직적 노력을 기울이게 된다. 직원들에 대한 업무분담의 내용이나 보상체계 등에 대한 조직적 차원에서의 주기적인 평가는 결국 조직이 성취하려는 성과를 유지 개선하는 데 있어 매우 중요한 관리영역이다.

따라서 평가관리의 대상은 복지관(시설평가)에 대한 평가와 직원들에 대한 평가 그리고 프로그램에 대한 평가로 구분될 수 있다. 즉, 평가관리는 조직이 제공하는 프로그램의 평가관리가 가장 핵심적인 내용을 구성하며 3년마다 이루어지는 사회복지시설에 대한 평가 역시 관리의 필요성이 있고 마지막으로 직원들의 업무수행능력에 대한 평가

역시 조직성과 및 효과성을 향상시키기 위해 필요하다. 따라서 평가관리는 크게 시설평가관리, 직원평가관리 그리고 프로그램 평가관리의 세 부분으로 구성된다.

평가

평가는 가치판단을 위한 행위의 과정

사회복지관 평가관리

- 성과관리의 한 요소로서 조직의 가치실현을 위한 실천행동을 개선시키기 위해 그리고 서비스의 제공과 사용에 대한 경험을 개선시키기 위해 시행되는 조직관리기법
- 단위사업이나 프로그램 그리고 사회복지관을 포함한 사회복지시설에 대한 평가 지침과 지표를 관리하기 위해 조직 자체적인 평가체계의 확립과 운영을 관리하는 것
- 시설평가와 직원평가 그리고 프로그램평가의 전 과정을 관리하는 것

1) 시설평가관리

시설평가의 핵심은 정부가 주도하는 사회복지시설에 대한 평가를 준비하고 평가결과를 조직관리에 반영하도록 노력하는 것이다. 현 시설에 대한 평가는 매 3년마다 이루어지며 대부분의 복지관들은 평가가 이루어지는 당해 연도에 평가를 준비하고 평가를 받기 위해 모든 기관의 역량을 집중하고 있는 것이 현실이다. 물론 사회복지시설평가에 대한 문제점들이 앞 장에서 지적한 바와 같이 도출되고 있지만 국고보조금으로 사업을 진행하는 복지관 사업의 경우 정부로부터의 재무적 측면에서 감사나 감독 그리고 평가를 받는 것은 당연한 책무라고 할 수 있다. 정부의 평가 목적이나 방법, 과정 그리고 평가지표의 문제점 등은 꾸준히 개선될 여지가 있으므로 시설평가를 위한 각종 서류작업들을 관리하는 시설평가관리가 필요하다. 시설평가를 전략적으로 관리하여 평가준비로 인하여 평가 당해 연도의 조직운영에 부정적인 영향이 미치지 않도록 사전에 평가를 준비하는 것은 조직성과에도 영향을 미치며 또한 이용자나 직원 모두에게 있어 매우 중요한 과제라고 할 수 있다.

시설평가관리

사회복지시설에 대한 평가를 준비하고 평가결과를 조직관리에 반영하도록 노력하는 것

2) 직원평가관리

사회복지관의 평가를 관리하는 데 있어 시설평가, 프로그램에 대한 평가와 함께 개개 직원들의 개인적 책임성을 강조하며 직원 개개인들에 대한 수행능력에 대한 평가가 또한 중요시되고 있다. 즉, 기관의 평가업무에 대한 수행과 함께 직원 개개인들의 평가 문제가 제기된다. 직원들에 대한 평가는 직원들이 스스로 자신들을 평가하는 자가평가와 동료들이 평가해 주는 동료평가가 사용될 수 있다고 한다(Skidmore, 1995). 또한 상급자들에 의해서 이루어지는 하급자들의 승진이나 보상을 전제로 하는 업무에 대한 평가가 1년 단위로 실행되기도 한다.

직원평가는 기본적으로 직원들이 직무를 수행하는 데 있어 그들의 직무역량을 강화하도록 하는 데 목적이 있다. 직원들의 직무역량을 평가하여 그들이 그들의 능력을 십분 발휘할 수 있는 분야에서 일을 하고 있는지(직무의 적합성), 그들이 다루는 업무의 양은 적절한지(업무적절성), 전문성을 발휘할 수 있는지 그리고 그들의 직무역량은 어떠한지 등을 평가하여 승진과 보상의 기본 자료로 활용하게 되며 나아가 스스로 평가를 통하여 직무역량이 강화될 수 있는 자기계발계획을 작성하여 시행할 수 있도록 하는 자기계발계획서 작성의 자료로 활용될 수 있다.

직원평가관리

- 직원평가관리는 직원들의 직무를 수행하는 데 있어 그들의 직무역량을 강화하도록 하는 데 목적이 있다.
- 직원들이 수행한 그들의 직무역량을 평가하여 직원들이 그들의 능력을 십분 발휘할 수 있는 분야에서 일을 하고 있는지(직무의 적합성), 그들이 다루는 업무의 양은 적절한지(업무적절성), 전문성을 발휘할 수 있는지 그리고 그들의 직무역량은 어떠한지 등을 평가하여 직무재배치 및 승진과 보상의 기본 자료로 활용하기 위하여 노력하는 것을 의미

3) 프로그램 평가관리

사회복지관의 책임성은 결국 복지관이 제공하는 프로그램의 평가를 통해 어느 정도 이루어지므로 프로그램평가가 중요시된다. 조직성과를 관리하는 데 있어 프로그램평가에 대한 관리는 매우 중요한 기능에 속한다. 특히, 프로그램평가는 복지관들에게 점점 더 중요성이 있는 것으로 인식되고 있다. 조직관리에 있어서 목적에 의한 관리와 질 중심 관리 등의 도입은 목적의 수립과 결과, 서비스 질의 강조 그리고 이에 대한 평가를 중요시함으로써 사회복지기관이 평가와 책임성을 더욱 강화하는 데 일익을 담당하였다고 볼 수 있다(지은구, 2005). Biggerstaff(1977)는 프로그램평가의 중요성을 강조하였는데 그에 따르면 프로그램평가는 기관의 운영과 서비스의 현재와 미래에 관한 더욱더 유용한 결정을 하도록 행정가를 돕는 하나의 도구라고 한다. 그리고 Piliavin과 McDonald(1977)는 프로그램평가가 적절하게 설계되고 수행되면 조사의 결과는 서비스를 재조정하고 개선시키는 데 유용할 것이라고 주장하였다. 특히, 자원이 제한되어 있고 결과가 특별히 중요하게 인식되고 있는 지금 시점에 제공하는 서비스의 효과성은 더욱더 중요하게 인식되고 있다. 평가는 종종 변화의 주체로서 사용되기도 한다. 즉, 안정적 프로그램에 대항하는 의미로서 평가가 사용된다(지은구, 2005).

사회복지관이 제공하는 재화와 서비스는 프로그램을 통해서 클라이언트들에게 전달된다. 따라서 사회복지조직들에게 있어서 프로그램의 실행과 운영은 곧 그 조직의 활동을 대표하는 것으로 인식될 수 있다. 사회복지조직의 관리에 있어 관리기능이 프로그램을 중심으로 이루어진다고 해도 지나치지는 않을 것이기 때문에 복지관들에게 있어 그들이 제공한 프로그램에 대한 평가는 복지관의 평가 또는 관리 또는 행정의 중심축에 대한 평가라고 해도 지나치지 않을 정도로 중요하다고 볼 수 있다(지은구, 2005).

구체적으로 형평성, 적절성, 효율성, 효과성 또는 품질의 측면에서 책임성을 사정하기 위해서 사회프로그램이나 사회기관 또는 사회복지기관에 종종 적용되는 방법이 프로그램평가이다. 따라서 프로그램평가는 짧은 기간 동안에 이루어지는 모든 사회프로그램을 위한 가장 기초적인 책임성을 측정할 수 있는 도구로 인식될 수 있다. 결국 프로그램평가는 사회프로그램의 책임성에 대한 강조가 증대됨으로써 그 중요성이 배가되었다고 볼 수 있다. 사회프로그램, 특히 사회복지프로그램에 대한 책임성의 증대는 구체적으로 클라이언트들로부터, 자원제공자들로부터, 일반 시민들로부터 그리고 사회복지조직에서 일하는 전문가로서의 사회복지사들로부터 왔다고 볼 수 있다. 이러한 의미에서 Lohmann과 Lohmann(2002)은 프로그램평가란 사회복지기관들의 책임성을 증명하기 위해서 그들에 의해서 사용되는, 그리고 효과성, 형평성, 그리고 품질의 이슈들을 해결하기 위해 사용되는 방법론 중에 하나라고 정의하고 있다. 또한 지은구(2005)는 프로그램평가란 사회과학적 조사방법론을 사용해서 개입행동이나 프로그램이 성취하려는 목적을 성취하였는지를 그 행동이나 프로그램이 소속되어 있는 정치, 사회, 경제적 조건하에서 조사하는 것이라고 정의하였다.

사회복지관에서 제공하는 프로그램에 대한 책임성 증대는 클라이언트들의 입장에서 본다면 얼마나 그들에게 제공되는 프로그램이나 서비스가 그들이 바라는 효과를 갖도록 해 주는지에 대해 알고자 하는 욕구에 기인하며, 일반 시민들의 입장에서 본다면 사회복지조직이 제공하는 프로그램들이 그들 조직의 비영리적 지위를 정당화시키는 방향으로 바라는 효과를 만들어 내는가를 알고 싶은 욕구에 기인한다. 또한 자금제공자들(예를 들어, 정부나 민간재단, 삼성 또는 아산복지재단이나 사회복지공동모금회 등)의 입장에서 본다면 그들이 제공한 자금이 바라는 결과를 가져다주는지를 알고 싶은 욕구에 기인한다고 할 수 있으며, 전문가로서의 사회복지사들의 입장에서 본다면 책임성 증대는 이용자들의 욕구가 바라는 방향으로 해결되도록 영향을 미치고 싶어 하는, 그리고 이용자들에 대해 전문적으로 책임감을 갖고 싶어 하는 욕구에 기인한다고 할 수 있다(지은구, 2005).

프로그램 평가관리

- 프로그램의 이용자들에 대한 영향력을 비롯하여 내용의 변화와 수정을 위해 시행되는 프로그램평가에서 기획서부터 피드백의 적용까지 전 과정을 관리하는 것을 의미
- 프로그램 평가관리를 위한 관리요소는 기획서 작성에서부터 평가의 피드백까지의 전 과정에서 나타난다.

2 평가관리의 측정요소

사회복지관 평가관리측정을 위한 주된 영역은 앞에서 지적한 바와 같이 직원평가관리 측정영역, 시설평가관리 측정영역 그리고 프로그램관리 측정영역으로 이를 그림으로 나타내면 [그림 6-6]과 같다.

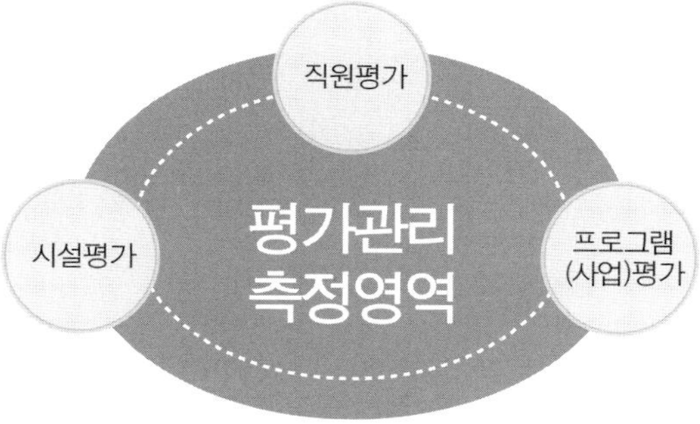

[그림 6-6] 평가관리의 측정영역

1) 시설평가 측정요소

사회복지시설평가를 위한 관리는 크게 시설평가를 위한 계획서의 작성여부와 계획에 의해 평가준비(평가준비인력의 할당과 시설평가지표분석 등)가 이루어지는지에 대한 점검 그리고 평가서류에 대한 점검 등을 통해서 이루어 질 수 있다. 따라서 시설평가관리를 위한 관리측정요소는, 첫째, 평가계획노력, 둘째, 평가준비과정, 셋째, 평가서류점검 등으로 구성된다.

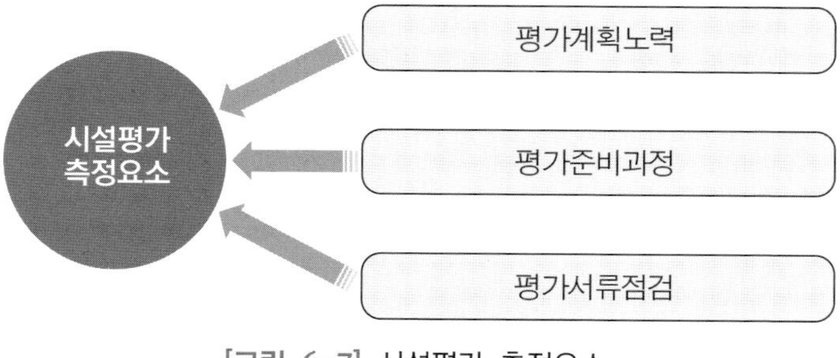

[그림 6-7] 시설평가 측정요소

2) 직원평가 측정요소

앞에서 설명한 바와 같이 직원평가는 기본적으로 직원들이 직무를 수행하는 데 있어 그들의 직무역량을 강화하도록 하는 데 목적이 있다. 따라서 직원평가 측정요소는 직원들의 직무적절성, 직무적합성, 그리고 직무역량을 평가하게 된다. 다음의 그림은 직원평가를 구성하는 구성요소, 즉 측정요소를 나타낸다.

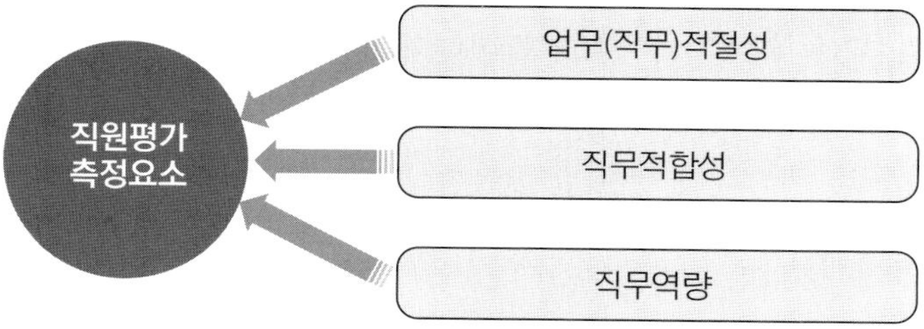

[그림 6-8] 직원평가 측정요소

3) 프로그램평가 측정요소

프로그램 평가관리는 프로그램의 이용자들에 대한 영향력을 비롯하여 내용의 변화와 수정을 위해 시행되는 프로그램평가를 기획서부터 피드백의 적용까지 전 과정을 관리하는 것을 의미한다. 그리고 프로그램 평가관리를 위한 관리요소는 기획서 작성에서부터 평가의 피드백까지의 전 과정에서 나타난다. 따라서 프로그램평가를 위한 측정요소로는 기획단계에서 평가준비(평가계획서 작성 및 평가인력의 배치), 평가노력(정기적인 평가시행), 그리고 평가결과에 대한 환류로서 평가결과에 대한 활용(평가보고서 작성 및 사업으로의 반영) 등이 있으며, 프로그램 수정 및 보완을 위한 노력의 정도 등이 포함된다. [그림 6-9]는 프로그램평가를 구성하는 구성요소, 즉 측정요소를 나타낸다.

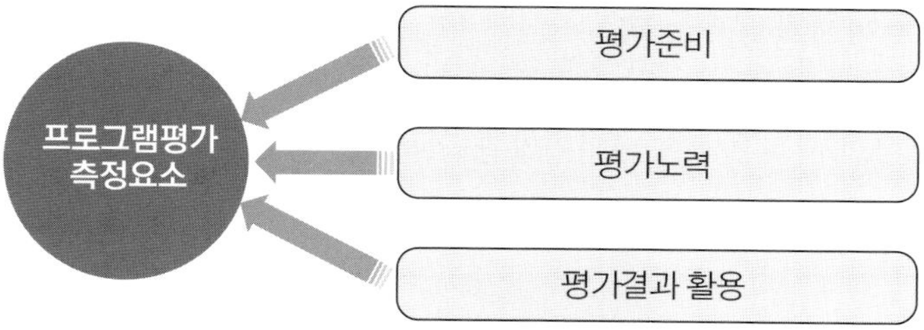

[그림 6-9] 프로그램평가 측정요소

3 평가관리 측정도구

1) 평가관리의 측정

사회복지관의 평가관리는 앞에서 지적한 바와 같이 사회복지시설평가에 대한 관리 직원에 대한 평가관리 그리고 프로그램에 대한 평가관리를 중심으로 이루어지며 기관 시설평가는 다시 평가계획노력, 평가준비과정 그리고 평가서류점검 등의 세 구성요소에서 측정 관리된다. 직원평가는 직원들이 다루는 업무의 적절성, 직무 자체의 적절성 그리고 업무 또는 직무역량으로 측정 관리되고 마지막으로 프로그램 평가관리는 시설평가를 위한 준비, 평가노력, 그리고 평가결과의 활용여부에 대한 측정질문항목으로 구성되어 관리된다.

2) 사회복지관 평가관리 측정도구

사회복지관의 평가관리는 복지관에서 이루어지는 다양한 평가준비 및 평가노력을 관리하는 영역으로서 대표적인 측정질문항목은 앞의 세 영역(시설평가, 직원평가, 프로그램평가)에 근거하여 도출되었다. 사회복지관 운영을 위한 성과관리의 한 요소로서 평가관리 척도는 객관적으로 입증된 척도가 존재하지 않으므로 자체 개발하여 사용한다. 성과관리 결과영역의 평가관리 척도 개발을 위해 앞의 세 영역의 관리지침항목으로부터 1차적으로 예비지표를 도출하고 1차 및 2차 전문가집단의 면접을 통하여 수정된 평가관리 1차 지표를 제시하도록 한다. 사회복지관 성과관리 과정영역의 평가관리의 정도를 측정하기 위해 제시되는 1차 예비 척도(평가관리 측정도구)는 시설평가관리 측정영역의 문항, 직원평가관리의 문항 그리고 프로그램 평가관리 문항의 총 17문항으로 구성되어 있으며 리커트 7점 척도를 활용하고 질문항목에 대한 가독성을 높이기 위하여 모두 긍정적인 질문으로 구성되어 있다. 2차에 걸친 전문가들을 대상으로 하는 초점집단면접을 통해 2개의 질문항목이 수정 및 보완되어 내용타당도가 향상되었다. 최종 17개 문항의 사회복지관 예비평가관리 척도는 〈표 6-4〉와 같다.

〈표 6-4〉 평과관리 척도

평가관리 측정내용			동의 정도						
			1	2	3	4	5	6	7
시설평가	1.	우리 복지관은 사회복지시설 평가결과가 복지관 운영에 도움이 되도록 노력하고 있다.							
	2.	우리 복지관은 시설평가를 위한 계획에 따라 평가를 준비하고 있다.							
	3.	우리 복지관은 시설평가준비를 위해 평가준비팀(T/F팀)이 구성되어 있다.							
	4.	시설평가결과는 우리 복지관의 운영계획에 반영된다.							
직원평가	5.	우리 복지관은 직원평가를 위한 공정한 지침이 있다.							
	6.	우리 복지관은 직원들의 자기계발 노력을 지지한다.							
	7.	우리 복지관은 나의 능력을 잘 평가한다고 생각한다.							
	8.	나는 나의 직무에 만족한다.							
	9.	우리 복지관은 직원 보상 및 승진에 대한 기본계획을 준수한다.							
	10.	우리 복지관은 직원들의 직무태도(직무몰입과 직무만족 그리고 이직의사 등)에 대해 정기적으로 조사하여 관리에 활용하고 있다.							
	11.	내가 다루는 업무는 나의 전문성과 연관이 깊다.							
	12.	내가 다루는 업무의 양은 내가 감당할 수 있는 수준이다.							
프로그램 평가	13.	우리 복지관의 모든 프로그램(사업)은 평가계획서에 따라 평가를 시행한다.							
	14.	우리 복지관 프로그램평가를 전담하는 평가전담 팀이나 직원이 있다.							
	15.	우리 복지관은 사업별, 프로그램별로 정기적으로 평가결과보고서를 작성한다.							
	16.	우리 복지관의 프로그램 평가결과는 다음 연도 사업/프로그램에 반영한다.							
	17.	우리 복지관은 프로그램평가를 위해 측정도구(척도나 지수)를 적극 활용한다.							

제7장

사회복지관 성과관리 척도의 타당도

제1절 사회복지관 성과관리 척도의 타당도 검증

1 사회복지관 성과관리 측정도구 개발 영역

2018년 지은구 등이 제시한 사회복지관 성과관리모형, 즉 '사회복지관 자기주도성 성과관리모형(Self-Oriented Performance Management Model for Welfare Center: SOPMM)'을 적용하면 사회복지관의 성과관리를 위한 성과측정영역은 크게 가치영역, 과정영역 그리고 결과영역으로 구성되어 있다. 여기서 가치영역은 신뢰관리, 규범관리 그리고 비전관리의 성과측정요소가 있고 과정영역은 이용자관리를 포함한 12개의 성과측정요소가 있으며 결과영역에는 효과관리, 품질관리 그리고 평가관리의 성과측정요소가 있어 성과측정요소는 3개의 영역에서 총 18개로 구성되어 있다. 사회복지관 성과관리를 위한 측정영역과 척도에 대한 간략한 소개를 하면 〈표 7-1〉과 같다.

〈표 7-1〉 사회복지관 성과관리 영역별 성과측정척도 종합

측정영역	척도	척도의 내용
가치영역	비전관리 척도	복지관 성과관리의 사회적 가치지향성을 측정하는 가치영역의 비전관리에 대한 직원들의 인식 정도를 파악하는 척도
	규범관리 척도	복지관 성과관리의 사회적 가치지향성을 측정하는 가치영역의 규범관리에 대한 직원들의 인식 정도를 파악하는 척도
	신뢰관리 척도	복지관 성과관리의 사회적 가치지향성을 측정하는 가치영역의 신뢰관리에 대한 직원들의 인식 정도를 파악하는 척도

과정영역	인적자원관리 척도	복지관 성과관리의 과정영역 중 인적자원관리에 대한 직원들의 인식을 점검하는 척도
	프로그램관리 척도	복지관 성과관리의 과정영역 중 기관이 제공하는 프로그램(사업)에 대한 직원들의 인식을 점검하는 척도
	이용자관리 척도	복지관 성과관리의 과정영역 중 기관을 이용하는 이용자관리에 대한 직원들의 인식을 점검하는 척도
	협력관리 척도	복지관 성과관리의 과정영역 중 협력관리에 대한 직원들의 인식을 점검하는 척도
	재무관리 척도	복지관 성과관리의 과정영역 중 재무에 대한 담당직원의 인식을 점검하는 척도
	갈등관리 척도	복지관 성과관리의 과정영역 중 사업진행 시 발생할 수 있는 조직 내 갈등에 대한 직원들의 인식을 점검하는 척도
	시설안전관리 척도	복지관 성과관리의 과정영역 중 기관의 시설안전관리에 대한 직원들의 인식을 점검하는 척도
	혁신관리 척도	복지관 조직변화의 필요성과 조직혁신을 위한 직원들의 인식을 측정하는 척도
	조직(구조) 관리 척도	복지관 성과관리의 과정영역 중 조직(구조)관리에 대한 직원들의 인식을 점검하는 척도
	정보문서관리 척도	복지관 성과관리의 과정영역 중 정보문서관리에 대한 직원들의 인식을 점검하는 척도
	자원개발관리 척도	복지관 성과관리의 과정영역 중 자원개발관리에 대한 직원들의 인식을 점검하는 척도
	지역사회관리 척도	복지관 성과관리의 과정영역 중 지역사회관리에 대한 직원들의 인식을 점검하는 척도
결과영역	서비스품질 관리 척도	복지관 성과관리의 결과영역 중 복지관에서 제공하는 서비스의 품질에 대한 직원들의 전반적인 인식을 점검하는 척도
	시설평가관리 척도	복지관 성과관리의 결과영역 중 평가관리에 대한 직원들의 인식 및 기관의 노력 여부를 점검하는 척도
	효과관리 척도	복지관 성과관리의 결과영역 중 효과관리에 대한 직원들의 인식을 점검하는 척도
성과관리 3개 영역 18개 성과관리를 위한 척도		

사회복지관 사업의 성과를 측정하기 위해서 개발되는 척도는 모두 전 기관에 공통으로 활용될 수 있는 공통척도의 성격을 갖는다.

2 사회복지관 성과관리 1차 예비척도의 도출

사회복지관의 성과측정을 위한 영역은 가치와 과정 그리고 결과영역의 총 18개 측정영역이며 영역별 측정도구는 총 18개이다. 척도 개발을 위한 첫 단계로 이론적 토대 및 선행연구를 통하여 20개 영역의 영역별 예비질문항목을 도출하고 도출된 20개 예비척도에 대한 액면타당도를 점검하여 1차 수정 및 보완작업을 거쳤으며 수정된 예비척도 질문항목의 내용타당도를 확인하기 위하여 학계 및 현장전문가들을 중심으로 초점집단을 구성하여 두 차례에 걸쳐 심층면접을 시행하였다. 초점집단은 사회복지학계 전문가 7인으로 구성된 1차 면접과 노인복지현장전문가(복지관 부장 3명과 관장 4명) 총 7명으로 구성된 집단을 대상으로 2차 면접을 시행하여 각 성과관리영역별로 도출된 예비척도의 구성요소 및 질문항목들에 대한 수정 및 보완작업을 수행하였다[1]. 초점집단면접결과를 바탕으로 예비척도에 대한 수정 및 보완 과정을 거쳐 최종 3개의 성과관리영역에서 18개의 영역별 측정도구의 356개 질문항목으로 구성된 1차 예비척도를 개발하였다. 1차 예비척도의 객관성을 담보하기 위한 탐색 및 확인적 요인분석과 신뢰도 및 구성타당도 검증 과정 및 결과는 다음과 같다.

---

1) 구체적인 수정 및 보완의 내용은 본 연구서의 각 영역별 성과측정도구개발의 과정을 참고할 것.

제2절 사회복지관 성과관리 척도 개발의 과정 및 방법

1 설문대상자 선정 및 설문조사과정

1) 설문조사과정

사회복지관 성과관리를 위한 성과측정도구 개발을 위한 설문조사는 조직 내부적 관점에서 복지관의 직원들을 대상으로 선정하여 시행하였다. 설문조사는 2016년 상반기를 기준으로 전국의 사회복지관(1,016개 기관)을 대상으로 노인, 장애인 지역사회복지관의 형태를 고려하지 않고 지역별 기관 수를 고려하여 총 348개 기관을 무작위로 선정하였으며 2016년 8월에서 10월 사이에 이루어졌다. 직원용 설문조사는 원칙적으로 관장 및 부장을 제외한 과장과 팀장을 포함한 전 직원들을 대상으로 하였지만 시설규모가 적은 복지관의 경우는 직원에 대한 대상 구분을 하지 않았다. 직원용 설문조사의 참여직원의 선정은 의도적 표본(purposive sampling) 선정방식을 사용하였으며 사회복지관의 규모별로 1부에서 5부씩 총 1,493부를 배포하여 최종 1,183부가 회수되었다. 〈표 7-2〉는 지역별 참여기관의 수와 직원용 최종 설문지 배포 및 회수의 현황을 나타내 준다.

〈표 7-2〉 지역별 참여기관의 수와 직원용 및 이용자용 최종 설문지 배표 현황

구분	지역	기관 수	직원용 배포	직원용 회수
1	서울특별시	74	305	260
2	부산광역시	24	110	110
3	대구광역시	14	46	46
4	인천광역시	18	83	53
5	광주광역시	11	50	45
6	대전광역시	7	34	29
7	울산광역시	11	41	41
8	경기도	54	267	152

9	강원도	13	54	49
10	충청북도	16	70	65
11	충청남도	15	61	61
12	전라북도	22	93	88
13	전라남도	31	133	88
14	경상북도	17	71	31
15	경상남도	19	74	64
16	제주도	1	1	1
합계		**347**	**1,493**	**1,183**
회수율				79.2%

2) 설문대상자의 수

최종 회수된 설문지는 앞에서 제시한 바와 같이 직원용 1,183부이지만 대답이 불성실한 설문지를 제외하고 실제 복지관 성과측정도구를 개발하기 위해 최종적으로 활용한 설문지의 수는 직원용 989부(명)이다. 직원 지역의 경우 서울 241명(24.4%)로 가장 많이 나타났으며, 경기 107명(10.8%), 부산 99명(10.0%), 전북 77명(7.8%), 전남 74명(7.5%), 충북 49명(50.%), 광주 48명(4.9%), 인천, 충남 47명(4.8%), 강원 43명(4.3%), 경남 42명(4.2%), 대구 40명(4.0%), 울산 35명(3.5%), 대전 20명(2.0%), 경북 19명(1.9%), 제주 1명(0.1%) 순으로 높은 빈도를 보이고 있다. 이용자 지역의 경우 서울 282명(22.2%), 전남 109명(8.6%), 부산, 충북 108명(8.5%), 경기 103명(8.1%), 전북 91명(7.1%), 경남 79명(6.2%), 대구 65명(5.1%), 인천, 충남 62명(4.9%), 강원 56명(4.4%), 광주 49명(3.8%), 울산 44명(3.5%), 경북 30명(2.4%), 대전 21명(1.6%), 제주 4명(0.3%) 순으로 높은 빈도를 보이고 있다.

〈표 7-3〉 성과측정도구 개발을 위해 실제 활용한 직원용 최종 설문지 지역별 분포

구분	지역	N	비율
직원용	강원	43	4.3
	경기	107	10.8
	경남	42	4.2
	경북	19	1.9
	광주	48	4.9
	대구	40	4.0
	대전	20	2.0
	부산	99	10.0
	서울	241	24.4
	울산	35	3.5
	인천	47	4.8
	전남	74	7.5
	전북	77	7.8
	제주	1	0.1
	충남	47	4.8
	충북	49	5.0
	합계	**989**	**100**

2 성과측정도구 구성요소에 대한 분석의 과정

1) 탐색 및 확인적 요인분석

통상 추상적 개념을 측정하기 위해서는 측정하려는 개념을 구성하는 구성요소 또는 영역(dimensions)이 이론적 틀에 근거하는지를 확인하여야 한다. 측정하려는 개념이 이론적 틀에 근거하여 몇 개의 영역(dimensions)으로 구성된 것이 확인된다면 구성영역을 설명해 주는 질문항목들로 측정질문들을 설정하여 이를 통해 측정하려는 개념을 측정할 수 있다. 하지만 측정하려는 개념이 무엇으로 구성된 개념인지를 확인하는 것

단계	내용
1단계	문헌조사 * 척도 개발 영역의 문헌조사 및 선행연구
2단계	구성개념 확인 * 측정하려는 개념의 구성영역 또는 구성요소 확인 차원성 검증
3단계	측정질문항목 선정 응답유형 결정 – 선정된 측정항목에 대한 타당도 검증, 액면/내용타당도 – 질문항목 수정 및 삭제
4단계	요인분석 및 내적일관성 분석 * 구성요소 및 측정질문항목에 대한 탐색적 요인분석
5단계	척도의 적합도 검증 및 구성타당도 검증 * 확인적 요인분석을 통한 척도의 모형적합도 검증 * 수렴 및 판별타당도 검증
6단계	* 최종 척도 완성

[그림 7-1] 탐색 및 확인적 요인분석을 통한 척도 개발과정

이 이론적으로 어렵다면 그 개념을 측정하기 위해 가능한 모든 질문항목을 선정한 이후 선정된 질문항목들로 구성된 측정도구에 대한 적합도를 점검하게 된다.

예를 들어, 서비스품질은 하나의 개념으로 구성된 단어가 아니라 다면적 측면을 포함한 매우 추상적인 개념이다. 따라서 서비스품질을 측정하기 위해서는 두 가지 방식을 따라야 한다. 첫 번째 방식은 [그림 7-1]과 같은 방식을 따르는 것으로서 서비스품질을 구성하는 영역들에 대한 확신(서비스품질이 무엇으로 구성된 개념인지에 대한 확신)이 없으므로 측정하려는 개념, 즉 서비스품질을 측정할 수 있다고 생각되는 모든 질문항목을 먼저 구성하여 전문가들로부터 구성된 질문항목들이 측정하려는 개념을 측정하는 것인지에 대한 타당도 검증을 거쳐 측정질문항목들에 대한 구성요인구조확인을 위한 탐색적 요인분석을 시행하게 된다. 질문항목들을 탐색하여 추상적 개념을 구성하는 구성요소에 대한 확인을 하고 이후 구성요소별로 측정질문들을 재구성하여 척도를 개발하는 단계를 거친다. 이 과정을 거치게 되면 구성요소들에 대한 탐색적 요인분석과 확인적 요인분석을 모두 거치게 된다. 요인분석을 통해 척도의 적합도가 입증되

어 최종적으로 개발된 척도에 대한 구성타당도(수렴 및 판별타당도)[2]를 검증하게 되면 최종적인 척도가 만들어진다.

2) 확인적 요인분석

요인분석은 연구목적에 따라 탐색적 요인분석과 확인적 요인분석으로 나누어진다. 탐색적 요인분석은 앞에서 설명한 바와 같이 이론적 체계화나 정립되지 않은 연구의 방향을 파악하기 위한 탐색적 목적을 가진 분석방법이며 확인적 요인분석은 이론적 배경을 토대로 변수(요인)들 간의 관계를 미리 설정한 상태에서 요인을 분석하는 방법이다. 즉, 선행연구를 통하여 이미 액면타당도를 검증하고 이론적 배경 및 전문가 검토를 통해 각 구성요소 및 요인별 문항의 내용타당도를 검증한 경우는 탐색적 요인분석보다는 확인적 요인분석을 시행하는 것이 일반적이다. 특히, 확인적 요인분석은 이론적 논의에 의해 측정구조의 형태가 강하게 가설화되어 있는 경우나 기존에 이미 구성타당도 검증을 통해 요인구조가 확인된 측정도구의 문항에 대한 수정 및 보완이 이루어져 추가적인 요인구조의 타당도 검증이 필요한 경우 탐색의 과정 없이 바로 시행된다.

따라서 측정하려는 개념을 구성하는 구성요소 또는 영역이 명확하게 이론적 틀에 근거하여 측정하려는 개념을 측정할 수 있다고 생각되는 경우 측정하려는 개념의 구성요소를 먼저 선정한 후 각각의 요소에 해당하는 질문항목들을 구성하여 척도를 개발하게 되므로 탐색하는 과정이 생략된다. 즉, 추상적 개념을 구성하는 구성요소들을 측정할 수 있는 질문항목들에 대한 내적일관성 검증 및 추상적 개념을 측정하기 위해 설정된 구성요소들에 대한 질문항목들이 타당한지를 확인하는 과정만을 거치게 된다. 확인적 요인분석을 통해 척도의 적합도가 입증되면 최종적으로 개발된 척도에 대한 구성타당도(수렴 및 판별타당도)를 검증하게 되어 최종적인 척도가 만들어진다.

예를 들어, 서비스품질을 구성하는 구성영역이 신뢰성, 유형성, 권리성, 협력성, 공감성, 접근성, 확신성, 응답성 등으로 구성된 개념임이 이론적으로 확인되고 관련전문가들로부터 구성요소 및 구성요소들을 측정하는 질문들에 대해 타당도(액면 및 내용타당도)를 확인하는 과정을 거쳤다면 구성요인구조에 대한 탐색은 생략한 채 구성요소의

---

2) 척도 개발단계에서 타당도를 검증함에 있어 구성타당도 이외에 기준타당도(예측타당도와 동시타당도)를 활용하는 경우도 있다.

1단계 문헌조사
– 척도 개발 영역의 문헌조사 및 선행연구

2단계 구성개념 확인
– 측정하려는 개념의 구성영역 또는 구성요소 확인 차원성 검증

3단계 측정질문항목 선정
응답유형 결정
– 선정된 측정항목에 대한 타당도 검증, 액면/내용타당도
– 질문항목 수정 및 삭제

4단계 척도의 적합도 검증 및 구성타당도 검증
– 확인적 요인분석을 통한 척도의 모형적합도 검증
– 수렴 및 판별타당도 검증

5단계 최종 척도 완성

[그림 7-2] 확인적 요인분석을 통한 척도 개발과정

적합성에 대한 확인만을 통해 측정도구의 신뢰도 및 타당도를 검증받을 수 있다. 탐색을 생략하고 확인적 요인분석을 하는 경우는 [그림 7-2]와 같다.

결론적으로 사회복지관 성과관리를 위해 본 연구에서 개발하려는 대부분의 척도는 성과측정척도 개발을 위한 과정으로 다음과 같은 두 과정을 거치게 된다.

첫째, 측정하려는 개념에 대한 이론적 토대 및 선행연구가 부족한 경우 도출한 구성요소 및 구성요소별 측정질문항목들에 대한 액면 및 내용타당도를 확인한 후 수정을 거쳐 추출한 예비 측정개념을 구성하는 구성요소에 대한 탐색을 거쳐 모형의 적합성 및 요인구조를 확인한다. 이후 구성요소별로 측정질문들을 재구성하여 확인적 요인분석을 통해 적합하지 않은 질문항목들을 삭제한 후 최종적으로 요인구조의 검증을 통해 척도를 개발하는 과정을 거친다.

둘째, 측정하려는 개념을 구성하는 구성요소들에 대한 이론적 토대 및 선행연구를 통해 이론적 근거를 확보한 후 전문가를 상대로 하는 심층면접을 거쳐 구성요소와 구성요소별 측정질문항목들에 대한 액면 및 내용타당도를 검증받는다. 이후 탐색적 요인분석을 생략한 채 확인적 요인분석을 통해 적합하지 않은 질문항목들을 삭제한 후 최종적으로 요인구조의 검증을 통해 척도를 개발하는 과정을 거친다.

제3절 사회복지관 직원의 일반적 특성

사회복지관 성과관리 척도 개발을 위한 설문조사에 참여한 직원들의 성별은 '여성'이 68.8%(680명)으로 '남성' 31.2%(309명)보다 높은 비율을 차지하고 있다. 연령은 '31세 이상 40세 이하'가 49.0%(484명)로 가장 높은 비율로 나타났다. 다음으로 '21세 이상 30세 이하'가 30.7%(304명), '41세 이상'이 20.3%(201명) 순으로 나타났다. 직위는 '과장 팀장'이 39.1%(387명)로 가장 높은 비율로 나타났다. 다음으로 '실무자'가 39.0%(385명), '주임대리선임'이 16.2%(160명), '사무국장(부장)'이 1.9%(19명), '기타'가 2.4%(24명), '시설장(관장)'이 1.4%(14명) 순으로 나타났다. 고용형태는 '정규직'이 92.9% (919명)로 가장 높은 비율로 나타났다. 다음으로 '계약직'이 5.0%(49명), '무기계약직'이 2.1% (21명) 순으로 나타났다. 총 근무경력은 '5년 이상 10년 미만'이 41.2%(398명)로 가장 높은 비율로 나타났다. 다음으로 '5년 미만'이 32.3%(312명), '10년 이상'이 26.5% (256명) 순으로 나타났다. 현재기관 근무경력은 '2년 이상 6년 미만'이 45.3%(431명)로 가장 높은 비율로 나타났다. 다음으로 '6년 이상'이 30.3%(306명), '2년 미만'이 24.4%(238명) 순으로 나타났다. 월 급여는 '200만 원 이상 300만 원 미만'이 55.8%(483명)로 가장 높은 비율로 나타났다. 다음으로 '200만 원 미만'이 25.4%(220명), '300만 원 이상 400만 원 미만'이 16.3%(141명), '400만 원 이상'이 2.5%(22명) 순으로 나타났다. 업무시간(1일 평균)은 '8시간 이상 9시간 미만'이 72.3%(695명)로 가장 높은 비율로 나타났다. 다음으로 '9시간 이상'이 26.8%(258명), '7시간 이하'가 0.9%(9명) 순으로 나타났다. 시간외 근무일은 '3회 이상'이 37.2%(240명)로 가장 높은 비율로 나타났다. 다음으로 '2회 미만'이 33.1%(214명), '2회 이상 3회 미만'이 29.7%(192명) 순으로 나타났다. 시간외 근무시간(일주일 기준)은 '3시간 이상 9시간 미만'이 47.3%(309명)로 가장 높은 비율로 나타났다. 다음으로 '9시간 이상'이 29.1%(190명), '3시간 미만'이 23.6% (154명) 순으로 나타났다. 근무지역은 '서울'이 24.4%(241명)로 가장 높은 비율로 나타났다. 다음으로 '경기'가 10.7%(106명), '부산'이 10.0%(99명), '전북'이 7.8%(77명), '전남'이 7.5%(74명), '충남'이 5.0%(49명), '광주'가 4.9%(48명), '인천'과 '충북'이 4.8%(47명), '강원'이 4.4%(44명), '대구'가 4.0%(40명), '울산'이 3.5%(35명), '대전'이 2.0%(20명), '경북'이 1.9%(19명), '제주'가 0.1%(1명) 순으로 나타났다. 법인형태(직영)는 '지자체' 43.0%(55명)로 가장 높은 비율로 나타났다. 다음으로 '시설관리공단'이 21.1%(27명), '비영리법인'이 19.5%(25명), '지자체 복지재단'이 16.4%(21명) 순으로 나타났다. 법인형태(위탁)은 '사회복지법인'이 66.0%(568명)로 가장 높은 비율로 나타났다. 다음으로 '재단법인'이 10.2%(88명), '종교법인'이 7.0%(60명), '학교법인'이 5.8%(50명), '대한노인회'가 5.9%(51명), '사단법인'이 5.1%(44명)로, '기타'가 0.3%(3명) 순으로 나타났다. 〈표 7-4〉는 직원들의 일반적 특성을 나타낸다.

〈표 7-4〉 설문대상자(직원)들의 일반적 특성

	변수	빈도(명)	백분율(%)
성별	남성	309	31.2
	여성	680	68.8
	계	**989**	**100**
연령	21세 이상 30세 이하	304	30.7
	31세 이상 40세 이하	484	49.0
	41세 이상	201	20.3
	계	**989**	**100**
학력	전문대졸	144	14.6
	4년대졸	650	65.7
	석사졸업	182	18.4
	박사졸업	13	1.3
	계	**989**	**100**
직위	시설장(관장)	14	1.4
	사무국장(부장)	19	1.9
	과장팀장	387	39.1
	주임대리선임	160	16.2
	실무자	385	39.0
	기타	24	2.4
	계	**989**	**100**

지역	강원	43	4.3
	경기	107	10.8
	경남	42	4.2
	경북	19	1.9
	광주	48	4.9
	대구	40	4.0
	대전	20	2.0
	부산	99	10.0
	서울	241	24.4
	울산	35	3.5
	인천	47	4.8
	전남	74	7.5
	전북	77	7.8
	제주	1	0.1
	충남	47	4.8
	충북	49	5.0
	계	**989**	**100**
고용형태	정규직	919	92.9
	계약직	49	5.0
	무기계약직	21	2.1
	계	**989**	**100**
총 근무경력	5년 미만	312	32.3
	5년 이상 10년 미만	398	41.2
	10년 이상	256	26.5
	계	**966**	**100**
현재기관 근무경력	2년 미만	238	24.4
	2년 이상 6년 미만	431	45.3
	6년 이상	306	30.3
	계	**975**	**100**

월 급여	200만 원 미만	220	25.4
	200만 원 이상 300만 원 미만	483	55.8
	300만 원 이상 400만 원 미만	141	16.3
	400만 원 이상	22	2.5
	계	**866**	**100**
업무시간 (1일 평균)	7시간 이하	9	0.9
	8시간 이상 9시간 미만	695	72.3
	9시간 이상	258	26.8
	계	**962**	**100**
시간외 근무일	2회 미만	214	33.1
	2회 이상 3회 미만	192	29.7
	3회 이상	240	37.2
	계	**646**	**100**
시간외 근무시간 (일주일 기준)	3시간 미만	154	23.6
	3시간 이상 9시간 미만	309	47.3
	9시간 이상	190	29.1
	계	**653**	**100**
근무지역	강원	44	4.4
	경기	106	10.7
	경남	42	4.2
	경북	19	1.9
	광주	48	4.9
	대구	40	4.0
	대전	20	2.0
	부산	99	10.0
	서울	241	24.4
	울산	35	3.5
	인천	47	4.8
	전남	74	7.5
	전북	77	7.8

근무지역	제주	1	0.1
	충남	49	5.0
	충북	47	4.8
	계	**989**	**100**
법인형태(직영)	지자체	55	43.0
	시설관리공단	27	21.1
	비영리법인	25	19.5
	지자체 복지재단	21	16.4
	계	**128**	**100**
법인형태(위탁)	사회복지법인	568	66.0
	사단법인	44	5.1
	재단법인	88	10.2
	종교법인	60	7.0
	학교법인	50	5.8
	대한노인회	51	5.9
	계	**861**	**100**

제8장

성과관리 가치영역의 척도 개발 및 타당도

제1절 비전관리 척도의 타당도

1 비전관리 척도의 활용과 측정대상

비전관리는 사회복지관이 추구하는 미래의 상을 관리하는 것을 의미하므로 비전관리 척도는 사회복지관이 추구하고 지향하는 비전이 조직구성원들이 추구하고 지향하는 비전과 동일한 의미로 인식될 수 있도록 하는 기준이 될 수 있다. 특히, 사회복지관의 비전관리에는 조직의 존재 이유를 설명하는 미션을 관리하는 과정도 포함된다. 따라서 가치영역의 비전관리를 위한 모든 직원들의 노력이나 행동 그리고 이를 수행할 수 있도록 인도하는 지도자의 능력이 필요하다. 비전관리의 정도는 곧 조직성과의 달성여부, 나아가 성과개선을 위한 복지관들의 노력에 중요한 영향을 미칠 수 있다.

사회복지관들이 최소한의 노력으로 노인복지증진이라는 사회적 가치를 성취하기 위해 자체적인 노력을 기울일 수 있도록 하기 위해서는 사회적 가치지향성을 스스로 측정할 수 있는 자체적인 측정도구가 필요하며 이를 종합적으로 관리 및 지도할 수 있는 협회 차원에서의 관리노력 역시 필요하다.

비전관리는 사회복지관이 추구하고 지향하는 가치를 조직구성원 자신들이 추구하고 지향하는 가치로 받아들여지도록 지속적으로 노력하고 관리하는 것이다. 비전관리 척도는 사회복지관이 추구하고 지향하는 가치가 조직구성원들 자신이 추구하고 지향하는 가치로 받아들여지도록 지속적으로 노력하는 복지관의 노력이나 행동의 정도를 측정하는 척도이다. 보다 구체적으로는 사회복지관의 가치를 실현하기 위한 노력 중 사회복지관의 미션과 비전의 상호연관성 여부 및 사회적 가치지향성, 지도자의 비전과 철학 및 가치실현을 위한 능력과 노력, 직원과 지도자 간의 비전의 공유 정도를 측정한다.

사회복지관의 성과를 구성하는 가치영역 중 비전관리의 인식 정도나 노력 정도를 측정하는 측정대상자는 사회복지관에서 근무하는 (과장급)중간관리자 이하 전 직원이 된다.

비전관리 측정대상 기관

전국 모든 지역사회복지관

측정대상자

사회복지관에서 근무하는 직원

2 비전관리 척도 개발과정

비전관리 척도를 개발하기 위하여 선행연구를 토대로 사회복지관의 비전을 관리하기 위한 비전관리의 측정요소로서 비전과 미션의 가치지향성 여부, 관장 및 직원의 비전 및 미션의 공유 정도, 관장의 리더십 및 전문적인 능력과 태도 그리고 관장의 조직운영철학 등을 설정한다. 앞의 측정요소를 측정하기에 적합한 질문항목들을 개발하여 액면타당도 검증을 통해 수정 및 보완을 확정한 후 앞의 5개 영역에서 총 26개로 구성된 척도를 개발하였다. 액면타당도가 검증된 예비척도를 두 차례에 걸친 전문가들을 대상으로 하는 초점집단면접을 통해 수정 및 보완하였으며 내용타당도가 향상된 최종 23개 문항의 척도가 개발되었다. 1차 초점집단면접은 학계전문가 7인을 상대로 이루어졌으며 연관성이 없다고 인정된 2개의 문항이 삭제되고 3개의 문항이 수정되었다. 2차 전문가 초점집단면접은 현장전문가(사회복지관 관장 3명과 4명의 부장 등 총 7명)들을 상대로 이루어졌고 내용적절성이 부족한 1개의 질문항목이 삭제되고 총 4개의 문항이 수정되었다.

사회복지관 비전관리 1차 예비척도는 5개 영역의 총 23개 문항으로 측정하도록 구성되어 있으며 리커트 7점 척도를 활용하고 질문항목에 대한 가독성을 높이기 위하여 모두 긍정적인 질문으로 구성되어 있다. 사회복지관 직원들이 인식하는 조직 비전이나 미션에 대한 직원들과 지도자들의 노력 정도를 측정하는 비전관리 1차 예비척도는 〈표 8-1〉과 같다.

〈표 8-1〉 비전관리 1차 예비척도

비전관리 측정내용		
미션과 비전의 가치 지향성	1.	나는 우리 복지관의 미션과 비전을 잘 알고 있다.
	2.	우리 복지관의 미션은 사회적 가치실현과 연관이 있다(=사회적 가치는 노인복지증진, 노인들의 삶의 질 향상 등을 의미한다).
	3.	우리 복지관은 미션을 성취하기 위해 노력하고 있다.
	4.	우리 복지관의 모든 과업행동은 미션성취와 연관이 있다.
	5.	우리 복지관의 비전은 미션과 상호 연관이 있다.
	6.	우리 복지관의 비전은 사회적 가치실현(노인복지증진)과 연관이 있다.
	7.	우리 복지관은 비전을 성취하기 위해 노력하고 있다.
	8.	우리 복지관의 모든 과업행동은 비전성취와 연관이 있다.
미션 및 비전의 공유 정도	9.	우리 복지관의 직원들은 우리 조직이 조직의 미션 및 비전을 성취하기 위해 노력하고 있다고 생각한다.
	10.	우리 복지관의 미션과 비전은 조직몰입을 위한 강력한 동기요인이다.
	11.	나는 우리 복지관의 미션과 비전을 존중하며 이를 실천하기 위해 노력한다.
관장의 리더십	12.	관장은 복지관을 둘러싼 환경에 적극적으로 대처할 수 있는 능력이 있다.
	13.	관장은 직원 개개인들을 존중한다.
	14.	관장은 직원 및 이용자의 생각을 이해하기 위해 노력한다.
관장의 업무수행 전문성	15.	관장은 직원들로부터 업무수행에 있어 전문적 능력을 인정받고 있다.
	16.	관장의 문제해결을 위한 분석 및 대처방안은 항상 신뢰가 간다.
	17.	관장은 직원들의 성장 및 역량강화에 도움이 되는 슈퍼비전을 제공한다.
관장의 조직 운영철학	18.	관장은 복지관의 사회적 가치실현(노인복지증진 등)을 위해 노력하고 있다.
	19.	관장은 개인의 이익보다 사회적 이익을 더욱 중요시한다(=개인적 이익이란 복지관 버스 등과 같은 비품 및 용품의 개인적인 사용이나 직원들에게 개인적인 업무를 부탁하는 것 등을 의미한다).
	20.	관장은 모든 직원들과 열린 의사소통을 한다.
	21.	관장은 특정 종교 및 정치 색채를 띠지 않는다.
	22.	관장은 직원들의 성장을 중요하게 생각하며 이를 적극적으로 지원한다.
	23.	관장은 직원들을 배려한다.

③ 자료분석방법

총 5개 영역의 측정요소별로 구성된 1차 예비척도의 질문항목은 총 23개이며 리커트 7점 척도로 구성되어 있다. 사회복지관 성과를 구성하는 가치영역의 비전관리 척도를 개발하고 타당도를 검증하기 위하여 자료분석은 SPSS 20.0 그리고 AMOS 21.0 통계 프로그램을 사용하였다. 자료분석과정은 다음과 같다.

- 설문조사를 통해 수집된 자료를 대상으로 주성분분석과 베리맥스회전법을 사용하여 탐색적 요인분석을 실시하였다.
- 탐색적 요인분석 결과, 도출된 문항에 대해 각 요인 간 내적일관성을 검증하기 위하여 신뢰도 분석을 실시하였다.
- 탐색적 요인분석 결과, 도출된 문항에 대해 각 요인 간 상관관계를 분석하였다.
- 탐색적 요인분석 결과, 도출된 항목들을 최대우도법(maximum likelihood)을 활용하여 확인적 요인분석을 시행하여 질문항목들의 설명력 및 적합도지수를 확인하였다.
- 적합도가 확인된 척도의 수렴타당도는 수렴신뢰도 값을 기준으로 하는 방법을 활용하여 검증하였으며 판별타당도는 평균분산추출과 표준오차추정구간을 사용하여 검증하였다.

④ 비전관리 척도 검증

1) 탐색적 요인분석

확정된 비전관리 척도 예비문항의 적절성을 평가하기 위하여 SPSS 21.0 통계프로그램을 활용하여 탐색적 요인분석을 실시하였다. 본 연구에서 수집된 자료가 요인분석에 적합한지 여부를 판단하기 위하여 통계적 과정으로 KMO(Kaiser-Meyer-Olkin) 측정도구와 Bartlett의 구형성 검정(Bartlett's test of sphericity)을 실시하였으며, 결과는 〈표 8-2〉와 같다. KMO는 변수들 간의 상관관계가 다른 변수에 의해 잘 설명되는 정도를 나타내는 값으로, 값이 적으면 요인분석을 위한 변수의 선정이 좋지 못함을 나타

〈표 8-2〉 비전관리 척도 KMO 및 Bartlett의 검정 결과

항목		값
KMO 표본 적합도		.965
Bartlett의 구형성 검정	근사 카이제곱	23390.692
	df	231
	유의확률	.000

내는 것이다. 일반적으로 KMO 값이 .90 이상이면 상당히 좋은 것으로 판단하고, .80~.89이면 꽤 좋은 편, .50 이하이면 받아들일 수 없는 것으로 판단한다(송지준, 2015).

KMO 값은 .965로 상당히 좋은 것으로 나타났다. 요인분석 모형의 적합성 여부를 나타내는 Bartlett의 구형성 검정의 결과는 통계적으로 유의한 것으로(χ^2 = 23390.692, df = 231, p = .000) 나타났으며, 이는 수집된 자료가 요인분석 모형으로 적합함을 보여주는 것이다. 즉, 확정된 예비문항은 요인분석의 사용이 적합하며 공통요인이 존재한다고 결론 내릴 수 있다.

다음으로, 요인 간에 독립성을 유지하면서 요인구조가 가장 뚜렷해질 때까지 요인을 회전시키는 직각요인회전 방식인 베리맥스 요인회전 결과, 총 23문항 중 공통성이 .40 이하인 문항이 1문항으로 나타났다. 이에 1문항을 제거하였고, 최종적으로 2개의 요인, 총 22문항이 추출되었으며, 제거문항은 2요인 21문항(관장은 특정 종교 및 정치 색채를 띠지 않는다)으로 나타났다. 최종 추출된 예비문항을 이용해 탐색적 요인분석을 한 결과는 〈표 8-3〉과 같다. 분석의 결과, 2개의 요인 모두 요인적재치(factor loading) .40 이상, 공통성(commonality) .40 이상, 고유값(eigen value) 1 이상으로 나타났다. 총 누적분산 설명력은 76.734%로 나타났다.

〈표 8-3〉 비전관리 척도 탐색적 요인분석 결과 (N=854)

요인	문항번호	요인적재치	공통성	고유값	분산 설명력	문항수
1요인 (비전과 미션의 공유와 달성 노력)	Q1	.722	.575	2.738	37.025	11
	Q2	.767	.651			
	Q3	.849	.824			
	Q4	.746	.813			
	Q5	.854	.832			
	Q6	.842	.796			
	Q7	.844	.825			
	Q8	.848	.835			
	Q9	.792	.730			
	Q10	.711	.643			
	Q11	.770	.724			
2요인 (지도자의 비전 및 미션달성 능력과 태도)	Q12	.775	.761	14.144	39.709	11
	Q13	.825	.790			
	Q14	.850	.826			
	Q15	.853	.844			
	Q16	.864	.828			
	Q17	.852	.835			
	Q18	.798	.771			
	Q19	.730	.621			
	Q20	.844	.790			
	Q22	.822	.778			
	Q23	.846	.788			

탐색적 요인분석의 결과, 내용타당도가 검증된 비전관리 예비척도의 영역이 5개 영역에서 2개의 영역(요인)으로 조정되었다. 이를 분석한 결과, 첫 번째 요인은 조직의 비전과 미션의 공유 정도와 달성노력으로 구분되고 두 번째 요인은 지도자의 비전달성을 위한 노력과 능력으로 구분되어 두 요인을 각각 비전과 미션의 공유와 달성노력 그리고 지도자의 비전 및 미션달성 능력과 태도로 명명한다.

2) 상관관계분석

탐색적 요인분석을 통해 추출된 4개의 요인 간의 상관관계분석의 결과는 〈표 8-4〉와 같다. 먼저, 요인별 기술통계분석을 살펴보면 요인1의 평균은 5.99, 표준편차는 .86으로 나타났으며, 요인2의 평균은 5.94, 표준편차는 1.00으로 나타났다. 상관관계분석 결과, 비전관리 척도 예비문항의 2개 요인 사이에는 통계적으로 유의한 것($p<.01$)으로 나타났다. 세부적으로 살펴보면 요인1과 요인2는 .678($p<.01$)로 상관관계가 나타났다.

〈표 8-4〉 비전관리 척도 예비문항 상관관계분석 결과 (N=854)

변수	M(평균)	SD(표준편차)	1요인	2요인
요인1	5.99	.86	1	
요인2	5.94	1.00	.678**	1

**$p<.01$

3) 신뢰도 분석

탐색적 요인분석 결과, 추출된 2개 요인 22문항에 대하여 각 요인 간 내적 일치도를 검증하기 위해 신뢰도 분석을 실시하였으며, 그 결과는 〈표 8-5〉와 같다. 1요인의 Cronbach 알파계수는 .965, 2요인은 .972로 나타났다. 일반적으로 Cronbach 알파계수가 .60 이상이면 신뢰도가 있다고 본다. 따라서 탐색적 요인분석 결과, 추출된 2개 요인 22개 문항은 신뢰도가 높은 것으로 나타났다.

〈표 8-5〉 비전관리 척도 예비문항 신뢰도 분석결과 (N=854)

요인	문항번호	Cronbach 알파계수		문항수
		요인별	전체	
1요인 (비전과 미션의 공유와 달성노력)	Q1	.965	.965	11
	Q2	.963		
	Q3	.960		
	Q4	.960		

	Q5	.960		
	Q6	.961		
	Q7	.960		
	Q8	.959		
	Q9	.961		
	Q10	.964		
	Q11	.961		
2요인 (지도자의 비전 및 미션달성 능력과 태도)	Q12	.970	.972	11
	Q13	.969		
	Q14	.968		
	Q15	.968		
	Q16	.968		
	Q17	.968		
	Q18	.969		
	Q19	.972		
	Q20	.969		
	Q22	.969		
	Q23	.969		

4) 확인적 요인분석

탐색적 요인분석 결과, 추출된 비전관리 척도 예비문항에 대하여 요인구조의 타당도를 확보하기 위해 AMOS 21.0 통계프로그램을 활용하여 확인적 요인분석을 실시하였다. 확인적 요인분석은 자료의 타당도를 증명하는 데 이용되며, 탐색적 요인분석의 결과는 확인적 요인분석에 의해 검증됨으로써 보다 신뢰할 수 있는 결론에 도달할 수 있다. 일반적으로 연구모형에 이용되는 변수들은 대부분 다항목으로 측정하기 때문에 단일차원성을 확보하는 것이 중요하다. 확인적 요인분석은 단일차원성을 확보하는 것이 목적이며, 해당 요인을 측정하는 문항들을 각 요인에만 적재되도록 사전에 지정하는 분석방법이다. [그림 8-1]은 구조방정식 모형을 이용하여 분석한 최종 모형을 나타낸 것이다.

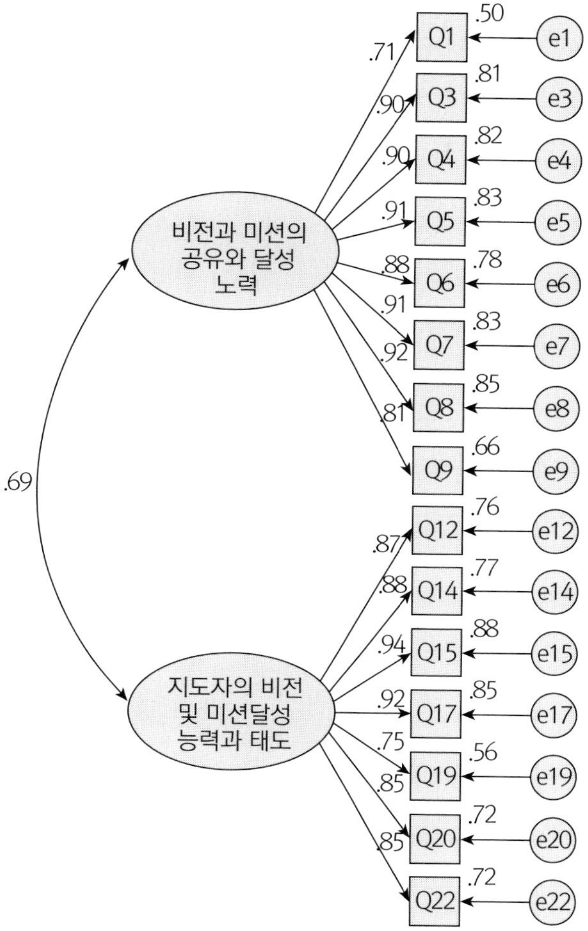

[그림 8-1] 비전관리 척도 확인적 요인분석 모형

탐색적 요인분석 결과, 추출된 2개의 요인 22개 문항을 대상으로 확인적 요인분석을 실시하여 〈표 8-6〉과 같은 결과를 얻었다. 22개의 문항에서 설명력(Squared Multiple Correlations: SMC 0.4 이하)이 낮은 7개 문항(1요인 3문항: Q2, Q10, Q11, 2요인 4문항: Q13, Q16, Q18, Q23)을 제거한 후 최종적으로 15개 문항을 이용하여 확인적 요인분석을 실시하였다. 절대적합지수는 $\chi^2 = 679.623$ ($df = 89$), $p = .000$, GFI = .900, RMSEA = .088로 나타났다. 절대적합지수를 살펴본 결과, χ^2검증과 RMSEA, GFI 값이 모두 적합한 수준으로 나타났다. RMSEA는 .05보다 작아야 하고 GFI와 AGFI는 1에 가까울수록 적합도는 좋은 것으로 해석할 수 있다(Browne & Cudeck, 1992).

〈표 8-6〉 비전관리 척도 모형 적합도 (N=854)

절대적합지수 (Absolute Fit Indices)	$\chi^2(df)$	679.623(89) (p=.000)
	GFI	.900
	RMSEA	.088
증분적합지수 (Incremental Fit Indices)	IFI	.959
	TLI	.952
	CFI	.959
간명적합지수 (Parsimony Fit Indices)	PNFI	.808
	PCFI	.813
	AGFI	.865

〈표 8-7〉 비전관리 척도 최종 모형 요인분석 결과 (N=854)

			Estimate	S.E.	C.R.	P
Q1	<---	요인1	1.000			
Q3	<---	요인1	1.162	.045	25.717	***
Q4	<---	요인1	1.287	.050	25.881	***
Q5	<---	요인1	1.243	.048	26.124	***
Q6	<---	요인1	1.132	.045	25.294	***
Q7	<---	요인1	1.239	.047	26.146	***
Q8	<---	요인1	1.314	.050	26.393	***
Q9	<---	요인1	1.220	.052	23.351	***
Q12	<---	요인2	1.000			
Q14	<---	요인2	1.012	.028	36.754	***
Q15	<---	요인2	1.146	.027	42.164	***
Q17	<---	요인2	1.159	.029	40.514	***
Q19	<---	요인2	.926	.034	27.349	***
Q20	<---	요인2	1.127	.033	33.986	***
Q22	<---	요인2	1.008	.029	34.216	***

***p < .001

증분적합지수는 IFI = .959, TLI = .952, CFI = .959로, .90 이상이기 때문에 전반적으로 모형 적합도가 적합하게 나타났다. 간명적합지수는 PNFI = .808, PCFI = .813으로 .60 이상으로 적합하게 나타났고 AGFI = .865로 적합하게 나타났다. 적합도를 종합적으로 살펴보았을 때, 측정모형의 적합도는 양호하며, 측정모형이 자료에 잘 부합된다고 해석할 수 있었다.

최종 연구모형의 분석결과는 〈표 8-7〉과 같다. 최종 모형에서 측정변수와 요인 사이의 표준화된 회귀계수 및 공분산은 모두 통계적으로 유의하게 나타났다($p < .001$). 또한 표준화 회귀계수의 적재치는 모두 .50 이상으로 나타났다.

5) 타당도 검증

(1) 수렴타당도 검증

수렴타당도(convergent validity)는 집중타당도라고도 불리며 동일한 개념을 측정하기 위하여 서로 다른 방법으로 측정한 값 사이에 높은 상관관계가 있어야 하는 것을 나타낸다. 본 연구에서는 수렴타당도를 검증하기 위하여 수렴신뢰도(convergent reliability: CR) 값을 기준으로 하는 방법을 사용하였다. CR 값은 0.7 이상이면 수렴타당도가 있는 것으로 해석한다(송지준, 2015; 지은구, 김민주, 2015; Anderson & Gerbirg, 1988). 본 연구에서 나타난 잠재요인 신뢰도는 요인1 .963, 요인2 .935로 나타났으며, 모든 값이 0.7 이상으로 나타났기 때문에 수렴타당도가 확보되었다.

(2) 판별타당도 검증

판별타당도(discriminant validity)는 서로 다른 변수들 간에는 측정치에도 분명한 차이가 있어야 한다는 것을 전제로 한다. 즉, 한 변수와 다른 변수 간의 상관관계가 낮아야 판별타당도가 확보되었다고 할 수 있다. 본 연구에서는 판별타당도를 검증하는 기준인 평균분산추출(average variance extrcated: AVE)과 표준오차추정구간을 사용하였다. AVE 값의 경우 변수 간 상관계수의 제곱 값이 AVE 값보다 낮으면 판별타당도는 확보되었다고 해석할 수 있다. 요인1과 요인2의 상관계수(correlations)는 .666으로 이를 제곱하면 .444로 요인 1과 요인 2의 AVE 값이 변수 간 상관계수의 제곱 값보다 높으므로 판별타당도는 확보되었다고 할 수 있다(Fornell & Larcker, 1981).

다음으로 표준오차추정구간식을 활용한 판별타당도는 변수들 간의 상관관계가 낮아야 확보되었다고 할 수 있기 때문에 변수들 간에 동일하다는 가설을 기각할 수 있는지 알아보아야 한다(송지준, 2015; Fornell & Larcker, 1981). 요인1과 요인2의 계수 값은 .666이고 이에 해당하는 표준오차(S.E)는 .027의 값을 나타내었다. 요인1과 요인2의 계수 값은 .666이며, 이에 해당하는 표준오차 .027을 대입하여 계산한 결과 값이 .720, .612 ≠ 1로 나타났다. 즉, 변수들 간에 동일하다는 가설이 기각되었음으로 판별타당도가 확보되었다.

$$.666 + (2 \times .027) = .720 \neq 1$$
$$.666 - (2 \times .027) = .612 \neq 1$$

최종 모형의 타당도 검증결과는 〈표 8-8〉과 같다.

〈표 8-8〉 비전관리 척도 타당도 검증결과

	요인1	요인2
CR	.963	.935
AVE	.767	.696
상관계수 ± (2 × 표준오차) = .720, .612 ≠ 1		

탐색적 요인분석과 확인적 요인분석의 과정, 타당도 검증을 통하여 비전관리 척도의 최종 문항은 1요인 8문항, 2요인 7문항으로 총 15문항이며, 최종문항은 〈표 8-9〉와 같다. 최종 문항을 바탕으로 신뢰도(내적일관성)를 분석한 결과, 요인1의 Cronbach 알파계수=.961, 요인2의 Cronbach 알파계수=.955로 높게 나타나 비전관리 척도 요인1의 8개 문항과 요인2의 7개 문항에 대한 신뢰도는 확보되었다.

〈표 8-9〉 비전관리 척도 최종 문항

(N=854)

요인	문항번호	질문문항	문항수
비전과 미션의 공유와 달성 노력	1	나는 우리 복지관의 미션과 비전을 잘 알고 있다.	8
	2	우리 복지관은 미션을 성취하기 위해 노력하고 있다.	
	3	우리 복지관의 모든 과업행동은 미션성취와 연관이 있다.	
	4	우리 복지관의 비전은 미션과 상호 연관이 있다.	
	5	우리 복지관의 비전은 사회적 가치 실현(노인복지증진)과 연관이 있다.	
	6	우리 복지관은 비전을 성취하기 위해 노력하고 있다.	
	7	우리 복지관의 모든 과업행동은 비전성취와 연관이 있다.	
	8	우리 복지관의 직원들은 우리 조직이 조직의 미션 및 비전을 성취하기 위해 노력하고 있다고 생각한다.	
지도자의 비전 및 미션달성 능력과 태도	9	관장은 복지관을 둘러싼 환경에 적극적으로 대처할 수 있는 능력이 있다.	7
	10	관장은 직원 및 이용자의 생각을 이해하기 위해 노력한다.	
	11	관장은 직원들로부터 업무수행에 있어 전문적 능력을 인정받고 있다.	
	12	관장은 직원들의 성장 및 역량강화에 도움이 되는 슈퍼비전을 제공한다.	
	13	관장은 개인의 이익보다 사회적 이익을 더욱 중요시한다(=개인적 이익은 복지관 버스 등과 같은 비품이나 용품의 개인적 사용이나 직원들에게 개인적 업무부탁 등 의미).	
	14	관장은 모든 직원들과 열린 의사소통을 한다.	
	15	관장은 직원들의 성장을 중요하게 생각하며 이를 적극적으로 지원한다.	

탐색적 요인분석과 확인적 요인분석의 과정, 타당도 검증을 통하여 비전관리 척도의 개발단계는 다음의 〈표 8-10〉과 같다. 비전관리 척도의 예비문항은 총 23개 문항이었으며, 탐색적 요인분석을 실시한 결과, 1개 문항이 제거되었다. 22개의 문항을 바탕으로 확인적 요인분석을 실시한 결과, 7개 문항이 제거되었다. 최종적으로 비전관리 척도는 15개 문항으로 구성되었으며, 2개의 요인으로 구분되었다.

〈표 8-10〉 비전관리 척도 개발단계

구분	예비문항	탐색적 요인분석	확인적 요인분석	최종 문항
척도문항	23개 문항	22개 문항	15개 문항	15개 문항
제거 문항수	–	1개 문항	7개 문항	–

5 최종 비전관리 척도 소개

척도명	비전관리 척도	대상	직원
척도소개	• 사회복지관 성과관리의 사회적 가치지향성을 측정하는 가치영역의 비전관리에 대한 직원들의 인식 정도를 파악하는 척도 • 직원들의 미션 및 비전의 공유 정도와 관장의 비전 및 미션성취를 위한 능력과 노력 정도를 측정		
채점방법 및 해석	• 7점 척도, 두 영역의 총 15문항으로 구성 • 합산한 점수가 높을수록 비전에 대한 관리가 잘 이루어지고 있다고 해석		
원척도출처	• 자체 개발		
신뢰도	• 비전관리의 두 영역에 대한 신뢰도 확인 결과, 두 영역은 각각 Cronbach 알파계수=.961, .955로서 신뢰도는 검증됨.		
타당도	• 수렴타당도: 수렴신뢰도 값이 0.7 이상이면 수렴타당도가 있는 것으로 해석하며 본 척도의 잠재요인의 신뢰도는 요인(영역)1이 .963, 요인(영역)2가 .935로 나타나 모든 값이 0.7 이상으로 수렴타당도가 확보됨. • 판별타당도: 평균분산추출값(AVE)이 변수 간 상관계수의 제곱 값보다 높았으며 또한 표준오차추정구간식을 활용한 판별타당도 계산결과 값이 .720, .612 ≠ 1로 나타나 변수들 간에 동일하다는 가설이 기각되어 판별타당도는 확보됨.		

제2절 규범관리 척도의 타당도

1 규범관리 척도의 활용과 측정대상

규범관리는 사회복지관 조직구성원들의 상호행동에 대한 지침이나 규칙을 설정하고 관리하는 것을 의미한다. 따라서 규범관리는 사회복지관의 전 직원들이 수행하는 행동을 지배하는 규정이므로 직원들의 행동패턴은 규범관리에 의해서 결정된다고 할 수 있다. 사회복지관의 규범은 조직구성원들에 의해 공유되고 전파되며 특정한 상황에 대해 조직구성원들이 유사한 방식으로 행동하도록 만드는 것이므로 사회복지관 행동윤리강령이나 사회복지관 직원사명 또는 실천원칙, 직원헌장, 이용자헌장 등에 내재화되어 있다고 할 수 있다. 사회복지관의 관리적 측면에서 조직구성원들의 규범에 대한 관리의 수순이나 정도는 곧 조직성과 성취를 위한 조직들의 노력에 중요한 영향을 미칠 수 있다.

규범관리 척도는 사회복지관에서 근무하는 직원들이 유사한 방식으로 행동하도록 하기 위한 직원들의 상호행동에 대한 지침이나 규칙을 설정하고 유지하기 위한 복지관의 노력의 정도를 측정하는 척도이다. 사회복지관의 성과를 구성하는 가치영역 중 규범관리의 정도를 측정하는 측정대상자는 사회복지관에서 근무하는 (과장급)중간관리자 이하 전 직원이 된다.

규범관리 측정대상 기관

전국 모든 지역사회복지관

측정대상자

사회복지관에서 근무하는 직원

② 규범관리 척도 개발과정

사회복지관 직원들이 인식하는 조직원들의 상호행동에 대한 지침이나 규칙을 설정하고 유지하기 위한 노력의 정도를 측정하는 규범관리 1차 예비척도는 〈표 8-11〉과 같다.

〈표 8-11〉 규범관리 1차 예비척도

규범관리 측정내용		
윤리경영을 위한 준비	1.	우리 복지관은 윤리경영 및 직원들의 윤리적 행동을 규정하는 각종 지침이나 규정을 가지고 있다.
	2.	우리 복지관은 직원들의 윤리적 행동을 규정하는 각종 지침이나 규정(윤리헌장/윤리강령/윤리기준)을 가지고 있다.
윤리경영을 위한 노력	3.	우리 복지관은 설정된 윤리경영을 실현하기 위해 노력하고 있다.
	4.	우리 복지관의 윤리경영은 조직운영에 적극 반영되어 있다.
	5.	우리 복지관의 윤리경영 규정은 현실에 맞게 설정되어 있으며 실현 가능하다.
윤리헌장/윤리강령/윤리기준의 준수	6.	우리 직원들은 조직의 윤리헌장/윤리강령/윤리기준을 잘 알고 있다.
	7.	우리 직원들은 윤리헌장/윤리강령/윤리기준을 준수하고 있다.
	8.	우리 복지관의 윤리헌장/윤리강령/윤리기준은 현실에 적합하게 설정되어 있으며 실현가능하다.
	9.	우리 직원들은 윤리강령 준수를 위한 개인별 실천계획서를 작성하고 실행하고 있다.

③ 자료분석방법

총 3개 영역의 측정요소별로 구성된 1차 예비척도의 질문항목은 총 9개이며 리커트 7점 척도로 구성되어 있다. 사회복지관 성과를 구성하는 가치영역의 규범관리 척도를 개발하고 타당도를 검증하기 위하여 자료분석은 SPSS 20.0 그리고 AMOS 21.0 통계프로그램을 사용하였다. 자료분석과정은 비전관리 척도 분석과정과 동일하다.

④ 규범관리 척도 검증

1) 탐색적 요인분석

확정된 규범관리 척도 예비문항의 적절성을 평가하기 위하여 SPSS 21.0 통계프로그램을 활용하여 탐색적 요인분석을 실시하였다. 본 연구에서 수집된 자료가 요인분석에 적합한지 여부를 판단하기 위하여 통계적 과정으로 KMO 측정도구와 Bartlett의 구형성 검정을 실시하였으며, 결과는 〈표 8-12〉와 같다. KMO는 변수들 간의 상관관계가 다른 변수에 의해 잘 설명되는 정도를 나타내는 값으로, 값이 적으면 요인분석을 위한 변수의 선정이 좋지 못함을 나타내는 것이다. 일반적으로 KMO 값이 .90 이상이면 상당히 좋은 것으로 판단하고, .80~.89이면 꽤 좋은 편, .50 이하이면 받아들일 수 없는 것으로 판단한다(송지준, 2015).

KMO 값은 .873으로 꽤 좋은 것으로 나타났다. 요인분석 모형의 적합성 여부를 나타내는 Bartlett의 구형성 검정의 결과는 통계적으로 유의한 것으로($\chi^2=4779.841$, $df=10$, $p=.000$) 나타났으며, 이는 수집된 자료가 요인분석 모형으로 적합함을 보여 주는 것이다. 즉, 확정된 예비문항은 요인분석의 사용이 적합하며 공통요인이 존재한다고 결론 내릴 수 있다.

〈표 8-12〉 규범관리 척도 KMO 및 Bartlett의 검정 결과

항 목		값
KMO 표본 적합도		.873
Bartlett의 구형성 검정	근사 카이제곱	4779.841
	df	10
	유의확률	.000

다음으로 요인 간에 독립성을 유지하면서 요인구조가 가장 뚜렷해질 때까지 요인을 회전시키는 직각요인회전 방식인 베리맥스 요인회전 결과, 총 6문항 중 공통성이 .40 이하인 문항이 1문항(Q6)으로 나타났다. 이에 최종적으로 1개의 요인, 총 5문항이 추출되었다. 최종 추출된 예비문항을 이용해 탐색적 요인을 분석한 결과는 〈표 8-13〉과 같다. 분석의 결과, 1개의 요인 모두 요인적재치 .40 이상, 공통성 .40 이상, 고유값

1 이상으로 나타났다. 총 누적분산 설명력은 84.360%로 나타났다.

〈표 8-13〉 규범관리 척도 탐색적 요인분석 결과 (N=856)

요인	문항번호	공통성	고유값	분산 설명력	문항수
1요인 (규범관리)	Q1	.767	4.218	84.360	5
	Q2	.866			
	Q3	.897			
	Q4	.830			
	Q5	.857			

탐색적 요인분석의 결과, 내용타당도가 검증된 규범관리 척도의 영역이 1개 영역(요인)의 총 5문항으로 나타났다. 선행연구 및 전문가면접을 통해 규범관리영역은 총 3개의 영역으로 구성되어 있었으나 요인분석 결과, 3개의 요인이 하나의 요인으로 수렴되었다. 1차 예비척도에서 도출된 요인은 윤리경영을 위한 준비, 윤리경영을 위한 노력 그리고 윤리헌장/윤리강령/윤리기준의 준수였으므로 세 요인을 하나로 묶을 수 있는 '윤리행동'으로 요인을 새롭게 명명할 수 있지만 요인이 1개로 구분되므로 규범관리 척도는 요인에 대한 구분, 즉 요인에 대한 명칭부여가 사실상 무의미하다고 볼 수 있어 가장 통일적인 개념으로 규범관리요소라고 명명하도록 한다.

2) 신뢰도 분석

탐색적 요인분석 결과, 추출된 1개 요인 5문항에 대하여 내적 일치도를 검증하기 위해 신뢰도 분석을 실시하였으며, 그 결과는 〈표 8-14〉와 같다. 1요인의 Cronbach 알파계수는 .953으로 나타났다. 일반적으로 Cronbach 알파계수가 .60 이상이면 신뢰도가 확보되었다고 본다. 따라서 탐색적 요인분석 결과, 추출된 5개 문항은 신뢰도가 확보되었다.

〈표 8-14〉 규범관리 척도 예비문항 신뢰도 분석 결과 (N=856)

요인	문항번호	Cronbach 알파계수		문항수
		요인별	전체	
1요인 (윤리행동)	Q1	.952	.953	5
	Q2	.939		
	Q3	.934		
	Q4	.944		
	Q5	.939		

3) 확인적 요인분석

탐색적 요인분석 결과, 추출된 규범관리 척도 예비문항에 대하여 요인구조의 타당도를 확보하기 위해 AMOS 21.0 통계프로그램을 활용하여 확인적 요인분석을 실시하였다. 확인적 요인분석은 자료의 타당도를 증명하는 데 이용되며, 탐색적 요인분석 결과는 확인적 요인분석에 의해 검증됨으로써 보다 신뢰할 수 있는 결론에 도달할 수 있다. 일반적으로 연구모형에 이용되는 변수들은 대부분 다항목으로 측정하기 때문에 단일차원성을 확보하는 것이 중요하다. 확인적 요인분석은 단일차원성을 확보하는 것이 목적이며, 해당 요인을 측정하는 문항들을 각 요인에만 적재되도록 사전에 지정하는 분석방법이다. [그림 8-2]는 구조방정식 모형을 이용하여 분석한 최종 모형을 나타낸 것이다.

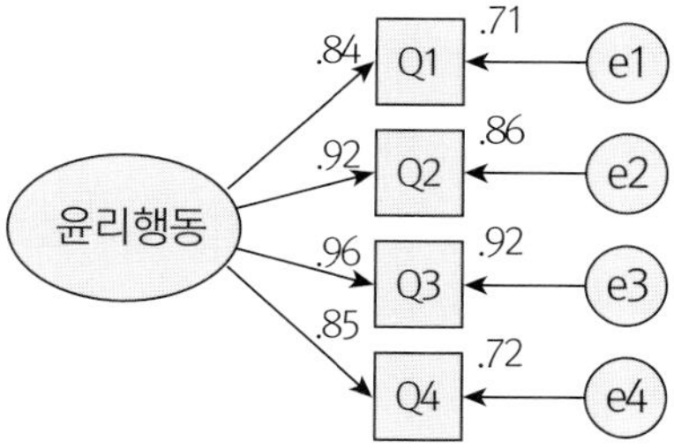

[그림 8-2] 규범관리척도 확인적 요인분석 모형

탐색적 요인분석 결과, 추출된 1개의 요인 5개 문항을 대상으로 확인적 요인분석을 실시하여 〈표 8-15〉와 같은 결과를 얻었다. 5개의 문항에서 설명력이 낮은 1개 문항

〈표 8-15〉 규범관리 척도 모형 적합도 (N=856)

절대적합지수	$\chi^2(df)$	17.688(2) (p=.000)
	GFI	.989
	RMSEA	.096
	RMR	.014
증분적합지수	IFI	.995
	TLI	.986
	CFI	.995
간명적합지수	PNFI	.332
	PCFI	.332
	AGFI	.947

(Q5)을 제거한 후 최종적으로 4개 문항을 이용하여 확인적 요인분석을 실시하였다. 절대적합지수는 χ^2=17.688(df=2), p=.000, GFI=.989, RMSEA=.096, RMR=.014로 나타났다. 절대적합지수를 살펴본 결과, χ^2검증과 RMSEA, GFI, RMR 값이 모두 적합한 수준으로 나타났다. RMSEA는 .05보다 적어야 하고 GFI와 AGFI는 1에 가까울수록 적합도는 좋은 것으로 해석할 수 있다(Browne & Cudneck, 1992). 증분적합지수는 IFI=.995, TLI=.986, CFI=.995로, .90 이상으로 나타났기 때문에 전반적으로 모형 적합도가 적합하게 나타났다. 간명적합지수는 PNFI=.332, PCFI=.332로 .60 이상으로 나타나지 않았기 때문에 적합하지 않게 나타났지만 AGFI=.947로 적합하게 나타났다. 적합도를 종합적으로 살펴보았을 때, 측정모형의 적합도는 전반적으로 양호하며, 측정모형이 자료에 잘 부합된다고 해석할 수 있다.

최종 연구모형의 분석결과는 〈표 8-16〉과 같다. 최종 모형에서 측정변수와 요인 사이의 표준화된 회귀계수 및 공분산은 모두 통계적으로 유의하게 나타났다(p<.001). 또한 표준화 회귀계수의 적재치는 모두 .50 이상으로 나타났다.

〈표 8-16〉 규범관리 척도 최종 모형 요인분석 결과 (N=856)

			Estimate	S.E.	C.R.	P
Q1	<---	요인1	1.000			
Q2	<---	요인1	1.012	.027	37.479	***
Q3	<---	요인1	1.093	.027	40.063	***
Q4	<---	요인1	1.048	.033	32.019	***

*** $p < .001$

4) 타당도 검증

수렴타당도는 집중타당도라고도 불리며 동일한 개념을 측정하기 위하여 서로 다른 방법으로 측정한 값 사이에 높은 상관관계가 있어야 하는 것을 나타낸다. 본 연구에서는 수렴타당도를 검증하기 위하여 수렴신뢰도 값을 기준으로 하는 방법을 사용하였다. 본 연구에서 나타난 잠재요인의 신뢰도는 요인1 .919로 나타났으며, 값이 0.7 이상으로 나타났기 때문에 수렴타당도가 확보되었다고 볼 수 있다.

구성타당도 중 판별타당도를 평가하기 위해서는 변수 간 상관계수를 살펴보아야 하나 본 연구에서는 상관될 수 있는 변수가 존재하지 않아(하나의 요인으로 수렴) 판별타당도를 이미 확보하였다고 볼 수 있다.

탐색적 요인분석과 확인적 요인분석의 과정, 타당도 검증을 통하여 규범관리 척도의 최종 문항은 요인1 4문항으로 총 4문항이며, 최종 문항은 〈표 8-17〉과 같다. 최종 문항을 바탕으로 신뢰도 분석을 실시한 결과, 요인1의 Cronbach 알파계수=.939로 나타났다. 규범관리 척도의 요인1에 4개 문항에 대한 신뢰도가 확보되었다. 〈표 8-17〉은 규범관리 척도의 최종 문항을 나타낸다.

〈표 8-17〉 규범관리 척도 최종 문항 (N=856)

요인	문항번호	질문문항	문항수
규범관리	1	우리 복지관은 직원들의 윤리적 행동을 규정하는 각종 지침이나 규정(윤리헌장/윤리강령/윤리기준)을 가지고 있다.	4
	2	우리 복지관은 설정된 윤리경영을 실현하기 위해 노력하고 있다.	

규범관리	3	우리 복지관의 윤리경영 규정은 현실에 맞게 설정되어 있으며 실현 가능하다.	4
	4	우리 직원들은 조직의 윤리헌장/윤리강령/윤리기준을 잘 알고 있다.	

탐색적 요인분석과 확인적 요인분석의 과정과 타당도 검증을 통하여 규범관리 척도의 개발단계는 〈표 8-18〉과 같다. 규범관리 척도의 예비문항은 총 6개 문항이었으며, 탐색적 요인분석을 실시한 결과, 1개의 문항이 제거되었다. 5개의 문항을 바탕으로 확인적 요인분석을 실시한 결과, 1개 문항이 제거되었다. 최종적으로 규범관리 척도는 4개 문항으로 구성되었으며, 1개의 요인으로 구분되었다.

〈표 8-18〉 규범관리 척도 개발단계

구분	예비문항	탐색적 요인분석	확인적 요인분석	최종 문항
척도문항	6개 문항	5개 문항	4개 문항	4개 문항
제거 문항수	-	1개 문항	1개 문항	-
요인 수	3	1	1	1

5 최종 규범관리 척도 소개

척도명	규범관리 척도	대상	직원
척도소개	• 조직 내에서의 행동을 규정하는 조직의 규범에 대한 직원들의 인식을 점검 • 사회복지관 성과관리의 사회적 가치지향성을 측정하는 가치영역의 규범관리에 대한 직원들의 인식 정도를 파악하는 척도		
채점방법 및 해석	• 7점 척도, 총 4문항으로 구성 • 합산한 점수가 높을수록 직원들 사이의 공동의 규범에 대한 관리가 잘 이루어지고 있다고 해석		
원척도출처	• 자체 개발		
신뢰도	• Cronbach 알파계수는 .953으로 신뢰도가 확보됨		

타당도	• 수렴타당도: CR 값은 0.7 이상이면 수렴타당도가 있는 것으로 해석하며 규범관리 척도의 잠재요인 신뢰도는 .919로 나타나 수렴타당도는 확보되었음. • 판별타당도를 평가하기 위해서는 변수 간 상관계수를 살펴보아야 하나 본 규범관리 척도에서는 상관될 수 있는 변수가 존재하지 않아(하나의 요인으로 수렴) 판별타당도를 이미 확보하였다고 볼 수 있음.

제3절 신뢰관리 척도의 타당도

1 신뢰관리 척도의 활용과 측정대상

신뢰관리는 사회복지관에 대한 믿음과, 관장을 포함하여 전 직원, 지역주민 그리고 이용자 등 사회복지관의 이해당사자들 간의 믿음이 형성되도록 하고 믿음을 유지하도록 관리하는 것을 의미한다. 따라서 신뢰관리는 직원들의 조직에 대한 신뢰와 직원들 간의 신뢰 그리고 직원과 이용자 및 지역주민과의 신뢰 등 조직 및 프로그램을 포함한 모든 행위주체들과의 상호 간의 신뢰를 구축하기 위한 노력이 유지될 수 있도록 하는 것을 나타낸다. 결국 신뢰관리는 조직 내에서 직원들이 서로를, 직원이 조직을, 직원이 리더(직장상사)를, 이용자가 조직을, 조직이나 조직이 제공하는 사업 그리고 조직을 대표하는 리더를 믿도록 만드는 과정을 의미하므로 사회복지관의 성과관리 측면에서 조직구성원들의 직장상사나 직원 상호 간, 이용자 그리고 프로그램 등에 대한 신뢰는 조직원들의 직무몰입, 직무만족, 조직만족 등의 직무태도에 영향을 미치고 이는 곧 조직의 성과에도 중요한 영향을 미칠 수 있으므로 사회복지관은 신뢰의 정도를 향상시키기 위해 노력하여야 할 것이다.

신뢰관리 척도는 조직성과관리 측면에서 사회복지관에서 근무하는 직원들의 직장상사나 직원 상호 간, 이용자 그리고 프로그램 등에 대한 신뢰의 정도를 측정하는 척도이다. 사회복지관의 성과를 구성하는 가치영역 중 신뢰의 정도를 측정하는 측정대상자는 사회복지관에서 근무하는 (과장급)중간관리자 이하 전 직원이 된다.

신뢰관리 측정대상 기관

전국 모든 지역사회복지관

측정대상자

사회복지관에서 근무하는 직원

② 신뢰관리 척도 개발과정

사회복지관 직원들이 인식하는 직원들의 직장상사에 대한 신뢰, 직원들 간의 신뢰, 이용자들의 조직에 대한 신뢰, 직원의 조직에 대한 신뢰 그리고 직원들의 프로그램에 대한 신뢰의 정도를 측정하는 신뢰관리 1차 예비척도는 〈표 8-19〉와 같다.

〈표 8-19〉 신뢰관리 1차 예비척도

신뢰관리 측정내용			동의 정도						
			1	2	3	4	5	6	7
이용자들의 조직 및 직원에 대한 신뢰	1.	나는 우리 복지관의 이용자들이 복지관의 운영원칙이나 규정을 신뢰한다고 생각한다.							
	2.	나는 우리 복지관의 이용자들이 복지관을 신뢰한다고 생각한다.							
	3.	우리 복지관의 이용자들은 복지관이 그들에게 든든한 지원을 제공할 것이라고 믿고 있는 것 같다.							
	4.	우리 복지관의 이용자들은 복지관의 결정에 잘 따른다.							
	5.	우리 복지관의 이용자들은 관장을 포함한 직원들을 신뢰한다고 생각한다.							
직원들의 조직에 대한 신뢰	6.	나는 우리 복지관의 운영원칙이나 규정을 신뢰한다.							
	7.	나는 복지관이 직원들에게 한 약속을 잘 이행한다고 생각한다.							

직원들의 조직에 대한 신뢰	8.	나는 우리 복지관이 직원 의견을 반영하기 위해 노력한다고 생각한다.							
	9.	우리 직원의 복지관에 대한 신뢰는 매우 두텁다.							
	10.	나는 우리 복지관의 의사결정구조와 결정을 신뢰한다.							
직원들의 직장상사에 대한 신뢰	11.	나는 직장상사를 신뢰한다.							
	12.	나는 직장상사들이 나의 고충을 잘 알고 있다고 생각한다.							
	13.	나는 직장상사들이 나의 고충을 해결하기 위해 노력할 것이라고 생각한다.							
	14.	나는 직장상사들이 직원들을 모두 공정하게 대하며 형평성 있는 직무관리가 이루어지고 있다고 생각한다.							
	15.	나의 노력은 직장상사로부터 인정받는 편이다.							
	16.	나는 직원들의 욕구가 직장상사들에게 매우 중요하다고 생각한다.							
직원들 간의 신뢰	17.	나는 직무와 관련해서 어려움에 처하는 경우 직장상사들에게 의지할 수 있다.							
	18.	직장상사들은 조직에 해를 끼치는 어떠한 행동도 하지 않을 것이다.							
	19.	직장상사들은 약속한 것을 지킬 것이다.							
	20.	직장상사들은 수행되어야 하는 일들에 관해 충분한 지식을 가지고 있다.							
	21.	직장상사들은 나의 실수에 대해 기꺼이 용서하고 그 일을 잊는다.							
	22.	직장상사들의 말과 행동은 일치한다.							
	23.	직장상사들은 직원들과 정보를 공유한다.							
	24.	직장상사들과 직원 사이의 관계는 우호적이다.							
	25.	나는 동료들과 함께 일하는 것이 즐겁다.							
	26.	나는 나의 동료를 신뢰한다.							
	27.	동료는 나에게 협력자이고 지원자이다.							
	28.	나는 동료들이 나를 신뢰한다고 생각한다.							

직원의 프로그램에 대한 신뢰	29.	나는 우리 복지관이 제공하는 사업이나 프로그램을 신뢰한다.							
	30.	나는 우리 복지관이 제공하는 프로그램이 이용자들에게 많은 도움이 될 것이라고 생각한다.							
	31.	우리 복지관의 프로그램은 타 기관에 추천할 만하다.							
	32.	나는 우리 이용자들이 복지관이 제공하는 프로그램에 관심을 기울이며 적극적으로 참여한다고 생각한다.							

3 자료분석방법

총 5개 영역의 측정요소별로 구성된 1차 예비척도의 질문항목은 총 32개이며 리커트 7점 척도로 구성되어 있다. 사회복지관 성과를 구성하는 가치영역의 규범관리 척도를 개발하고 타당도를 검증하기 위하여 자료분석은 SPSS 20.0 그리고 AMOS 21.0 통계 프로그램을 사용하였다. 자료분석과정은 비전관리 척도 분석과정과 동일하다.

4 신뢰관리 척도 검증

1) 탐색적 요인분석

확정된 신뢰관리 척도 예비문항의 적절성을 평가하기 위하여 SPSS 21.0 통계프로그램을 활용하여 탐색적 요인분석을 실시하였다. 본 연구에서 수집된 자료가 요인분석에 적합한지 여부를 판단하기 위하여 통계적 과정으로 KMO 측정도구와 Bartlett의 구형성 검정을 실시하였으며, 결과는 〈표 8-20〉과 같다. KMO는 변수들 간의 상관관계가 다른 변수에 의해 잘 설명되는 정도를 나타내는 값으로, 값이 적으면 요인분석을 위한 변수의 선정이 좋지 못함을 나타내는 것이다. 일반적으로 KMO 값이 .90 이상이면 상당히 좋은 것으로 판단하고, .80~.89면 꽤 좋은 편, .50 이하이면 받아들일 수 없는 것으로 판단한다(송지준, 2015).

KMO 값은 .970로 상당히 좋은 것으로 나타났다. 요인분석 모형의 적합성 여부를 나타내는 Bartlett의 구형성 검정의 결과는 통계적으로 유의한 것으로($\chi^2 = 27560.839$, $df = 406$, $p = .000$) 나타났으며, 이는 수집된 자료가 요인분석 모형으로 적합함을 보여준다. 즉, 확정된 예비문항은 요인분석의 사용이 적합하며 공통요인이 존재한다고 결론 내릴 수 있다.

〈표 8-20〉 신뢰관리 척도 KMO 및 Bartlett의 검정 결과

항목		값
KMO 표본 적합도		.970
Bartlett의 구형성 검정	근사 카이제곱	27560.839
	df	406
	유의확률	.000

다음으로 요인 간에 독립성을 유지하면서 요인구조가 가장 뚜렷해질 때까지 요인을 회전시키는 직각요인회전 방식인 베리맥스 요인회전 결과, 총 32문항 중 공통성이 .40 이하인 문항이 3문항(Q21, Q28, Q32)으로 나타났다. 이에 3문항을 제거하였고, 최종적으로 4개의 요인, 총 29문항이 추출되었으며, 제거문항은 1요인 Q32 문항, 3요인 Q21 문항, 4요인 Q28 문항으로 나타났다. 최종 추출된 예비문항을 이용해 탐색적 요인을 분석한 결과는 〈표 8-21〉과 같다. 분석의 결과, 4개의 요인 모두 요인적재치 .40 이상, 공통성 .40 이상, 고유값 1 이상으로 나타났다. 총 누적분산 설명력은 76.273%로 나타났다.

〈표 8-21〉 신뢰관리 척도 탐색적 요인분석 결과 (N=858)

요인	문항번호	요인적재치	공통성	고유값	분산 설명력	문항수
1요인 (이용자들의 조직 및 직원에 대한 신뢰)	Q1	.773	.717	2.164	7.463	6
	Q2	.828	.814			
	Q3	.770	.735			
	Q4	.773	.670			
	Q5	.784	.755			

	Q6	.538	.699			
2요인 (직원들의 조직에 대한 신뢰)	Q7	.627	.756	1.520	5.240	6
	Q8	.717	.814			
	Q9	.721	.913			
	Q10	.719	.822			
	Q15	.551	.660			
	Q16	.488	.509			
3요인 (직원들의 직장상사에 대한 신뢰)	Q11	.654	.778	17.431	60.106	11
	Q12	.684	.766			
	Q13	.691	.809			
	Q14	.646	.771			
	Q17	.762	.734			
	Q18	.753	.760			
	Q19	.785	.834			
	Q20	.776	.800			
	Q22	.806	.841			
	Q23	.713	.753			
	Q24	.724	.773			
4요인 (직원 간 및 직원의 프로그램에 대한 신뢰	Q25	.802	.840	1.004	3.464	6
	Q26	.850	.883			
	Q27	.850	.880			
	Q29	.609	.771			
	Q30	.573	.717			
	Q31	.508	.643			

탐색적 요인분석의 결과, 내용타당도가 검증된 신뢰관리 척도의 영역이 5개 영역에서 4개의 영역(요인)으로 조정되었다. 삭제된 영역은 직원들 간의 신뢰영역으로 3개의 질문항목 중 1개(Q28)는 삭제되고 2개(Q26과 Q27)는 직원들의 프로그램에 대한 신뢰영역으로 통합되어 탐색적 요인분석에 따라 수정된 요인구조로, 첫 번째 요인은 이용자들의 조직 및 직원에 대한 신뢰영역으로, 두 번째 요인은 직원들의 조직에 대한 신뢰

영역으로, 세 번째 요인은 직원들의 직장상사에 대한 신뢰영역으로, 마지막으로 네 번째 요인은 직원 간 및 직원의 프로그램에 대한 신뢰영역으로 명명하도록 한다.

2) 상관관계분석

탐색적 요인분석을 통해 추출된 4개의 요인 간의 상관관계분석의 결과는 〈표 8-22〉와 같다. 먼저, 요인별 기술통계분석을 살펴보면 요인1의 평균은 5.76, 표준편차는 .82, 요인2의 평균은 5.70, 표준편차는 .91, 요인3의 평균은 5.62, 표준편차는 1.01, 요인4의 평균은 5.97, 표준편차는 .83으로 나타났다. 상관관계분석 결과, 신뢰관리 척도 예비문항의 4개 요인 사이에는 통계적으로 유의한 것($p<.01$)으로 나타났다. 세부적으로 살펴보면 요인1과 요인2는 .722($p<.01$), 요인1과 요인3는 .634($p<.01$), 요인2과 요인3는 .834($p<.01$), 요인1과 요인4는 .662($p<.01$), 요인2과 요인4는 .737($p<.01$), 요인3과 요인4는 .743($p<.01$)으로 상관관계가 나타났다.

〈표 8-22〉 신뢰관리 척도 예비문항 상관관계분석 결과 (N=858)

변수	M (평균)	SD (표준편차)	요인1	요인2	요인3	요인4
요인1	5.76	.82	1			
요인2	5.70	.91	.722**	1		
요인3	5.62	1.01	.634**	.834**	1	
요인4	5.97	.83	.662**	.737**	.743**	1

**$p<.01$

3) 신뢰도 분석

탐색적 요인분석 결과, 추출된 4개 요인 29문항에 대하여 각 요인 간 내적 일치도를 검증하기 위해 신뢰도 분석을 실시하였으며, 그 결과는 〈표 8-23〉과 같다. 1요인의 Cronbach 알파계수는 .921, 2요인은 .925, 3요인은 .968, 4요인은 .937로 나타났다. 일반적으로 Cronbach 알파계수가 .60 이상이면 신뢰도가 확보되었다고 본다. 따라서 탐색적 요인분석 결과, 추출된 4개 요인 29개 문항은 신뢰도가 확보되었다.

〈표 8-23〉 신뢰관리 척도 예비문항 신뢰도 분석결과 (N=858)

요인	문항번호	Cronbach 알파계수		문항수
		요인별	전체	
1요인	Q1	.904	.921	6
	Q2	.894		
	Q3	.901		
	Q4	.910		
	Q5	.898		
	Q6	.915		
2요인	Q7	.909	.925	6
	Q8	.902		
	Q9	.902		
	Q10	.901		
	Q15	.920		
	Q16	.931		
3요인	Q11	.965	.968	11
	Q12	.965		
	Q13	.964		
	Q14	.965		
	Q17	.966		
	Q18	.966		
	Q19	.964		
	Q20	.964		
	Q22	.963		
	Q23	.965		
	Q24	.964		
4요인	Q25	.923	.937	6
	Q26	.919		
	Q27	.920		
	Q29	.922		
	Q30	.927		
	Q31	.934		

4) 확인적 요인분석

탐색적 요인분석 결과, 추출된 신뢰관리 척도 예비문항에 대하여 요인구조의 타당도를 확보하기 위해 AMOS 21.0 통계프로그램을 활용하여 확인적 요인분석을 실시하였다. 확인적 요인분석은 자료의 타당도를 증명하는 데 이용되며, 탐색적 요인분석의

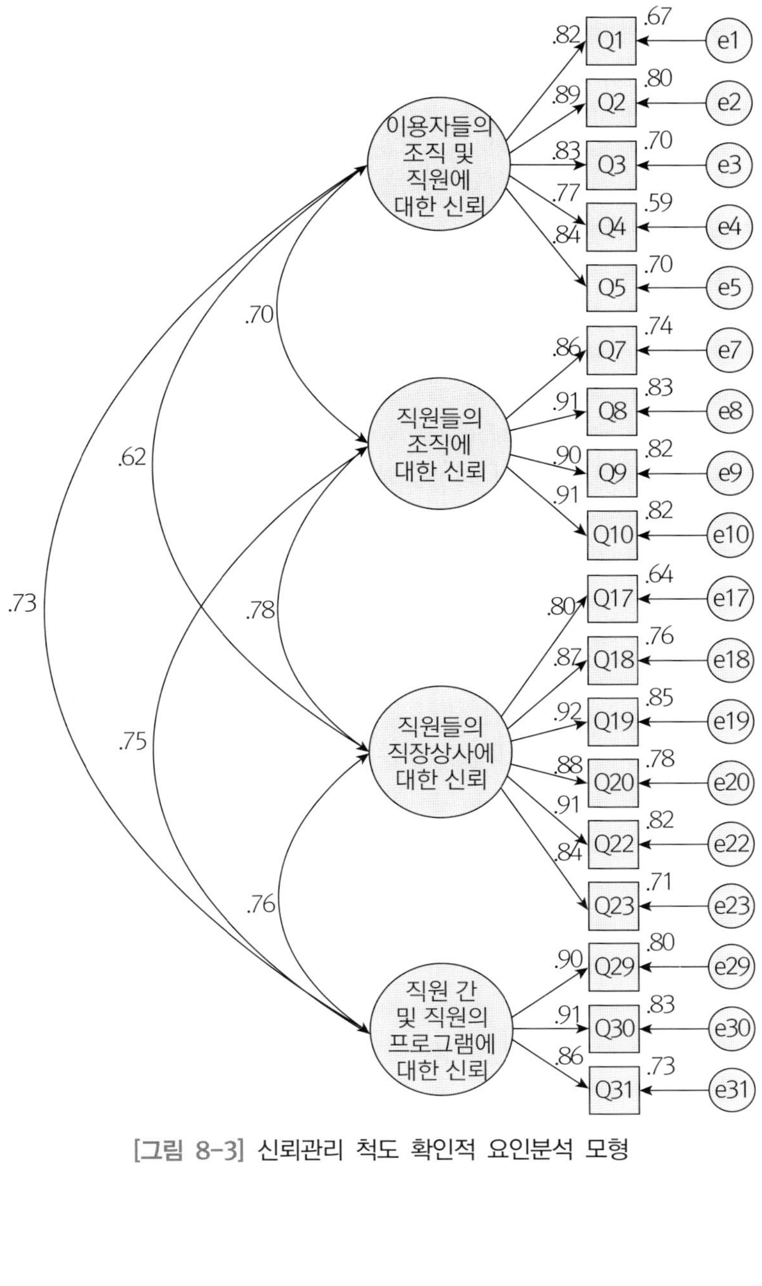

[그림 8-3] 신뢰관리 척도 확인적 요인분석 모형

결과는 확인적 요인분석에 의해 검증됨으로써 보다 신뢰할 수 있는 결론에 도달할 수 있다. 일반적으로 연구모형에 이용되는 변수들은 대부분 다항목으로 측정하기 때문에 단일차원성을 확보하는 것이 중요하다. 확인적 요인분석은 단일차원성을 확보하는 것이 목적이며, 해당 요인을 측정하는 문항들을 각 요인에만 적재되도록 사전에 지정하는 분석방법이다. [그림 8-3]은 구조방정식 모형을 이용하여 분석한 최종 모형을 나타낸 것이다.

탐색적 요인분석 결과, 추출된 4개의 요인 29개 문항을 대상으로 확인적 요인분석을 실시하여 〈표 8-24〉와 같은 결과를 얻었다. 29개의 문항에서 설명력이 낮은 11개 문항(1요인 1문항: Q6, 2요인 2문항: Q15, Q16, 3요인 5문항: Q11, Q12, Q13, Q14, Q24, 4요인 3문항: Q25, Q26, Q27)을 제거한 후 최종적으로 18개 문항을 이용하여 확인적 요인분석을 실시하였다. 절대적합지수는 $\chi^2 = 637.275(df = 129)$, $p = .000$, GFI = .920, RMSEA = .068, RMR = .031로 나타났다. 절대적합지수를 살펴본 결과, χ^2검증과 RMSEA, GFI, RMR 값이 모두 적합한 수준으로 나타났다. RMSEA는 .05보다 적어야 하고 GFI와 AGFI는 1에 가까울수록 적합도는 좋은 것으로 해석할 수 있다(Browne & Cudeck, 1992). 증분적합지수는 IFI = .967, TLI = .961, CFI = .967로, .90 이상으로 나타났기 때문에 전반적으로 모형 적합도가 적합하게 나타났다. 간명적합지수는 PNFI = .809, PCFI = .815로 .60 이상으로 적합하게 나타났으며 AGFI = .894로 나타나 적합한 것으

〈표 8-24〉 신뢰관리 척도 모형 적합도 (N=858)

절대적합지수	$\chi^2(df)$	637.275(129) ($p = .000$)
	GFI	.920
	RMSEA	.068
	RMR	.031
증분적합지수	IFI	.967
	TLI	.961
	CFI	.967
간명적합지수	PNFI	.809
	PCFI	.815
	AGFI	.894

로 나타났다. 적합도를 종합적으로 살펴보았을 때, 측정모형의 적합도는 양호하며, 측정모형이 자료에 잘 부합된다고 해석할 수 있다.

최종 연구모형의 분석결과는 〈표 8-25〉와 같다. 최종 모형에서 측정변수와 요인 사이의 표준화된 회귀계수 및 공분산은 모두 통계적으로 유의하게 나타났다($p < .001$). 또한 표준화 회귀계수의 적재치는 모두 .50 이상으로 나타났다.

〈표 8-25〉 신뢰관리 척도 최종 모형 요인분석 결과

(N=858)

			Estimate	S.E.	C.R.	P
Q1	<---	요인1	1.000			
Q2	<---	요인1	.947	.030	32.007	***
Q3	<---	요인1	.912	.032	28.854	***
Q4	<---	요인1	.940	.037	25.688	***
Q5	<---	요인1	.852	.029	29.032	***
Q7	<---	요인2	1.000			***
Q8	<---	요인2	1.201	.032	37.804	***
Q9	<---	요인2	1.197	.032	36.958	***
Q10	<---	요인2	1.203	.032	37.201	
Q17	<---	요인3	1.000			***
Q18	<---	요인3	1.076	.035	30.418	***
Q19	<---	요인3	1.085	.033	33.083	***
Q20	<---	요인3	1.012	.033	30.907	***
Q22	<---	요인3	1.128	.035	32.080	***
Q23	<---	요인3	1.009	.035	28.764	
Q29	<---	요인4	1.000			
Q30	<---	요인4	.994	.025	40.100	
Q31	<---	요인4	1.012	.029	35.163	***

***$p < .001$

확인적 요인분석의 결과로 묶인 4개 영역에서 첫 번째 요인은 이용자들의 조직 및 직원에 대한 신뢰영역이며 두 번째 요인은 직원들의 조직에 대한 신뢰영역이고, 세 번째 요인은 직원들의 직장상사에 대한 신뢰영역이며, 마지막으로 네 번째 요인은 직원의 프로그램에 대한 신뢰영역으로 재명명하도록 한다. 직원들 간의 신뢰요인을 묻는 질문항목은 요인분석과정에서 모두 삭제되어 총 5개 요인이 최종 4개의 요인으로 수정되었다.

5) 타당도 검증

(1) 수렴타당도 검증

수렴타당도는 집중타당도라고도 불리며 동일한 개념을 측정하기 위하여 서로 다른 방법으로 측정한 값 사이에 높은 상관관계가 있어야 하는 것을 나타낸다. 본 연구에서는 수렴타당도를 검증하기 위하여 수렴신뢰도 값을 기준으로 하는 방법을 사용하였다. 본 연구에서 나타난 잠재요인의 신뢰도는 요인1 .918, 요인2 .934, 요인3 .933, 요인4 .937로 나타났으며, 모든 값이 0.7 이상으로 나타났기 때문에 수렴타당도가 확보되었다.

(2) 판별타당도 검증

판별타당도는 서로 다른 변수들 간에는 측정치에도 분명한 차이가 있어야 한다는 것을 전제로 한다. 즉, 한 변수와 다른 변수 간의 상관관계가 낮아야 판별타당도가 확보되었다고 할 수 있다. 본 연구에서 판별타당도를 검증하는 기준인 평균분산추출(AVE)과 표준오차추정구간을 사용하였다. AVE 값의 경우 변수 간 상관계수의 제곱 값이 AVE 값보다 낮으면 판별타당도는 확보되었다고 해석할 수 있다. 2요인과 3요인의 상관계수가 가장 높게 나타났으며, 상관계수는 .779로 이를 제곱하면 .607로 요인1, 요인2, 요인3, 요인4의 AVE 값보다 변수 간 상관계수의 제곱 값이 낮으므로 판별타당도는 확보되었다고 할 수 있다(Fornell & Larcker, 1981).

다음으로 판별타당도는 변수들 간의 상관관계가 낮아야 확보되었다고 할 수 있기 때문에 변수들 간에 동일하다는 가설을 기각할 수 있는지 알아보아야 한다(송지준, 2015; Fornell & Larcker, 1981). 요인2와 요인3의 상관계수 값은 .779이고 이에 해당하는 표준오차(S.E)는 .041의 값을 나타내었다. 요인2과 요인3의 계수 값은 .779이며, 이에 해당하는 표준오차 .041을 대입하여 계산한 결과 값이 .861, .697 ≠ 1로 나타났다. 즉, 변수들 간에 동일하다는 가설이 기각되었음으로 판별타당도가 확보되었다.

$$.779 + (2 \times .041) = .861 \neq 1$$
$$.779 - (2 \times .041) = .697 \neq 1$$

최종 모형의 타당도 검증결과는 〈표 8-26〉과 같다.

〈표 8-26〉 신뢰관리 척도 타당도 검증결과

	요인1	요인2	요인3	요인4
CR	.918	.934	.933	.937
AVE	.692	.782	.703	.820
상관계수 ± (2 × 표준오차) = .861, .697 ≠ 1				

탐색적 요인분석과 확인적 요인분석의 과정, 타당도 검증을 통하여 신뢰관리 척도의 최종 문항은 요인1 5문항, 요인2 4문항, 요인3 6문항, 요인4 3문항으로 총 18문항이며, 최종 문항은 〈표 8-27〉과 같다. 최종 문항을 바탕으로 신뢰도 분석을 실시한 결과, 요인1의 Cronbach 알파계수=.915, 요인2의 Cronbach 알파계수=.941, 요인3의 Cronbach 알파계수=.949, 요인4의 Cronbach 알파계수=.916으로 나타났다. 신뢰관리 척도 요인1에 5문항, 요인2의 4문항, 요인3에 6문항, 요인4에 3문항에 대한 신뢰도가 확보되었다.

탐색적 요인분석과 확인적 요인분석의 과정과 타당도 검증을 통하여 신뢰관리 척도의 개발 5단계는 〈표 8-28〉과 같다. 신뢰관리 척도의 예비문항은 총 32개 문항이었으며, 탐색적 요인분석을 실시한 결과 3개 문항이 제거되었다. 29개의 문항을 바탕으로 확인적 요인분석을 실시한 결과 11개 문항이 제거되었다. 최종적으로 신뢰관리 척도는 18개 문항으로 구성되었으며, 4개의 요인으로 구분되었다.

〈표 8-27〉 신뢰관리 척도 최종문항 (N=858)

요인	문항번호	질문문항	문항수
이용자들의 조직 및 직원에 대한 신뢰	1	나는 우리 복지관의 이용자들이 복지관의 운영원칙이나 규정을 신뢰한다고 생각한다.	5
	2	나는 우리 복지관의 이용자들이 복지관을 신뢰한다고 생각한다.	
	3	우리 복지관의 이용자들은 복지관이 그들에게 든든한 지원을 제공할 것이라고 믿고 있는 것 같다.	
	4	우리 복지관의 이용자들은 복지관의 결정에 잘 따른다.	
	5	우리 복지관의 이용자들은 관장을 포함한 직원들을 신뢰한다고 생각한다.	
직원들의 조직에 대한 신뢰	6	나는 복지관이 직원들에게 한 약속을 잘 이행한다고 생각한다.	4
	7	나는 우리 복지관이 직원 의견을 반영하기 위해 노력한다고 생각한다.	
	8	우리 직원의 복지관에 대한 신뢰는 매우 두텁다.	
	9	나는 우리 복지관의 의사결정구조와 결정을 신뢰한다.	
직원들의 직장상사에 대한 신뢰	10	나는 직무와 관련해서 어려움에 처하는 경우 직장상사들에게 의지할 수 있다.	6
	11	직장상사들은 조직에 해를 끼치는 어떠한 행동도 하지 않을 것이다.	
	12	직장상사들은 약속한 것을 지킬 것이다.	
	13	직장상사들은 수행되어야 하는 일들에 관해 충분한 지식을 가지고 있다.	
	14	직장상사들의 말과 행동은 일치한다.	
	15	직장상사들은 직원들과 정보를 공유한다.	
직원의 프로그램에 대한 신뢰	16	나는 우리 복지관이 제공하는 사업이나 프로그램을 신뢰한다.	3
	17	나는 우리 복지관이 제공하는 프로그램이 이용자들에게 많은 도움이 될 것이라고 생각한다.	
	18	나는 우리 복지관의 프로그램은 타 기관에 추천할 만하다고 생각한다.	

〈표 8-28〉 신뢰관리 척도 개발단계

구분	예비문항	탐색적 요인분석	확인적 요인분석	최종 문항
척도문항	32개 문항	29개 문항	18개 문항	18개 문항
제거 문항수	–	3개 문항	11개 문항	–
요인 수	5	4	4	4

5 최종 신뢰관리 척도 소개

척도명	신뢰관리 척도	대상	직원
척도소개	• 사회복지관 성과관리의 사회적 가치지향성을 측정하는 가치영역의 신뢰관리에 대한 직원들의 인식 정도를 파악하는 척도 • 직원들이 인식하는 직원 간, 직장상사에 대한, 조직 및 프로그램에 대한 신뢰의 정도를 측정		
채점방법 및 해석	• 7점 척도, 네 개 영역의 총 18문항으로 구성 • 합산한 점수가 높을수록 신뢰관리가 잘 이루어지고 있다고 해석		
원척도출처	• Tzafrir and Dolan's Trust Scale(2004)를 수정 보완하여 자체 개발		
신뢰도	• 신뢰도 분석을 실시한 결과, 요인1의 Cronbach 알파계수=.915, 요인2의 Cronbach 알파계수=.941, 요인3의 Cronbach 알파계수=.949, 요인4의 Cronbach 알파계수=.916으로 나타나 신뢰도가 확보되었음.		
타당도	• 수렴타당도: 잠재요인의 수렴신뢰도는 요인1 .918, 요인2 .934, 요인3 .933, 요인4 .937로 나타났으며, 모든 값이 0.7 이상으로 나타났기 때문에 수렴타당도가 확보되었음. • 판별타당도: 표준오차추정 값을 계산한 결과 값이 .861, .697 ≠ 1로 나타났다. 즉, 변수들 간에 동일하다는 가설이 기각되었으며 상관계수의 제곱 값이 .607로, 요인1, 요인2, 요인3, 요인4의 AVE 값보다 변수 간 상관계수의 제곱 값이 낮으므로 판별타당도는 확보되었음.		

제9장

성과관리 과정영역의 척도 개발 및 타당도

제1절 프로그램관리 척도의 타당도
제2절 인적자원관리 척도의 타당도
제3절 혁신관리 척도의 타당도
제4절 이용자관리 척도의 타당도
제5절 협력관리 척도의 타당도
제6절 조직(구조)관리 척도의 타당도
제7절 자원개발관리 척도의 타당도
제8절 재무관리 척도의 타당도
제9절 정보문서관리 척도의 타당도
제10절 시설안전관리 척도의 타당도
제11절 갈등관리 척도의 타당도
제12절 지역사회관리 척도의 타당도

제1절 프로그램관리 척도의 타당도

모든 사회복지조직은 조직에서 제공하는 프로그램을 통하여 지역사회 및 이용자들에게 개입하게 되고 프로그램을 통하여 목적하는 바를 성취하기 위해 노력하게 된다. 즉, 조직의 목적 실현 여부는 곧 사회복지조직에서 제공되는 프로그램에 의해서 결정된다고 할 수 있다. 사회복지관 역시 사회복지영역에서 지역주민들의 사회복지증진이라는 목적을 달성하기 위하여 다양한 프로그램을 제공하는 조직이다. 따라서 조직목적 달성여부를 결정짓는 프로그램에 대한 지속적인 관리의 여부는 매우 중요한 조직의 과업이며 성과를 결정짓는 중요한 요소라고 할 수 있고 이를 위한 프로그램관리의 여부를 측정하는 측정도구의 개발과 적용은 성과관리의 핵심요소라고 할 수 있다.

1 프로그램관리 척도의 활용과 측정대상

프로그램관리는 프로그램계획서 작성과정에 대한 관리와 프로그램의 진행과정으로서 투입과 산출까지의 과정을 관리하는 것을 의미하므로 프로그램관리의 영역은, 첫째, 계획서 작성 전반과, 둘째, 프로그램 운영 전반에 대한 관리를 포함하게 되며 이를 관리하기 위한 자체적인 프로그램관리를 위한 성과측정도구가 필요하다. 사회복지관의 성과를 구성하는 과정영역 중 프로그램관리에 대한 직원들의 인식 정도나 노력의 정도를 측정하는 측정대상자는 사회복지관에서 근무하는 (과장급)중간관리자 이하 전 직원이 된다.

프로그램관리 측정 대상 기관

전국 모든 지역사회복지관

측정대상자

사회복지관에서 근무하는 직원

2 프로그램관리 척도 개발과정

사회복지관의 성과관리를 위한 과정영역에서 프로그램에 대한 관리의 정도를 측정하기 위하여 프로그램관리를, 첫째, 프로그램계획의 적절성, 둘째, 프로그램 모니터링의 적절성, 셋째, 프로그램 참여인력의 적절성, 넷째, 프로그램의 대상자 선정의 적절성으로 구분하여 측정하였다. 선행연구 및 전문가면접을 통해 수정 및 보완되어 개발된 사회복지관 직원들이 인식하는 프로그램계획의 적절성 및 관리의 정도를 측정하는 프로그램관리 1차 예비척도는 〈표 9-1〉과 같다.

〈표 9-1〉 프로그램관리 1차 예비척도

프로그램 관리 측정내용		
프로그램 계획 적절성	1.	우리 복지관의 모든 사업계획서에는 기관이 추구하는 미션과 비전이 포함되어 있다.
	2.	우리 복지관은 지역사회 사정 및 클라이언트의 욕구나 문제에 기반을 두어 사업계획서를 작성한다.
	3.	우리 복지관은 계획서 작성 시 계획실행에 따르는 직원 업무부담을 고려한다.
	4.	우리 복지관은 계획서 작성 시 계획실행에 따르는 예산을 고려한다.
	5.	우리 복지관은 계획서 작성 시 자문위원의 자문을 받고 계획서에 반영한다.

프로그램 모니터링 적절성	6.	우리 복지관은 사업의 추진상태를 정기적으로 점검하고 있다.
	7.	우리 복지관은 프로그램의 분기별 점검 계획안을 설정하고 이를 실시하고 있다.
	8.	우리 복지관은 모든 프로그램에 대해 운영과정을 점검하는 과정평가를 실시하고 있다.
	9.	우리 복지관은 점검결과가 제공 서비스와 관련된 팀 내에서 공유되고 있다.
	10.	우리 복지관은 점검결과를 반영하여 서비스 계획을 조정하고 실행한다.
	11.	우리 복지관은 서비스를 접수하고 적격성 여부를 접수자에게 통보하고 있다.
	12.	우리 복지관은 접수 양식 및 접수과정에서 소요기간 등에 대한 지침이 마련되어 있고, 이를 준수한다.
	13.	우리 복지관은 이용자와 서비스를 계약하고 서비스 관련 내용을 설명한다.
	14.	우리 복지관은 이용자에게 서비스 동의서 사본과 서비스 관련 내용에 대해 자료를 제공하고 있다.
	15.	우리 복지관은 서비스 계획서와 서비스 일지(진행일지, 자원봉사자 일지, 출석부 등), 회의 기록, 서비스 결과보고서 등을 관리하고 있다.
프로그램 참여인력 적절성	16.	우리 복지관은 모든 강사와 계약서를 작성하고 있다.
	17.	우리 복지관은 모든 강사에 대한 평가를 시행하고 있다.
	18.	우리 복지관은 자원봉사자 및 실습생 모집・운영에 관한 계획이 명문화되어 있으며 이를 준수한다.
	19.	자원봉사자 모집 안내를 적극적으로 홍보하고 있다.
	20.	우리 복지관은 자원봉사자를 기관의 필요성에 맞춰 적절하게 모집・운영하고 있다.
	21.	우리 복지관은 자원봉사자 관리를 하며 다른 직원들에게도 이들의 활동시기와 활동 내용 등을 알리고 있다.
	22.	우리 복지관은 사업계획에 근거한 참여인력관리가 이루어지고 있다.
	23.	우리 복지관은 외부강사와 같은 시간제 인력에 대한 관리가 되고 있다.
	24.	우리 복지관의 자원봉사자에게는 담당 직원과 슈퍼바이저가 정해져 있다.
	25.	우리 복지관은 담당 직원과 슈퍼바이저는 이들의 활동과 관련하여 지속적인 피드백을 제공하고 있다.
	26.	우리 복지관은 자원봉사자들의 활동사항을 기록하여 보관하고 있다.

프로그램 대상자 적절성	27.	우리 복지관의 프로그램에 참여하는 대상자의 수는 적절하다.
	28.	우리 복지관의 프로그램에 참여하는 이용자들의 자격기준은 적절하다.
	29.	우리 복지관의 프로그램은 서비스를 필요로 하는 대상자들에게 제공되고 있다.

3 자료분석방법

총 5개 영역의 측정요소별로 구성된 1차 예비척도의 질문항목은 총 23개이며 리커트 7점 척도로 구성되어 있다. 사회복지관 성과를 구성하는 가치영역의 비전관리 척도를 개발하고 타당도를 검증하기 위하여 자료분석은 SPSS 20.0 그리고 AMOS 21.0 통계 프로그램을 사용하였다. 자료분석과정은 비전관리의 척도 분석과정과 동일하다.

4 프로그램관리 척도 검증

1) 탐색적 요인분석

확정된 프로그램관리 척도 1차 예비문항의 적절성을 평가하기 위하여 SPSS 21.0 통계프로그램을 활용하여 탐색적 요인분석을 실시하였다. 본 연구에서 수집된 자료가 요인분석에 적합한지 여부를 판단하기 위하여 통계적 과정으로 KMO 측정도구와 Bartlett의 구형성 검정을 실시하였으며, 결과는 〈표 9-2〉와 같다. KMO는 변수들 간의 상관관계가 다른 변수에 의해 잘 설명되는 정도를 나타내는 값으로, 값이 적으면 요인분석을 위한 변수의 선정이 좋지 못함을 나타내는 것이다. 일반적으로 KMO 값이 .90 이상이면 상당히 좋은 것으로 판단하고, .80~.89면 꽤 좋은 편, .50 이하이면 받아들일 수 없는 것으로 판단한다(송지준, 2015).

KMO 값은 .965로 상당히 좋은 것으로 나타났다. 요인분석 모형의 적합성 여부를 나타내는 Bartlett의 구형성 검정의 결과는 통계적으로 유의한 것으로($\chi^2 =$ 21909.525, $df = 406$, $p = .000$) 나타났으며, 이는 수집된 자료가 요인분석 모형으로 적합함을 보여주는 것이다. 즉, 확정된 예비문항은 요인분석의 사용이 적합하며 공통요인이 존재한

〈표 9-2〉 프로그램관리 척도 KMO 및 Bartlett의 검정 결과

항 목		값
KMO 표본 적합도		.965
Bartlett의 구형성 검정	근사 카이제곱	21909.525
	df	406
	유의확률	.000

다고 결론 내릴 수 있다.

다음으로 베리맥스 요인회전 결과, 총 29문항 중 공통성이 .40 이하인 문항은 없는 것으로 나타났다. 이에 최종적으로 4개의 요인, 총 29문항이 추출되었다. 최종 추출된 예비문항을 이용해 탐색적 요인을 분석한 결과는 〈표 9-3〉과 같다. 분석의 결과, 4개의 요인 모두 요인적재치 .40 이상, 공통성 .40 이상, 고유값 1 이상으로 나타났다. 총 누적분산 설명력은 76.273%로 나타났다.

〈표 9-3〉 프로그램관리 척도 탐색적 요인분석 결과 (N=845)

요인	문항번호	요인적재치	공통성	고유값	분산 설명력	문항수
1요인 (프로그램계획 적절성)	Q1	.659	.601	15.805	54.499	12
	Q2	.695	.672			
	Q3	.645	.624			
	Q4	.612	.677			
	Q5	.664	.561			
	Q6	.762	.737			
	Q7	.774	.692			
	Q8	.789	.727			
	Q9	.779	.754			
	Q10	.799	.796			
	Q11	.718	.664			
	Q12	.678	.592			

2요인 (프로그램 모니터링 적절성)	Q13	.639	.653	1.387	4.784	6
	Q14	.509	.472			
	Q15	.782	.774			
	Q16	.828	.791			
	Q17	.641	.634			
	Q26	.578	.650			
3요인 (프로그램 참여인력 적절성)	Q18	.579	.709	2.091	7.210	8
	Q19	.801	.807			
	Q20	.800	.837			
	Q21	.767	.785			
	Q22	.688	.779			
	Q23	.577	.662			
	Q24	.683	.674			
	Q25	.729	.746			
4요인 (프로그램 대상자 적절성)	Q27	.819	.773	1.211	4.174	3
	Q28	.800	.855			
	Q29	.687	.795			

탐색적 요인분석의 결과, 내용타당도가 검증된 프로그램관리 척도의 영역은 4개 영역(요인)으로 나타났다. 이는 내용타당도가 검증된 1차 예비척도의 결과와 같아 명칭에 대한 수정 없이 1요인은 프로그램계획 적절성, 2요인은 프로그램 모니터링 적절성, 3요인은 프로그램 참여인력 적절성, 그리고 4요인은 프로그램 대상자 적절성으로 명명하도록 한다.

2) 상관관계분석

탐색적 요인분석을 통해 추출된 4개 요인 간의 상관관계분석의 결과는 〈표 9-4〉와 같다. 먼저, 요인별 기술통계분석을 살펴보면 요인1의 평균은 5.79, 표준편차는 .93, 요인2의 평균은 6.27, 표준편차는 .74, 요인3의 평균은 6.03, 표준편차는 .92, 요인4의 평균은 5.39, 표준편차는 .90으로 나타났다. 상관관계분석 결과, 프로그램관리 척도

〈표 9-4〉 프로그램관리 척도 예비문항 상관관계 분석결과 (N=845)

변수	M (평균)	SD (표준편차)	요인1	요인2	요인3	요인4
요인1	5.79	.93	1			
요인2	6.27	.74	.688**	1		
요인3	6.03	.92	.740**	.748**	1	
요인4	5.39	.90	.624**	.599**	.605**	1

**$p<.01$

예비문항의 4개 요인 사이에는 통계적으로 유의한 것($p<.01$)으로 나타났다. 세부적으로 살펴보면 요인1과 요인2는 .688($p<.01$), 요인1과 요인3는 .740($p<.01$), 요인2과 요인3는 .748($p<.01$), 요인1과 요인4는 .624($p<.01$), 요인2와 요인4는 .599($p<.01$), 요인3과 요인4는 .605($p<.01$)로 상관관계가 나타났다.

3) 신뢰도 분석

탐색적 요인분석 결과, 추출된 4개 요인 29문항에 대하여 각 요인 간 내적 일치도를 검증하기 위해 신뢰도 분석을 실시하였으며, 그 결과는 〈표 9-5〉와 같다. 1요인의 Cronbach 알파계수는 .951, 2요인은 .877, 3요인은 .946, 4요인은 .864로 나타났다. 일반적으로 Cronbach 알파계수가 .60 이상이면 신뢰도가 확보되었다고 본다. 따라서 탐색적 요인분석 결과, 추출된 4개 요인 29개 문항은 신뢰도가 확보되었다.

〈표 9-5〉 프로그램관리 척도 예비문항 신뢰도 분석결과 (N=845)

요인	문항번호	Cronbach's α		문항수
		요인별	전체	
1요인	Q1	.948	.951	12
	Q2	.947		
	Q3	.948		
	Q4	.948		
	Q5	.952		

1요인	Q6	.946	.951	12
	Q7	.947		
	Q8	.946		
	Q9	.945		
	Q10	.945		
	Q11	.947		
	Q12	.949		
2요인	Q13	.853	.877	6
	Q14	.878		
	Q15	.840		
	Q16	.850		
	Q17	.858		
	Q26	.858		
3요인	Q18	.944	.946	8
	Q19	.936		
	Q20	.934		
	Q21	.937		
	Q22	.936		
	Q23	.942		
	Q24	.941		
	Q25	.940		
4요인	Q27	.870	.864	3
	Q28	.749		
	Q29	.815		

4) 확인적 요인분석

탐색적 요인분석 결과, 추출된 프로그램관리 척도 예비문항에 대하여 요인구조의 타당도를 확보하기 위해 AMOS 21.0 통계프로그램을 활용하여 확인적 요인분석을 실시하였다. 확인적 요인분석은 자료의 타당도를 증명하는 데 이용되며, 탐색적 요인분석

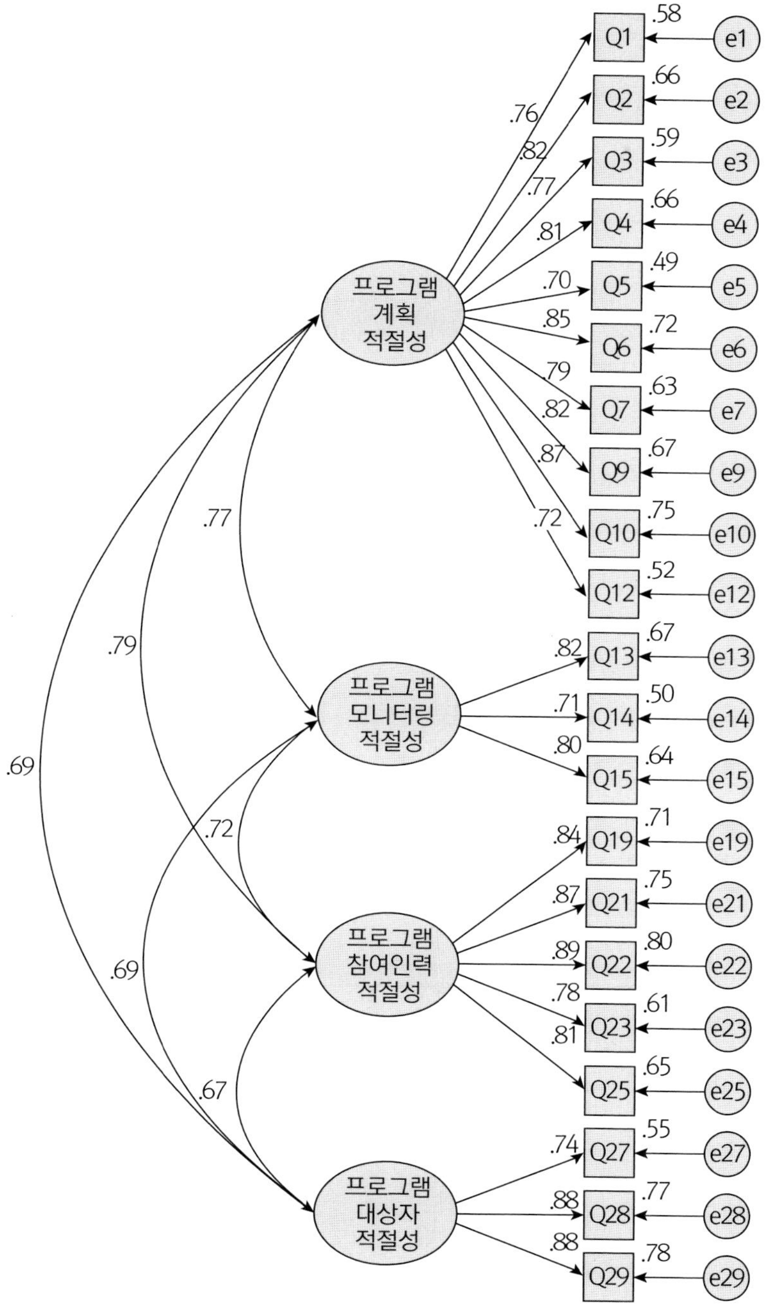

[그림 9-1] 프로그램관리 척도 확인적 요인분석 모형

의 결과는 확인적 요인분석에 의해 검증됨으로써 보다 신뢰할 수 있는 결론에 도달할 수 있다. 일반적으로 연구모형에 이용되는 변수들은 대부분 다항목으로 측정하기 때문에 단일차원성을 확보하는 것이 중요하다. 확인적 요인분석은 단일차원성을 확보하는 것이 목적이며, 해당 요인을 측정하는 문항들을 각 요인에만 적재되도록 사전에 지정하는 분석방법이다. [그림 9-1]은 구조방정식 모형을 이용하여 분석한 최종 모형을 나타낸 것이다.

탐색적 요인분석 결과, 추출된 4개의 요인 29개 문항을 대상으로 확인적 요인분석을 실시하여 〈표 9-6〉과 같은 결과를 얻었다. 29개의 문항에서 설명력이 낮은 8개 문항(1요인 2문항: Q9, Q11, 2요인 3문항: Q16, Q17, Q26, 3요인 3문항: Q18, Q20, Q24)을 제거한 후 최종적으로 21개 문항을 이용하여 확인적 요인분석을 실시하였다. 절대적합지수는 $\chi^2 = 1026.485$ ($df = 183$), $p = .000$, GFI = .887, RMSEA = .074, RMR = .043로 나타났다. 절대적합지수를 살펴본 결과, χ^2 검증과 RMSEA, GFI, RMR 값이 모두 적합한 수준으로 나타났다. RMSEA는 .05보다 적어야 하고 GFI와 AGFI는 1에 가까울수록 적합도는 좋은 것으로 해석할 수 있다(Browne & Cudeck, 1992). 증분적합지수는 IFI = .939, TLI = .930, CFI = .939로, .90 이상으로 나타났기 때문에 전반적으로 모형 적합도가 적합하게 나타났다. 간명적합지수는 PNFI = .808, PCFI = .819로, .60 이상으로 적합하게 나타났고 AGFI = .858로 역시 적합한 것으로 나타났다. 적합도를 종합적으로 살펴보았을 때, 측정모형의 적합도는 양호하며, 측정모형이 자료에 잘 부합된다고 해석할 수 있다.

〈표 9-6〉 프로그램관리 척도 모형 적합도 (N = 845)

절대적합지수	$\chi^2(df)$	1026.485(183) ($p = .000$)
	GFI	.887
	RMSEA	.074
	RMR	.043
증분적합지수	IFI	.939
	TLI	.930
	CFI	.939
간명적합지수	PNFI	.808
	PCFI	.819
	AGFI	.858

최종 연구모형의 분석결과는 <표 9-7>과 같다. 최종 모형에서 측정변수와 요인 사이의 표준화된 회귀계수 및 공분산은 모두 통계적으로 유의하게 나타났다($p < .001$). 또한 표준화 회귀계수의 적재치는 모두 .50 이상으로 나타났다.

<표 9-7> 프로그램관리 척도 최종 모형 요인분석 결과 (N=845)

			Estimate	S.E.	C.R.	P
Q1	<---	요인1	1.000			
Q2	<---	요인1	.995	.039	25.554	***
Q3	<---	요인1	1.095	.046	23.901	***
Q4	<---	요인1	.933	.037	25.347	***
Q5	<---	요인1	1.214	.057	21.229	***
Q6	<---	요인1	1.052	.039	26.928	***
Q7	<---	요인1	1.192	.048	24.735	***
Q8	<---	요인1	1.185	.046	25.598	***
Q10	<---	요인1	1.130	.041	27.523	***
Q12	<---	요인1	1.026	.046	22.072	***
Q13	<---	요인3	1.000			
Q14	<---	요인3	1.012	.048	21.142	***
Q15	<---	요인3	.849	.035	24.270	***
Q19	<---	요인3	1.000			
Q21	<---	요인3	1.025	.032	31.905	***
Q22	<---	요인3	.982	.029	33.636	***
Q23	<---	요인3	.812	.030	27.205	***
Q25	<---	요인3	1.023	.036	28.465	***
Q27	<---	요인4	1.000			
Q28	<---	요인4	.992	.039	25.199	***
Q29	<---	요인4	.908	.036	25.341	***

***$p < .001$

5) 타당도 검증

(1) 수렴타당도 검증

수렴타당도는 집중타당도라고도 불리며 동일한 개념을 측정하기 위하여 서로 다른 방법으로 측정한 값 사이에 높은 상관관계가 있어야 하는 것을 나타낸다. 본 연구에서는 수렴타당도를 검증하기 위하여 수렴신뢰도 값을 기준으로 하는 방법을 사용하였다. 본 연구에서 나타난 잠재요인의 신뢰도는 요인1 .924, 요인2 .820, 요인3 .911, 요인4 .864로 나타났으며, 모든 값이 0.7 이상으로 나타났기 때문에 수렴타당도가 확보되었다.

(2) 판별타당도 검증

판별타당도는 서로 다른 변수들 간에는 측정치에도 분명한 차이가 있어야 한다는 것을 전제로 한다. 즉, 한 변수와 다른 변수 간의 상관관계가 낮아야 판별타당도가 확보되었다고 할 수 있다. 본 연구에서 판별타당도를 검증하는 기준인 표준오차추정구간을 사용하였다. 다음으로 판별타당도는 변수들 간의 상관관계가 낮아야 확보되었다고 할 수 있기 때문에 변수들 간에 동일하다는 가설을 기각할 수 있는지 알아보아야 한다(Fornell & Larcker, 1981). 요인1과 요인3의 상관계수 값은 .790이고 이에 해당하는 표준오차(S.E)는 .041의 값을 나타내었다. 요인1과 요인3의 계수 값은 .790이며, 이에 해당하는 표준오차 .041을 대입하여 계산한 결과 값이 .872, .708 ≠ 1로 나타났다. 즉, 변수들 간에 동일하다는 가설이 기각되었으므로 판별타당도가 확보되었다.

$$.790 + (2 \times .041) = .872 \neq 1$$
$$.790 - (2 \times .041) = .708 \neq 1$$

최종 모형의 타당도 검증결과는 〈표 9-8〉과 같다.

〈표 9-8〉 프로그램관리 척도 타당도 검증결과

	요인1	요인2	요인3	요인4
CR	.924	.820	.911	.864
상관계수 ± (2 × 표준오차) = .872, .708 ≠ 1				

탐색적 요인분석과 확인적 요인분석의 과정, 타당도 검증을 통하여 프로그램관리 척도의 최종 문항은 요인1 10문항, 요인2 3문항, 요인3 5문항, 요인4 3문항으로 총 21문항이며, 최종 문항은 〈표 9-9〉와 같다. 최종 문항을 바탕으로 신뢰도 분석을 실시한 결과, 요인1의 Cronbach 알파계수=.940, 요인2의 Cronbach 알파계수=.807, 요인3의 Cronbach 알파계수=.920, 요인4의 Cronbach 알파계수=.864으로 나타났다. 프로그램관리 척도 요인1의 10개 문항, 요인2의 2개 문항, 요인3에 5문항, 요인4의 3문항에 대한 신뢰도가 확보되었다.

〈표 9-9〉 프로그램관리 척도의 최종 문항 (N=845)

요인	문항번호	질문문항	문항수
프로그램계획의 적절성	1	우리 복지관의 모든 사업계획서에는 기관이 추구하는 미션과 비전이 포함되어 있다.	10
	2	우리 복지관은 지역사회 사정 및 클라이언트의 욕구나 문제에 기반을 두어 사업계획서를 작성한다.	
	3	우리 복지관은 계획서 작성 시 계획실행에 따르는 직원 업무부담을 고려한다.	
	4	우리 복지관은 계획서 작성 시 계획실행에 따르는 예산을 고려한다.	
	5	우리 복지관은 계획서 작성 시 자문위원회의 자문을 받고 계획서에 반영한다.	
	6	우리 복지관은 사업의 추진상태를 정기적으로 점검하고 있다.	
	7	우리 복지관은 프로그램의 분기별 점검 계획안을 설정하고 이를 실시하고 있다.	
	8	우리 복지관은 모든 프로그램에 대해 운영과정을 점검하는 과정평가를 실시하고 있다.	

프로그램계획의 적절성	9	우리 복지관은 점검결과를 반영하여 서비스 계획을 조정하고 실행한다.	10
	10	우리 복지관은 접수 양식 및 접수과정에서 소요기간 등에 대한 지침이 마련되어 있고, 이를 준수한다.	
프로그램 모니터링의 적절성	11	우리 복지관은 이용자와 서비스를 계약하고 서비스 관련 내용을 설명한다.	3
	12	우리 복지관은 이용자에게 서비스 동의서 사본과 서비스 관련 내용에 대해 자료를 제공하고 있다.	
	13	우리 복지관은 서비스 계획서와 서비스 일지(진행일지, 자원봉사자 일지, 출석부 등), 회의 기록, 서비스 결과보고서 등을 관리하고 있다.	
프로그램 참여인력의 적절성	14	자원봉사자 모집 안내를 적극적으로 홍보하고 있다.	5
	15	우리 복지관은 자원봉사자 관리를 하며 다른 직원들에게도 이들의 활동시기와 활동 내용 등을 알리고 있다.	
	16	우리 복지관은 사업계획에 근거한 참여인력관리가 이루어지고 있다.	
	17	우리 복지관은 외부강사와 같은 시간제 인력에 대한 관리가 되고 있다.	
	18	우리 복지관은 담당 직원과 슈퍼바이저는 이들의 활동과 관련하여 지속적인 피드백을 제공하고 있다.	
프로그램 대상자 적절성	19	우리 복지관의 프로그램에 참여하는 대상자의 수는 적절하다.	3
	20	우리 복지관의 프로그램에 참여하는 이용자들의 자격기준은 적절하다.	
	21	우리 복지관의 프로그램은 서비스를 필요로 하는 대상자들에게 제공되고 있다.	

탐색적 요인분석과 확인적 요인분석의 과정, 타당도 검증을 통하여 프로그램관리 척도의 개발단계는 〈표 9-10〉과 같다. 프로그램관리 척도의 예비문항은 총 29개 문항이었으며, 탐색적 요인분석을 실시한 결과 제거되는 문항이 없었다. 29개의 문항을 바탕으로 확인적 요인분석을 실시한 결과, 8개 문항이 제거되었다. 최종적으로 프로그램관리 척도는 21개 문항으로 구성되었으며, 4개의 요인으로 구분되었다.

〈표 9-10〉 프로그램관리 척도 개발단계

구분	예비문항	탐색적 요인분석	확인적 요인분석	최종문항
척도문항	29개 문항	29개 문항	21개 문항	21개 문항
제거 문항수	–	–	8개 문항	–
요인 수	4	4	4	4

5 최종 프로그램관리 척도 소개

척도명	프로그램관리 척도	대상	직원
척도소개	• 사회복지관 성과관리의 과정영역 중 기관이 제공하는 프로그램(사업)에 대한 직원들의 인식을 점검 • 프로그램의 계획단계에서 실행단계까지의 제공과정에 대한 적절성 등을 측정		
채점방법 및 해석	• 7점 척도, 총 21문항으로 구성 • 합산한 점수가 높을수록 프로그램관리가 잘 이루어지고 있다고 해석		
원척도출처	• 자체 개발		
신뢰도	• 신뢰도 분석을 실시한 결과, 요인1의 Cronbach 알파계수=.940, 요인2의 Cronbach 알파계수=.807, 요인3의 Cronbach 알파계수=.920, 요인4의 Cronbach 알파계수=.864로 나타나 신뢰도는 확보되었음.		
타당도	• 수렴타당도: 잠재요인의 수렴신뢰도는 요인1 .924, 요인2 .820, 요인3 .911, 요인4 .864로 나타났으며, 모든 값이 0.7 이상으로 나타나 수렴타당도가 확보되었음. • 판별타당도: 표준오차추정값을 계산한 결과 값이 .872, .708 ≠ 1로 나타났다. 즉, 변수들 간에 동일하다는 가설이 기각되어 판별타당도는 확보되었음.		

제2절 인적자원관리 척도의 타당도

1 인적자원관리 척도의 활용과 측정대상

인적자원관리 척도는 사회복지관 성과관리의 과정영역 중 조직구성원, 즉 조직의 직원들에 대한 인적자원관리의 정도를 측정하는 척도이다. 복지관이 필요한 인력을 모집하고 선발하며 적당한 보상체계를 통하여 관리하고, 적합한 업무를 분장하며, 직원들이 조직에서 스스로 학습하며 조직발전에 기여할 수 있도록 자기역량을 개발하도록 기획하고 실행하며 지원하는 인적자원관리의 전 과정은 조직학습 및 조직발전과 성장 그리고 조직의 성과개선을 위한 기본적 토대이다. 인적자원관리를 통한 직원에 대한 대접 및 존중은 곧 직원의 직무몰입과 직무만족을 개선시키며 나아가 건강한 조직문화를 창출하고 유지 · 발전시켜 조직의 성과를 개선하고 성취하는 데 밑거름이 된다. 따라서 사회복지관의 전 직원들을 대상으로 하는 인적자원에 대한 관리 정도를 측정하는 인적자원관리 척도는 조직학습능력 강화, 조직몰입 및 직무만족 등의 직무태도 향상을 위한 기초자료를 제공할 수 있다.

사회복지관의 조직성과를 개선하는 한 영역으로서 인적자원에 대한 적당한 관리의 작동여부에 대한 측정은 곧 앞의 복지관 인적자원관리의 개념에서 밝힌 바와 같이 선발과정부터 배치 그리고 적당한 보상체계 및 조직의 직원계발을 위한 노력 등에서 확인될 수 있다. 즉, 첫째, 직원은 적절한 방법으로 모집되고 선발되어야 하며, 둘째, 선발된 직원은 적당한 보상체계를 통해 자신의 노동에 대한 정당한 권리를 보장받아야 하고, 셋째, 자신에게 적합한 직무의 양과 질이 보장되어야 하며, 넷째, 적당한 슈퍼비전과 직무훈련 및 교육을 통해 자신의 역량이 개발될 수 있는 기회가 보장되어야 한다. 따라서 업무의 양과 질을 측정하는 직무적절성에 대한 측정과 직무에 대한 몰입의 정도, 직무만족에 대한 직원들의 인식 및 이직의사 등을 포함하는 직무태도에 대한 측정, 선발체계 및 직원복지, 보상의 적절성에 대한 측정 그리고 조직의 직원계발을 위한 노력의 정도를 측정하는 직원계발노력의 정도 등은 곧 인적자원관리 척도의 중요한 측정요소이다. 구체적으로 인적자원관리 척도는 조직의 직원들에 대한 대접(보상)과 직무의 적절성 그리고 직원계발을 위한 조직의 노력 등을 측정한다.

사회복지관의 성과를 구성하는 과정영역 중 인적자원관리 척도는 조직 내부적 관점에서 측정되므로 사회복지관의 직원관리에 대한 직원들의 인식의 정도나 노력의 정도를 측정하며 측정대상자는 사회복지관에서 근무하는 (과장급)중간관리자 이하 전 직원이 된다.

② 인적자원관리 척도 개발과정

선행연구를 통해 개발된 사회복지관 인적자원관리 척도는 4개 인적자원관리영역의 35개 문항으로 구성되어 있었으나 2차에 걸친 노인복지영역의 학계 및 현장전문가들을 대상으로 하는 초점집단면접을 통해 수정 및 보완되어 내용타당도가 향상된 최종 30개 문항의 척도가 개발되었다. 특히, 1차 예비척도 35개 질문항목 중 중복가능성 및 적절성에 대한 지적으로 8개 문항이 삭제되고 2차 전문가면접에서 27개의 문항으로 수정되었다. 최종 인전자원관리 척도는 직원관리의 적절성 13개 문항, 직무적절성 5문항, 직원계발노력의 적절성 7문항 그리고 직무태도의 적절성 2문항 등 4개 영역의 27개 문항이다. 최종 수정된 사회복지관 인적자원관리 1차 예비척도는 다음과 같다.

〈표 9-11〉 인적자원관리 1차 예비척도

인적자원관리 측정내용		
직원관리 적절성	1.	우리 복지관은 인력채용 공고와 공식적 채용절차를 거쳐 인력을 선발하고 있고 관련근거들이 보관되어 있다.
	2.	우리 복지관은 직원 채용을 위한 인사위원회가 잘 운영되고 있다.
	3.	우리 복지관은 직원들의 보수지원 지침과 절차가 규정대로 시행하고 있다.
	4.	우리 복지관은 직무평가에 의한 보상이 적정하게 이루어지고 있다.
	5.	우리 복지관은 승진관리를 위한 관리지침이 있으며 이를 잘 준수하고 있다.
	6.	우리 복지관은 직원의 건강관리를 위한 정기검진을 정기적으로 실시하고 있다.
	7.	우리 복지관은 직원들의 법정 휴가 사용이 잘 이루어지고 있다.
	8.	우리 복지관은 고충상담에 필요한 절차와 과정(개인면담 신청, 메일 등)이 직원들에게 적절히 고지되고 있다.

	9.	우리 복지관은 고충상담 결과를 반영하여 기관의 업무 환경 개선, 업무의 재배치, 문제해결과 관련한 프로그램 등을 파악하여 결과를 상담 후 개인에게 통보하고 있다.
	10.	우리 복지관의 고충상담 신청은 비공개적으로 가능하도록 하며, 고충상담의 내용은 비밀보장을 하고 있다.
	11.	우리 복지관은 고충상담 결과에 따라 업무의 재배치와 대상자의 변경 등이 필요할 경우 복지관 내 제도의 개선을 통해 해결하고 있다.
	12.	우리 복지관은 노동법 및 운영규정에 의한 근로시간을 적절히 준수하고 있다.
	13.	우리 복지관은 적절한 노동환경 개선을 위한 상사와 부하의 의사소통 채널을 확보하고 시행하고 있다.
직무적절성	14.	우리 복지관은 직원의 경력 및 전문성, 역량에 대한 분석이 이루어지고 있다.
	15.	우리 복지관은 직무분석에 따른 업무분장을 명시화하고 있다.
	16.	우리 복지관의 직원들은 직무분석에 따른 직무를 실행하고 있다.
	17.	우리 복지관은 서비스 특성을 고려하여 필요한 인력의 유형과 규모를 파악하고 있다.
	18.	우리 복지관은 서비스 특성을 고려하여 법적 기준에 맞는 전문직 및 기타 직원을 확보하고 있다.
직원계발노력 적절성	19.	우리 복지관은 직원의 역량강화를 위한 계획이 수립되어 있다.
	20.	우리 복지관은 신입직원의 직무교육이 잘 이루어지고 있다.
	21.	우리 복지관은 직원의 경력관리를 위한 다양한 내·외부 교육의 기회가 제공되고 있다.
	22.	우리 복지관은 업무수행에 필요한 교육에 참여하도록 행정적·재정적으로 지원하고 있다.
	23.	우리 복지관은 목표로 하는 서비스를 실현하기 위한 슈퍼비전지침을 가지고 있으며 이를 준수한다.
	24.	우리 복지관의 슈퍼바이저는 슈퍼비전을 제공하기 위해 필요한 내·외부 교육을 정기적으로 받고 있다.
	25.	우리 복지관의 슈퍼바이저는 사업담당자에게 주 5회 이상의 정기적인 슈퍼비전을 주고 있다.
직무태도의 적절성	26.	우리 복지관은 직원의 근무만족도 조사를 정기적으로 실시하고 있다.
	27.	우리 복지관은 직원의 업무환경개선을 위하여 기관장과 직원 간의 간담회를 정기적으로 실시하고 있다.

3 자료분석방법

총 4개 영역의 측정요소별로 구성된 1차 예비척도의 질문항목은 총 27개이며 리커트 7점 척도로 구성되어 있다. 사회복지관 성과를 구성하는 과정영역의 인적자원관리 척도를 개발하고 타당도를 검증하기 위하여 자료분석은 SPSS 20.0 그리고 AMOS 21.0 통계프로그램을 사용하였다. 자료분석과정은 비전관리 척도 분석과정과 동일하다.

4 인적자원관리 척도 검증

1) 탐색적 요인분석

확정된 인적자원관리 척도 예비문항의 적절성을 평가하기 위하여 SPSS 21.0 통계프로그램을 활용하여 탐색적 요인분석을 실시하였다. 본 연구에서 수집된 자료가 요인분석에 적합한지 여부를 판단하기 위하여 통계적 과정으로 KMO 측정도구와 Bartlett의 구형성 검정을 실시하였으며, 결과는 〈표 9-12〉와 같다. KMO는 변수들 간의 상관관계가 다른 변수에 의해 잘 설명되는 정도를 나타내는 값으로, 값이 적으면 요인분석을 위한 변수의 선정이 좋지 못함을 나타내는 것이다. 일반적으로 KMO 값이 .90 이상이면 상당히 좋은 것으로 판단하고, .80~.89면 꽤 좋은 편, .50 이하이면 받아들일 수 없는 것으로 판단한다(송지준, 2015).

KMO 값은 .967로 상당히 좋은 것으로 나타났다. 요인분석 모형의 적합성 여부를 나타내는 Bartlett의 구형성 검정의 결과는 통계적으로 유의한 것으로($\chi^2=27926.827$, $df=351$, $p=.000$) 나타났으며, 이는 수집된 자료가 요인분석 모형으로 적합함을 보여주는 것이다. 즉, 확정된 예비문항은 요인분석의 사용이 적합하며 공통요인이 존재한다고 결론 내릴 수 있다.

〈표 9-12〉 인적자원관리 척도 KMO 및 Bartlett의 검정 결과

항목		값
KMO 표본 적합도		.967
Bartlett의 구형성 검정	근사 카이제곱	27926.827
	df	351
	유의확률	.000

다음으로 요인 간에 독립성을 유지하면서 요인구조가 가장 뚜렷해질 때까지 요인을 회전시키는 직각요인회전 방식인 베리맥스 요인회전 결과, 총 27문항 중 공통성이 .40 이하인 문항은 없는 것으로 나타났다. 이에 최종적으로 4개의 요인, 총 27문항이 추출되었다. 최종 추출된 예비문항을 이용해 탐색적 요인분석을 실시한 결과는 〈표 9-13〉과 같다. 분석의 결과, 4개의 요인 모두 요인적재치 .40 이상, 공통성 .40 이상, 고유값 1 이상으로 나타났다. 총 누적분산 설명력은 72.756%로 나타났다.

〈표 9-13〉 인적자원관리 척도 탐색적 요인분석 결과 (N=1,072)

요인	문항번호	공통성	고유값	분산 설명력	문항수
1요인 (직원보상)	Q1	.696	1.190	4.406	5
	Q2	.722			
	Q3	.633			
	Q6	.496			
	Q7	.583			
2요인 (직원고충처리 노력)	Q4	.665	15.616	57.836	8
	Q5	.641			
	Q8	.804			
	Q9	.852			
	Q10	.773			
	Q11	.848			
	Q26	.676			
	Q27	.714			

3요인 (직무적절성)	Q12	.592	1.028	3.808	7
	Q13	.745			
	Q14	.776			
	Q15	.813			
	Q16	.831			
	Q17	.811			
	Q18	.687			
4요인 (직원계발노력의 적절성)	Q19	.736	1.811	6.706	7
	Q20	.703			
	Q21	.789			
	Q22	.774			
	Q23	.793			
	Q24	.761			
	Q25	.731			

탐색적 요인분석의 결과, 내용타당도가 검증된 인적자원관리 척도의 영역이 4개의 영역(요인)으로 나타났다. 1차 예비척도의 요인이었던 직원관리 적절성(13개 문항), 직무적절성(5개 문항), 직원계발노력 적절성(7개 문항), 직무태도의 적절성(2개 문항)은 요인구조분석 결과, 직무태도의 적절성 요인이 삭제되고 직무태도의 적절성요인에 해당하는 두 질문항목은 2요인에 포함되었다. 그리고 2요인에 직원보상관련 두 문항과 직원고충처리 문항이 포함되었다. 요인구조탐색 결과를 기초로 하여 1요인은 직원보상으로 명칭을 수정하였으며 2요인은 직원고충처리로, 3요인은 직무적절성으로 명명하였으며 마지막 4요인은 직원계발노력의 적절성으로 명명한다.

2) 상관관계분석

탐색적 요인분석을 통해 추출된 4개의 요인 간의 상관관계분석의 결과는 〈표 9-14〉와 같다. 먼저, 요인별 기술통계분석을 살펴보면 1요인의 평균은 6.33, 표준편차는 .78, 2요인의 평균은 5.47, 표준편차는 1.20, 3요인의 평균은 5.72, 표준편차는 1.04, 4요인의 평균은 5.75, 표준편차는 1.02로 나타났다. 상관관계분석 결과, 인적자원관리 척도

〈표 9-14〉 인적자원관리 척도 예비문항 상관관계분석 결과 (N=1,072)

변수	M(평균)	SD(표준편차)	1요인	2요인	3요인	4요인
1요인	6.33	.78	1			
2요인	5.47	1.20	.646**	1		
3요인	5.72	1.04	.631**	.826**	1	
4요인	5.75	1.02	.674**	.810**	.795**	1

**$p<.01$

예비문항의 4개 요인 사이에는 통계적으로 유의한 것($p<.01$)으로 나타났다. 세부적으로 살펴보면 요인1과 요인2는 .646($p<.01$), 요인1과 요인3은 .631($p<.01$), 요인1과 요인4는 .674($p<.01$), 요인2과 요인3은 .826($p<.01$), 요인2과 요인4는 .810($p<.01$), 요인3과 요인4는 .795($p<.01$)로 상관관계가 나타났다.

3) 신뢰도 분석

탐색적 요인분석 결과, 추출된 4개 요인 27문항에 대하여 내적 일치도를 검증하기 위해 신뢰도 분석을 실시하였으며, 그 결과는 〈표 9-15〉와 같다. 1요인의 Cronbach 알파계수는 .853, 2요인의 Cronbach 알파계수는 .940, 3요인의 Cronbach 알파계수는 .933, 4요인의 Cronbach 알파계수는 .937로 나타났다. 일반적으로 Cronbach 알파계수가 .60 이상이면 신뢰도가 확보되었다고 본다. 따라서 탐색적 요인분석 결과, 추출된 4개 요인 27개 문항에 대한 신뢰도가 확보되었다.

〈표 9-15〉 인적자원관리 척도 예비문항 신뢰도 분석결과 (N=1,072)

요인	문항번호	Cronbach 알파계수		문항수
		요인별	전체	
1요인	Q1	.813	.853	5
	Q2	.801		
	Q3	.824		
	Q6	.845		
	Q7	.832		

2요인	Q4	.934	.940	8
	Q5	.935		
	Q8	.930		
	Q9	.926		
	Q10	.931		
	Q11	.927		
	Q26	.940		
	Q27	.937		
3요인	Q12	.936	.933	7
	Q13	.921		
	Q14	.920		
	Q15	.916		
	Q16	.915		
	Q17	.918		
	Q18	.931		
4요인	Q19	.926	.937	7
	Q20	.928		
	Q21	.927		
	Q22	.929		
	Q23	.922		
	Q24	.925		
	Q25	.932		

4) 확인적 요인분석

탐색적 요인분석 결과, 추출된 인적자원관리 척도 예비문항에 대하여 요인구조의 타당도를 확보하기 위해 AMOS 21.0 통계프로그램을 활용하여 확인적 요인분석을 실시하였다. 확인적 요인분석은 자료의 타당도를 증명하는 데 이용되며, 탐색적 요인분석의 결과는 확인적 요인분석에 의해 검증됨으로써 보다 신뢰할 수 있는 결론에 도달할 수 있다. 일반적으로 연구모형에 이용되는 변수들은 대부분 다항목으로 측정하기 때문에 단일차원성을 확보하는 것이 중요하다. 확인적 요인분석은 단일차원성을 확보하는 것이 목적이며, 해당 요인을 측정하는 문항들을 각 요인에만 적재되도록 사전에 지정하는 분석방법이다. [그림 9-2]는 구조방정식 모형을 이용하여 분석한 최종 모형을 나타낸 것이다.

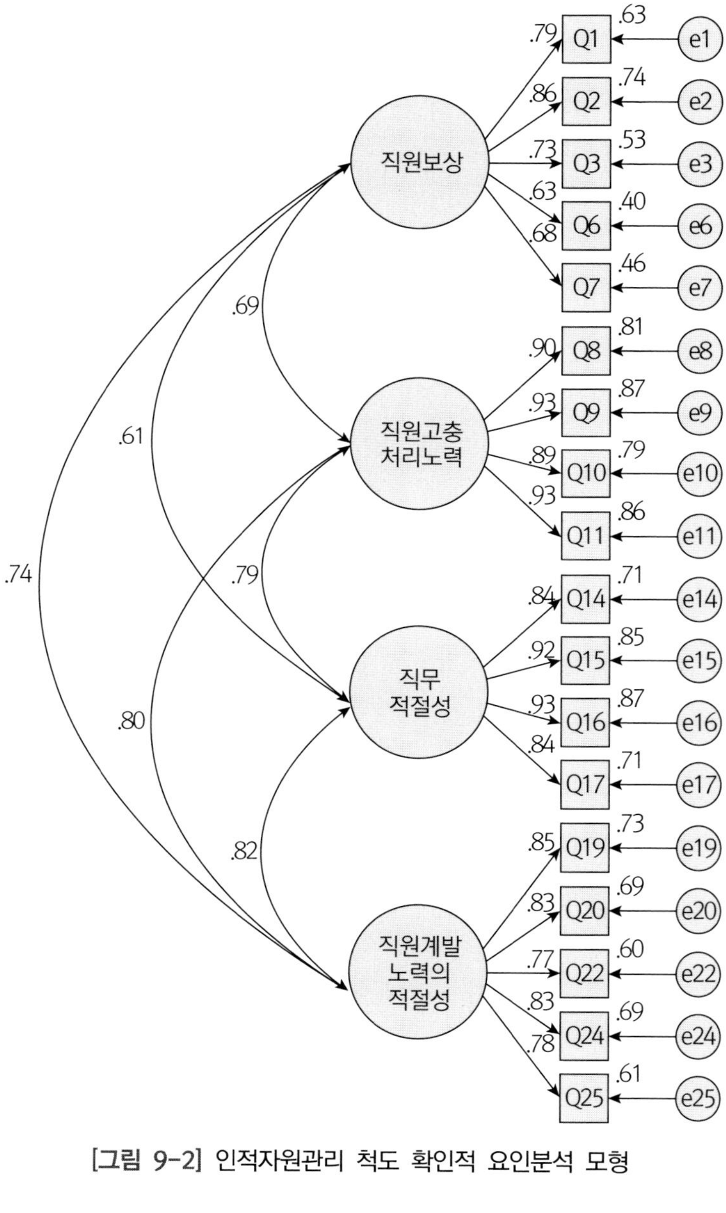

[그림 9-2] 인적자원관리 척도 확인적 요인분석 모형

〈표 9-16〉 인적자원관리 척도 모형 적합도

(N=1,072)

절대적합지수	$\chi^2(df)$	925.927(129) (p=.000)
	GFI	.909
	RMSEA	.076
증분적합지수	IFI	.954
	TLI	.945
	CFI	.954
간명적합지수	PNFI	.798
	PCFI	.804
	AGFI	.879

탐색적 요인분석 결과, 추출된 4개 요인 27개 문항을 대상으로 확인적 요인분석을 실시하여 〈표 9-16〉과 같은 결과를 얻었다. 27개의 문항에서 설명력이 낮은 9개 문항(1요인: Q4, Q5, 3요인: Q12, Q13, Q18, 4요인: Q21, Q23, Q26, Q27)을 제거한 후 최종적으로 18개 문항을 이용하여 확인적 요인분석을 실시하였다. 절대적합지수는 χ^2= 925.927(df=129), p=.000, GFI=.909, RMSEA=.076으로 나타났다. 절대적합지수를 살펴본 결과, χ^2검증과 RMSEA, GFI 값이 모두 적합한 수준으로 나타났다. RMSEA는 0.01, 0.05, 그리고 0.08 이하이면 좋은 것으로 판단할 수 있으며 0.1 이상이면 받아들일 수 없는 수준으로 판단되고(MacCallum, Browne, & Sugawara, 1996), GFI는 1에 가까울수록 적합도는 좋은 것으로 해석할 수 있다(Browne & Cudeck, 1992).

증분적합지수는 IFI=.954, TLI=.945, CFI=.954로, .90 이상이기 때문에 전반적으로 모형 적합도가 적합하게 나타났다. 간명적합지수는 PNFI=.798, PCFI=.804, AGFI=.879이다. PNFI, PCFI, AGFI 값이 모두 적합한 수준으로 나타났다. PNFI와 PCFI는 .60보다 높게 나와야 하고, AGFI는 1에 가까울수록 적합도는 좋은 것으로 해석할 수 있다. 모형 적합도를 종합적으로 살펴보았을 때, 측정모형의 적합도는 전반적으로 양호하며, 측정모형이 자료에 잘 부합된다고 해석할 수 있다.

최종 연구모형의 분석결과는 〈표 9-17〉과 같다. 최종 모형에서 측정변수와 요인 사이의 표준화된 회귀계수 및 공분산은 모두 통계적으로 유의하게 나타났다(p<.001).

〈표 9-17〉 인적자원관리 척도 최종 모형 요인분석 결과 (N=1,072)

				Estimate	S.E.	C.R.	P
1요인 (직원보상)	Q1	←	요인1	1.000			
	Q2	←	요인1	1.321	.044	30.209	***
	Q3	←	요인1	1.140	.046	24.998	***
	Q6	←	요인1	1.015	.048	21.118	***
	Q7	←	요인1	1.065	.046	22.933	***
2요인 (직원고충처리)	Q8	←	요인2	1.000			
	Q9	←	요인2	1.105	.022	50.697	***
	Q10	←	요인2	1.006	.022	44.776	***
	Q11	←	요인2	1.063	.021	49.588	***
3요인 (직무적절성)	Q14	←	요인3	1.000			
	Q15	←	요인3	1.107	.027	40.755	***
	Q16	←	요인3	1.131	.027	41.792	***
	Q17	←	요인3	.965	.028	34.985	***
4요인 (직원계발)	Q19	←	요인4	1.000			
	Q20	←	요인4	1.111	.033	33.961	***
	Q22	←	요인4	.824	.027	30.497	***
	Q24	←	요인4	1.072	.032	33.983	***
	Q25	←	요인4	1.078	.035	30.768	***

***$p < .001$

또한 표준화 회귀계수의 적재치는 모두 .50 이상으로 나타났다.

선행연구 및 전문가면접을 거쳐 개발된 1차 예비척도에서 인적자원관리는 총 4개 영역(직원관리 적절성, 직무적절성, 직원계발노력 적절성, 직무태도의 적절성)의 27개 질문항목으로 구성되어 있었지만 요인분석을 통하여 요인구조가 〈표 9-17〉과 같이 4개 영역 총 18개 문항으로 재수정되었다. 요인별 질문항목들에 대한 분석의 결과, 1요인은 직원보상 적절성, 2요인은 직원고충처리의 적절성, 3요인은 직무적절성 그리고 4요인은 직원계발노력의 적절성으로 명명하였다. 확인적 요인분석의 결과, 직무태도의 적절성 문항들(두 문항)이 모두 삭제된 것은 직원들의 직무태도와 관련된 질문들이 직무고충처리 요인과는 연관성이 없는 질문들로 구성되었기 때문이라고 예측할 수 있다.

5) 타당도 검증

(1) 수렴타당도 검증

수렴타당도는 집중타당도라고도 불리며 동일한 개념을 측정하기 위하여 서로 다른 방법으로 측정한 값 사이에 높은 상관관계가 있어야 하는 것을 나타낸다. 본 연구에서는 수렴타당도를 검증하기 위하여 수렴신뢰도 값을 기준으로 하는 방법을 사용하였다. 본 연구에서 나타난 잠재요인의 신뢰도는 요인1 .863, 요인2 .730, 요인3 .903, 요인4 .868로 나타났으며, 값이 0.7 이상으로 나타났기 때문에 수렴타당도가 확보되었다.

(2) 판별타당도 검증

판별타당도는 서로 다른 변수들 간에는 측정치에도 분명한 차이가 있어야 한다는 것을 전제로 한다. 즉, 한 변수와 다른 변수 간의 상관관계가 낮아야 판별타당도가 확보되었다고 할 수 있다. 본 연구에서는 판별타당도를 검증하는 기준인 표준오차추정구간을 사용하였다.

표준오차추정구간식을 활용한 판별타당도는 변수들 간의 상관관계가 낮아야 확보되었다고 할 수 있기 때문에 변수들 간에 동일하다는 가설을 기각할 수 있는지 알아보아야 한다(송지준, 2015; Fornell & Larcker, 1981). 요인1과 요인2의 계수 값은 .618이고 이에 해당하는 표준오차(S.E)는 .030의 값을 나타내었다. 요인3과 요인4의 계수 값 .815이며, 이에 해당하는 표준오차 .047을 대입하여 계산한 결과 값이 .909, .721 ≠ 1로 나타났다. 즉, 변수들 간에 동일하다는 가설이 기각되었으므로 판별타당도가 확보되었다.

$$.815 + (2 \times .047) = .909 \neq 1$$

$$.815 - (2 \times .047) = .721 \neq 1$$

〈표 9-18〉 인적자원관리 척도 타당도 검증결과

	요인1	요인2	요인3	요인4
CR	.863	.730	.903	.868
상관계수 ± (2 × 표준오차) = .909, .721 ≠ 1				

최종 모형의 타당도 검증결과는 〈표 9-18〉과 같다.

탐색적 요인분석과 확인적 요인분석의 과정, 타당도 검증을 통하여 인적자원관리 척도의 최종 문항은 요인1 5문항, 요인2 4문항, 요인3 4문항, 요인4 5문항으로 총 18문항이며, 최종 문항은 〈표 9-19〉와 같다. 최종 문항을 바탕으로 신뢰도 분석을 실시한 결과, 요인1의 Cronbach 알파계수=.853, 요인2의 Cronbach 알파계수=.952, 요인3의 Cronbach 알파계수=.934, 요인4의 Cronbach 알파계수=.905로 나타났다. 인적자원관리 척도 요인1에 5개 문항, 요인2에 4개 문항, 요인3에 4개 문항, 요인4에 5개 문항에 대한 신뢰도가 확보되었다.

〈표 9-19〉 인적자원관리 척도의 최종 문항 (N=1,072)

요인	문항번호	질문문항	문항수
직원보상	1	우리 복지관은 인력채용 공고와 공식적 채용절차를 거쳐 인력을 선발하고 있고 관련근거들이 보관되어 있다.	5
	2	우리 복지관은 직원 채용을 위한 인사위원회가 잘 운영되고 있다.	
	3	우리 복지관은 직원들의 보수지원 지침과 절차가 규정대로 시행하고 있다.	
	4	우리 복지관은 직원의 건강관리를 위한 정기검진을 정기적으로 실시하고 있다.	
	5	우리 복지관은 직원들의 법정 휴가 사용이 잘 이루어지고 있다.	
직원고충처리	6	우리 복지관은 고충상담에 필요한 절차와 과정(개인면담 신청, 메일 등)이 직원들에게 적절히 고지되고 있다.	4
	7	우리 복지관은 고충상담 결과를 반영하여 기관의 업무환경 개선, 업무의 재배치, 문제해결과 관련한 프로그램 등을 파악하여 결과를 상담 후 개인에게 통보하고 있다.	

직원고충처리	8	우리 복지관의 고충상담 신청은 비공개적으로 가능하도록 하며, 고충상담의 내용은 비밀보장을 하고 있다.	4
	9	우리 복지관은 고충상담 결과에 따라 업무의 재배치와 대상자의 변경 등이 필요할 경우 복지관 내 제도의 개선을 통해 해결하고 있다.	
직무적절성	10	우리 복지관은 직원의 경력 및 전문성, 역량에 대한 분석이 이루어지고 있다.	4
	11	우리 복지관은 직무분석에 따른 업무분장을 명시화하고 있다.	
	12	우리 복지관의 직원들은 직무분석에 따른 직무를 실행하고 있다.	
	13	우리 복지관은 서비스 특성을 고려하여 필요한 인력의 유형과 규모를 파악하고 있다.	
직원계발	14	우리 복지관은 직원의 역량강화를 위한 계획이 수립되어 있다.	5
	15	우리 복지관은 신입직원의 직무교육이 잘 이루어지고 있다.	
	16	우리 복지관은 업무수행에 필요한 교육에 참여하도록 행정적 · 재정적으로 지원하고 있다	
	17	우리 복지관의 슈퍼바이저는 슈퍼비전을 제공하기 위해 필요한 내 · 외부 교육을 정기적으로 받고 있다.	
	18	우리 복지관의 슈퍼바이저는 사업담당자에게 주 5회 이상의 정기적인 슈퍼비전을 주고 있다.	

탐색적 요인분석과 확인적 요인분석의 과정, 타당도 검증을 통하여 인적자원관리 척도의 개발단계는 〈표 9-20〉과 같다. 인적자원관리 척도 1차 예비문항은 총 27개 문항이었으며, 탐색적 요인분석을 실시한 결과, 제거되는 문항은 없는 것으로 나타났다. 27개의 문항을 바탕으로 확인적 요인분석을 실시한 결과, 9개 문항이 제거되었다. 최종적으로 인적자원관리 척도는 18개 문항으로 구성되었으며, 4개의 요인으로 구분되었다.

〈표 9-20〉 인적자원관리 척도 개발단계

구분	예비문항	탐색적 요인분석	확인적 요인분석	최종 문항
척도문항	27개 문항	27개 문항	18개 문항	18개 문항
제거 문항수	–	–	9개 문항	–
요인 수	4	4	4	4

5 최종 인적자원관리 척도 소개

척도명	인적자원관리 척도	대상	직원
척도소개	• 사회복지관 성과관리의 과정영역 중 인적자원관리에 대한 직원들의 인식을 점검 • 기관의 직원에 대한 대접 즉, 직원보상과 직무의 적절성, 직원고충처리의 적절성 그리고 직원계발노력의 적절성 등을 측정		
채점방법 및 해석	• 7점 척도, 4개 영역의 총 18문항으로 구성 • 합산한 점수가 높을수록 인적자원관리가 잘 이루어지고 있다고 해석		
원척도출처	• 자체 개발		
신뢰도	• 인적자원관리의 4개 영역에 대한 신뢰도 확인 결과, 4개 영역은 각각 Cronbach 알파계수＝.853, .952, .934, .905로서 신뢰도는 검증됨.		
타당도	• 수렴타당도: 수렴신뢰도 값이 0.7 이상이면 수렴타당도가 있는 것으로 해석하며 본 척도의 잠재요인 신뢰도는 요인(영역)1이 .863, 요인(영역)2가 .730, 요인(영역)3이 .903, 요인(영역)4가 .868로 나타나 모든 값이 0.7 이상으로 수렴타당도가 확보됨. • 판별타당도: 표준오차추정구간식을 활용한 판별타당도 계산결과 값이 .909, .721 ≠ 1로 나타나 변수들 간에 동일하다는 가설이 기각되어 판별타당도는 확보됨.		

제3절 혁신관리 척도의 타당도

1 혁신관리 척도의 활용과 측정대상

혁신은 좁은 의미에서 본다면 새로운 제도나 기술 등을 채택하는 것을 의미하지만 넓은 의미에서 본다면 자원배분구조(자원할당)나 조직 내부구조의 변화를 추구하는 것이라고 할 수 있다. 이러한 혁신의 개념을 수용하면 조직관리적 측면에서 혁신관리란 조직변화를 위해 새로운 제도나 기술을 채택하고 나아가 조직 내부구조의 변화과정을 관리하는 것이다. 사회복지관은 비영리조직으로서 공공이나 민간재원을 토대로 사회적 지원을 필요로 하는 대상자들에게 사회복지서비스를 제공하는 기관이다. 최근 노인복지현장의 변화는 급속하고 다양하다. 사회복지현장을 둘러싼 이러한 변화는 곧 사회복지관의 변화를 위한 노력, 즉 혁신노력에 대한 관리가 필요한 이유들을 나타내준다. 사회복지관이 변화하고 혁신하여야 하며 이를 관리하여야 할 필요성이 곧 조직혁신관리의 중요성을 의미한다.

혁신관리 척도는 사회복지관 성과관리의 과정영역 중 혁신관리에 대한 직원들의 인식을 점검하는 측정도구이다. 즉, 사회복지관 성과관리의 과정영역 중 조직변화의 필요성과 조직혁신을 위한 직원들의 인식을 측정하고 조직의 현 상태를 진단하고 조직혁신을 위한 조직의 노력 등을 측정하는 것을 목적으로 한다.

사회복지관의 성과를 구성하는 과정영역 중 혁신관리 척도의 측정대상은 조직 내부적 관점에서 측정되므로 사회복지관의 조직변화와 혁신노력에 대한 직원들의 인식의 정도나 노력의 정도를 측정하는 측정대상자는 사회복지관에서 근무하는 (과장급)중간관리자 이하 전 직원이 된다.

2 혁신관리 척도 개발과정

사회복지관의 성과관리를 위한 과정영역의 혁신관리에서 복지관의 변화 및 혁신관리 수준을 측정하기 위하여 본 연구에서는 혁신관리를, 첫째, 직원들의 조직변화 필요성에 대한 인식, 둘째, 조직 내 · 외부 환경분석의 적절성, 셋째, 조직혁신(변화)를 위한 조직의 준비 등을 중심으로 측정요소를 구분하여 측정하도록 한다.

사회복지관의 조직변화를 위한 사회복지관 혁신관리 척도는 3개 영역의 총 23개 문항으로 측정하도록 구성되어 있으며 리커트 7점 척도를 활용하고 질문항목에 대한 가독성을 높이기 위하여 모두 긍정적인 질문으로 구성되어 있다. 선행연구를 통해 개발된 척도는 3개 영역의 총 30개 문항으로 구성되어 있었으나 1차 전문가들을 대상으로 하는 초점집단면접을 통해 수정 및 보완되어 내용타당도가 향상된 1차 예비척도는 24개 문항의 척도가 개발되었다. 특히, 개발된 예비척도 24개 질문항목 중 질문의 중복가능성 및 적절성에 대한 지적으로 1개 문항이 삭제되고 7개 문항이 수정되어 2차 전문가면접에서 최종적으로 수정된 총 3개 영역의 23개 문항(조직 내 · 외부 환경분석 9문항, 혁신준비 4문항, 변화의 필요성 인식 10문항)으로 구성된 척도로 보완되었다. 〈표 9-21〉은 최종 개발된 사회복지관 혁신관리 척도이다.

〈표 9-21〉 혁신관리 1차 예비척도

혁신관리 측정내용		
조직 내 · 외부 환경분석	1.	우리 복지관은 서비스 제공과정 및 내용에 대해 주기적으로 점검을 실시하고 있다.
	2.	우리 복지관은 조직변화를 위해 조직구성원에 대한 진단을 정기적으로 실시하고 있다.
	3.	우리 복지관은 서비스 전달과정에서 발견되는 문제점이나 개선점들을 자유롭게 개진할 수 있는 지침이 마련되어 있으며 이를 잘 준수한다.
	4.	우리 복지관은 클라이언트의 서비스 개선사항에 대한 피드백을 받을 수 있는 체계가 되어 있다.
	5.	우리 복지관은 종사자들이 서비스 실행과정에서 발생하는 문제점과 개선사항에 대해 건의할 수 있는 체계가 마련되어 있다.
	6.	우리 복지관은 조직 내 모든 부서의 구분과 업무내용에 대한 규정이 마련되어 있다.
	7.	우리 복지관의 조직부서는 조직목적을 성취하기에 적합하게 구성되어 있다.
	8.	우리 부서가 다루는 업무의 책임성과 자율성은 우리 부서가 가지고 있다.

	9.	우리 복지관은 조직을 둘러싼 위험요소를 파악하기 위해 SWOT분석 등을 실시하고 있다.
혁신준비	10.	우리 복지관은 미션과 비전을 기초로 하는 체계적인 조직발전계획서(중장기발전계획)를 가지고 있으며 이를 준수한다.
	11.	우리 복지관은 지역사회와 클라이언트 욕구에 근거하여 명확한 목표와 목적을 설정하여 중장기계획안을 제시하고 있으며 이를 준수한다.
	12.	우리 복지관은 새로운 서비스를 제공하기 위해 항상 노력한다.
	13.	우리 복지관은 이용자들로부터의 정보와 피드백을 주기적으로 점검한다.
변화의 필요성 인식	14.	나의 기관은 높은 성과를 가지고 있는 조직이라고 생각된다.
	15.	우리는 서비스를 개선시키기 위한 새로운 방법을 항상 추구한다.
	16.	우리는 규칙적으로 이용자들로부터의 정보와 피드백을 추구한다. 그 결과 우리는 더 좋은 서비스를 이용자들에게 제공할 수 있다.
	17.	우리 복지관은 지난 1년간 새로운 프로그램 또는 사업을 실행했다.
	18.	우리 복지관은 서비스 전달을 개선시키기 위한 최근의 지식이나 기술을 사용하고 있다.
	19.	이용자들은 나의 기관에서 서비스를 빨리 그리고 꾸준히 제공받는다.
	20.	우리 복지관은 새로운 프로그램과 서비스를 빠르게 도입하는 데 있어 성공적이다.
	21.	우리 복지관에서 직원들은 최상의 업무를 수행하도록 동기부여 받는다.
	22.	우리 복지관은 매우 빠르게 변화를 관리하는 데 있어 성공적이다.
	23.	우리 복지관은 경영평가나 사회복지시설평가에서 2회 이상 우수등급 이상을 받아 다른 기관보다 더욱 효과적으로 서비스를 제공하고 있다.

3 자료분석방법

총 3개 영역의 측정요소별로 구성된 1차 예비척도의 질문항목은 총 23개이며 리커트 7점 척도로 구성되어 있다. 복지관 성과를 구성하는 과정영역의 혁신관리 척도를 개발하고 타당도를 검증하기 위하여 자료분석은 SPSS 20.0 그리고 AMOS 21.0 통계프로그램을 사용하였다. 자료분석과정은 비전관리 척도 분석과정과 동일하다.

4 혁신관리 척도 검증

1) 탐색적 요인분석

확정된 혁신관리척도 예비문항의 적절성을 평가하기 위하여 SPSS 21.0 통계프로그램을 활용하여 탐색적 요인분석을 실시하였다. 본 연구에서 수집된 자료가 요인분석에 적합한지 여부를 판단하기 위하여 통계적 과정으로 KMO 측정도구와 Bartlett의 구형성 검정을 실시하였으며, 결과는 〈표 9-22〉와 같다. KMO는 변수들 간의 상관관계가 다른 변수에 의해 잘 설명되는 정도를 나타내는 값으로, 값이 적으면 요인분석을 위한 변수의 선정이 좋지 못함을 나타내는 것이다. 일반적으로 KMO 값이 .90 이상이면 상당히 좋은 것으로 판단하고, .80~.89이면 꽤 좋은 편, .50 이하이면 받아들일 수 없는 것으로 판단한다(송지준, 2015).

KMO 값은 .972로 상당히 좋은 것으로 나타났다. 요인분석 모형의 적합성 여부를 나타내는 Bartlett의 구형성 검사의 결과는 통계적으로 유의한 것으로($\chi^2=27655.335$, $df=253$, $p=.000$) 나타났으며, 이는 수집된 자료가 요인분석 모형으로 적합함을 보여주는 것이다. 즉, 확정된 예비문항은 요인분석의 사용이 적합하며 공통요인이 존재한다고 결론 내릴 수 있다.

〈표 9-22〉 혁신관리 척도 KMO 및 Bartlett의 검정 결과

항목		값
KMO 표본 적합도		.972
Bartlett의 구형성 검정	근사 카이제곱	27655.335
	df	253
	유의확률	.000

다음으로 요인 간에 독립성을 유지하면서 요인구조가 가장 뚜렷해질 때까지 요인을 회전시키는 직각요인회전 방식인 베리맥스 요인회전 결과, 총 23문항 중 공통성이 .40 이하인 문항은 없는 것으로 나타났다. 이에 최종적으로 2개의 요인, 총 23문항이 추출되었다. 최종 추출된 예비문항을 이용해 탐색적 요인분석을 한 결과는 〈표 9-23〉과 같다. 분석의 결과, 1개의 요인 모두 요인적재치 .40 이상, 공통성 .40 이상, 고유 값

〈표 9-23〉 혁신관리 척도 탐색적 요인분석 결과

(N=1,055)

요인	문항번호	공통성	고유값	분산 설명력	문항수
1요인 (혁신준비)	Q1	.704	15.469	67.256	12
	Q2	.758			
	Q3	.795			
	Q4	.770			
	Q5	.783			
	Q6	.709			
	Q7	.747			
	Q8	.663			
	Q9	.593			
	Q10	.697			
	Q11	.724			
	Q13	.709			
2요인 (변화노력)	Q12	.691	1.259	5.475	11
	Q14	.778			
	Q15	.828			
	Q16	.817			
	Q17	.677			
	Q18	.785			
	Q19	.766			
	Q20	.792			
	Q21	.739			
	Q22	.768			
	Q23	.434			

1 이상으로 나타났다. 총 누적분산설명력은 72.731%로 나타났다.

탐색적 요인분석의 결과, 내용타당도가 검증된 혁신관리 척도의 영역이 3개의 영역에서 2개 영역(요인)으로 조정되었다. 예비척도의 3개 요인은 각각 조직 내·외부 환경분석, 혁신준비, 변화의 필요성 인식이었으며, 탐색적 요인분석을 통해 요인구조가

2개로 조정되어 질문항목에 대한 분석을 통해 첫 번째 요인을 혁신준비 그리고 두 번째 요인을 변화노력으로 명명한다. Q12(우리 복지관은 새로운 서비스를 제공하기 위해 항상 노력한다) 문항은 혁신준비라기보다는 변화노력에 포함되는 것이 정당하다고 보이며, Q13(우리 복지관은 이용자들로부터 정보와 피드백을 주기적으로 점검한다)은 변화노력이라기보다는 변화를 위한 준비, 즉 혁신 준비과정에 포함되는 지표라고 볼 수 있다. 그리고 조직 내 · 외부 환경분석 요인에 포함되는 대부분의 질문항목들은 혁신준비를 위한 행동에 포함된다고 할 수 있으므로 혁신준비 요인의 질문항목에 조직 내 · 외부 환경분석의 질문항목들이 포함된다고 해석할 수 있다.

2) 상관관계분석

탐색적 요인분석을 통해 추출된 2개의 요인 간의 상관관계분석의 결과는 〈표 9-24〉와 같다. 요인1의 평균은 5.69, 표준편차는 .99로 나타났으며, 요인2의 평균은 5.79, 표준편차는 .95로 나타났다. 혁신관리 척도 예비문항의 2개 요인 사이에는 통계적으로 유의한 것($p<.01$)으로 나타났다. 세부적으로 살펴보면 요인1과 요인2는 .861($p<.01$)로 상관관계가 나타났다.

〈표 9-24〉 혁신관리척도 예비문항 상관관계분석 결과 (N＝1,055)

변수	M(평균)	SD(표준편차)	요인1	요인2
요인1	5.69	.99	1	
요인2	5.79	.95	.861**	1

$^{**}p<.01$

3) 신뢰도 분석

탐색적 요인분석 결과, 추출된 2개 요인 23문항에 대하여 내적 일치도를 검증하기 위해 신뢰도 분석을 실시하였으며, 그 결과는 〈표 9-25〉와 같다. 1요인의 Cronbach 알파계수는 .962, 2요인의 Cronbach 알파계수는 .957로 나타났다. 일반적으로 Cronbach 알파계수가 .60 이상이면 신뢰도가 확보되었다고 본다. 따라서 탐색적 요인분석 결과, 추출된 2개의 요인 23개 문항에 대한 신뢰도가 확보되었다.

〈표 9-25〉 혁신관리 척도 예비문항 신뢰도 분석결과

(N=1,055)

요인	문항번호	Cronbach 알파계수		문항수
		요인별	전체	
1요인	Q1	.959	.962	12
	Q2	.958		
	Q3	.958		
	Q4	.958		
	Q5	.958		
	Q6	.959		
	Q7	.958		
	Q8	.960		
	Q9	.963		
	Q10	.959		
	Q11	.958		
	Q13	.959		
2요인	Q12	.954	.957	11
	Q14	.951		
	Q15	.950		
	Q16	.951		
	Q17	.955		
	Q18	.951		
	Q19	.952		
	Q20	.950		
	Q21	.951		
	Q22	.950		
	Q23	.963		

4) 확인적 요인분석

탐색적 요인분석 결과, 추출된 혁신관리 척도 예비문항에 대하여 요인구조의 타당도를 확보하기 위해 AMOS 21.0 통계프로그램을 활용하여 확인적 요인분석을 실시하였다. 확인적 요인분석은 자료의 타당도를 증명하는 데 이용되며, 탐색적 요인분석의 결과는 확인적 요인분석에 의해 검증됨으로써 보다 신뢰할 수 있는 결론에 도달할 수 있다. 일반적으로 연구모형에 이용되는 변수들은 대부분 다항목으로 측정하기 때문에 단일차원성을 확보하는 것이 중요하다. 확인적 요인분석은 단일차원성을 확보하는 것이 목적이며, 해당 요인을 측정하는 문항들을 각 요인에만 적재되도록 사전에 지정하는 분석방법이다. [그림 9-3]은 구조방정식 모형을 이용하여 분석한 최종 모형을 나타낸 것이다.

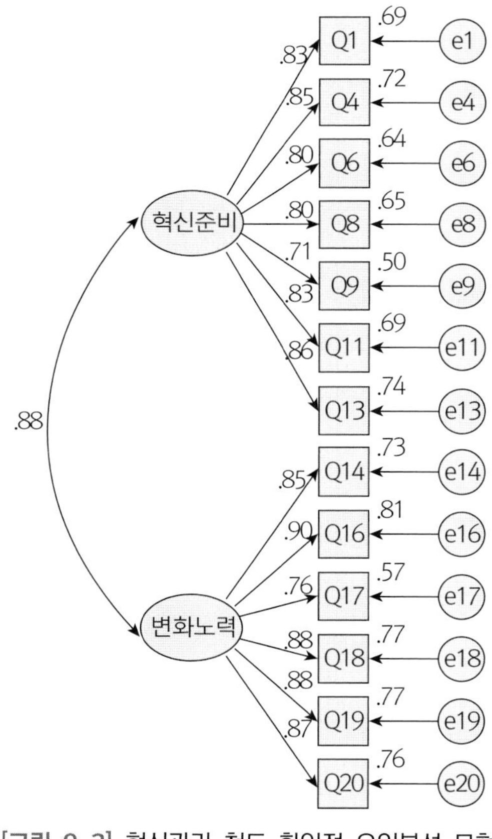

[그림 9-3] 혁신관리 척도 확인적 요인분석 모형

〈표 9-26〉 혁신관리 척도 모형 적합도 (N = 1,055)

절대적합지수	$\chi^2(df)$	431.136(64) (p = .000)
	GFI	.940
	RMSEA	.074
	RMR	.034
증분적합지수	IFI	.970
	TLI	.964
	CFI	.970
간명적합지수	PNFI	.792
	PCFI	.796
	AGFI	.915

탐색적 요인분석 결과, 추출된 2개의 요인 23개 문항을 대상으로 확인적 요인분석을 실시하여 〈표 9-26〉과 같은 결과를 얻었다. 23개의 문항에서 설명력이 낮은 10개 문항(1요인: Q2, Q3, Q5, Q7, Q10, 2요인: Q12, Q15, Q21, Q22, Q23)을 제거한 후 최종적으로 13개 문항을 이용하여 확인적 요인분석을 실시하였다. 절대적합지수는 χ^2 = 431.136 (df = 64), p = .000, GFI = .940, RMSEA = .074, RMR = .034로 나타났다. 절대적합지수를 살펴본 결과, χ^2검증과 RMSEA, GFI, RMR 값이 모두 적합한 수준으로 나타났다. RMSEA는 .05보다 적어야 하고 GFI와 AGFI는 1에 가까울수록 적합도는 좋은 것으로 해석할 수 있다(Browne & Cudneck, 1992). 증분적합지수는 IFI = .970, TLI = .964, CFI = .970로, .90 이상이기 때문에 전반적으로 모형 적합도가 적합하게 나타났다. 간명적합지수는 PNFI = .792, PCFI = .796로 .60 이상이기 때문에 적합한 수준으로 나타났으며 AGFI = .915로 역시 적합한 것으로 나타났다. 모형 적합도를 종합적으로 살펴보았을 때, 측정모형의 적합도는 전반적으로 양호하며, 측정모형이 자료에 잘 부합된다고 해석할 수 있다.

최종 연구모형의 분석결과는 〈표 9-27〉과 같다. 최종 모형에서 측정변수와 요인 사이의 표준화된 회귀계수 및 공분산은 모두 통계적으로 유의하게 나타났다(p < .001). 또한 표준화 회귀계수의 적재치는 모두 .50 이상으로 나타났다.

〈표 9-27〉 혁신관리 척도 최종 모형 요인분석 결과 (N=1,055)

			Estimate	S.E.	C.R.	P
Q1	<---	요인1	1.000			
Q4	<---	요인1	1.138	.033	34.167	***
Q6	<---	요인1	1.047	.033	31.373	***
Q8	<---	요인1	1.053	.033	31.501	***
Q9	<---	요인1	1.257	.048	26.219	***
Q11	<---	요인1	1.179	.035	33.239	***
Q13	<---	요인1	1.071	.031	34.867	***
Q14	<---	요인2	1.000			
Q16	<---	요인2	1.034	.026	40.264	***
Q17	<---	요인2	.883	.030	29.681	***
Q18	<---	요인2	1.063	.028	38.082	***
Q19	<---	요인2	.994	.026	38.243	***
Q20	<---	요인2	1.105	.029	37.531	***

***$p < .001$

5) 타당도 검증

(1) 수렴타당도 검증

수렴타당도는 집중타당도라고도 불리며 동일한 개념을 측정하기 위하여 서로 다른 방법으로 측정한 값 사이에 높은 상관관계가 있어야 하는 것을 나타낸다. 본 연구에서는 수렴타당도를 검증하기 위하여 수렴신뢰도 값을 기준으로 하는 방법을 사용하였다. 본 연구에서 나타난 잠재요인의 신뢰도는 요인1 .904, 요인2 .938로 나타났으며, 값이 0.7 이상으로 나타났기 때문에 수렴타당도가 확보되었다.

(2) 판별타당도 검증

판별타당도는 변수들 간의 상관관계가 낮아야 확보되었다고 할 수 있기 때문에 변수들 간에 동일하다는 가설을 기각할 수 있는지 알아보아야 한다(Fornell & Larcker, 1981). 요인1과 요인2의 상관계수 값은 .884이고 이에 해당하는 표준오차(S.E)는 .036

의 값을 나타내었다. 요인1과 요인2의 계수 값은 .884이며, 이에 해당하는 표준오차 .036을 대입하여 계산한 결과 값이 .956, .812 ≠ 1로 나타났다. 즉, 변수들 간에 동일하다는 가설이 기각되었으므로 판별타당도가 확보되었다.

$$.884 + (2 \times .036) = .956 \neq 1$$
$$.884 - (2 \times .036) = .812 \neq 1$$

최종 모형의 타당도 검증결과는 〈표 9-28〉과 같다.

〈표 9-28〉 혁신관리 척도 타당도 검증결과

	요인1	요인2
CR	.904	.938
상관계수 ± (2 × 표준오차) = .956, .812 ≠ 1		

탐색적 요인분석과 확인적 요인분석의 과정, 타당도 검증을 통하여 혁신관리 척도의 최종 문항은 요인1 7문항, 요인2 6문항으로 총 13문항이며, 최종 문항은 〈표 9-29〉와 같다. 최종문항을 바탕으로 신뢰도 분석을 실시한 결과, 요인1의 Cronbach 알파계수=.926, 요인2의 Cronbach 알파계수=.942로 나타났다. 혁신관리 척도 요인1에 7개 문항, 요인2에 6개 문항에 대한 신뢰도가 확보되었다.

〈표 9-29〉 혁신관리 척도의 최종 문항 (N=1,055)

요인	문항번호	질문문항	문항수
혁신준비	1	우리 복지관은 서비스 제공과정 및 내용에 대해 주기적으로 점검을 실시하고 있다.	7
	2	우리 복지관은 클라이언트의 서비스 개선사항에 대한 피드백을 받을 수 있는 체계가 되어 있다.	
	3	우리 복지관은 조직 내 모든 부서의 구분과 업무내용에 대한 규정이 마련되어 있다.	
	4	우리 부서가 다루는 업무의 책임성과 자율성은 우리 부서가 가지고 있다.	

혁신준비	5	우리 복지관은 조직을 둘러싼 위험요소를 파악하기 위해 SWOT분석 등을 실시하고 있다.	7
	6	우리 복지관은 지역사회와 클라이언트 욕구에 근거하여 명확한 목표와 목적을 설정하여 중장기계획안을 제시하고 있으며 이를 준수한다.	
	7	우리 복지관은 이용자들로부터의 정보와 피드백을 주기적으로 점검한다.	
변화노력	8	나의 기관은 높은 성과를 가지고 있는 조직이라고 생각된다.	6
	9	우리는 규칙적으로 이용자들로부터의 정보와 피드백을 추구한다. 그 결과 우리는 더 좋은 서비스를 이용자들에게 제공할 수 있다.	
	10	우리 복지관은 지난 1년간 새로운 프로그램 또는 사업을 실행했다.	
	11	우리 복지관은 서비스 전달을 개선시키기 위한 최근의 지식이나 기술을 사용하고 있다.	
	12	이용자들은 나의 기관에서 서비스를 빨리 그리고 꾸준히 제공받는다.	
	13	우리 복지관은 새로운 프로그램과 서비스를 빠르게 도입하는 데 있어 성공적이다.	

탐색적 요인분석과 확인적 요인분석의 과정, 타당도 검증을 통하여 혁신관리 척도의 개발단계는 〈표 9-30〉과 같다. 혁신관리 척도의 예비문항은 총 23개 문항이었으며, 탐색적 요인분석을 실시한 결과, 제거되는 문항은 없는 것으로 나타났다. 23개의 문항을 바탕으로 확인적 요인분석을 실시한 결과, 10개 문항이 제거되었다. 최종적으로 혁신관리 척도는 13개 문항으로 구성되었으며, 2개의 요인으로 구분되었다.

〈표 9-30〉 혁신관리 척도 개발단계

구분	예비문항	탐색적 요인분석	확인적 요인분석	최종 문항
척도문항	23개 문항	23개 문항	13개 문항	13개 문항
제거 문항 수	–	–	10개 문항	–
요인 수	3	2	2	2

5 최종 혁신관리 척도 소개

척도명	혁신관리 척도	대상	직원
척도소개	• 조직변화의 필요성과 조직혁신을 위한 직원들의 인식을 측정 • 조직의 현 상태를 진단하고 조직혁신을 위한 조직의 노력 등을 측정		
채점방법 및 해석	• 7점 척도, 총 13문항으로 구성 • 합산한 점수가 높을수록 혁신관리가 잘 이루어지고 있다고 해석		
원척도출처	• 자체 개발		
신뢰도	• 신뢰도 분석을 실시한 결과, 요인1의 Cronbach 알파계수=.962, 요인2의 Cronbach 알파계수=.957로 나타나 혁신관리 척도 요인1에 7개 문항, 요인2에 6개 문항에 대한 신뢰도가 확보되었음.		
타당도	• 수렴타당도: 수렴신뢰도 값은 0.7 이상이면 수렴타당도가 있는 것으로 해석되며, 본 척도에서 나타난 잠재요인 신뢰도는 요인1 .904, 요인2 .938로 나타나 수렴타당도가 확보되었음. • 판별타당도: 표준오차추정구간식의 요인1과 요인2의 계수 값은 .884이며, 이에 해당하는 표준오차 .036을 대입하여 계산한 결과 값이 .956, .812 ≠ 1로 나타나 변수들 간에 동일하다는 가설이 기각되었으므로 판별타당도가 확보되었음.		

제4절 이용자관리 척도의 타당도

1 이용자관리 척도의 활용과 측정대상

사회복지관에서 이용자는 자신의 욕구를 충족시키는 데 관련된 복지, 건강의료, 교육, 문화 및 여가 등 서비스 제공을 위하여 복지관과 접촉하고 있는 사람을 의미한다. 이용자는 자신에게 필요한 적절한 서비스를 제공받기 위하여 자신의 의사를 반영하고 참여하고자 하는 욕구를 가지고 있으며, 이러한 자신의 욕구를 충족하고 독립성을 보장받기 위한 권리나 권한강화, 적절한 지원을 강조하는 경향이 존재한다. 이러한 이용자의 개별적인 참여가 보장되기 위해서는 조직관리적 측면에서 점검이 반드시 필요하다. 즉, 이용자의 측면에서 '이용자의 욕구나 불만족, 이용자의 권리와 비밀보장, 이용자의 자기결정권, 이용자 정보보호, 이용자 참여 및 사례관리' 등과 같은 이용자를 위한 환경 여건이 조성되도록 사회복지관은 조직관리적 측면에서 노력하여야 한다. 이용자가 자신의 서비스 제공계획에 참여하고 실질적으로 권리를 보장받으며 자신의 정보가 안전하게 관리되며 이용자 개개인들의 욕구와 환경에 적합한 개별적인 사례를 제공받는다면 사회복지관 이용자들의 만족은 향상될 것이고 당연히 삶의 질은 개선 및 향상될 것이므로 발전적이고 성공적인 성과관리를 위하여 복지관은 이용자관리의 정도를 수시로 점검하고 측정하여 성과관리에 반영하여야 한다.

이용자관리 척도는 이용자의 욕구나 불만족, 이용자의 권리와 비밀보장, 이용자의 자기결정권, 이용자 정보보호, 이용자 참여 및 사례관리 등과 같은 이용자를 위한 환경 여건이 적절하게 조성되도록 점검하고 노력하는 사회복지관의 노력정도를 측정하는 성과관리 과정영역의 성과측정도구이다. 사회복지관의 성과를 구성하는 과정영역 중 이용자관리 척도의 측정대상은 성과관리를 위한 조직 내부적 관점에서 측정되므로 사회복지관의 이용자관리의 정도에 대한 직원들의 인식의 정도나 노력의 정도를 측정하게 되며 측정대상자는 사회복지관에서 근무하는 (과장급)중간관리자 이하 전 직원이 된다.

2 이용자관리 척도 개발과정

사회복지관의 성과관리를 위한 과정영역의 이용자관리는 사회복지관에서 이루어지는 이용자관리의 정도를 측정하기 위한 척도로서 측정요소는, 첫째, 이용자의 자기결정권을 포함하는 이용자권리 3개 문항, 둘째, 이용자 정보보호 4개 문항, 셋째, 이용자 참여 4개 문항, 넷째, 이용자의 개별적 사례 5개 문항, 다섯째, 이용자의 불만 3개 문항 등이다. 사회복지관의 이용자관리를 위한 노력의 정도를 측정하기 위하여 본 연구에서는 선행연구를 토대로 하여 예비척도를 도출하였다. 사회복지관 이용자관리 예비척도는 5개 영역의 총 22개 문항으로 측정하도록 구성되어 있으며 리커트 7점 척도를 활용하였다.

선행연구를 통해 개발된 1차 예비척도는 5개의 이용자관리영역의 총 29개 문항으로

〈표 9-31〉 이용자관리 1차 예비척도

이용자관리 측정내용		
이용자 불만	1.	우리 복지관은 불만사항이 신속하게 처리되고 있다.
	2.	우리 복지관은 이용자들의 불만사항과 이에 대한 처리결과를 공개하고 있다.
	3.	우리 복지관은 이용자가 불만사항에 대해 후속조치가 이루어지고 있다.
이용자 권리	4.	우리 복지관은 이용자의 권리가 보장되고 있다.
	5.	우리 복지관은 이용자에 대한 권리보장규정이 운영내규로 마련되어 있으며 이를 잘 준수한다.
	6.	우리 복지관은 이용자 권리보장에 대한 직원교육이 연 1회 이상 정기적으로 이루어지고 있다.
이용자 정보보호	7.	우리 복지관은 이용자 개인정보를 철저히 관리하고 있다.
	8.	우리 복지관은 기밀로 분류된 정보의 수준에 따라 등급을 나누어 보관하고 있다.
	9.	우리 복지관은 직원들에게 개인정보보호 교육을 연 1회 이상 실시하고 있다.
	10.	우리 복지관은 보유연한이 지난 개인정보들을 적절히 파기하고 있다.
이용자 참여	11.	우리 복지관은 이용자와 가족이 자유롭게 참여하여 자신들의 의견을 충분히 개진할 수 있다.
	12.	우리 복지관은 문제발생 시 이용자와 직원들이 함께 해결해 나간다.
	13.	우리 복지관은 이용자가 이의를 제기하면 받아들여진다.
	14.	이용자의 서비스 중단은 이용자와 직원이 함께 논의하고 기록된다.
이용자 개별적 사례관리	15.	우리 복지관은 사례관리지침이 구비되어 있으며 이를 준수한다.
	16.	우리 복지관은 사례발견을 위해 다양한 노력을 한다.
	17.	우리 복지관은 접수 양식을 활용하여 잠재적 사례관리 서비스 이용자를 관리하고 있다.
	18.	우리 복지관은 사례관리 적격성 여부를 결정하여 이용자들에게 신속하게 통보한다.
	19.	우리 복지관은 사례관리를 전담하는 사례관리 전담직원(또는 팀)을 확보하고 있다.
	20.	우리 복지관은 사례관리를 위한 개별 공간(사례관리 상담실)을 확보하고 활용하고 있다.
	21.	우리 복지관은 사례관리회의를 주기적으로 개최한다.
	22.	우리 복지관은 사례관리를 위해 자문위원을 활용하고 있다.

구성되어 있었으나 2차에 걸친 전문가들을 대상으로 하는 초점집단면접을 통해 수정 및 보완되어 내용타당도가 향상된 최종 22개 문항의 척도가 개발되었다. 특히 예비척도 22개 질문항목 중 질문의 적절성에 대한 지적으로 8개 문항이 수정되고 2차 전문가 면접에서 최종 5개 영역 22개의 문항으로 구성된 척도로 보완되었다. 〈표 9-31〉은 최종 개발된 사회복지관 이용자관리 척도이다.

3 자료분석방법

총 5개 영역의 측정요소별로 구성된 1차 예비척도의 질문항목은 총 22개이며 리커트 7점 척도로 구성되어 있다. 복지관 성과를 구성하는 과정영역의 이용자관리 척도를 개발하고 타당도를 검증하기 위하여 자료분석은 SPSS 20.0 그리고 AMOS 21.0 통계프로그램을 사용하였다. 자료분석과정은 비전관리 척도 분석과정과 동일하다.

4 이용자관리 척도 검증

1) 탐색적 요인분석

확정된 이용자관리 척도 예비문항의 적절성을 평가하기 위하여 SPSS 21.0 통계프로그램을 활용하여 탐색적 요인분석을 실시하였다. 본 연구에서 수집된 자료가 요인분석에 적합한지 여부를 판단하기 위하여 통계적 과정으로 KMO 측정도구와 Bartlett의 구형성 검정을 실시하였으며, 결과는 〈표 9-32〉와 같다. KMO는 변수들 간의 상관관계가 다른 변수에 의해 잘 설명되는 정도를 나타내는 값으로, 값이 적으면 요인분석을 위한 변수의 선정이 좋지 못함을 나타내는 것이다. 일반적으로 KMO 값이 .90 이상이면 상당히 좋은 것으로 판단하고, .80～.89면 꽤 좋은 편, .50 이하이면 받아들일 수 없는 것으로 판단한다(송지준, 2015).

KMO 값은 .953로 상당히 좋은 것으로 나타났다. 요인분석 모형의 적합성 여부를 나타내는 Bartlett의 구형성 검정의 결과는 통계적으로 유의한 것으로($\chi^2 = 16897.462$,

〈표 9-32〉 이용자관리 척도 KMO 및 Bartlett의 검정 결과

항목		값
KMO 표본 적합도		.953
Bartlett의 구형성 검정	근사 카이제곱	16897.462
	df	210
	유의확률	.000

$df=210$, $p=.000$) 나타났으며, 이는 수집된 자료가 요인분석 모형으로 적합함을 보여주는 것이다. 즉, 확정된 예비문항은 요인분석의 사용이 적합하며 공통요인이 존재한다고 결론 내릴 수 있다.

다음으로 요인 간에 독립성을 유지하면서 요인구조가 가장 뚜렷해질 때까지 요인을 회전시키는 직각요인회전 방식인 베리맥스 요인회전 결과, 총 22문항 중 공통성이 .40 이하인 1문항(Q16)으로 나타났다. 이에 최종적으로 2개의 요인, 총 21문항이 추출되었다. 최종 추출된 예비문항을 이용해 탐색적 요인분석을 실시한 결과는 〈표 9-33〉과 같다. 분석의 결과, 2개의 요인 모두 요인적재치 .40 이상, 공통성 .40 이상, 고유 값 1이상으로 나타났다. 총 누적분산 설명력은 62.459%로 나타났다.

탐색적 요인분석의 결과, 내용타당도가 검증된 이용자관리 척도의 영역이 5개의 영역에서 2개 영역(요인)으로 조정되었다. 즉, 1차 예비척도의 구성요인은 이용자권리, 이용자 정보보호, 이용자 불만, 이용자 참여 그리고 이용자 개별사례관리 등 5개 요소였지만 요인구조의 적합성 분석결과, 2개로 재분류되었다. 요인이 5개에서 2개로 묶인 것은 분석해 보면 이용자의 정보보호나 이용자 불만 그리고 이용자 참여 등이 크게 보면 모두 이용자권리에 해당된다고 볼 수 있어 두 요소 중 첫 번째 요소는 이용자 권리보장노력으로 그리고 두 번째 요소는 이용자 사례관리로 명명한다.

〈표 9-33〉 이용자관리 척도 탐색적 요인분석 결과 (N=1,068)

요인	문항번호	공통성	고유값	분산 설명력	문항수
1요인 (이용자 권리보장노력)	Q1	.631	10.984	52.306	14
	Q2	.606			
	Q3	.699			
	Q4	.722			
	Q5	.646			
	Q6	.480			
	Q7	.605			
	Q8	.463			
	Q9	.467			
	Q10	.501			
	Q11	.604			
	Q12	.617			
	Q13	.619			
	Q14	.545			
2요인 (이용자 사례관리)	Q15	.682	2.132	10.154	7
	Q17	.711			
	Q18	.696			
	Q19	.671			
	Q20	.620			
	Q21	.765			
	Q22	.767			

2) 상관관계분석

탐색적 요인분석을 통해 추출된 2개 요인 간의 상관관계분석의 결과는 〈표 9-34〉와 같다. 이용자관리 척도 예비문항의 2개 요인 사이에는 통계적으로 유의한 것($p<.01$)으로 나타났다. 세부적으로 살펴보면 요인1과 요인2는 .664($p<.01$)로 상관관계가 나타났다.

〈표 9-34〉 이용자관리 척도 예비문항 상관관계분석 결과

(N=1,068)

변수	M(평균)	SD(표준편차)	1요인	2요인
1요인	6.01	.78	1	
2요인	5.49	1.20	.664**	1

$^{**}p < .01$

3) 신뢰도 분석

탐색적 요인분석 결과, 추출된 2개 요인 21문항에 대하여 내적 일치도를 검증하기 위해 신뢰도 분석을 실시하였으며, 그 결과는 〈표 9-35〉와 같다. 1요인의 Cronbach 알파계수는 .938, 2요인의 Cronbach 알파계수는 .923으로 나타났다. 일반적으로 Cronbach 알파계수가 .60 이상이면 신뢰도가 확보되었다고 본다. 따라서 탐색적 요인 분석 결과, 추출된 2개 요인 21개 문항에 대한 신뢰도가 확보되었다.

〈표 9-35〉 이용자관리 척도 예비문항 신뢰도 분석결과

(N=1,068)

요인	문항번호	Cronbach 알파계수		문항수
		요인별	전체	
1요인	Q1	.933	.938	14
	Q2	.933		
	Q3	.932		
	Q4	.932		
	Q5	.932		
	Q6	.937		
	Q7	.933		
	Q8	.938		
	Q9	.936		
	Q10	.935		
	Q11	.933		
	Q12	.933		
	Q13	.933		

1요인	Q14	.934	.938	14
2요인	Q15	.913	.923	7
	Q17	.911		
	Q18	.911		
	Q19	.913		
	Q20	.919		
	Q21	.906		
	Q22	.906		

4) 확인적 요인분석

탐색적 요인분석 결과, 추출된 이용자관리 척도 예비문항에 대하여 요인구조의 타당도를 확보하기 위해 AMOS 21.0 통계프로그램을 활용하여 확인적 요인분석을 실시하였다. 확인적 요인분석은 자료의 타당도를 증명하는 데 이용되며, 탐색적 요인분석의 결과는 확인적 요인분석에 의해 검증됨으로써 보다 신뢰할 수 있는 결론에 도달할 수 있다. 일반적으로 연구모형에 이용되는 변수들은 대부분 다항목으로 측정하기 때문에 단일차원성을 확보하는 것이 중요하다. 확인적 요인분석은 단일차원성을 확보하는 것이 목적이며, 해당 요인을 측정하는 문항들을 각 요인에만 적재되도록 사전에 지정하는 분석방법이다. [그림 9-4]는 구조방정식 모형을 이용하여 분석한 최종 모형을 나타낸 것이다.

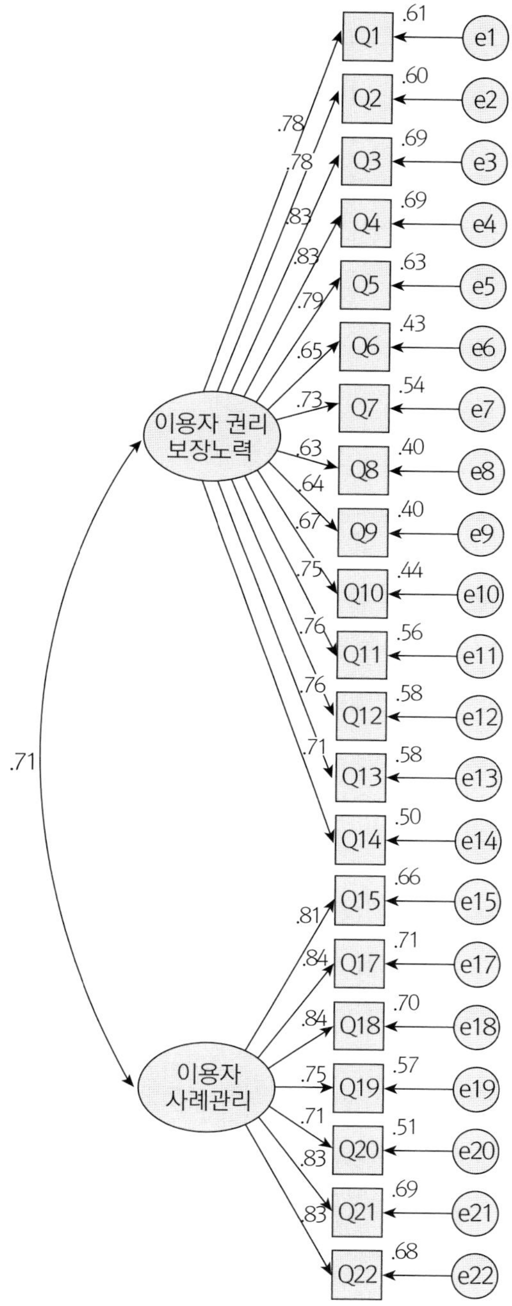

[그림 9-4] 이용자관리 척도 확인적 요인분석 모형

〈표 9-36〉 이용자관리 척도 모형 적합도 (N = 1,068)

절대적합지수	$\chi^2(df)$	483.367(64) (p = .000)
	GFI	.934
	RMSEA	.078
증분적합지수	IFI	.949
	TLI	.938
	CFI	.949
간명적합지수	PNFI	.773
	PCFI	.779
	AGFI	.906

탐색적 요인분석 결과, 추출된 2개의 요인 21개 문항을 대상으로 확인적 요인분석을 실시하여 〈표 9-36〉과 같은 결과를 얻었다. 21개의 문항에서 설명력이 낮은 8개 문항(1요인: Q2, Q3, Q5, Q8, Q10, Q12, 2요인: Q15, Q17)을 제거한 후 최종적으로 13개 문항을 이용하여 확인적 요인분석을 실시하였다. 절대적합지수는 χ^2 = 483.367(df = 64), p = .000, GFI = .934, RMSEA = .078로 나타났다. 절대적합지수를 살펴본 결과, χ^2검증과 RMSEA, GFI 값이 모두 적합한 수준으로 나타났다. RMSEA는 .05보다 적어야 하고 GFI와 AGFI는 1에 가까울수록 적합도는 좋은 것으로 해석할 수 있다(Browne & Cudeck, 1992). 증분적합지수는 IFI = .949, TLI = .938, CFI = .949로, .90 이상이기 때문에 전반적으로 모형 적합도가 적합하게 나타났다. 간명적합지수는 PNFI = .773, PCFI = .779로 .60 이상이기 때문에 적합한 수준으로 나타났으며 AGFI = .906로 역시 적합한 것으로 나타났다. 모형 적합도를 종합적으로 살펴보았을 때, 측정모형의 적합도는 전반적으로 양호하며, 측정모형이 자료에 잘 부합된다고 해석할 수 있다.

최종 연구모형의 분석결과는 〈표 9-37〉과 같다. 최종 모형에서 측정변수와 요인 사이의 표준화된 회귀계수 및 공분산은 모두 통계적으로 유의하게 나타났다(p < .001). 또한 표준화 회귀계수의 적재치는 모두 .50 이상으로 나타났다.

〈표 9-37〉 이용자관리 척도 최종 모형 요인분석 결과 (N=1,068)

			Estimate	S.E.	C.R.	P
Q1	←	요인1	1.000			
Q4	←	요인1	.944	.034	27.645	***
Q6	←	요인1	1.238	.059	21.145	***
Q7	←	요인1	.969	.039	24.917	***
Q9	←	요인1	.869	.041	21.083	***
Q11	←	요인1	1.125	.045	25.236	***
Q13	←	요인1	.945	.036	26.604	***
Q14	←	요인1	1.029	.043	24.144	***
Q18	←	요인2	1.000			
Q19	←	요인2	1.307	.051	25.743	***
Q20	←	요인2	1.339	.054	24.852	***
Q21	←	요인2	1.470	.049	30.079	***
Q22	←	요인2	1.503	.051	29.609	***

***$p < .001$

5) 타당도 검증

(1) 수렴타당도 검증

수렴타당도는 집중타당도라고도 불리며 동일한 개념을 측정하기 위하여 서로 다른 방법으로 측정한 값 사이에 높은 상관관계가 있어야 하는 것을 나타낸다. 본 연구에서는 수렴타당도를 검증하기 위하여 수렴신뢰도 값을 기준으로 하는 방법을 사용하였다. 본 연구에서 나타난 잠재요인의 신뢰도는 요인1 .895, 요인2 .801로 나타났으며, 값이 0.7 이상으로 나타났기 때문에 수렴타당도가 확보되었다.

(2) 판별타당도 검증

판별타당도는 서로 다른 변수들 간에는 측정치에도 분명한 차이가 있어야 한다는 것을 전제로 한다. 즉, 한 변수와 다른 변수 간의 상관관계가 낮아야 판별타당도가 확보되었다고 할 수 있다. 본 연구에서 판별타당도를 검증하는 기준인 평균분산추출

(AVE)과 표준오차추정구간을 사용하였다. AVE 값의 경우 변수 간 상관계수의 제곱 값이 AVE 값보다 낮으면 판별타당도는 확보되었다고 해석할 수 있다. 요인1과 요인2의 상관계수는 .618로 이를 제곱하면 .382로 요인 1과 요인 2의 AVE 값이 변수 간 상관계수의 제곱 값보다 높으므로 판별타당도는 확보되었다고 할 수 있다(Fornell & Larcker, 1981).

다음으로 표준오차추정구간식을 활용한 판별타당도는 변수들 간의 상관관계가 낮아야 확보되었다고 할 수 있기 때문에 변수들 간에 동일하다는 가설을 기각할 수 있는지 알아보아야 한다(송지준, 2015; Fornell & Larcker, 1981). 요인1과 요인2의 계수 값은 .618이고 이에 해당하는 표준오차(S.E)는 .030의 값을 나타내었다. 요인1과 요인2의 계수 값 .618이며, 이에 해당하는 표준오차 .030을 대입하여 계산한 결과 값이 .678, .558 ≠ 1로 나타났다. 즉, 변수들 간에 동일하다는 가설이 기각되었으므로 판별타당도가 확보되었다.

$$.618 + (2 \times .030) = .678 \neq 1$$
$$.618 - (2 \times .030) = .558 \neq 1$$

최종 모형의 타당도 검증결과는 〈표 9-38〉과 같다.

〈표 9-38〉 이용자관리 척도 타당도 검증결과

	요인1	요인2
CR	.904	.938
AVE	.517	.447
상관계수 ± (2 × 표준오차) = .678, .558 ≠ 1		

탐색적 요인분석과 확인적 요인분석의 과정, 타당도 검증을 통하여 이용자관리 척도의 최종 문항은 요인1 8문항, 요인2 5문항으로 총 13문항이며, 최종 문항은 〈표 9-39〉와 같다. 최종 문항을 바탕으로 신뢰도 분석을 실시한 결과, 요인1의 Cronbach 알파계수=.893, 요인2의 Cronbach 알파계수=.900으로 나타났다. 이용자관리 척도 요인1에 8개 문항, 요인2에 5개 문항에 대한 신뢰도가 확보되었다.

〈표 9-39〉 이용자관리 척도의 최종 문항

(N = 1,068)

요인	문항번호	질문문항	문항수
이용자 권리보장노력	1	우리 복지관은 불만사항이 신속하게 처리되고 있다.	8
	2	우리 복지관은 이용자의 권리가 보장되고 있다.	
	3	우리 복지관은 이용자 권리보장에 대한 직원교육이 연 1회 이상 정기적으로 이루어지고 있다.	
	4	우리 복지관은 이용자 개인정보를 철저히 관리하고 있다.	
	5	우리 복지관은 직원들에게 개인정보보호 교육을 연 1회 이상 실시하고 있다.	
	6	우리 복지관은 이용자와 가족이 자유롭게 참여하여 자신들의 의견을 충분히 개진할 수 있다.	
	7	우리 복지관은 이용자가 이의를 제기하면 받아들여진다.	
	8	이용자의 서비스 중단은 이용자와 직원이 함께 논의하고 기록된다.	
이용자 사례관리	9	우리 복지관은 사례관리 적격성 여부를 결정하여 이용자들에게 신속하게 통보한다.	5
	10	우리 복지관은 사례관리를 전담하는 사례관리 전담직원(또는 팀)을 확보하고 있다.	
	11	우리 복지관은 사례관리를 위한 개별 공간(사례관리 상담실)을 확보하고 활용하고 있다.	
	12	우리 복지관은 사례관리회의를 주기적으로 개최한다.	
	13	우리 복지관은 사례관리를 위해 자문위원을 활용하고 있다.	

탐색적 요인분석과 확인적 요인분석의 과정, 타당도 검증을 통하여 이용자관리 척도의 개발단계는 〈표 9-40〉과 같다. 이용자관리 척도의 예비문항은 총 22개 문항이었으며, 탐색적 요인분석을 실시한 결과, 1개의 문항이 제거되었다. 21개의 문항을 바탕으로 확인적 요인분석을 실시한 결과, 8개 문항이 제거되었다. 최종적으로 이용자관리 척도는 13개 문항으로 구성되었으며, 2개의 요인으로 구분되었다.

〈표 9-40〉 이용자관리 척도 개발단계

구분	예비문항	탐색적 요인분석	확인적 요인분석	최종 문항
척도문항	22개 문항	21개 문항	13개 문항	13개 문항
제거 문항수	–	1개 문항	8개 문항	–
요인 수	5	2	2	2

5 최종 이용자관리 척도 소개

척도명	이용자관리 척도	대상	직원
척도소개	• 사회복지관 성과관리의 과정영역 중 기관을 이용하는 이용자관리에 대한 직원들의 인식을 점검 • 이용노인들에 대한 기관의 대접, 즉 권리지향성, 정보보호, 이용자 참여 및 사례관리 그리고 이용자들의 불만사항 등을 측정 • 이용자관리 척도의 구성요소는 크게 두 요소로서 첫째, 이용자권리보장을 위한 노력과 두 번째는 이용자 개별사례관리임.		
채점방법 및 해석	• 7점 척도, 두 영역의 총 13문항으로 구성 • 합산한 점수가 높을수록 이용자관리가 잘 이루어지고 있다고 해석		
원척도출처	• 자체 개발		
신뢰도	• 요인1의 Cronbach 알파계수=.938, 요인2의 Cronbach 알파계수=.923으로 나타나 이용자관리 척도 요인1에 8개 문항, 요인2에 5개 문항에 대한 신뢰도가 확보되었음.		
타당도	• 수렴타당도: 수렴신뢰도 값이 0.7 이상이면 수렴타당도가 있는 것으로 해석됨. 본 척도의 잠재요인 신뢰도는 요인1 .895, 요인2 .801로 나타났으며, 값이 0.7 이상으로 나타났기 때문에 수렴타당도가 확보되었음. • 판별타당도: 평균분산추출 값은 변수 간 상관계수의 제곱 값이 AVE 값보다 낮으면 판별타당도는 확보되었다고 해석할 수 있음. 요인1과 요인2의 상관계수는 .618로, 이를 제곱하면 .382이며, 요인1과 요인2의 AVE 값이 변수 간 상관계수의 제곱 값보다 높으므로 판별타당도는 확보되었다고 할 수 있음. • 표준오차추정구간식을 활용한 판별타당도는 변수들 간의 상관관계가 낮아야 확보되었다고 할 수 있음. 요인1과 요인2의 계수 값 .618이며, 이에 해당하는 표준오차 .030을 대입하여 계산한 결과 값이 .678, .558 ≠ 1로 나타났다. 즉, 변수들 간에 동일하다는 가설이 기각되었으므로 판별타당도가 확보되었음.		

제5절 협력관리 척도의 타당도

1 협력관리 척도의 활용과 측정대상

협력관리란 조직이 성취하려는 목적(또는 비전과 미션)을 달성하기 위해 조직 내에서 조직구성원들과의 협력관계를 수립하고 관리부분과 조직 외적인 다양한 지역사회 자원체계들과의 협력을 관리하는 것을 의미한다. 사회복지관 내 직원들과의 협력에는 의사결정과정에 직원의 참여와 직원 간 권한위임구조 등이 포함되며, 타 기관과의 협력으로는 지역사회 내 다양한 자원체계들과 공동사업 추진계획 및 협약 체결 등과 지역사회에서 시행되는 지역행사 및 지역모임, 지역의 각종 위원회 참여 등이 해당된다.

협력관리 척도는 사회복지관 내 직원들의 업무와 관련된 협력의 정도와 지역사회와의 협력관계의 정도를 측정하는 척도이다. 사회복지관의 협력을 위한 노력은 조직발전 및 성장을 위한 디딤돌의 역할을 할 수 있다. 따라서 다양한 협력관계 구축 및 발전을 위한 조직적 차원에서의 노력, 즉 시간과 인력의 투입은 소비적인 자원투입이 아닌 생산적인 활동을 강화하기 위한 노력의 일환으로 이해되는 것이 조직성과관리적 측면에서 매우 중요하므로 협력관리 척도의 활용을 통한 조직협력활동을 관리하는 것은 곧 조직성과 개선 및 발전을 위해 중요한 영역이다.

사회복지관의 성과를 구성하는 과정영역 중 협력관리 척도의 측정대상은 조직 내부적 관점에서 측정되므로 사회복지관의 협력관리에 대한 직원들의 인식의 정도나 노력의 정도를 측정하는 측정대상자는 사회복지관에서 근무하는 (과장급)중간관리자 이하 전 직원이 된다.

2 협력관리 척도 개발과정

협력관리 척도는 사회복지관 성과관리의 과정영역 중 협력관리에 대한 직원들의 인식을 점검하는 측정도구로서 복지관 사업을 수행함에 있어 직원 간, 조직 간 그리고 지역주민 간의 상호협력이 어느 정도 이루어지고 있는지를 측정하기 위해 개발되었다.

사회복지관의 성과관리를 위한 과정영역에서 복지관의 협력 수준을 측정하기 위하여 본 연구에서는 협력관리를, 첫째, 직원 간에 발생하는 협력, 둘째, 사회복지관과 기타 관련 조직 간의 협력, 셋째, 지역주민 간에 발생하는 협력으로 구분하여 측정한다.

선행연구를 통해 개발된 사회복지관 협력관리 예비척도는 3개 영역의 총 12개 문항으로 구성되어 있었으나 2차에 걸친 사회복지영역의 학계 및 현장전문가들을 대상으로 하는 초점집단면접을 통해 수정 및 보완되어 내용타당도가 향상된 최종 11개 문항의 척도가 개발되었다. 특히 예비척도 12개 질문항목 중 질문의 적절성에 대한 지적으로 1개 문항이 삭제되고 5개 문항이 수정되어 2차 전문가면접에서 최종 11개의 문항으

〈표 9-41〉 협력관리 1차 예비척도

협력관리 측정내용		
직원 간 협력관계	1.	우리 복지관은 기관의 사업계획, 인사문제 등 중요 안건 결정과정에 직원의 참여를 보장하는 명문화된 규정을 가지고 있으며 이를 준수한다.
	2.	우리 복지관의 관리자(관장, 부장, 사무국장)는 중요 안건 결정을 위해 직원들의 의견을 충분히 수렴한다.
	3.	우리 복지관의 관리자(관장, 부장, 사무국장)는 정기적 회의를 통하여 직원들에게 중요 안건의 내용과 결정 경위를 설명한다.
조직 간 협력관계	4.	우리 복지관은 공동사업을 추진할 연계기관을 개발하고 사업을 추진하고 있다.
	5.	우리 복지관은 타 기관과의 공동사업을 위한 협약서를 작성하여 체결하고 있고 이를 실현하기 위해 노력한다.
	6.	우리 복지관은 타 조직과의 협력을 전담하는 전담직원을 확보하고 잘 활용하고 있다.
	7.	우리 복지관의 관장을 포함한 직장상사들은 타 기관과의 협력사업을 중요한 조직과업으로 인식한다.
	8.	우리 복지관은 지역사회 조직 · 단체와의 네트워크에 참여하고 있다.
지역주민 간 협력관계	9.	우리 복지관은 자체 행사에 지역주민이 참가하도록 하거나 지역행사에 이용자를 참여시킨다.
	10.	우리 복지관은 지역주민이 참가할 수 있는 자체 행사를 기획하고 운영하고 있다.
	11.	우리 복지관은 지역주민과의 소통을 위해 노력하고 있다(소식지, 홈페이지, SNS 등 포함).

로 구성된 척도로 보완되었다. <표 9-41>은 최종 개발된 사회복지관 협력관리 척도이다.

3 자료분석방법

총 3개 영역의 측정요소별로 구성된 1차 예비척도의 질문항목은 총 11개이며 리커트 7점 척도로 구성되어있다. 복지관 성과를 구성하는 과정영역의 인적자원관리척도를 개발하고 타당도를 검증하기 위하여 자료분석은 SPSS 20.0 그리고 AMOS 21.0 통계 프로그램을 사용하였다. 자료분석과정은 비전관리 척도 분석과정과 동일하다.

4 협력관리 척도 검증

1) 탐색적 요인분석

확정된 협력관리 척도 예비문항의 적절성을 평가하기 위하여 SPSS 21.0 통계프로그램을 활용하여 탐색적 요인분석을 실시하였다. 본 연구에서 수집된 자료가 요인분석에 적합한지 여부를 판단하기 위하여 통계적 과정으로 KMO 측정도구와 Bartlett의 구형성 검정을 실시하였으며, 결과는 <표 9-42>와 같다. KMO는 변수들 간의 상관관계가 다른 변수에 의해 잘 설명되는 정도를 나타내는 값으로, 값이 적으면 요인분석을 위한 변수의 선정이 좋지 못함을 나타내는 것이다. 일반적으로 KMO 값이 .90 이상이면 상당히 좋은 것으로 판단하고, .80~.89면 꽤 좋은 편이며, .50 이하이면 받아들일 수 없는 것으로 판단한다(송지준, 2015).

KMO 값은 .930으로 상당히 좋은 것으로 나타났다. 요인분석 모형의 적합성 여부를 나타내는 Bartlett의 구형성 검정의 결과는 통계적으로 유의한 것으로($\chi^2=8519.691$, $df=45$, $p=.000$) 나타났으며, 이는 수집된 자료가 요인분석 모형으로 적합함을 보여주는 것이다. 즉, 확정된 예비문항은 요인분석의 사용이 적합하며 공통요인이 존재한

〈표 9-42〉 협력관리 척도 KMO 및 Bartlett의 검정 결과

항 목		값
KMO 표본 적합도		.930
Bartlett의 구형성 검정	근사 카이제곱	8519.691
	df	45
	유의확률	.000

다고 결론 내릴 수 있다.

다음으로 요인 간에 독립성을 유지하면서 요인구조가 가장 뚜렷해질 때까지 요인을 회전시키는 직각요인회전 방식인 베리맥스 요인회전 결과, 총 11문항 중 공통성이 .40 이하인 문항이 1문항(Q7)으로 나타났다. 이에 최종적으로 1개의 요인, 총 10문항이 추출되었다. 최종 추출된 예비문항을 이용해 탐색적 요인분석을 한 결과는 〈표 9-43〉과 같다. 분석결과 1개의 요인 모두 요인적재치 .40 이상, 공통성 .40 이상, 고유값 1 이상으로 나타났다. 총 누적분산 설명력은 65.124%로 나타났다.

〈표 9-43〉 협력관리 척도 탐색적 요인분석 결과 (N=856)

요인	문항번호	공통성	고유값	분산 설명력	문항수
1요인 (협력노력)	Q1	.608	6.512	65.1242	10
	Q2	.653			
	Q3	.686			
	Q4	.741			
	Q5	.719			
	Q6	.580			
	Q8	.705			
	Q9	.654			
	Q10	.566			
	Q11	.600			

탐색적 요인분석의 결과, 내용타당도가 검증된 협력관리척도의 영역이 1개 영역(요인)으로 총 10문항으로 나타났다. 1차 예비척도의 요인은 직원 간 협력, 조직 간 협력 그리고 지역주민 간 협력으로 구분되어 있었으나 탐색적 요인분석 결과, 요인구조가 하나로 나타났다. 이러한 결과는 협력을 위한 조직적 측면에서의 노력이 곧 직원 간 협력과 조직 간 협력 그리고 지역주민과의 협력을 모두 포함하는 총괄적 의미를 내포한다고 해석할 수 있으므로 도출된 하나의 요인은 협력노력으로 명명하도록 한다.

2) 신뢰도 분석

탐색적 요인분석 결과, 추출된 1개 요인 10문항에 대하여 내적 일치도를 검증하기 위해 신뢰도 분석을 실시하였으며, 그 결과는 〈표 9-44〉와 같다. 1요인의 Cronbach 알파계수는 .937로 나타났다. 일반적으로 Cronbach 알파계수가 .60 이상이면 신뢰도가 확보되었다고 본다. 따라서 탐색적 요인분석 결과, 추출된 10개 문항은 신뢰도가 확보되었다.

〈표 9-44〉 협력관리 척도 예비문항 신뢰도 분석결과 (N=1,077)

요인	문항번호	Cronbach 알파계수		문항수
		요인별	전체	
1요인	Q1	.932	.937	10
	Q2	.930		
	Q3	.929		
	Q4	.927		
	Q5	.929		
	Q6	.934		
	Q8	.929		
	Q9	.931		
	Q10	.934		
	Q11	.933		

3) 확인적 요인분석

탐색적 요인분석 결과, 추출된 협력관리 척도 예비문항에 대하여 요인구조의 타당도를 확보하기 위해 AMOS 21.0 통계프로그램을 활용하여 확인적 요인분석을 실시하였다. 확인적 요인분석은 자료의 타당도를 증명하는 데 이용되며, 탐색적 요인분석의 결과는 확인적 요인분석에 의해 검증됨으로써 보다 신뢰할 수 있는 결론에 도달할 수 있다. 일반적으로 연구모형에 이용되는 변수들은 대부분 다항목으로 측정하기 때문에 단일차원성을 확보하는 것이 중요하다. 확인적 요인분석은 단일차원성을 확보하는 것이 목적이며, 해당 요인을 측정하는 문항들을 각 요인에만 적재되도록 사전에 지정하는 분석방법이다. [그림 9-5]는 구조방정식 모형을 이용하여 분석한 최종 모형을 나타낸 것이다.

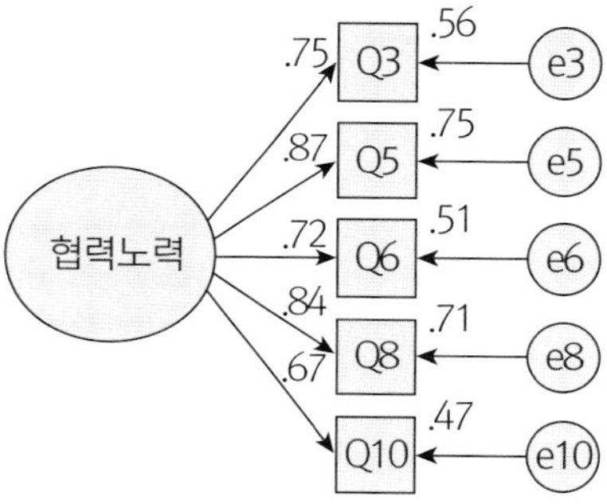

[그림 9-5] 협력관리 척도 확인적 요인분석 모형

탐색적 요인분석 결과, 추출된 1개의 요인 10개 문항을 대상으로 확인적 요인분석을 실시하여 〈표 9-45〉와 같은 결과를 얻었다. 10개의 문항에서 설명력이 낮은 5개 문항(Q1, Q2, Q4, Q9, Q11)을 제거한 후 최종적으로 5개 문항을 이용하여 확인적 요인분석을 실시하였다. 절대적합지수는 $\chi^2=12.331(df=5)$, $p=.031$, GFI=.995, RMSEA=.037, RMR=.016으로 나타났다. 절대적합지수를 살펴본 결과, χ^2검증과 RMSEA, GFI, RMR 값이 모두 적합한 수준으로 나타났다. RMSEA는 .05보다 적어야 하고 GFI와 AGFI는 1에 가까울수록 적합도는 좋은 것으로 해석할 수 있다(Browne & Cudeck, 1992). 증분적합지수는 IFI=.997, TLI=.995, CFI=.997로, .90 이상이기 때문에 전반적으로 모형 적합도가 적합하게 나타났다. 간명적합지수는 PNFI=.498, PCFI=.499

로 .60 이상이 아니기 때문에 적합하지 않게 나타났지만 AGFI = .986로 적합한 것으로 나타났다. 적합도를 종합적으로 살펴보았을 때, 측정모형의 적합도는 전반적으로 양호하며, 측정모형이 자료에 잘 부합된다고 해석할 수 있다.

〈표 9-45〉 협력관리 척도 모형 적합도 (N = 1,077)

절대적합지수	$\chi^2(df)$	12.331(5) ($p = .031$)
	GFI	.995
	RMSEA	.037
	RMR	.016
증분적합지수	IFI	.997
	TLI	.995
	CFI	.997
간명적합지수	PNFI	.498
	PCFI	.499
	AGFI	.986

최종 연구모형의 분석결과는 〈표 9-46〉과 같다. 최종 모형에서 측정변수와 요인 사이의 표준화된 회귀계수 및 공분산은 모두 통계적으로 유의하게 나타났다($p < .001$). 또한 표준화 회귀계수의 적재치는 모두 .50 이상으로 나타났다.

〈표 9-46〉 협력관리 척도 최종 모형 요인분석 결과 (N = 1,077)

			Estimate	S.E.	C.R.	P
Q3	<---	요인1	1.000			
Q5	<---	요인1	1.077	.038	28.152	***
Q6	<---	요인1	1.219	.053	23.190	***
Q8	<---	요인1	1.040	.038	27.481	***
Q10	<---	요인1	1.006	.046	22.040	***

***$p < .001$

4) 타당도 검증

수렴타당도는 집중타당도라고도 불리며 동일한 개념을 측정하기 위하여 서로 다른 방법으로 측정한 값 사이에 높은 상관관계가 있어야 하는 것을 나타낸다. 본 연구에서는 수렴타당도를 검증하기 위하여 수렴신뢰도 값을 기준으로 하는 방법을 사용하였다. 본 연구에서 나타난 잠재요인의 신뢰도는 요인1 .842로 나타났으며, 값이 0.7 이상으로 나타났기 때문에 수렴타당도가 확보되었다.

구성타당도 중 판별타당도를 평가하기 위해서는 변수 간 상관계수를 살펴보아야 하나 본 협력관리 척도에서는 상관될 수 있는 변수가 존재하지 않아(하나의 요인으로 수렴) 판별타당도를 이미 확보하였다고 볼 수 있다.

탐색적 요인분석과 확인적 요인분석의 과정, 타당도 검증을 통하여 협력관리척도의 최종 문항은 요인1 5문항으로 총 5문항이며, 최종 문항은 〈표 9-47〉과 같다. 최종 문항을 바탕으로 신뢰도 분석을 실시한 결과, 요인1의 Cronbach 알파계수=.872로 나타났다. 협력관리 척도 요인1에 5개 문항에 대한 신뢰도가 확보되었다.

〈표 9-47〉 협력관리 척도의 최종 문항 (N=1,077)

요인	문항번호	질문문항	문항수
협력노력	1	우리 복지관의 관리자(관장, 부장, 사무국장)는 정기적 회의를 통하여 직원들에게 중요 안건의 내용과 결정 경위를 설명한다.	5
	2	우리 복지관은 타 기관과의 공동사업을 위한 협약서를 작성하여 체결하고 있고 이를 실현하기 위해 노력한다.	
	3	우리 복지관은 타 조직과의 협력을 전담하는 전담직원을 확보하고 잘 활용하고 있다.	
	4	우리 복지관은 지역사회 조직·단체와의 네트워크에 참여하고 있다.	
	5	우리 복지관은 지역주민이 참가할 수 있는 자체 행사를 기획하고 운영하고 있다.	

〈표 9-48〉 협력관리 척도 개발단계

구분	예비문항	탐색적 요인분석	확인적 요인분석	최종 문항
척도문항	11개 문항	10개 문항	5개 문항	5개 문항
제거 문항수	-	1개 문항	5개 문항	-
요인 수	3	1	1	1

탐색적 요인분석과 확인적 요인분석의 과정, 타당도 검증을 통하여 협력관리 척도의 개발단계는 〈표 9-48〉과 같다. 협력관리 척도 예비문항은 총 11개 문항이었으며, 탐색적 요인분석을 실시한 결과, 1개의 문항이 제거되었다. 10개의 문항을 바탕으로 확인적 요인분석을 실시한 결과, 5개 문항이 제거되었다. 최종적으로 협력관리 척도는 5개 문항으로 구성되었으며, 1개의 요인으로 구분되었다.

5 최종 협력관리 척도 소개

척도명	협력관리 척도	대상	직원
척도소개	• 사회복지관 성과관리의 과정영역 중 협력관리에 대한 직원들의 인식을 점검 • 기관사업을 수행함에 있어 직원 간, 조직 간 그리고 지역주민 간의 상호협력이 어느 정도 이루어지고 있는지를 측정		
채점방법 및 해석	• 7점 척도, 총 5문항으로 구성 • 합산한 점수가 높을수록 협력관리가 잘 이루어지고 있다고 해석		
원척도출처	• 자체 개발		
신뢰도	• 협력관리 요인의 Cronbach 알파계수=.937로 나타나 10개 문항에 대한 신뢰도가 확보됨.		
타당도	• 잠재요인의 수렴신뢰도는 요인1 .842로 나타났으며, 값이 0.7 이상으로 나타났기 때문에 수렴타당도가 확보됨. • 판별타당도를 평가하기 위해서는 변수 간 상관계수를 살펴보아야 하나 본 협력관리 척도에서는 상관될 수 있는 변수가 존재하지 않아(하나의 요인으로 수렴) 판별타당도를 이미 확보하였다고 볼 수 있음.		

제6절 조직(구조)관리 척도의 타당도

1 조직(구조)관리 척도의 활용과 측정대상

조직의 모든 기능은 기준에 따라 세분화되고 그것이 보다 질서정연하게 구조화됨으로써 모든 구성원들이 분업과 협업의 원리에 따라서 업무를 집행할 수 있도록 모든 업무의 구조화가 실행되어야 한다. 조직구조를 관리하는 조직관리는 조직구성원들의 적절한 배치 및 지역사회 전문인력들의 조직 행동에 대한 참여 등을 관리하는 것을 의미한다. 사회복지관의 조직관리에서는 구성원의 적절한 배치와 지역사회 전문인력이 조직 내 의사결정과정에 참여하도록 하는 것이 필요하다. 특히 조직 내 부서의 적절성과 각 부서별 전문인력의 적절한 배치와 관리가 기본적으로 전문화되어야 한다. 사회복지관은 사회복지인력과 간호인력, 재활치료인력 등 다양한 전문직이 공동 협력하여 사회복지서비스를 제공한다. 그러므로 전문직종별 교류와 협력이 필수적인데 각종 자발적, 비자발적 모임을 통해 이를 지원하는 조직체계의 구조가 필요하다.

조직관리 척도는 사회복지관 성과관리의 과정영역 중 조직관리에 대한 직원들의 인식을 점검하는 측정도구이다. 즉, 사회복지관 성과관리의 과정영역 중 조직관리에 대한 직원들의 인식을 점검하고 기관의 부서화(팀) 및 각종 위원회 등 조직구조가 조직이 설정한 목적성취를 위해 최적화되어 있는가를 나타내는 조직구조의 적절성을 측정하는 척도이다.

사회복지관의 성과를 구성하는 과정영역 중 조직관리 척도의 측정대상은 조직 내부적 관점에서 측정되므로 사회복지관의 조직구조관리에 대한 직원들의 인식의 정도나 노력의 정도를 측정하는 측정대상자는 사회복지관에서 근무하는 (과장급)중간관리자 이하 전 직원이 된다.

2 조직(구조)관리 척도 개발과정

사회복지관 조직관리에 대한 척도는 3개 영역의 총 18개 문항 리커트 7점 척도로 구성되어 있다. 이론적 배경 및 선행연구를 통해 개발된 1차로 도출된 척도는 3개 영역의 총 21개 문항으로 구성되어 있었으나 1차 학계전문가들(사회복지관련 교수 4인)로 구성된 집단면접을 통해 질문의 중복성 및 내용 부정확성의 이유로 2개의 문항이 삭제되고 3개의 문항이 수정되었다. 2차 현장전문가들(사회복지관장 3인과 부장 4인)로 구성된 집단면접에서 2개의 항목이 수정되었으며 최종 3개 영역의 18개 문항으로 구성되어 내용타당도가 향상된 1차 조직구조관리 예비척도가 완성되었다. 다음의 표는 최종 개발된 사회복지관 조직관리에 대한 1차 예비척도이다.

〈표 9-49〉 조직관리 1차 예비척도

조직관리 측정내용		
공식적 조직활동	1.	우리 복지관은 운영위원회를 연 4회 운영하고 있다.
	2.	우리 복지관은 운영위원회 개최상황(운영횟수, 안건 등) 및 결과를 기록 · 관리하고 있다.
	3.	우리 복지관은 이용자, 이용자 가족 및 보호자, 후원자, 전문가 등을 운영위원으로 참여시키고 있다.
	4.	우리 복지관은 운영위원회 내용을 직원, 이용자 및 보호자, 후원자, 지역주민 등에게 공개한다.
	5.	우리 복지관은 운영위원회 건의사항을 반영한 결과를 위원들에게 안내 · 통보하고 있다.
	6.	우리 복지관의 운영위원회 구성(규모, 대표성)은 적절하다.
	7.	우리 복지관은 복지관 운영의 전문성 강화를 위하여 자문위원을 활용하고 있다.
	8.	우리 복지관은 인사위원회의 구성과 기능에 대한 규정이 있으며 이를 준수한다.
	9.	우리 복지관의 인사위원회 구성(규모, 대표성)은 적절하다.
	10.	우리 복지관은 인사위원회 운영과 관련하여 회의록을 작성하여 보고절차에 의해 보고하고 보관, 관리되고 있다.
	11.	우리 복지관의 조직구조는 조직의 미션과 비전을 실천할 수 있도록 적절하게 구성되어 있다.
	12.	우리 복지관의 구조(팀, 부서, 과)는 사회복지서비스 효과성을 증진하는 데 유용하다.

비공식적 조직활동	13.	우리 복지관은 정기적, 비정기적 팀별 분임토의 및 사례관리 토론 등의 지식공유 모임을 운영한다.
	14.	우리 복지관은 기관 내 직원 간 유기적 관계 형성 및 공동체 의식 함양 및 교류를 위한 모임이 있다.
	15.	우리 복지관은 직원의 성장과 발전을 위한 다양한 모임을 지원하고 있다.
조직문화	16.	우리 복지관은 인간적이며, 따뜻한 것 같다.
	17.	우리 복지관은 역동적이며 진취적이다.
	18.	우리 복지관의 직원들은 위험을 감수하려고 한다.

3 자료분석방법

총 3개 영역의 측정요소별로 구성된 조직관리 1차 예비척도의 질문항목은 총 18개이며 리커트 7점 척도로 구성되어 있다. 복지관 성과를 구성하는 과정영역의 조직관리 척도를 개발하고 타당도를 검증하기 위하여 자료분석은 SPSS 20.0 그리고 AMOS 21.0 통계프로그램을 사용하였다. 자료분석과정은 비전관리 척도 분석과정과 동일하다.

4 조직관리 척도 검증

1) 탐색적 요인분석 결과

확정된 조직관리 척도 예비문항의 적절성을 평가하기 위하여 SPSS 21.0 통계프로그램을 활용하여 탐색적 요인분석을 실시하였다. 본 연구에서 수집된 자료가 요인분석에 적합한지 여부를 판단하기 위하여 통계적 과정으로 KMO 측정도구와 Bartlett의 구형성 검정을 실시하였으며, 결과는 〈표 9-50〉과 같다. KMO는 변수들 간의 상관관계가 다른 변수에 의해 잘 설명되는 정도를 나타내는 값으로 값이 적으면 요인분석을 위한 변수의 선정이 좋지 못함을 나타내는 것이다. 일반적으로 KMO값이 .90 이상이면

〈표 9-50〉 조직관리 척도 KMO 및 Bartlett 검정 결과

항목		값
KMO 표본 적합도		.941
Bartlett의 구형성 검정	근사 카이제곱	14362.740
	df	153
	유의확률	.000

상당히 좋은 것으로 판단하고, .80～.89면 꽤 좋은 편이며, .50 이하이면 받아들일 수 없는 것으로 판단한다(송지준, 2015).

KMO값은 .941로 상당히 좋은 것으로 나타났다. 요인분석 모형의 적합성 여부를 나타내는 Bartlett's Test의 결과는 통계적으로 유의한 것으로($\chi^2=14362.740$, $df=153$, $p=.000$) 나타났으며, 이는 수집된 자료가 요인분석 모형으로 적합함을 보여 주는 것이다. 즉, 확정된 예비문항은 요인분석의 사용이 적합하며 공통요인이 존재한다고 결론 내릴 수 있다.

다음으로 요인 간에 독립성을 유지하면서 요인구조가 가장 뚜렷해질 때까지 요인을 회전시키는 직각요인회전 방식인 베리멕스 요인회전 결과 총 18문항 중 공통성이 .40 이하인 문항은 없는 것으로 나타났다. 이에 최종적으로 2개의 요인, 총 18문항이 추출되었다. 최종 추출된 예비문항을 이용해 탐색적 요인분석한 결과는 〈표 9-51〉과 같다. 분석결과 2개의 요인 모두 요인적재치 .40 이상, 공통성 .40 이상, 고유값 1이상으로 나타났다. 총 누적분산설명력은 67.995%로 나타났다.

공통성은 그 변수의 분산이 추출된 요인들에 의해 설명되는 정도를 가리키며 2개 변수의 공통성은 모두 .50보다 크므로 분석하는 데 문제가 없다(단, Q17은 낮은 수치를 보이고 있다). 그럼에도 불구하고 신뢰도 분석결과, 요인1의 .944, 요인2가 .876의 값을 보였다. 이러한 결과를 토대로 총 18문항을 확인적 요인분석의 결과 자료로 사용하는 데 무리가 없을 것으로 판단된다.

탐색적 요인분석의 결과 내용타당도가 검증된 조직관리척도의 영역이 2개 영역(요인)으로 총 18문항으로 나타났다. 1차 예비척도의 요인은 공식적 조직활동, 비공식적 조직활동 그리고 조직문화로 구분되어 있었으나 탐색적 요인분석 결과 2개의 요인으로 재분류되었다. 두 요인 중 첫 번째 요인을 공식관리, 두 번째 요인을 조직문화로 명명한다.

〈표 9-51〉 사회복지관 조직관리척도 탐색적 요인분석 결과 (N=854)

요인	항목	요인적재치	공통성	고유값	분산 설명력	문항수
요인1 (공식관리)	Q1	.838	.703	10.205	37.025	10
	Q2	.874	.765			
	Q3	.754	.611			
	Q4	.596	.568			
	Q5	.762	.693			
	Q6	.811	.778			
	Q7	.680	.624			
	Q8	.780	.769			
	Q9	.743	.759			
	Q10	.779	.744			
요인2 (조직문화)	Q11	.618	.718	2.034	30.970	8
	Q12	.671	.683			
	Q13	.709	.654			
	Q14	.806	.741			
	Q15	.834	.762			
	Q16	.789	.680			
	Q17	.552	.307			
	Q18	.808	.680			

2) 상관관계분석

탐색적 요인분석을 통해 추출된 2개의 요인 간의 상관관계분석의 결과는 〈표 9-52〉와 같다. 조직관리 척도 예비문항의 2개 요인 사이는 통계적으로 유의한 것($p<.01$)으로 나타났다. 세부적으로 살펴보면 요인1과 요인2는 .674($p<.01$)로 상관관계가 나타났다.

〈표 9-52〉 조직관리 척도 예비문항 상관관계분석 결과 (N=854)

변수	M(평균)	SD(표준편차)	요인1	요인2
요인1	6.40	.74	1	
요인2	6.06	.74	.674**	1

$^{**}p<.01$

3) 신뢰도 분석

탐색적 요인분석 결과, 추출된 2개 요인 18문항에 대하여 각 요인 간 내적 일치도를 검증하기 위해 신뢰도 분석을 실시하였으며, 그 결과는 <표 9-53>과 같다. 공식관리의 Cronbach 알파계수는 .965, 조직문화는 .876으로 나타났다. 일반적으로 Cronbach 알파계수가 .60 이상이면 신뢰도가 있다고 본다. 따라서 탐색적 요인분석 결과, 추출된 2개요인 18개 문항은 신뢰도가 높은 것으로 나타났다.

〈표 9-53〉 조직관리 척도 예비문항 신뢰도 분석결과 (N=854)

요인	Cronbach 알파계수		문항수
	요인별	전체	
1요인 (공식관리)	.965	.937	10
2요인 (조직문화)	.876		8

4) 확인적 요인분석

탐색적 요인분석 결과 추출된 조직관리 척도 예비문항에 대하여 요인구조의 타당도를 확보하기 위해 AMOS 21.0 통계프로그램을 활용하여 확인적 요인분석을 실시하였다. 확인적 요인분석은 자료의 타당도를 증명하는 데 이용되며, 탐색적 요인분석의 결과는 확인적 요인분석에 의해 검증됨으로써 보다 신뢰할 수 있는 결론에 도달할 수 있다. 일반적으로 연구모형에 이용되는 변수들은 대부분 다항목으로 측정하기 때문에 단일차원성을 확보하는 것이 중요하다. 확인적 요인분석은 단일차원성을 확보하는 것이 목적이며, 해당 요인을 측정하는 문항들을 각 요인에만 적재되도록 사전에 지정하는 분석방법이다. [그림 9-6]은 구조방정식 모형을 이용하여 분석한 최종 모델을 나타낸 것이다.

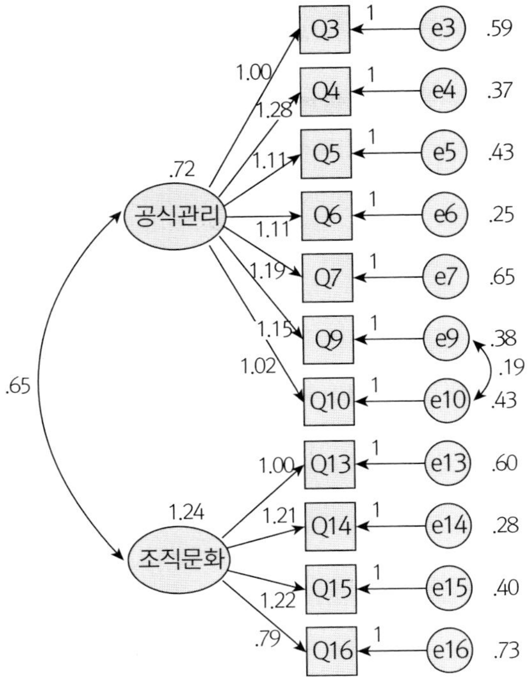

[그림 9-6] 사회합복지관 조직관리척도의 확인적 요인분석 모형

탐색적 요인분석결과 추출된 2개의 요인 18개 문항을 대상으로 확인적 요인분석을 실시한 결과 〈표 9-54〉와 같다. 18개의 문항에서 설명력이 낮은 7개 문항(1요인: Q1, Q2, Q8, 2요인: Q11, Q12, Q17, Q18)을 제거한 후 최종적으로 11개 문항을 이용하여 확인적 요인분석을 실시하였다. 절대적합지수는 $\chi^2 = 300.098(df = 42)$, $p = .000$, GFI = .940, RMSEA = .085, RMR = .069로 나타났다. 절대적합지수를 살펴본 결과 χ^2 검증과 RMSEA, GFI, RMR 값이 모두 적합한 수준으로 나타났다. RMSEA는 .01, .05, 그리고 .08 이하이면 좋은 것으로 판단할 수 있으며 0.1이상이면 받아들일 수 없는 수준으로 판단되고(MacCallum, Browne, and Sugawara, 1996), GFI는 1에 가까울수록 적합도는 좋은 것으로 해석할 수 있다(Browne & Cudeck, 1992). 증분적합지수는 IFI = .955, TLI = .966, CFI = .966으로, .90 이상으로 나타났기 때문에 전반적으로 모형 적합도가 적합하게 나타났다. 간명적합지수는 PCFI = .601로 .60 이상으로 나타나 적합한 것으로 나타났다. 적합도를 종합적으로 살펴보았을 때, 측정모형의 적합도는 전반적으로 양호하며, 측정모형이 자료에 잘 부합된다고 해석할 수 있다.

〈표 9-54〉 조직관리척도 모형적합도 (N=854)

절대적합지수	GFI	.940
	AGFI	.906
	RMR	.069
	RMSEA	.085
증분적합지수	NFI	.961
	CFI	.966
	TLI	.966
	IFI	.955
간명적합지수	PCFI	.601

최종 모형에서 측정변수와 요인 사이의 표준화된 회귀계수 및 공분산은 모두 통계적으로 유의하게 나타났다($p < .001$). 또한 표준화 회귀계수의 적재치는 모두 .50 이상으로 나타났다.

5) 타당도 검증

(1) 수렴타당도 검증

본 연구에서는 수렴타당도를 검증하기 위해 수렴신뢰도(CR)를, 그리고 판별타당도를 검증하기 위해 평균분산추출 값과 표준오차추정구간 값을 사용하였다.

수렴타당도는 한 변수와 다른 변수 간의 측정한 값 사이에 높은 상관관계가 있어야 한다. 따라서 동일한 개념을 측정하는 여러 문항들이 어느 정도 일치하는가를 검증한다. 예를 들어, 사회복지관 조직관리 척도를 측정하는 문항들 간에는 높은 상관관계가 존재해야 수렴타당도가 있다고 할 수 있다. 반대로 판별타당도는 변수들 간의 상관관계가 낮아야 확보될 수 있다.

표준화 추정치와 분산을 가지고 수렴신뢰도 값을 계산할 때, 변수 값의 입력은 해당 변수의 오차항 번호를 확인하여 Estimate 값을 가지고 계산하여야 한다. 그리고 잠재요인 신뢰도를 이용하며 수렴타당도를 검증할 때는 수렴신뢰도가 0.7 이상이면 수렴타당도가 있다고 해석한다. 사회복지관 조직관리 척도를 계산하여 보면 다음과 같다.

$$공식관리=\frac{(.740+.758+.821+.883+.779+.843+.798)^2}{(.740+.758+.821+.883+.779+.843+.798)^2+(.593+.866+.431+.248+.654+.385+.428)}=.757$$

$$조직문화=\frac{(.821+.931+.907+.715)^2}{(.821+.931+.907+.715)^2+(.600+.280+.400+.735)}=.770$$

사회복지관 조직관리 척도로서 공식관리의 경우 수렴신뢰도 값이 .700보다 높은 .757로 수렴타당도가 있다고 평가할 수 있으며, 조직문화의 경우도 .770으로 수렴타당도가 있다고 평가할 수 있다. 2개 변수의 수렴신뢰도 값을 계산한 결과 〈표 9-55〉와 같이 모든 변수에서 수렴신뢰도 값이 .700 이상(Bagozzi, 1980; Lages, Lages, & Lages, 2005)으로 높은 수렴타당도를 확보했다고 할 수 있다.

(2) 판별타당도 검증

판별타당도는 서로 다른 변수들 간에는 측정치에도 분명한 차이가 있어야 한다는 것을 전제로 한다. 즉, 한 변수와 다른 변수 간의 상관관계가 낮아야 판별타당도가 확보되었다고 할 수 있다. 본 연구에서는 판별타당도를 검증하는 기준인 평균분산추출과 표준오차추정구간을 사용하였다.

다음의 공식은 판별타당도를 평가하기 위하여 평균분산추출(AVE) 계산식을 나타낸 것이다. 판별타당성을 평가하는 가장 엄격한 방법으로 AVE 값을 기준으로 사용하고 있다. 즉, AVE 값을 가지고 판별타당성을 평가하기 위해서는 변수 간 상관계수의 제곱값이 AVE 값보다 낮으면, 판별타당성은 확보되었다고 할 수 있다.

다음은 AVE 값을 기준으로 판별타당도를 점검하였다. 높은 상관계수값을 보이는 변수는 공식관리와 조직문화로 계수 값은 .689로 나타났다. 이 값을 제곱하면 .474 값이다. 각각의 추정치와 오차항을 확인하여 AVE 값을 도출하였다.

$$공식관리=\frac{(.740^2+.758^2+.821^2+.883^2+.779^2+.843^2+.798^2)}{(.740^2+.758^2+.821^2+.883^2+.779^2+.843^2+.798^2)+(.593+.866+.431+.248+.654+.385+.428)}=.557$$

$$조직문화=\frac{(.821^2+.931^2+.907^2+.715^2)}{(.821^2+.931^2+.907^2+.715^2)+(.600+.280+.400+.735)}=.588$$

사회복지관 조직관리 척도로서 공식관리의 경우 AVE 값이 .557, 조직문화의 경우는 .588로 나타났다. 이는 상관계수의 제곱 값이 .474보다 높아야 한다는 판별타당성이 확보되었다. 2개 변수의 AVE 값을 계산한 결과는 〈표 9-55〉와 같이 두 변수에서 AVE 값이 높은 판별타당성을 확보했다고 할 수 있다.

다음으로 표준오차추정구간식을 활용한 판별타당도는 변수들 간의 상관관계가 낮아야 확보되었다고 할 수 있기 때문에 변수들 간에 동일하다는 가설을 기각하는지를 보아야 한다(송지준, 2011; Fornell & Larcker, 1981). 가장 높은 상관계수 값을 보이는 변수는 공식관리와 조직문화로 계수 값은 .689이고 이에 해당하는 표준오차(S.E)는 .048의 값을 나타내었다. 검증 결과, 상관계수가 1이라는 가설을 기각하여 판별타당성은 확보되었다고 볼 수 있다.

$$.689 + (2 \times .048) = .785 \neq 1$$
$$.689 - (2 \times .048) = .593 \neq 1$$

이상의 결과를 바탕으로 사회복지관 조직관리 척도의 타당도 검증결과를 제시하면 〈표 9-55〉와 같다.

〈표 9-55〉 조직관리 척도 타당도 검증결과

	공식관리	조직문화
CR	.757	.770
AVE	.557	.558
상관계수 ± (2 × 표준오차) = .785, .593 ≠ 1		

사회복지관이 조직관리를 자체적으로 유지 · 관리할 수 있는 조직관리 척도를 개발하기 위하여 선행연구를 토대로 점검하여야 하는 문항을 선정하고 탐색적 요인분석을 실시하였다. 탐색적으로 개발된 항목들은 실천현장에 적용시키기에는 실증적인 타당도와 신뢰도가 충분하다고 볼 수 없다. 이에 본 연구에서는 사회종합복지관 조직관리 척도에 부합하지 않는다고 판단된 항목을 제거하는 과정을 거쳐 최종 2개 영역의 18개 문항으로 구성된 예비척도를 개발하였다. 즉, 여러 변수들 내부에 존재하는 잠재 구조를 발견하기 위하여 탐색적 요인분석을 통해 요인구조를 개발하였으며, 탐색된 요인

〈표 9-56〉 조직관리 척도의 최종 문항

요인	문항번호	질문문항	문항수
공식관리	1	우리 복지관은 이용자, 이용자 가족 및 보호자, 후원자, 전문가 등을 운영위원으로 참여시키고 있다.	7
	2	우리 복지관은 운영위원회 내용을 직원, 이용자 및 보호자, 후원자, 지역주민 등에게 공개한다.	
	3	우리 복지관은 운영위원회 건의사항을 반영한 결과를 위원들에게 안내 · 통보하고 있다.	
	4	우리 복지관의 운영위원회 구성(규모, 대표성)은 적절하다.	
	5	우리 복지관은 복지관 운영의 전문성 강화를 위하여 자문위원을 활용하고 있다.	
	6	우리 복지관의 인사위원회 구성(규모, 대표성)은 적절하다.	
	7	우리 복지관은 인사위원회 운영과 관련하여 회의록을 작성하여 보고절차에 의해 보고하고 보관, 관리되고 있다.	
조직문화	8	우리 복지관은 정기적, 비정기적 팀별 분임토의 및 사례관리 토론 등의 지식공유 모임을 운영한다.	4
	9	우리 복지관은 기관 내 직원 간 유기적 관계 형성 및 공동체 의식 함양 및 교류를 위한 모임이 있다.	
	10	우리 복지관은 직원의 성장과 발전을 위한 다양한 모임을 지원하고 있다.	
	11	우리 복지관은 인간적이며, 따뜻한 것 같다.	

들을 대표성이 있는 언어로 명명한 후 개발된 요인구조의 경험적 타당도를 확보하기 위하여 모형을 수립하고 확인적 요인분석을 실시하여 모형 적합도의 유의미한 결과를 도출하였다. 결과적으로 원 변수들 간의 복잡한 상관관계를 소수의 요인들의 관계로 재구성하여 공통요인 간의 관계에 의해서 원래 변수들의 성질을 보다 간단한 형태로 재기술하고자 하였다. 공통요인으로 묶이지 않는 중요도가 낮은 변수를 제거하였고, 동일 요인으로 묶인 항목들이 공통성이 있는지와 공통 개념을 측정하지 않는 설문 문항을 제거하는 확인적 요인분석 및 측정도구의 타당도 분석을 실시하였다. 그 결과, 〈표 9-56〉과 같이 사회종합복지관 조직관리 척도는 2개 요인으로 총 11개의 측정문항으로 결론을 도출하였다.

〈표 9-57〉 조직관리 척도 개발 단계

구분	예비문항	탐색적 요인분석	확인적 요인분석	최종 문항
척도문항	18개 문항	18개 문항	18개 문항	11개 문항
제거 문항수	–	–	7개 문항	
요인 수	3	2	2	2

탐색적 요인분석과 확인적 요인분석의 과정, 타당도 검증 과정을 거치는 조직관리 척도의 개발단계는 〈표 9-57〉과 같다. 1차 조직구조관리 척도 예비문항은 총 18개 문항이었으며, 탐색적 요인분석을 실시한 결과 제거되는 문항은 없는 것으로 나타났다. 18개의 문항을 바탕으로 확인적 요인분석을 실시한 결과, 7개 문항이 제거되었다. 최종적으로 조직구조관리 척도는 11개 문항으로 구성되었으며, 2개의 요인으로 구분되었다.

5 최종 조직관리 척도 소개

척도명	조직관리 척도	대상	직원
척도소개	• 사회복지관 조직 성과관리를 측정하는 과정영역의 조직관리에 대한 직원들의 인식 정도를 파악하는 척도 • 직원들의 공식적 조직관리와 조직문화를 인식할 수 있는 능력과 노력의 정도를 측정		
채점방법 및 해석	• 7점 척도, 총 11문항으로 구성 • 합산한 점수가 높을수록 조직에 대한 관리가 잘 이루어지고 있다고 해석		
원척도출처	• 자체 개발		
신뢰도	• 1요인인 공식관리의 Cronbach 알파계수는 .965, 2요인인 조직문화는 .876으로 나타나 조직관리 1요인 10개 문항 그리고 2요인 8개 문항에 대한 신뢰도가 확보되었음		

타당도	• 수렴타당도: 수렴신뢰도 값이 0.7 이상이면 수렴타당도가 있는 것으로 해석. 본 척도의 수렴신뢰도는 요인1 .757, 요인2 .770으로 나타났으며, 값이 0.7 이상으로 나타났기 때문에 수렴타당도가 확보되었음. • 판별타당도: 평균분산추출(AVE) 값은 변수 간 상관계수의 제곱 값이 AVE 값보다 낮으면 판별타당도는 확보되었다고 해석할 수 있음. 요인1과 요인2의 상관계수 제곱 값이 .474로 요인 1과 요인 2의 AVE 값이 변수 간 상관계수의 제곱 값보다 높으므로 판별타당도는 확보되었다고 할 수 있음. 표준오차추정구간식을 활용한 판별타당도는 변수들 간의 상관관계가 낮아야 확보되었다고 할 수 있음. 요인1과 요인2의 계수 값은 .689이며, 이에 해당하는 표준오차(S.E) .048을 대입하여 계산한 결과 값이 .785, .593 ≠ 1로 나타났다. 즉, 변수들 간에 동일하다는 가설이 기각되었으므로 판별타당도가 확보되었음.

제7절 자원개발관리 척도의 타당도

1 자원개발관리 척도의 활용과 측정대상

자원개발관리는 조직관리적 측면에서 이용자를 위해 서비스를 제공하는 데 필요한 물적 · 인적 자원 그리고 지역사회의 구체적인 문제를 해결하는 데 필요한 지역사회 내 다양한 자원 등을 파악하고 활용하기 위하여 다양한 유형의 자원을 주고받는 과정을 관리하는 것이다. 사회복지관은 지역 내의 잠재적 자원을 확인하고 개발하여 사회복지증진을 위한 다양한 사업을 활성화시키는 데 활용함으로써 조직성과의 향상 및 개선에 이바지할 수 있다. 자원개발관리 척도는 사회복지관 성과관리의 과정영역 중 자원개발관리에 대한 직원들의 인식을 점검하는 측정도구이다. 즉, 사회복지관 성과관리의 과정영역 중 자원개발관리에 대한 직원들의 인식을 점검하고 복지관 및 직원들의 자원개발을 위한 가치, 태도, 기술 그리고 지식의 영역에서 자원개발능력의 정도를 측정하는 척도라고 할 수 있다.

사회복지관의 성과를 구성하는 과정영역 중 자원개발관리 척도의 측정대상은 조직 내부적 관점에서 측정되므로 사회복지관의 자원개발에 대한 직원들의 인식의 정도나 노력의 정도를 측정하는 측정대상자는 사회복지관에서 근무하는 (과장급)중간관리자 이하 전 직원이 된다.

2 자원개발관리 척도 개발과정

선행연구 및 이론적 근거를 바탕으로 도출된 자원개발관리에 대한 직원들의 인식 정도를 측정하는 자원개발관리 1차 예비척도의 측정요소는, 첫째, 가치자원(3문항), 둘째, 태도자원(5문항), 셋째, 기술자원(5문항), 넷째, 지식자원(4문항) 총 4개 영역의 17개 문항으로 구성되어 있다. 예비척도를 도출하기 위하여 2차에 거친 사회복지영역의 학계 및 현장전문가들을 대상으로 하는 초점집단면접을 통해 수정 및 보완되어 내용타당도가 향상된 최종 17개 문항의 척도가 개발되었다. 특히, 예비척도 17개 질문항목 중 질문의 적절성에 대한 지적으로 2차 면접에서 1개의 문항이 수정 및 보완되었다. 〈표 9-58〉은 최종 개발된 사회복지관 자원개발관리 1차 예비척도이다.

〈표 9-58〉 자원개발관리 1차 예비척도

자원개발관리 측정내용		
가치자원	1.	우리 복지관은 자원개발에 있어서 진실성, 정직성, 법적 내용을 준수한다.
	2.	나는 자원개발 시 윤리적 기준을 준수하고, 투명한 운영을 위해 정직한 자세로 성실하게 임한다.
	3.	나는 공인으로서의 품행과 처신을 통해 사회복지사로서 신뢰받을 수 있도록 노력한다.
태도자원	4.	우리 복지관은 자원연계를 할 기회가 결여되었거나 공급이 부족할 때 새로운 자원을 적극적으로 개발하여 활용하려고 한다.
	5.	우리 복지관은 자원개발을 위해 참신하거나 새로운 아이디어를 추구한다.
	6.	우리 복지관은 기부자와 충실한 의사소통(감사편지 등)을 하고 있다.
	7.	우리 복지관은 기부자들에게 믿을 만한 조언자 역할을 할 수 있다.
	8.	우리 복지관은 기부자의 동기, 가치, 욕구, 상황 등에 대한 배려 및 개별화를 통한 관리를 하고 있다.

기술 자원	9.	우리 복지관은 다른 기관과 지역사회 내 네트워크를 통해 지역자원을 공유하고 있다.
	10.	우리 복지관은 자원개발을 위해 목표를 계획하고 모금활동, 홍보 및 전략을 수립할 수 있는 능력을 가지고 있다.
	11.	우리 복지관은 기부자 욕구에 부합하는 제안서를 작성할 수 한다.
	12.	우리 복지관은 자원개발에 있어서 협상에 필요한 핵심적인 행동이 무엇인지 파악하고 있다.
	13.	우리 복지관은 기부자, 이용자 등 자원개발과 관련된 사람들의 생각, 감정, 관심사를 이해하기 위해 노력한다.
지식 자원	14.	우리 복지관은 자원개발의 업무를 수행하기 위해 필요한 지식을 교육하고 있다.
	15.	우리 복지관은 지역사회의 사회, 경제, 정치 및 문화적 상황에 대해서 잘 이해하고 있다.
	16.	우리 복지관은 지역사회자원 목록을 연 1회 이상 보완하기 위하여 노력하고 있다.
	17.	우리 복지관은 기부자와 관련된 법과 세제 등을 이해하고 권리향상과 옹호를 실행하고 있다.

3 자료분석방법

총 4개 영역의 측정요소별로 구성된 1차 자원개발관리 예비척도의 질문항목은 총 17개이며 리커트 7점 척도로 구성되어 있다. 복지관 성과를 구성하는 과정영역의 자원개발관리 척도를 개발하고 타당도를 검증하기 위하여 자료분석은 SPSS 20.0 그리고 AMOS 21.0 통계프로그램을 사용하였다. 자료분석과정은 비전관리 척도 분석과정과 동일하다.

④ 자원개발관리 척도 검증

1) 탐색적 요인분석

확정된 자원개발관리 척도 예비문항의 적절성을 평가하기 위하여 SPSS 21.0 통계프로그램을 활용하여 탐색적 요인분석을 실시하였다. 본 연구에서 수집된 자료가 요인분석에 적합한지 여부를 판단하기 위하여 통계적 과정으로 KMO 측정도구와 Bartlett의 구형성 검정을 실시하였으며, 결과는 〈표 9-59〉와 같다. KMO는 변수들 간의 상관관계가 다른 변수에 의해 잘 설명되는 정도를 나타내는 값으로 값이 적으면 요인분석을 위한 변수의 선정이 좋지 못함을 나타내는 것이다. 일반적으로 KMO값이 .90 이상이면 상당히 좋은 것으로 판단하고, .80~.89면 꽤 좋은 편이며, .50 이하이면 받아들일 수 없는 것으로 판단한다(송지준, 2015).

KMO값은 .941로 상당히 좋은 것으로 나타났다. 요인분석 모형의 적합성 여부를 나타내는 Bartlett's Test의 결과는 통계적으로 유의한 것으로($\chi^2 = 14362.740$, $df = 153$, $p = .000$) 나타났으며, 이는 수집된 자료가 요인분석 모형으로 적합함을 보여 주는 것이다. 즉, 확정된 예비문항은 요인분석의 사용이 적합하며 공통요인이 존재한다고 결론 내릴 수 있다.

〈표 9-59〉 자원개발관리 척도 KMO 및 Bartlett 검정 결과

항목		값
KMO 표본 적합도		.957
Bartlett의 구형성 검정	근사 카이제곱	16509.133
	df	136
	유의확률	.000

다음으로 요인 간에 독립성을 유지하면서 요인구조가 가장 뚜렷해질 때까지 요인을 회전시키는 직각요인회전 방식인 베리멕스 요인회전 결과 총 17문항 중 공통성이 .40 이하인 문항은 없는 것으로 나타났다. 이에 최종적으로 2개의 요인, 총 17문항이 추출되었다. 최종 추출된 예비문항을 이용해 탐색적 요인분석한 결과는 〈표 9-60〉과 같다. 분석결과 2개의 요인 모두 요인적재치 .40 이상, 공통성 .40 이상, 고유값 1이상으

로 나타났다. 총 누적분산설명력은 75.222%로 나타났다.

분석한 결과, 〈표 9-60〉과 같이 2개 측정변수 모두가 요인적재값이 .40 이상, 고유값은 1 이상으로 나타났고, 전체누적분산 설명력은 75.222%를 보이고 있다. 공통성은 그 변수의 분산이 추출된 요인들에 의해 설명되는 정도를 가리키며 2개 변수의 공통성은 모두 .50보다 크므로 분석하는 데 문제가 없다. 이러한 결과를 토대로 총 17문항을 확인적 요인분석의 결과 자료로 사용하는 데 무리가 없을 것으로 판단된다.

탐색적 요인분석의 결과 내용타당도가 검증된 자원개발관리 척도의 영역이 2개 영역(요인)으로 총 17문항으로 나타났다.

〈표 9-60〉 사회복지관 자원개발관리 척도 탐색적 요인분석 결과 (N=854)

요인	문항번호	요인적재치	공통성	고유값	분산 설명력	문항수
요인1 (내부자원 개발)	Q1	.837	.851	8.249	48.521	5
	Q2	.891	.899			
	Q3	.877	.854			
	Q4	.643	.743			
	Q5	.540	.772			
요인2 (외부자원 개발)	Q6	.685	.603	4.539	26.701	12
	Q7	.772	.695			
	Q8	.834	.750			
	Q9	.684	.700			
	Q10	.838	.795			
	Q11	.816	.781			
	Q12	.808	.804			
	Q13	.795	.798			
	Q14	.771	.709			
	Q15	.749	.738			
	Q16	.744	.664			
	Q17	.746	.684			

2) 상관관계분석

탐색적 요인분석을 통해 추출된 2개의 요인 간의 상관관계 분석의 결과는 〈표 9-61〉과 같다. 먼저 요인별 기술통계분석을 살펴보면 내부자원개발의 평균은 6.31, 표준편차는 .62, 외부자원개발의 평균은 6.12, 표준편차는 .66으로 나타났다. 상관관계분석 결과 자원개발관리 척도 예비문항의 2개 요인 사이에는 통계적으로 유의한 것($p <.01$)으로 나타났다. 세부적으로 살펴보면 내부자원개발과 외부자원개발은 .814($p <.01$)로 상관관계가 나타났다.

〈표 9-61〉 자원개발관리 척도 예비문항 상관관계분석 결과 (N=854)

변수	M(평균)	SD(표준편차)	요인1	요인2
요인1	6.31	.62	1	
요인2	6.12	.66	.814**	1

$^{**}p <.01$

3) 신뢰도 분석

탐색적 요인분석 결과, 추출된 2개 요인 17문항에 대하여 각 요인 간 내적 일치도를 검증하기 위해 신뢰도 분석을 실시하였으며, 그 결과는 〈표 9-62〉와 같다. 내부자원개발의 Cronbach 알파계수는 .929, 외부자원개발의 Cronbach 알파계수는 .965으로 나타났다. 일반적으로 Cronbach 알파계수가 .60 이상이면 신뢰도가 있다고 본다. 따라서 탐색적 요인분석 결과, 추출된 2개요인 17개 문항은 신뢰도가 높은 것으로 나타났다.

〈표 9-62〉 자원개발관리 척도 예비문항 신뢰도 분석결과 (N=854)

요인	Cronbach 알파계수		문항수
	요인별	전체	
요인1	.929	.907	5
요인2	.965		12

4) 확인적 요인분석

탐색적 요인분석 결과 추출된 자원개발관리척도 예비문항에 대하여 요인구조의 타당도를 확보하기 위해 AMOS 21.0 통계프로그램을 활용하여 확인적 요인분석을 실시하였다. 확인적 요인분석은 자료의 타당도를 증명하는 데 이용되며, 탐색적 요인분석의 결과는 확인적 요인분석에 의해 검증됨으로써 보다 신뢰할 수 있는 결론에 도달할 수 있다. 일반적으로 연구모형에 이용되는 변수들은 대부분 다항목으로 측정하기 때문에 단일차원성을 확보하는 것이 중요하다. 확인적 요인분석은 단일차원성을 확보하는 것이 목적이며, 해당 요인을 측정하는 문항들을 각 요인에만 적재되도록 사전에 지정하는 분석방법이다. [그림 9-7]은 구조방정식 모형을 이용하여 분석한 최종 모델을 나타낸 것이다.

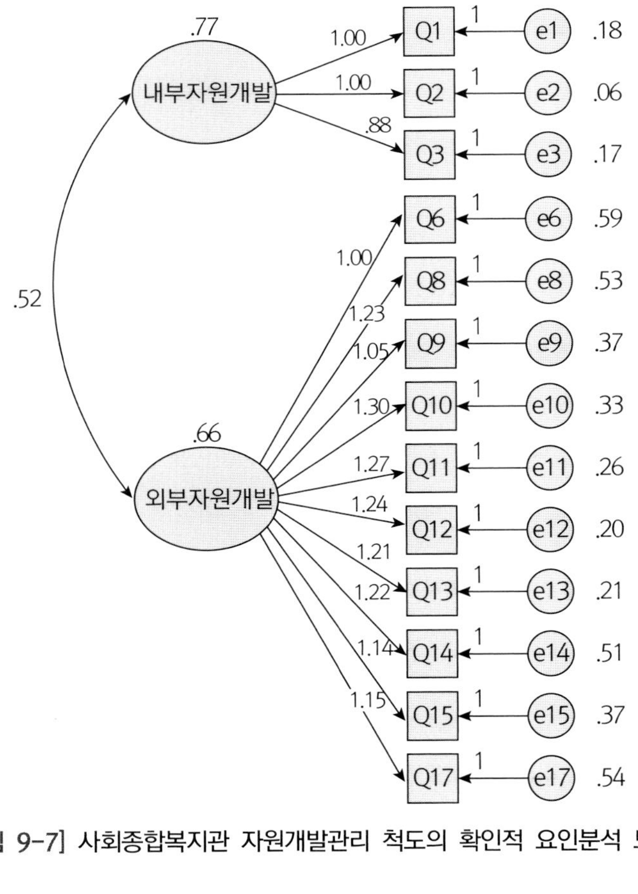

[그림 9-7] 사회종합복지관 자원개발관리 척도의 확인적 요인분석 모형

〈표 9-63〉 자원개발관리척도 모형적합도

(N=854)

절대적합지수	RMR	.052
증분적합지수	NFI	.921
	RFI	.904
	CFI	.926
	TLI	.910
	IFI	.926
간명적합지수	PCFI	.783

탐색적 요인분석결과 추출된 2개의 요인 17개 문항을 대상으로 확인적 요인분석을 실시한 결과 〈표 9-63〉과 같다. 17개의 문항에서 설명력이 낮은 4개 문항(1요인: Q4, Q5, 2요인: Q7, Q16)을 제거한 후 최종적으로 13개 문항을 이용하여 확인적 요인분석을 실시하였다. 절대적합지수는 $\chi^2=946.557(df=76)$, $p=.000$, RMR=.052로 나타났다. 절대적합지수를 살펴본 결과 χ^2검증과 RMR 값이 모두 적합한 수준으로 나타났다. 증분적합지수는 IFI=.926, TLI=.910, CFI=.926으로, .90 이상으로 나타났기 때문에 전반적으로 모형 적합도가 적합하게 나타났다. 간명적합지수는 PCFI=.783으로 .60 이상으로 나타나 적합한 것으로 나타났다. 적합도를 종합적으로 살펴보았을 때, 측정모형의 적합도는 전반적으로 양호하며, 측정모형이 자료에 잘 부합된다고 해석할 수 있다.

최종 모형에서 측정변수와 요인 사이의 표준화된 회귀계수 및 공분산은 모두 통계적으로 유의하게 나타났다($p<.001$). 또한 표준화 회귀계수의 적재치는 모두 .50 이상으로 나타났다.

5) 타당도 검증

(1) 수렴타당도 검증

수렴타당도는 집중타당도라고도 불리며 동일한 개념을 측정하기 위하여 서로 다른 방법으로 측정한 값 사이에 높은 상관관계가 있어야 하는 것을 나타낸다. 본 연구에서는 수렴타당도를 검증하기 위해 수렴신뢰도(CR)를, 그리고 판별타당도를 검증하기 위해 평균분산추출 값과 표준오차추정구간 값을 사용하였다. 수렴타당도는 한 변수와 다른 변수 간의 측정한 값 사이에 높은 상관관계가 있어야 한다. 따라서 동일한 개념을 측정하는 여러 문항들이 어느 정도 일치하는가를 검증한다. 예를 들어, 사회복지관 자원개발관리 척도를 측정하는 문항들 간에는 높은 상관관계가 존재해야 수렴타당도가 있다고 할 수 있다. 반대로 판별타당도는 변수들 간의 상관관계가 낮아야 확보될 수 있다.

표준화 추정치와 분산을 가지고 잠재요인 신뢰도 값을 계산할 때, 변수 값의 입력은 해당변수의 오차항 번호를 확인하여 Estimate 값을 가지고 계산하여야 한다. 그리고 잠재요인 신뢰도를 이용하여 수렴타당도를 검증할 때는 수렴신뢰도가 .700 이상이면 수렴타당도가 있다고 해석한다. 사회복지관 조직관리 척도를 계산하여 보면 다음과 같다.

$$\text{내부자원개발} = \frac{(.899+.881+.962)^2}{(.899+.881+.962)^2 + (.183+.061+.171)} = .948$$

$$\text{외부자원개발} = \frac{\begin{pmatrix} .594+.526+.370+.330+.258 \\ +.196+.208+.510+.367+.543 \end{pmatrix}^2}{\begin{pmatrix} .594+.526+.370+.330+.258 \\ +.196+.208+.510+.367+.543 \end{pmatrix}^2 + \begin{pmatrix} .726+.810+.816+.879+.898 \\ +.916+.907+.811+.837+.785 \end{pmatrix}^2}$$
$$= .947$$

사회복지관 자원개발관리 척도로서 내부자원개발의 경우 수렴신뢰도 값이 .700보다 높은 .948로 수렴타당도가 있다고 평가할 수 있으며, 외부자원개발의 경우도 .947로 수렴타당도가 있다고 평가할 수 있다. 2개 변수의 수렴신뢰도 값을 계산한 결과 〈표 9-64〉와 같이 모든 변수에서 수렴신뢰도 값이 .700 이상(Bagozzi, 1980; Lages, Lages, & Lages, 2005)으로 높은 수렴타당도를 확보했다고 할 수 있다.

(2) 판별타당도 검증

판별타당도는 서로 다른 변수들 간에는 측정치에도 분명한 차이가 있어야 한다는 것을 전제로 한다. 즉, 한 변수와 다른 변수 간의 상관관계가 낮아야 판별타당도가 확보되었다고 할 수 있다. 본 연구에서 판별타당도를 검증하는 기준인 평균분산추출

(AVE)과 표준오차추정구간을 사용하였다. 다음은 AVE 값을 기준으로 판별타당도를 점검하였다. 높은 상관계수 값을 보이는 변수는 내부자원개발과 외부자원개발로 계수 값은 .727로 나타났다. 이 값을 제곱하면 .528의 값이다. 각각의 추정치와 오차항을 확인하여 AVE값을 도출하였다.

$$\text{내부자원개발} = \frac{(.899^2+.881^2+.962^2)}{(.899^2+.881^2+.962^2)+(.183+.061+.171)} = .858$$

$$\text{외부자원개발} = \frac{\begin{pmatrix} .594^2+.526^2+.370^2+.330^2+.258^2 \\ +.196^2+.208^2+.510^2+.367^2+.543^2 \end{pmatrix}}{\begin{pmatrix} .594^2+.526^2+.370^2+.330^2+.258^2 \\ +.196^2+.208^2+.510^2+.367^2+.543^2 \end{pmatrix}+\begin{pmatrix} .726+.810+.816+.879+.898 \\ +.916+.907+.811+.837+.785 \end{pmatrix}}$$
$$= .644$$

복지관 자원개발관리 척도로서 내부자원개발의 경우 AVE 값이 .858, 외부자원개발의 경우는 .644로 나타났다. 이는 상관계수의 제곱 값 .528이 AVE 값보다 상회하지 않아야 한다는 판별타당성이 확보되었다. 2개 변수의 AVE 값을 계산한 결과는 〈표 9-64〉와 같이 두 변수에서 AVE 값이 높은 판별타당성을 확보했다고 할 수 있다(Fornell & Larcker, 1981).

다음으로 표준오차추정구간식을 활용한 판별타당도는 변수들 간의 상관관계가 낮아야 확보되었다고 할 수 있기 때문에 변수들 간에 동일하다는 가설을 기각하는지를 보아야 한다(송지준, 2011; Fornell & Larcker, 1981). 내부자원개발과 외부자원개발 간의 계수 값은 .727이고 이에 해당하는 표준오차(S.E)는 .036의 값을 나타내었다. 검증의 결과, 상관계수가 1이라는 가설을 기각하여 판별타당성은 확보되었다고 볼 수 있다.

$$.727 + (2 \times .036) = .799 \neq 1$$
$$.727 - (2 \times .036) = .655 \neq 1$$

이상의 결과를 바탕으로 사회복지관 자원개발관리 척도의 타당도 검증결과를 제시하면 〈표 9-64〉와 같다.

〈표 9-64〉 자원개발관리 척도 타당도 검증결과

	내부자원개발	외부자원개발
CR	.948	.947
AVE	.858	.644
상관계수 ± (2 × 표준오차) = .799, .655 ≠ 1		

사회복지관 조직이 자체적으로 조직을 유지 · 관리할 수 있는 자원개발관리 척도를 개발하기 위하여 선행연구를 토대로 점검하여야 하는 문항을 선정하고 탐색적 요인분석을 실시하였다. 탐색적으로 개발된 항목들은 실천현장에 적용시키기에는 실증적인 타당도와 신뢰도가 충분하다고 볼 수 없다. 이에 본 연구에서는 복지관 자원개발관리 척도에 부합하지 않는다고 판단된 항목을 제거하는 과정을 거쳐 최종 2개 영역의 17개 문항으로 구성된 예비척도를 개발하였다. 즉, 여러 변수들 내부에 존재하는 잠재 구조를 발견하기 위하여 탐색적 요인분석을 통해 요인구조를 개발하였으며, 탐색된 요인들을 대표성이 있는 언어로 명명한 후 개발된 요인구조의 경험적 타당도를 확보하기 위하여 모형을 수립하고 확인적 요인분석을 실시하여 모형 적합도의 유의미한 결과를 도출하였다. 결과적으로 원 변수들 간의 복잡한 상관관계를 소수의 요인들의 관계로 재구성하여 공통요인 간의 관계에 의해서 원래 변수들의 성질을 보다 간단한 형태로 재기술하고자 하였다. 공통요인으로 묶이지 않는 중요도가 낮은 변수를 제거하였고, 동일 요인으로 묶인 항목들이 공통성이 있는지와 공통 개념을 측정하지 않는 설문 문항을 제거하는 확인적 요인분석 및 측정도구의 타당도 분석을 실시하였다. 그 결과, 〈표 9-65〉와 같이 사회복지관 최종 자원개발관리 척도가 도출되었다.

탐색적 요인분석과 확인적 요인분석의 과정, 타당도 검증을 통하여 자원개발관리 척도의 개발단계는 〈표 9-66〉과 같다. 자원개발관리 척도 예비문항은 총 17개 문항이었으며, 탐색적 요인분석을 실시한 결과 제거되는 문항은 없는 것으로 나타났다. 17개의 문항을 바탕으로 확인적 요인분석을 실시한 결과, 4개 문항이 제거되었다. 최종적으로 자원개발관리 척도는 13개 문항으로 구성되었으며, 2개의 요인으로 구분되었다.

〈표 9-65〉 자원개발관리 척도의 최종 문항

요인	문항번호	질문문항	문항수
내부자원 개발	1	우리 복지관은 자원개발에 있어서 진실성, 정직성, 법적 내용을 준수한다.	3
	2	나는 자원개발 시 윤리적 기준을 준수하고, 투명한 운영을 위해 정직한 자세로 성실하게 임한다.	
	3	나는 공인으로서의 품행과 처신을 통해 사회복지사로서 신뢰받을 수 있도록 노력한다.	
외부자원 개발	4	우리 복지관은 기부자와 충실한 의사소통(감사편지 등)을 하고 있다.	10
	5	우리 복지관은 기부자의 동기, 가치, 욕구, 상황 등에 대한 배려 및 개별화를 통한 관리를 하고 있다.	
	6	우리 복지관은 다른 기관과 지역사회 내 네트워크를 통해 지역자원을 공유하고 있다.	
	7	우리 복지관은 자원개발을 위해 목표를 계획하고 모금활동, 홍보 및 전략을 수립할 수 있는 능력을 가지고 있다.	
	8	우리 복지관은 기부자 욕구에 부합하는 제안서를 작성할 수 한다.	
	9	우리 복지관은 자원개발에 있어서 협상에 필요한 핵심적인 행동이 무엇인지 파악할 수 있다.	
	10	우리 복지관은 기부자, 이용자 등 자원개발과 관련된 사람들의 생각, 감정, 관심사를 이해하기 위해 노력한다.	
	11	우리 복지관은 자원개발의 업무를 수행하기 위해 필요한 지식을 교육하고 있다.	
	12	우리 복지관은 지역사회의 사회, 경제, 정치 및 문화적 상황에 대해서 잘 이해하고 있다.	
	13	우리 복지관은 기부자와 관련된 법과 세제 등을 이해하고 권리향상과 옹호를 실행하고 있다.	

〈표 9-66〉 자원개발관리 척도 개발 단계

구분	예비문항	탐색적 요인분석	확인적 요인분석	최종 문항
척도문항	17개 문항	17개 문항	17개 문항	13개 문항
제거 문항 수	–	–	4개 문항	
요인 수	4	2	2	2

5 최종 자원개발관리 척도 소개

척도명	자원개발관리 척도	대상	직원
척도소개	• 사회복지관 조직 성과관리를 측정하는 과정영역의 자원개발관리에 대한 직원들의 인식 정도를 파악하는 척도 • 직원들의 내부자원관리와 외부자원관리를 인식할 수 있는 능력과 노력의 정도를 측정		
채점방법 및 해석	• 7점 척도, 총 13문항으로 구성 • 합산한 점수가 높을수록 자원개발에 대한 관리가 잘 이루어지고 있다고 해석		
원척도출처	• 자체 개발		
신뢰도	• 요인1의 Cronbach 알파계수=.929, 요인2의 Cronbach 알파계수=.965로 나타나 자원개발관리 척도 요인1에 3개 문항, 요인2에 10개 문항에 대한 신뢰도가 확보되었음.		
타당도	• 수렴타당도: 수렴신뢰도 값이 0.7 이상이면 수렴타당도가 있는 것으로 해석. 본 척도의 수렴신뢰도는 요인1 .948, 요인2 .947로 나타났으며, 값이 0.7 이상으로 나타났기 때문에 수렴타당도가 확보되었음. • 판별타당도: 평균분산추출(AVE) 값은 변수 간 상관계수의 제곱 값이 AVE 값보다 낮으면 판별타당도는 확보되었다고 해석할 수 있음. 요인1과 요인2의 상관계수 제곱 값이 .528로, 요인1과 요인2의 AVE 값이 변수 간 상관계수의 제곱 값보다 높으므로 판별타당도는 확보되었다고 할 수 있음. • 표준오차추정구간식을 활용한 판별타당도는 변수들 간의 상관관계가 낮아야 확보되었다고 할 수 있음. 요인1과 요인2의 계수 값은 .727이며, 이에 해당하는 표준오차 .036을 대입하여 계산한 결과 값이 .799, .655 ≠ 1로 나타났다. 즉, 변수들 간에 동일하다는 가설이 기각되었으므로 판별타당도가 확보되었음.		

제8절 재무관리 척도의 타당도

1 재무관리 척도의 활용과 측정대상

재무관리는 사회복지관의 모든 재정을 관리하는 것으로 구체적으로는 수입과 지출, 회계 그리고 예산수립과 세무 등을 관리하는 것을 의미한다. 즉, 재무관리란 조직의 자금 활용과 조달에 관한 의사결정을 중심으로 재화와 용역의 제공능력을 적정하게 유지하였는지에 대한 재무정보를 일정한 양식과 보충자료를 통해서 관리하는 것을 나타낸다. 사회복지관 재무관리는 이 설정한 성과를 성취하기 위하여 안정적인 자원을 유지·관리하고 복지관의 자금 흐름과 관련된 모든 의사결정을 보다 효과적으로 유도하고 관리하기 위한 조직관리적 기법이라고 할 수 있다. 즉, 사회복지관 재무관리는 재화와 용역의 제공능력을 적정하게 유지하였는지에 대한 재무정보를 일정한 양식과 보충자료를 통해서 조직이 목표달성을 위해 필요한 재무자원을 합리적이고 계획적으로 동원·배분하고 효율적이고 효과적으로 사용·관리하는 과정이라고 결론지을 수 있다. 재무관리 척도는 사회복지관이 자원을 합리적이고 계획적으로 동원하고 배분하는지를 측정하는 것이라고 할 수 있다.

사회복지관의 성과를 구성하는 과정영역 중 재무관리 척도의 측정대상은 조직 내부적 관점에서 측정되므로 사회복지관의 재무관리에 대한 직원들의 인식의 정도나 노력의 정도를 측정하는 측정대상자는 사회복지관에서 근무하는 (과장급)중간관리자를 포함한 직원, 특히 예산담당직원이 된다.

2 재무관리 척도 개발과정

사회복지관의 성과관리를 위한 과정영역에서 복지관의 재무관리 수준을 측정하기 위하여 본 연구에서는 선행연구를 토대로 하여 재무관리를, 첫째, 재무관리에 대한 지식, 둘째, 재무관리의 기술, 셋째, 재무관리에 대한 태도를 중심으로 요인을 구상하고 총 36개의 질문들로 구성된 척도를 도출하였다. 본 척도의 내용타당도를 점검하기 위하여 학계 및 현장전문가들로 집단을 구성한 후 두 차례에 걸쳐 집단면접을 수행하였으며 그 결과는 다음과 같다. 먼저, 학계전문가(사회복지행정 관련 교수 4인)를 대상으로 한 집단면접에서 5개의 질문이 내용 부적합으로 삭제되고 중복질문으로 3개의 질문이 삭제되었으며 4개의 질문항목에 대한 수정이 있었다. 2차 현장전문가(사회복지관 관장 4인 부장 및 예산담당직원 5인)에서 4개의 질문이 내용 부적합으로 삭제되고 3개의 질문이 수정되어 최종 지식 5문항, 기술 15문항 그리고 태도 4문항 등 3개 영역의 24문항으로 구성된 재무관리 1차 예비척도가 도출되었다.

〈표 9-67〉 재무관리 1차 예비척도

재무관리 측정내용		
재무관리 지식	1.	우리 복지관의 회계장부 및 증빙서류는 정확하게 관리되고 있다.
	2.	우리 복지관은 사회복지법인 및 사회복지시설재무회계규칙 등 관련 법규, 지침 등을 준수하고 있다.
	3.	우리 복지관의 법인회계, 시설회계는 각각 독립적인 회계를 가지고 있고 명확히 구분되어 있다.
	4.	우리 복지관은 회계연도별 수입원과 지출원을 선정하여 체계적으로 관리하고 있다.
	5.	우리 복지관 운영자는 회계와 관련하여 벌칙, 과태료, 행정처분 등의 내용들을 기본적으로 숙지하고 있다.
재무관리 기술	6.	우리 복지관의 사업비는 사업계획서에 근거하여 집행하고 있다.
	7.	우리 복지관은 세입예산은 재원별, 성질별로 관 · 항 · 목으로 구분하여 편성하고 있다.
	8.	우리 복지관의 세출예산은 경비의 성질과 기능을 고려하여 관 · 항 · 목으로 구분하여 편성하고 있다.
	9.	우리 복지관의 보조금 수입은 각 보조사업별로 명확히 구분하고 있다.
	10.	우리 복지관은 세출 시 예산과목 또는 사업목적의 위배 사항은 없는지 확인한다.
	11.	우리 복지관의 지정후원금은 용도 외로는 사용하지 않으며 예산 편성 및 확정 절차에 따라 세입 · 세출예산에 편성해서 사용하고 있다.

	12.	우리 복지관은 수입원이 수납한 수입금을 그 다음날까지 금융기관에 예입한다.
	13.	우리 복지관은 수입원이 수납하는 금액에 대해서는 영수증을 발급해서, 1부는 납부자에게, 또 1부는 복지관에서 보관하고 있다.
	14.	지출은 지출결의서에 의해 지출업무를 담당하는 관리자의 지출명령이 있는 것에 한하여 지출하고 있다.
재무관리 기술	15.	우리 복지관은 수입재원(보조금, 후원금, 사업수입, 법인전입금) 사용용도의 해당기준을 명확히 이해하고 집행하고 있다.
	16.	우리 복지관은 회계관련 담당자에 대하여 재정보증보험을 들고 있다.
	17.	우리 복지관은 공사 또는 물품구매에 대한 계약을 하기 전에 먼저 이 계약에 대한 내부 의사결정의 과정을 거친다.
	18.	우리 복지관은 물품관리자(물품출납원)를 두고 있다.
	19.	우리 복지관은 재물조사를 연 1회 실시하고 있다.
	20.	우리 복지관은 불용품을 처리절차에 따라 처리하고 있다.
	21.	우리 복지관은 시도로부터 예산 관련 매년 1회 이상 지도점검을 받고 있다.
재무관리 태도	22.	우리 복지관은 법인으로부터 예산 관련 매년 1회 이상 지도점검을 받고 있다.
	23.	우리 복지관은 수입결의서, 지출결의서, 일계표, 총계정원장, 현금출납부를 정확하게 관리하고 있다
	24.	우리 복지관은 정해진 날짜에 정확하게 세무관련 신고를 하고 있다.

③ 자료분석방법

총 3개 영역의 측정요소별로 구성된 재무관리 1차 예비척도의 질문항목은 총 24개이며 리커트 7점 척도로 구성되어 있다. 사회복지관 성과를 구성하는 과정영역의 재무관리 척도를 개발하고 타당도를 검증하기 위하여 자료분석은 SPSS 20.0 그리고 AMOS 21.0 통계프로그램을 사용하였다. 자료분석과정은 비전관리 척도 분석과정과 동일하다.

4 재무관리 척도 검증

1) 탐색적 요인분석

확정된 재무관리 척도 예비문항의 적절성을 평가하기 위하여 SPSS 21.0 통계프로그램을 활용하여 탐색적 요인분석을 실시하였다. 본 연구에서 수집된 자료가 요인분석에 적합한지 여부를 판단하기 위하여 통계적 과정으로 KMO 측정도구와 Bartlett의 구형성 검정을 실시하였으며, 결과는 〈표 9-68〉과 같다. KMO는 변수들 간의 상관관계가 다른 변수에 의해 잘 설명되는 정도를 나타내는 값으로 값이 적으면 요인분석을 위한 변수의 선정이 좋지 못함을 나타내는 것이다. 일반적으로 KMO값이 .90 이상이면 상당히 좋은 것으로 판단하고, .80~.89면 꽤 좋은 편이며, .50 이하이면 받아들일 수 없는 것으로 판단한다(송지준, 2015).

KMO값은 .975로 상당히 좋은 것으로 나타났다. 요인분석 모형의 적합성 여부를 나타내는 Bartlett's Test의 결과는 통계적으로 유의한 것으로($\chi^2=42993.415$, $df=276$, $p=.000$) 나타났으며, 이는 수집된 자료가 요인분석 모형으로 적합함을 보여 주는 것이다. 즉, 확정된 예비문항은 요인분석의 사용이 적합하며 공통요인이 존재한다고 결론 내릴 수 있다.

〈표 9-68〉 재무관리관리 척도 KMO 및 Bartlett 검정 결과

항 목		값
KMO 표본 적합도		.975
Bartlett의 구형성 검정	근사 카이제곱	42993.415
	df	276
	유의확률	.000

다음으로 요인 간에 독립성을 유지하면서 요인구조가 가장 뚜렷해질 때까지 요인을 회전시키는 직각요인회전 방식인 베리멕스 요인회전 결과 총 24문항 중 공통성이 .40 이하인 문항은 없는 것으로 나타났다. 이에 최종적으로 1개의 요인, 총 24문항이 추출되었다. 최종 추출된 예비문항을 이용해 탐색적 요인분석한 결과는 〈표 9-69〉와 같다. 분석결과 1개의 요인 모두 요인적재치 .40 이상, 공통성 .40 이상, 고유값 1이상으

〈표 9-69〉 재무관리 척도 탐색적 요인분석 결과 (N=854)

요인	항목	요인적재치	공통성	고유값	분산 설명력	문항수
요인 (재무관리)	Q1	.954	.909	20.361	84.837	24
	Q2	.861	.741			
	Q3	.817	.668			
	Q4	.841	.707			
	Q5	.914	.835			
	Q6	.941	.886			
	Q7	.976	.953			
	Q8	.953	.909			
	Q9	.957	.916			
	Q10	.965	.932			
	Q11	.940	.884			
	Q12	.941	.886			
	Q13	.890	.792			
	Q14	.946	.896			
	Q15	.953	.907			
	Q16	.910	.828			
	Q17	.940	.884			
	Q18	.866	.750			
	Q19	.932	.869			
	Q20	.921	.849			
	Q21	.914	.836			
	Q22	.901	.811			
	Q23	.962	.926			
	Q24	.887	.787			

로 나타났다. 총 누적분산설명력은 84.837%로 나타났다.

2) 상관관계분석

탐색적 요인분석을 통해 추출된 24개 문항 간 상관관계분석의 결과는 재무관리 척도 예비문항의 1개 요인 사이에는 통계적으로 유의한 .731~.955(p<.01)로 상관관계

가 나타났다.

3) 신뢰도 분석

탐색적 요인분석 결과, 추출된 1개 요인 24문항에 대하여 각 요인 간 내적 일치도를 검증하기 위해 신뢰도 분석을 실시하였으며, 그 결과는 재무관리의 Cronbach 알파계수 값 .992로 나타났다. 일반적으로 Cronbach 알파계수가 .60 이상이면 신뢰도가 있다고 본다. 따라서 탐색적 요인분석 결과, 추출된 1개 요인 24개 문항은 신뢰도가 높은 것으로 나타났다.

4) 확인적 요인분석

탐색적 요인분석 결과 추출된 재무관리 척도 예비문항에 대하여 요인구조의 타당도를 확보하기 위해 AMOS 21.0 통계프로그램을 활용하여 확인적 요인분석을 실시하였다. 확인적 요인분석은 자료의 타당도를 증명하는 데 이용되며, 탐색적 요인분석의 결과는 확인적 요인분석에 의해 검증됨으로써 보다 신뢰할 수 있는 결론에 도달할 수 있다. 일반적으로 연구모형에 이용되는 변수들은 대부분 다항목으로 측정하기 때문에 단일차원성을 확보하는 것이 중요하다. 확인적 요인분석은 단일차원성을 확보하는 것이 목적이며, 해당 요인을 측정하는 문항들을 각 요인에만 적재되도록 사전에 지정하는 분석방법이다. [그림 9-8]은 구조방정식 모형을 이용하여 분석한 최종 모델을 나타낸 것이다.

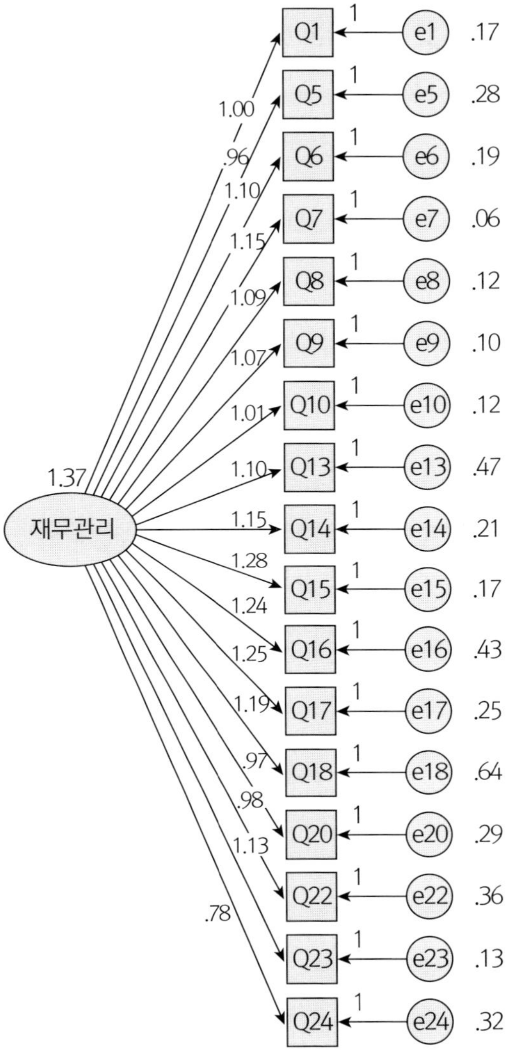

[그림 9-8] 사회복지관 재무관리 척도의 확인적 요인분석 모형

탐색적 요인분석결과 추출된 1개의 요인 24개 문항을 대상으로 확인적 요인분석을 실시한 결과 〈표 9-70〉과 같다. 24개의 문항에서 설명력이 낮은 7개 문항(1요인: Q2, Q3, Q4, Q11, Q12, Q19, Q20)을 제거한 후 최종적으로 17개 문항을 이용하여 확인적 요인분석을 실시하였다. 절대적합지수는 $\chi^2 = 2485.108(df = 119)$, $p = .000$, RMR $= .037$로 나타났다. 절대적합지수를 살펴본 결과 χ^2검증과 RMR 값이 모두 적합한 수준으로 나타났다. 증분적합지수는 IFI = .920, TLI = .908, CFI = .920으로, .90 이상으

〈표 9-70〉 재무관리척도 모형적합도 (N=854)

절대적합지수	RMR	.037
증분적합지수	NFI	.916
	RFI	.904
	CFI	.920
	TLI	.908
	IFI	.920
간명적합지수	PCFI	.805

로 나타났기 때문에 전반적으로 모형 적합도가 적합하게 나타났다. 간명적합지수는 PCFI=.805로 .60 이상으로 나타나 적합한 것으로 나타났다. 적합도를 종합적으로 살펴보았을 때, 측정모형의 적합도는 전반적으로 양호하며, 측정모형이 자료에 잘 부합된다고 해석할 수 있다.

최종 모형에서 측정변수와 요인 사이의 표준화된 회귀계수 및 공분산은 모두 통계적으로 유의하게 나타났다($p < .001$). 또한 표준화 회귀계수의 적재치는 모두 .50 이상으로 나타났다.

5) 타당도 검증

(1) 수렴타당도 검증

수렴타당도는 집중타당도라고도 불리며 동일한 개념을 측정하기 위하여 서로 다른 방법으로 측정한 값 사이에 높은 상관관계가 있어야 하는 것을 나타낸다. 본 연구에서는 수렴타당도를 검증하기 위해 수렴신뢰도(CR) 값을 사용하였다. 수렴타당도는 측정한 값 사이에 높은 상관관계가 있어야 한다. 따라서 동일한 개념을 측정하는 여러 문항들이 어느 정도 일치하는가를 검증한다. 예를 들어, 복지관 재무관리 척도를 측정하는 문항들 간에는 높은 상관관계가 존재해야 수렴타당도가 있다고 할 수 있다.

본 연구에서 수렴신뢰도 값을 기준으로 수렴타당도를 점검하였다. 표준화 추정치와 분산을 가지고 수렴신뢰도 값을 계산할 때, 변수 값의 입력은 해당변수의 오차항 번호를 확인하여 Estimate 값을 가지고 계산하여야 한다. 그리고 수렴신뢰도를 이용하여 수렴타당도를 검증할 때는 수렴신뢰도가 .700 이상이면 수렴타당도가 있다고 해석한다. 사회복지관 재무관리 척도를 계산하여 보면 다음과 같다.

$$\text{재무관리} = \frac{\left(\begin{array}{c} .944+.904+.947+.984+.964+.970+.959+.882+.948 \\ +.964+.911+.947+.868+.904+.886+.964+.849 \end{array}\right)^2}{\left(\begin{array}{c} .944+.904+.947+.984+.964+.970+.959+.882+.948 \\ +.964+.911+.947+.868+.904+.886+.964+.849 \end{array}\right)^2 + \left(\begin{array}{c} .168+.283+.192+.061+.124+.098+.122+.473+.206 \\ .170+.433+.246+.638+.292+.359+.135+.319 \end{array}\right)^2} = .983$$

사회복지관 재무관리 척도로서 수렴신뢰도 값이 .700보다 높은 .983으로 수렴타당도가 있다고 평가할 수 있다. 1개 변수의 수렴신뢰도 값을 계산한 결과, 〈표 9-71〉과 같이 수렴신뢰도 값이 .700 이상(Bagozzi, 1980; Lages, Lages, & Lages, 2005)으로 높은 수렴타당도를 확보했다고 할 수 있다.

〈표 9-71〉 재무관리척도 수렴신뢰도 값

	재무관리
CR	.983

구성타당도 중 판별타당도를 평가하기 위해서는 변수 간 상관계수를 살펴보아야 하나 본 재무관리 척도에서는 상관될 수 있는 변수가 존재하지 않아(하나의 요인으로 수렴) 판별타당도를 이미 확보하였다고 볼 수 있다.

복지관의 조직을 자체적으로 유지 · 관리할 수 있는 재무관리 척도를 개발하기 위하여 선행연구를 토대로 점검하여야 하는 문항을 선정하였다. 탐색적으로 개발된 항목들은 실천현장에 적용시키기에는 실증적인 타당도와 신뢰도가 충분하다고 볼 수 없다. 이에 본 연구에서는 복지관 재무관리 척도에 부합하지 않는다고 판단된 항목을 제거하는 과정을 거쳐 최종 4개 영역의 24개 문항으로 구성된 예비척도를 개발하였다. 즉, 여러 변수들 내부에 존재하는 잠재 구조를 발견하기 위하여 탐색적 요인분석을 통해 요인구조를 개발하였으며, 탐색된 요인들을 대표성이 있는 언어로 명명한 후 개발된 요인구조의 경험적 타당도를 확보하기 위하여 모형을 수립하고 확인적 요인분석을 실시하여 모형 적합도의 유의미한 결과를 도출하였다. 결과적으로 원 변수들 간의 복

〈표 9-72〉 재무관리 척도의 최종 문항

요인	문항번호	질문문항	문항수
재무관리	1	우리 복지관의 회계장부 및 증빙서류는 정확하게 관리되고 있다.	17
	2	우리 복지관 운영자는 회계와 관련하여 벌칙, 과태료, 행정처분 등의 내용들을 기본적으로 숙지하고 있다.	
	3	우리 복지관의 사업비는 사업계획서에 근거하여 집행하고 있다.	
	4	우리 복지관은 세입예산은 재원별, 성질별로 관ㆍ항ㆍ목으로 구분하여 편성하고 있다.	
	5	우리 복지관의 세출예산은 경비의 성질과 기능을 고려하여 관ㆍ항ㆍ목으로 구분하여 편성하고 있다.	
	6	우리 복지관의 보조금 수입은 각 보조사업별로 명확히 구분하고 있다.	
	7	우리 복지관은 세출 시 예산과목 또는 사업목적의 위배 사항은 없는지 확인한다.	
	8	우리 복지관은 수입원이 수납하는 금액에 대해서는 영수증을 발급해서, 1부는 납부자에게, 또 1부는 복지관에서 보관하고 있다.	
	9	지출은 지출결의서에 의해 지출업무를 담당하는 관리자의 지출명령이 있는 것에 한하여 지출하고 있다.	
	10	우리 복지관은 수입재원(보조금, 후원금, 사업수입, 법인전입금) 사용용도의 해당기준을 명확히 이해하고 집행하고 있다.	
	11	우리 복지관은 회계관련 담당자에 대하여 재정보증보험을 들고 있다.	
	12	우리 복지관은 공사 또는 물품구매에 대한 계약을 하기 전에 먼저 이 계약에 대한 내부 의사결정의 과정을 거친다.	
	13	우리 복지관은 물품관리자(물품출납원)를 두고 있다.	
	14	우리 복지관은 불용품을 처리절차에 따라 처리하고 있다.	
	15	우리 복지관은 법인으로부터 예산 관련 매년 1회 이상 지도점검을 받고 있다.	
	16	우리 복지관은 수입결의서, 지출결의서, 일계표, 총계정원장, 현금출납부를 정확하게 관리하고 있다	
	17	우리 복지관은 정해진 날짜에 정확하게 세무관련 신고를 하고 있다.	

잡한 상관관계를 소수의 요인들의 관계로 재구성하여 공통요인 간의 관계에 의해서 원래 변수들의 성질을 보다 간단한 형태로 재기술하고자 하였다. 공통요인으로 묶이지 않는 중요도가 낮은 변수를 제거하였고, 동일 요인으로 묶인 항목들이 공통성이 있는지와 공통 개념을 측정하지 않는 설문 문항을 제거하는 확인적 요인분석 및 측정도구의 타당도 분석을 실시하였다. 그 결과, 다음의 <표 9-72>와 같이 사회복지관 재무관리 척도는 1개 요인 총 17개의 측정문항으로 결론을 도출하였다.

탐색적 요인분석과 확인적 요인분석의 과정, 타당도 검증을 통하여 재무관리 척도의 개발단계는 <표 9-73>과 같다. 재무관리 척도의 예비문항은 세 영역의 총 24개 문항이었으며, 탐색적 요인분석을 실시한 결과, 제거되는 문항은 없는 것으로 나타났다. 24개의 문항을 바탕으로 확인적 요인분석을 실시한 결과, 7개 문항이 제거되었다. 최종적으로 자원개발관리 척도는 17개 문항으로 구성되었으며, 1개의 단일요인으로 구분되었다.

<표 9-73> 재무관리 척도 개발단계

구분	예비문항	탐색적 요인분석	확인적 요인분석	최종 문항
척도문항	24개 문항	24개 문항	24개 문항	17개 문항
제거 문항 수	–	–	7개 문항	
요인 수	3	1	1	1

5 최종 재무관리척도 소개

척도명	재무관리 척도	대상	직원
척도소개	• 사회복지관 조직 성과관리를 측정하는 과정영역의 재무관리에 대한 직원들의 인식 정도를 파악하는 척도 • 직원들의 재무관리를 인식할 수 있는 능력과 노력 정도를 측정		
채점방법 및 해석	• 7점 척도, 총 17문항으로 구성 • 합산한 점수가 높을수록 재무관리가 잘 이루어지고 있다고 해석		
원척도출처	• 자체 개발		
신뢰도	• Cronbach 알파계수는 .992로 신뢰도가 확보되었음.		
타당도	• 수렴타당도: CR값은 0.7 이상이면 수렴타당도가 있는 것으로 해석하며 재무관리 척도의 수렴신뢰도는 .983으로 나타나 수렴타당도는 확보되었음. • 판별타당도: 판별타당도를 평가하기 위해서는 변수 간 상관계수를 살펴보아야 하나 본 재무관리 척도에서는 상관될 수 있는 변수가 존재하지 않아(하나의 요인으로 수렴) 판별타당도를 이미 확보하였다고 볼 수 있음.		

제9절 정보문서관리 척도의 타당도

1 정보문서관리 척도의 활용과 측정대상

사회복지관의 정보문서관리는 복지관 운영 관련 각종 정보를 가장 능률적으로 정확하게 수집, 분류, 정리분석, 전달하고 활용해서 처리하는 일련의 과정이라고 말할 수 있으며 수집된 정보는 조직의 성과를 성취하고 개선시키기 위해 중요한 자료로서 역할을 하게 된다. 즉, 사회복지관을 포함하는 사회복지조직은 조직의 대내외적 목표달성과 기능수행을 위해 다양한 정보가 필요하고, 그러한 정보는 효율적이고 효과적으로 관리되어야 하는데, 이를 위해 필요한 방법이 바로 정보체계를 활용하고 체계적으로 정보문서를 관리하는 것이다.

정보문서관리 척도는 사회복지관 성과관리의 과정영역 중 정보문서관리의 정도에 대한 직원들의 인식을 점검하는 측정도구이다. 사회복지관의 성과를 구성하는 과정영역 중 정보문서관리 척도의 측정대상은 조직 내부적 관점에서 측정되므로 사회복지관의 정보문서관리에 대한 직원들의 인식의 정도나 노력의 정도를 측정하는 측정대상자는 사회복지관에서 근무하는 (과장급)중간관리자 이하 전 직원이 된다.

2 정보문서관리 척도 개발과정

정보문서관리척도는 사회복지관 성과관리의 과정영역 중 정보문서관리에 대한 직원들의 인식을 점검하며 복지관이 온라인 및 오프라인의 정보를 어떻게 관리하는가에 대한 관리의 적절성을 측정함을 목적으로 한다. 본 연구에서는 정보문서관리를, 첫째, 온라인정보시스템관리, 둘째, 오프라인정보시스템관리, 셋째, 문서시스템관리로 측정요소를 구분하여 측정하도록 한다. 이를 위해 선행연구를 토대로 하여 총 20개의 질문항목을 도출하였으며 두 차례에 걸친 전문가면접을 통해 내용타당도가 향상된 최종 예비척도를 개발하였다.

먼저, 학계전문가(사회복지관련 교수 4명)들로 구성된 집단면접에서 총 4개의 질문항목이 내용 중복 및 부적절성 등의 이유로 삭제되고 2개의 질문항목이 수정되어 총 16개의 척도로 수정되었다. 16개의 척도를 대상으로 2차 현장전문가(사회복지관장 3명과 부장 4명) 집단면접에서 1개의 질문항목이 내용의 부적합성으로 삭제되고 내용타당도가 향상된 3개 요인 총 16개 문항으로 구성된 정보문서 1차 예비척도가 개발되었다. 〈표 9-74〉는 사회복지관 정보문서관리 1차 예비척도이다.

〈표 9-74〉 정보문서관리 1차 예비척도

정보문서관리 측정내용		
온라인 정보 시스템관리	1.	우리 복지관은 정보관리를 위한 사회복지통합관리망 프로그램을 적절히 활용하고 있다.
	2.	우리 복지관은 사회복지통합관리망 관리(권한부여, 직원 입퇴사 등)를 위한 담당자가 지정되어 있다.
	3.	우리 복지관은 정보운영 및 관리방안이 구축되어 있다.
	4.	우리 복지관은 이용자의 정기적인 정보관리가 되고 있다.
	5.	우리 복지관은 이용자의 개인정보 수집 및 활용에 관한 지침이 명문화되어 있으며 이를 준수한다.
	6.	우리 복지관은 기록의 보존과 파기에 관한 절차가 있으며 이를 준수한다.
	7.	우리 복지관은 정보관리를 위한 전산시스템을 구축하고 있다.
오프라인 정보관리 시스템관리	8.	우리 복지관은 이용자와의 서신이나 편지를 통한 비공식적 접촉이 이루어지고 있다.
	9.	우리 복지관은 이용자와 관련하여 필요시 현장방문 할 수 있는 전담인력이 있다.
문서 시스템관리	10.	우리 복지관은 문서관리규정을 제정하여 시행하고 있다.
	11.	우리 복지관은 각종 문서관련 양식이 잘 구비되어 있다.
	12.	우리 복지관은 일관된 서식이나 규정에 의한 기록정비체제를 마련하고 있다.
	13.	우리 복지관은 문서의 보존과 관리에 담당자를 지정하고 있다.
	14.	우리 복지관은 정기적으로 양식이 수정 · 보완되어 최신으로 관리되고 있다.
	15.	우리 복지관은 모든 문서에 보존기한을 정하고, 이에 따라 관리하고 있다.

3 자료분석방법

총 3개 영역의 측정요소별로 구성된 정보문서관리 1차 예비척도의 질문항목은 총 15개이며 리커트 7점 척도로 구성되어 있다. 사회복지관 성과를 구성하는 과정영역의 정보문서관리 척도를 개발하고 타당도를 검증하기 위하여 자료분석은 SPSS 20.0 그리고 AMOS 21.0 통계프로그램을 사용하였다. 자료분석과정은 비전관리 척도 분석과정과 동일하다.

4 정보문서관리 척도 검증

1) 탐색적 요인분석

확정된 정보문서관리 척도 예비문항의 적절성을 평가하기 위하여 SPSS 21.0 통계프로그램을 활용하여 탐색적 요인분석을 실시하였다. 본 연구에서 수집된 자료가 요인분석에 적합한지 여부를 판단하기 위하여 통계적 과정으로 KMO 측정도구와 Bartlett의 구형성 검정을 실시하였으며, 결과는 〈표 9-75〉와 같다. KMO는 변수들 간의 상관관계가 다른 변수에 의해 잘 설명되는 정도를 나타내는 값으로 값이 적으면 요인분석을 위한 변수의 선정이 좋지 못함을 나타내는 것이다. 일반적으로 KMO값이 .90 이상이면 상당히 좋은 것으로 판단하고, .80~.89면 꽤 좋은 편이며, .50 이하이면 받아들일 수 없는 것으로 판단한다(송지준, 2015).

KMO값은 .941로 상당히 좋은 것으로 나타났다. 요인분석 모형의 적합성 여부를 나타내는 Bartlett's Test의 결과는 통계적으로 유의한 것으로($\chi^2 = 11235.154$, $df = 105$, $p = .000$) 나타났으며, 이는 수집된 자료가 요인분석 모형으로 적합함을 보여 주는 것이다. 즉, 확정된 예비문항은 요인분석의 사용이 적합하며 공통요인이 존재한다고 결론 내릴 수 있다.

〈표 9-75〉 정보문서관리 척도 KMO 및 Bartlett 검정 결과

항목		값
KMO 표본 적합도		.947
Bartlett의 구형성 검정	근사 카이제곱	11235.154
	df	105
	유의확률	.000

다음으로 요인 간에 독립성을 유지하면서 요인구조가 가장 뚜렷해질 때까지 요인을 회전시키는 직각요인회전 방식인 베리멕스 요인회전 결과 총 15문항 중 공통성이 .40 이하인 문항은 없는 것으로 나타났다. 이에 최종적으로 3개의 요인, 총 15문항이 추출되었다. 최종 추출된 예비문항을 이용해 탐색적 요인분석한 결과는 〈표 9-76〉과 같다. 분석결과 3개의 요인 모두 요인적재치 .40 이상, 공통성 .40 이상, 고유값 1 이상으

〈표 9-76〉 사회복지관 정보문서관리 척도 탐색적 요인분석 결과 (N=854)

요인	항목	요인적재치	공통성	고유값	분산 설명력	문항수
요인1 (온라인 정보시스템)	Q1	.815	.719	6.144	40.962	7
	Q2	.834	.751			
	Q3	.632	.769			
	Q4	.606	.768			
	Q5	.579	.718			
	Q6	.487	.714			
	Q7	.488	.559			
요인2 (오프라인 정보시스템)	Q8	.864	.804	3.355	22.367	2
	Q9	.784	.744			
요인3 (문서 정보시스템)	Q10	.793	.749	1.809	12.059	6
	Q11	.851	.825			
	Q12	.858	.837			
	Q13	.822	.783			
	Q14	.817	.778			
	Q15	.839	.789			

로 나타났다. 총 누적분산설명력은 75.388%로 나타났다.

탐색적 요인분석의 결과 내용타당도가 검증된 시설안전관리척도의 영역이 3개 영역(요인)으로 총 15문항으로 나타났다.

2) 상관관계분석

탐색적 요인분석을 통해 추출된 요인 간의 상관관계 분석의 결과는 〈표 9-77〉과 같다. 정보문서관리척도 예비문항의 3개 요인 사이는 통계적으로 유의한 것(p <.01)으로 나타났다. 세부적으로 살펴보면 요인1과 요인2는 .496(p <.01)으로 상관관계가 나타났다. 요인1과 요인3은 .779(p <.01)로 상관관계가 나타났다. 요인2와 요인3은 .646(p <.01)으로 상관관계가 나타났다.

〈표 9-77〉 정보문서관리 척도 예비문항 상관관계분석 결과 (N=854)

변수	M(평균)	SD(표준편차)	요인1	요인2	요인3
요인1	6.24	.92	1		
요인2	5.47	1.32	.496**	1	
요인3	6.14	1.00	.779**	.646**	1

**p <.01

3) 신뢰도 분석

탐색적 요인분석 결과, 추출된 3개 요인 15문항에 대하여 각 요인 간 내적 일치도를 검증하기 위해 신뢰도 분석을 실시하였으며, 그 결과는 〈표 9-78〉과 같다. 온라인정보시스템의 Cronbach 알파계수는 .915, 오프라인정보시스템은 .701, 문서정보시스템은 .952로 나타났다. 일반적으로 Cronbach 알파계수가 .60 이상이면 신뢰도가 있다고 본다. 따라서 탐색적 요인분석 결과, 추출된 3개 요인 15개 문항의 신뢰도는 높은 것으로 나타났다.

〈표 9-78〉 정보문서관리 척도 예비문항 신뢰도 분석결과 (N=854)

요인	Cronbach 알파계수		문항수
	요인별	전체	
요인1	.915	.943	7
요인2	.701		2
요인3	.952		6

4) 확인적 요인분석

탐색적 요인분석 결과 추출된 정보문서관리 척도 예비문항에 대하여 요인구조의 타당도를 확보하기 위해 AMOS 21.0 통계프로그램을 활용하여 확인적 요인분석을 실시하였다. 확인적 요인분석은 자료의 타당도를 증명하는 데 이용되며, 탐색적 요인분석의 결과는 확인적 요인분석에 의해 검증됨으로써 보다 신뢰할 수 있는 결론에 도달할 수 있다. 일반적으로 연구모형에 이용되는 변수들은 대부분 다항목으로 측정하기 때문에 단일차원성을 확보하는 것이 중요하다. 확인적 요인분석은 단일차원성을 확보하는 것이 목적이며, 해당 요인을 측정하는 문항들을 각 요인에만 적재되도록 사전에 지정하는 분석방법이다. [그림 9-9]는 구조방정식 모형을 이용하여 분석한 최종 모델을 나타낸 것이다.

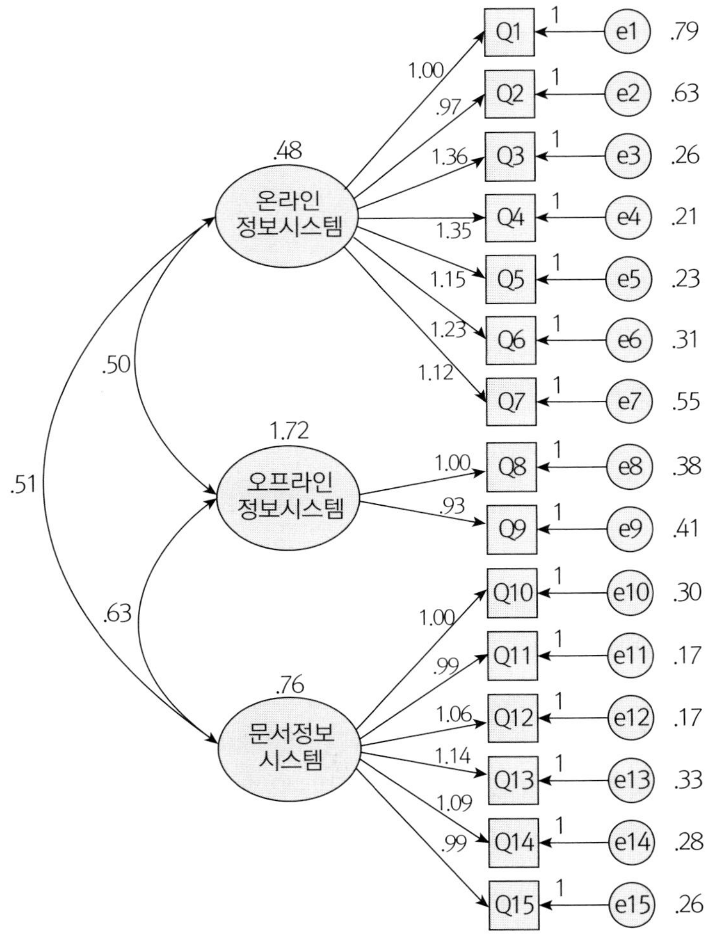

[그림 9-9] 사회복지관 정보문서관리 척도 확인적 요인분석 모형

탐색적 요인분석결과 추출된 3개의 요인 15개 문항을 대상으로 확인적 요인분석을 실시한 결과 〈표 9-79〉와 같다. 15개의 문항에서 설명력이 낮은 문항은 없는 것으로 나타났으며 최종적으로 15개 문항을 이용하여 확인적 요인분석을 실시하였다. 절대적 합지수는 $\chi^2 = 817.038(df = 87)$, $p = .000$, RMR = .069로 나타났다. 절대적합지수를 살펴본 결과 χ^2검증과 RMR 값이 모두 적합한 수준으로 나타났다. 증분적합지수는 IFI = .935, TLI = .921, CFI = .935로, .90 이상으로 나타났기 때문에 전반적으로 모형 적합도가 적합하게 나타났다. 간명적합지수는 PCFI = .775로 .60 이상으로 나타나 적합한 것으로 나타났다. 적합도를 종합적으로 살펴보았을 때, 측정모형의 적합도는 전반적으로 양호하며, 측정모형이 자료에 잘 부합된다고 해석할 수 있다.

〈표 9-79〉 정보문서관리 척도 모형 적합도 (N=854)

절대적합지수	RMR	.046
증분적합지수	NFI	.928
	RFI	.913
	CFI	.935
	TLI	.921
	IFI	.935
간명적합지수	PCFI	.775

최종 모형에서 측정변수와 요인 사이의 표준화된 회귀계수 및 공분산은 모두 통계적으로 유의하게 나타났다($p < .001$). 또한 표준화 회귀계수의 적재치는 모두 .50 이상으로 나타났다.

5) 타당도 검증

(1) 수렴타당도 검증

수렴타당도는 집중타당도라고도 불리며 동일한 개념을 측정하기 위하여 서로 다른 방법으로 측정한 값 사이에 높은 상관관계가 있어야 하는 것을 나타낸다. 본 연구에서는 수렴타당도를 검증하기 위해 수렴신뢰도(CR)를, 그리고 판별타당도를 검증하기 위해 표준오차추정구간 값을 사용하였다. 수렴타당도는 한 변수와 다른 변수 간의 측정한 값 사이에 높은 상관관계가 있어야 한다. 따라서 동일한 개념을 측정하는 여러 문항들이 어느 정도 일치하는가를 검증한다. 예를 들어, 정보문서관리 척도를 측정하는 문항들 간에는 높은 상관관계가 존재해야 수렴타당도가 있다고 할 수 있다. 반대로 판별타당도는 변수들 간의 상관관계가 낮아야 확보될 수 있다.

표준화 추정치와 분산을 가지고 수렴신뢰도 값을 계산할 때, 변수 값의 입력은 해당 변수의 오차항 번호를 확인하여 Estimate 값을 가지고 계산하여야 한다. 그리고 수렴신뢰도를 이용하여 수렴타당도를 검증할 때는 수렴신뢰도가 .700 이상이면 수렴타당도가 있다고 해석한다.

사회복지관 정보문서관리 척도로서 온라인정보시스템의 경우 수렴신뢰도 값이 .700보다 높은 .909로 수렴타당도가 있다고 평가할 수 있으며, 오프라인정보시스템과 문서정보시스템의 경우도 .734, .949로 수렴타당도가 있다고 평가할 수 있다. 2개 변수의 수렴신뢰도 값을 계산한 결과, 〈표 9-80〉과 같이 모든 변수에서 수렴신뢰도 값이 .700 이상으로 높은 수렴타당도를 확보했다고 할 수 있다. CR 값은 0.7 이상이면 수렴타당도가 있는 것으로 해석한다(송지준, 2015; 지은구, 김민주, 2015; Anderson & Gerbing, 1998).

〈표 9-80〉 사회복지관 정보문서관리 척도의 수렴신뢰도 값

	온라인정보시스템	오프라인정보시스템	문서정보시스템
CR	.909	.734	.949

(2) 판별타당도 검증

판별타당도는 서로 다른 변수들 간에는 측정치에도 분명한 차이가 있어야 한다는 것을 전제로 한다. 즉, 한 변수와 다른 변수 간의 상관관계가 낮아야 판별타당도가 확보되었다고 할 수 있다. 본 연구에서 판별타당도를 검증하는 기준인 표준오차추정구간을 사용하였다. 판별타당성은 변수들 간의 상관관계가 낮아야 확보되었다고 할 수 있기 때문에 변수들 간에 동일하다는 가설을 기각하는지를 보아야 한다(송지준, 2011). 상관관계가 가장 높은 온라인정보시스템과 문서정보시스템 간의 계수 값은 .845이고 이에 해당하는 표준오차(S.E)는 .044의 값을 나타내었다. 검증 결과, 상관계수가 1이라는 가설을 기각하여 판별타당성은 확보되었다고 볼 수 있다.

$$.845 + (2 \times .044) = .933 \neq 1$$

$$.845 - (2 \times .044) = .801 \neq 1$$

이상의 결과를 바탕으로 사회복지관 정보문서관리 척도 타당도 검증결과를 제시하면 〈표 9-81〉과 같다.

〈표 9-81〉 정보문서관리 척도의 타당도 검증결과

	온라인정보시스템	오프라인정보시스템	문서정보시스템
CR	.909	.734	.949
상관계수 ± (2 × 표준오차) = .933, .801 ≠ 1			

사회복지관이 자체적으로 조직을 유지 · 관리할 수 있는 정보문서관리 척도를 개발하기 위하여 선행연구를 토대로 점검하여야 하는 문항을 선정하고 탐색적 요인분석을 실시하였다. 탐색적으로 개발된 항목들은 실천현장에 적용시키기에는 실증적인 타당도와 신뢰도가 충분하다고 볼 수 없다. 이에 본 연구에서는 정보문서관리 척도에 부합하지 않는다고 판단된 항목을 제거하는 과정을 거쳐 최종 3개 영역의 15개 문항으로 구성된 예비척도를 개발하였다. 즉, 여러 변수들 내부에 존재하는 잠재 구조를 발견하기 위하여 탐색적 요인분석을 통해 요인구조를 개발하였으며, 탐색된 요인들을 대표성이 있는 언어로 명명한 후 개발된 요인구조의 경험적 타당도를 확보하기 위하여 모형을 수립하고 확인적 요인분석을 실시하여 모형 적합도의 유의미한 결과를 도출하였다. 결과적으로 원 변수들 간의 복잡한 상관관계를 소수의 요인들의 관계로 재구성하여 공통요인 간의 관계에 의해서 원래 변수들의 성질을 보다 간단한 형태로 재기술하고자 하였다. 공통요인으로 묶이지 않는 중요도가 낮은 변수가 있는지를 확인하였고, 동일 요인으로 묶인 항목들이 공통성이 있는지와 공통 개념을 측정하지 않는 설문 문항을 확인적 요인분석 및 측정도구의 타당도 분석을 실시하였다. 그 결과, 〈표 9-82〉와 같이 정보문서관리 척도는 3개 요인으로 총 15개의 측정문항으로 결론을 도출하였다.

〈표 9-82〉 정보문서관리 척도의 최종 문항

요인	문항번호	질문문항	문항수
온라인정보 관리시스템	1	우리 복지관은 정보관리를 위한 사회복지통합관리망 프로그램을 적절히 활용하고 있다.	7
	2	우리 복지관은 사회복지통합관리망 관리(권한부여, 직원 입퇴사 등)를 위한 담당자가 지정되어 있다.	
	3	우리 복지관은 정보운영 및 관리방안이 구축되어 있다.	
	4	우리 복지관은 이용자의 정기적인 정보관리가 되고 있다.	
	5	우리 복지관은 이용자의 개인정보 수집 및 활용에 관한 지침이 명문화되어 있으며 이를 준수한다.	
	6	우리 복지관은 기록의 보존과 파기에 관한 절차가 있으며 이를 준수한다.	
	7	우리 복지관은 정보관리를 위한 전산시스템을 구축하고 있다.	
오프라인정보 관리시스템	8	우리 복지관은 이용자와의 서신이나 편지를 통한 비공식적 접촉이 이루어지고 있다.	2
	9	우리 복지관은 이용자와 관련하여 필요시 현장방문 할 수 있는 전담인력이 있다.	
문서정보 시스템	10	우리 복지관은 문서관리규정을 제정하여 시행하고 있다.	6
	11	우리 복지관은 각종 문서관련 양식이 잘 구비되어 있다.	
	12	우리 복지관은 일관된 서식이나 규정에 의한 기록정비체제를 마련하고 있다.	
	13	우리 복지관은 문서의 보존과 관리에 담당자를 지정하고 있다.	
	14	우리 복지관은 정기적으로 양식이 수정 · 보완되어 최신으로 관리되고 있다.	
	15	우리 복지관은 모든 문서에 보존기한을 정하고, 이에 따라 관리하고 있다.	

탐색적 요인분석과 확인적 요인분석의 과정, 타당도 검증을 통하여 정보문서관리 척도의 개발단계는 〈표 9-83〉과 같다. 정보문서관리 척도 예비문항은 총 15개 문항이었으며, 탐색적 요인분석을 실시한 결과, 제거되는 문항은 없는 것으로 나타났다. 15개의 문항을 바탕으로 확인적 요인분석을 실시한 결과 역시 제거된 문항 없이 최종적으로 정보문서관리 척도는 15개 문항으로 구성되었으며, 3개의 요인으로 구분되었다.

〈표 9-83〉 정보문서관리 척도 개발단계

구분	예비문항	탐색적 요인분석	확인적 요인분석	최종 문항
척도문항	15개 문항	15개 문항	15개 문항	15개 문항
제거 문항수	–	–	–	
요인수	3	3	3	3

5 최종 정보문서관리 척도 소개

척도명	정보문서관리 척도	대상	직원
척도소개	• 사회복지관 조직 성과관리를 측정하는 과정영역의 정보문서관리에 대한 직원들의 인식 정도를 파악하는 척도 • 직원들의 온라인정보관리시스템, 오프라인정보관리시스템, 문서정보시스템관리를 인식할 수 있는 능력과 노력의 정도를 측정		
채점방법 및 해석	• 7점 척도, 총 15문항으로 구성 • 합산한 점수가 높을수록 정보문서에 대한 관리가 잘 이루어지고 있다고 해석		
원척도출처	• 자체 개발		
신뢰도	• 정보문서관리의 세 영역에 대한 신뢰도 확인 결과, 온라인정보관리시스템의 Cronbach 알파계수는 .915, 오프라인정보시스템은 .701, 문서정보시스템은 .952로 신뢰도는 검증됨.		
타당도	• 수렴타당도: 수렴신뢰도 값이 0.7 이상이면 수렴타당도가 있는 것으로 해석하며 본 척도의 잠재요인 신뢰도는 온라인정보시스템의 경우 잠재요인 신뢰도 값이 .700보다 높은 .909로 수렴타당도가 있다고 평가할 수 있으며, 오프라인정보시스템과 문서정보시스템의 경우도 .734, .949로 수렴타당도가 있다고 평가할 수 있음. • 판별타당도: 표준오차추정구간식을 활용한 판별타당도 계산 결과 값이 .933, .801 ≠ 1로 나타나 변수들 간에 동일하다는 가설이 기각되어 판별타당도는 확보됨.		

제10절 시설안전관리 척도의 타당도

1 시설안전관리 척도의 활용과 측정대상

사회복지관은 노인이나 장애인들이 이용하는 이용시설이므로 시설안전관리는 시설 내외적으로 존재하고 있는 노인이나 장애인들에게 닥칠 수 있는 잠재적 위험들을 제어 및 관리함으로써 사고를 미연에 방지하는 일과 사고발생 후에 신속하게 대응하여 조직의 손해를 최소화하며 안정성을 제고하고 질 높은 서비스를 제공하기 위한 조직관리적 측면에서의 활동이라고 할 수 있다. 사회복지관은 이용자들 및 직원과 관계자의 생명을 보호하기 위하여 노력하여야 하므로 서비스 제공의 과정에서 잠재적인 위험이 존재하지 않도록 최선의 노력을 기울여야 한다. 위험은 복지관의 입구에서부터 출구에 이르기까지 서비스 제공과정 전체에 존재하며, 기준개정, 이용자변화, 사업의 환경변화 등 이용 개시에서부터 종료에 이르기까지의 수준, 업무내용 그 자체가 위험이며 사업의 존속을 좌우하기도 한다. 따라서 이러한 과정에서의 이용자, 직원, 가족, 제3자를 포함하여 생명과 안전을 확보하는 것이 사회복지관 시설안전관리의 첫 번째 요소가 된다.

시설안전관리 척도는 사회복지관시설의 안전성 여부를 측정하는 척도이며 조직관리적 차원에서 조직구성원들이 인식하는 조직의 안전을 위한 노력 여부의 적절성을 측정하는 척도이다. 시설안전관리의 적절성을 측정하기 위한 시설안전관리 척도의 측정요소는 앞에서 살펴본 바와 같이 실내·외안전, 주변안전, 부대시설안전 그리고 안전관리로 구성되어 있다.

사회복지관의 성과를 구성하는 과정영역 중 시설안전관리의 측정대상은 조직 내부적 관점에서 측정되므로 사회복지관의 시설안전관리에 대한 직원들의 인식의 정도나 노력의 정도를 측정하는 측정대상자는 사회복지관에서 근무하는 (과장급)중간관리자 이하 전 직원이 된다.

② 시설안전관리 척도 개발과정

시설안전관리 척도는 사회복지관 성과관리의 과정영역 중 시설안전에 대한 직원들의 인식을 점검하는 측정도구로서 시설안전관리에 대한 직원들의 인식을 점검하고 복지관 실내 · 외안전 및 주변안전을 포함한 시설의 전반적인 안전관리의 적절성을 측정하기 위하여 본 연구에서는 시설안전관리를, 첫째, 실내 · 외안전, 둘째, 주변안전, 셋째, 부대시설안전, 넷째, 안전관리로 구성되는 개념으로 보고 측정도구를 개발하였다. 사회복지관 시설안전관리 점검척도를 개발하기 위하여 본 연구에서는 지성애 등(1998)의 연구와 사회복지시설 안전관리 매뉴얼을 참고하였다. 선행연구를 토대로 도출된 시설안전관리 척도는 4개 영역의 총 26개 문항으로 구성되어 있었으나 두 차례에 걸친 전문가 집단면접과정을 거치면서 수정되고 보완되어 최종 척도가 개발되었다.

도출된 요인 및 문항들에 대한 1차 학계전문가 집단면접에서 중복가능성이 있는 1개의 문항이 삭제되었고 현장전문가들(사회복지관장 3인과 부장 4인)에 의해 문항의 중복 및 내용 부적절성으로 4개의 문항이 삭제되고 3개의 문항이 수정되어 내용타당도가 개선된 최종 시설안전관리 1차 예비척도가 실내 · 외안전 8문항, 주변안전 3문항, 부대시설안전 3문항 그리고 안전관리 7문항 등 총 3개 영역에서 21개의 질문항목으로 구성되었다. 〈표 9-84〉는 시설안전관리 1차 예비척도이다.

〈표 9-84〉 시설안전관리 1차 예비척도

시설안전관리 측정내용		
실내 · 외 안전	1.	우리 복지관의 모든 내 · 외부 공간의 설비들은 활동하기에 안전하다.
	2.	우리 복지관의 주방은 위생적이며 안전하게 관리되고 있다(보건증의 비치 등).
	3.	우리 복지관은 주방 안전 수칙 및 매뉴얼이 구비되어 있으며 이를 잘 준수한다.
	4.	우리 복지관의 주방은 규칙적으로 식품위생에 대한 안전점검을 실시하고 있다.
	5.	우리 복지관은 화재 시 대처할 수 있는 대처 매뉴얼이 있으며 모든 직원들은 이를 잘 인지하고 있다.
	6.	우리 복지관은 화재발생을 대비한 소방모의훈련을 연 1회 이상 시행하고 있다.
	7.	우리 복지관은 모든 비상구의 문이 제대로 열린다.
	8.	우리 복지관의 소화기는 위급 시 쉽게 사용할 수 있으며, 모든 직원들은 소화기의 정확한 사용법을 안다.

주변안전	9.	우리 복지관은 위험물안전관리 차원에서 전문 유지보수업체와 협력 및 계약하고 있다.
	10.	우리 복지관은 정기적인 유지보수를 위해 관내를 정기적으로 순회하여 체크하고 있다.
	11.	우리 복지관은 전기, 가스, 승강기, 소방 등 월 1회 이상 점검하고 있다.
부대시설 안전	12.	우리 복지관의 편의시설(주차장, 관리사무소, 담장 등)은 관리가 잘 되고 있다.
	13.	우리 복지관은 가스 · 급수 · 배수(配水) · 배수(排水) · 환기 · 난방 등이 잘 되고 있다.
	14.	우리 복지관은 장애어르신의 이용편의 도모를 위한 장애인 편의시설의 설비 및 관리가 잘 되고 있다.
안전관리	15.	우리 복지관은 위험에 대비하여 직원과 이용자들이 연 1회 이상 안전교육을 받고 있다.
	16.	우리 복지관은 시설물안전관리 담당자를 두고 있으며 임무를 명확히 하고 있다.
	17.	우리 복지관은 위생 방역소독을 정기적으로 실시하고 있다.
	18.	우리 복지관은 피난안내자를 임명하고 있으며 임무를 명확히 하고 있다.
	19.	우리 복지관은 층별 피난안내도가 설치되어 있다.
	20.	우리 복지관은 비상구 표시등이 잘 부착되어 있고 정기적으로 점검이 이루어지고 있다.
	21.	우리 복지관은 정기적인 점검으로 개선이나 지적사항이나 조치사항 발생 시 즉각 반영되고 있다.

③ 자료분석방법

총 4개 영역의 측정요소별로 구성된 시설안전관리 1차 예비척도의 질문항목은 총 21개이며 리커트 7점 척도로 구성되어 있다. 사회복지관 성과를 구성하는 과정영역의 시살안전관리 척도를 개발하고 타당도를 검증하기 위하여 자료분석은 SPSS 20.0 그리고 AMOS 21.0 통계프로그램을 사용하였다. 자료분석과정은 비전관리 척도 분석과정과 동일하다.

④ 시설안전관리 척도 검증

1) 탐색적 요인분석

확정된 시설안전관리 척도 예비문항의 적절성을 평가하기 위하여 SPSS 21.0 통계프로그램을 활용하여 탐색적 요인분석을 실시하였다. 본 연구에서 수집된 자료가 요인분석에 적합한지 여부를 판단하기 위하여 통계적 과정으로 KMO 측정도구와 Bartlett의 구형성 검정을 실시하였으며, 결과는 〈표 9-85〉와 같다. KMO는 변수들 간의 상관관계가 다른 변수에 의해 잘 설명되는 정도를 나타내는 값으로 값이 적으면 요인분석을 위한 변수의 선정이 좋지 못함을 나타내는 것이다. 일반적으로 KMO값이 .90 이상이면 상당히 좋은 것으로 판단하고, .80~.89면 꽤 좋은 편이며, .50 이하이면 받아들일 수 없는 것으로 판단한다(송지준, 2015).

KMO값은 .941로 상당히 좋은 것으로 나타났다. 요인분석 모형의 적합성 여부를 나타내는 Bartlett's Test의 결과는 통계적으로 유의한 것으로($\chi^2=16217.234$, $df=210$, $p=.000$) 나타났으며, 이는 수집된 자료가 요인분석 모형으로 적합함을 보여 주는 것이다. 즉, 확정된 예비문항은 요인분석의 사용이 적합하며 공통요인이 존재한다고 결론 내릴 수 있다.

〈표 9-85〉 시설안전관리 척도 KMO 및 Bartlett 검정 결과

항목		값
KMO 표본 적합도		.961
Bartlett의 구형성 검정	근사 카이제곱	16217.234
	df	210
	유의확률	.000

다음으로 요인 간에 독립성을 유지하면서 요인구조가 가장 뚜렷해질 때까지 요인을 회전시키는 직각요인회전 방식인 베리멕스 요인회전 결과 총 21문항 중 공통성이 .40 이하인 2문항(Q14, Q15)으로 나타났다. 이에 최종적으로 2개의 요인, 총 19문항이 추출되었다. 최종 추출된 예비문항을 이용해 탐색적 요인분석한 결과는 〈표 9-86〉과 같다. 분석결과 2개의 요인 모두 요인적재치 .40 이상, 공통성 .40 이상, 고유값 1이상으

〈표 9-86〉 사회복지관 시설안전관리 척도 탐색적 요인분석 결과 (N=854)

요인	항목	요인적재치	공통성	고유값	분산 설명력	문항수
요인1 (실내·외 안전)	Q1	.789	.648	7.361	35.052	10
	Q2	.795	.743			
	Q3	.771	.709			
	Q4	.740	.739			
	Q5	.568	.609			
	Q6	.567	.618			
	Q7	.631	.681			
	Q9	.574	.545			
	Q12	.610	.615			
	Q13	.594	.627			
요인2 (안전점검)	Q8	.646	.687	6.419	30.566	9
	Q10	.685	.767			
	Q11	.635	.695			
	Q16	.678	.596			
	Q17	.768	.703			
	Q18	.780	.709			
	Q19	.793	.703			
	Q20	.859	.830			
	Q21	.776	.768			

로 나타났다. 총 누적분산설명력은 65.618%로 나타났다.

탐색적 요인분석의 결과 내용타당도가 검증된 시설안전관리척도의 영역이 2개 영역(요인)으로 총 19문항으로 나타났다.

2) 상관관계분석

탐색적 요인분석을 통해 추출된 2개의 요인 간의 상관관계분석의 결과는 〈표 9-87〉과 같다. 시설안전관리 척도 예비문항의 2개 요인 사이는 통계적으로 유의한 것($p<.01$)으로 나타났다. 세부적으로 살펴보면 요인1과 요인2는 .866($p<.01$)으로 상관관계가 나타났다.

〈표 9-87〉 시설안전관리 척도 예비문항 상관관계분석 결과 (N=854)

변수	M(평균)	SD(표준편차)	요인1	요인2
요인1	6.36	.74	1	
요인2	6.50	.71	.866**	1

**$p < .01$

3) 신뢰도 분석

탐색적 요인분석 결과, 추출된 2개 요인 19문항에 대하여 각 요인 간 내적 일치도를 검증하기 위해 신뢰도 분석을 실시하였으며, 그 결과는 〈표 9-88〉과 같다. 실내・외안전의 Cronbach 알파계수는 .935, 안전점검은 .947로 나타났다. 일반적으로 Cronbach 알파계수가 .60 이상이면 신뢰도가 있다고 본다. 따라서 탐색적 요인분석 결과, 추출된 2개 요인 19개 문항의 신뢰도는 높은 것으로 나타났다.

〈표 9-88〉 시설안전관리 척도 예비문항 신뢰도 분석결과 (N=854)

요인	Cronbach 알파계수		문항수
	요인별	전체	
1요인 (실내・외안전)	.935	.964	10
2요인 (안전점검)	.947		9

4) 확인적 요인분석

탐색적 요인분석 결과 추출된 시설안전관리척도 예비문항에 대하여 요인구조의 타당도를 확보하기 위해 AMOS 21.0 통계프로그램을 활용하여 확인적 요인분석을 실시하였다. 확인적 요인분석은 자료의 타당도를 증명하는 데 이용되며, 탐색적 요인분석의 결과는 확인적 요인분석에 의해 검증됨으로써 보다 신뢰할 수 있는 결론에 도달할 수 있다. 일반적으로 연구모형에 이용되는 변수들은 대부분 다항목으로 측정하기 때문에 단일차원성을 확보하는 것이 중요하다. 확인적 요인분석은 단일차원성을 확보하는 것이 목적이며, 해당 요인을 측정하는 문항들을 각 요인에만 적재되도록 사전에 지정하는 분석방법이다. [그림 9-10]은 구조방정식 모형을 이용하여 분석한 최종 모델을 나타낸 것이다.

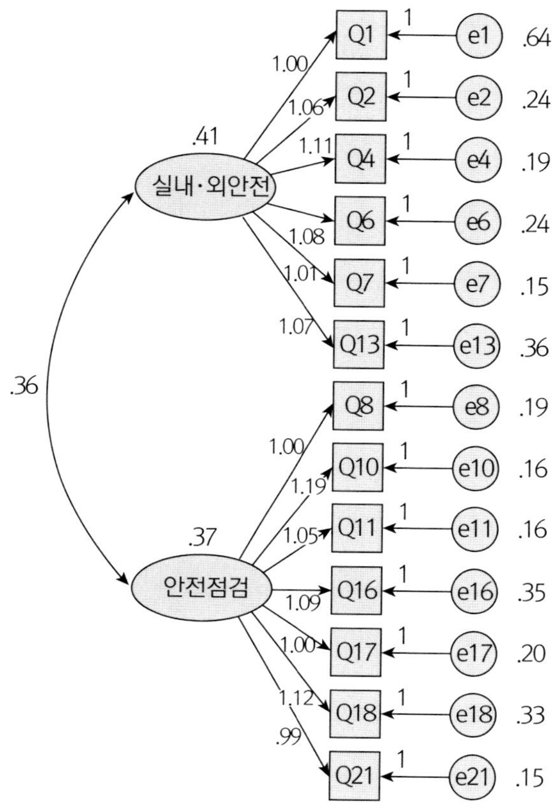

[그림 9-10] 사회복지관 시설안전관리 척도의 확인적 요인분석 모형

탐색적 요인분석결과 추출된 2개의 요인 19개 문항을 대상으로 확인적 요인분석을 실시한 결과 〈표 9-89〉와 같다. 19개의 문항에서 설명력이 낮은 6개 문항(1요인: Q3, Q5, Q9, Q12, 2요인: Q19, Q20)을 제거한 후 최종적으로 13개 문항을 이용하여 확인적 요인분석을 실시하였다. 절대적합지수는 $\chi^2=16217.234(df=210)$, $p=.000$, RMR =.069로 나타났다. 절대적합지수를 살펴본 결과 χ^2검증과 RMR 값이 모두 적합한 수준으로 나타났다. 증분적합지수는 IFI=.926, TLI=.909, CFI=.925으로, .90 이상으로 나타났기 때문에 전반적으로 모형 적합도가 적합하게 나타났다. 간명적합지수는

〈표 9-89〉 시설안전관리 척도 모형 적합도 (N=854)

절대적합지수	RMR	.028
증분적합지수	NFI	.919
	CFI	.925
	TLI	.909
	IFI	.926
	RFI	.902
간명적합지수	PCFI	.759

PCFI=.759로 .60 이상으로 나타나 적합한 것으로 나타났다. 적합도를 종합적으로 살펴보았을 때, 측정모형의 적합도는 전반적으로 양호하며, 측정모형이 자료에 잘 부합된다고 해석할 수 있다.

최종 모형에서 측정변수와 요인 사이의 표준화된 회귀계수 및 공분산은 모두 통계적으로 유의하게 나타났다($p<.001$). 또한 표준화 회귀계수의 적재치는 모두 .50 이상으로 나타났다.

5) 타당도 검증

(1) 수렴타당도 검증

수렴타당도는 집중타당도라고도 불리며 동일한 개념을 측정하기 위하여 서로 다른 방법으로 측정한 값 사이에 높은 상관관계가 있어야 하는 것을 나타낸다.

본 연구에서는 수렴타당도를 검증하기 위해 수렴신뢰도(CR)를, 그리고 판별타당도를 검증하기 위해 표준오차추정구간 값을 사용하였다. 수렴타당도는 한 변수와 다른 변수 간의 측정한 값 사이에 높은 상관관계가 있어야 한다. 따라서 동일한 개념을 측정하는 여러 문항들이 어느 정도 일치하는가를 검증한다. 예를 들어, 시설안전관리 척도를 측정하는 문항들 간에는 높은 상관관계가 존재해야 수렴타당도가 있다고 할 수 있다. 반대로 판별타당도는 변수들 간의 상관관계가 낮아야 확보될 수 있다.

먼저, 본 연구에서 수렴신뢰도(CR) 값을 기준으로 수렴타당도를 점검하였다. 표준화 추정치와 분산을 가지고 수렴신뢰도 값을 계산할 때, 변수 값의 입력은 해당변수의 오차항 번호를 확인하여 Estimate 값을 가지고 계산하여야 한다. 그리고 수렴신뢰도를 이용하여 수렴타당도를 검증할 때는 수렴신뢰도가 .700 이상이면 수렴타당도가 있다고 해석한다. 사회복지관 시설안전관리 척도를 계산하여 보면 다음과 같다.

$$\text{실내·외안전} = \frac{(.623+.809+.850+.815+.852+.749)^2}{\begin{array}{c}(.623+.809+.850+.815+.852+.749)^2 \\ (.638+.239+.193+.240+.155+.363)^2\end{array}} = .924$$

$$\text{안전점검} = \frac{(.811+.878+.842+.839+.766+.808+.745)^2}{\begin{array}{c}(.811+.878+.842+.839+.766+.808+.745)^2 \\ +(.192+.155+.165+.354+.196+.325+.153)^2\end{array}} = .955$$

사회복지관 시설안전관리 척도로서 실내·외안전의 경우 수렴신뢰도 값이 .700보다 높은 .924로 수렴타당도가 있다고 평가할 수 있으며, 안전점검의 경우도 .955으로 수렴타당도가 있다고 평가할 수 있다. 2개 변수의 수렴신뢰도 값을 계산한 결과 〈표 9-90〉과 같이 모든 변수에서 수렴신뢰도 값이 .700 이상(Bagozzi, 1980; Lages, Lages, & Lages, 2005)으로 높은 수렴타당도를 확보했다고 할 수 있다.

〈표 9-90〉 사회복지관 시설안전관리 척도 수렴신뢰도 값

	실내·외안전	안전점검
CR	.924	.955

(2) 판별타당도 검증

판별타당도는 서로 다른 변수들 간에는 측정치에도 분명한 차이가 있어야 한다는 것을 전제로 한다. 즉, 한 변수와 다른 변수 간의 상관관계가 낮아야 판별타당도가 확보되었다고 할 수 있다. 시설안전관리 척도의 판별타당도를 검증하기 위하여 본 연구에서는 표준오차추정구간을 사용하였다. 표준오차추정구간식을 활용한 판별타당도는 변수들 간의 상관관계가 낮아야 확보되었다고 할 수 있기 때문에 변수들 간에 동일하다는 가설을 기각하는지를 보아야 한다(송지준, 2011; Fornell & Larcker, 1981). 실내·외안전과 안전점검의 계수 값은 .934이고 이에 해당하는 표준오차(S.E)는 .026의 값을 나타내었다. 검증 결과, 상관계수가 1이라는 가설을 기각하여 판별타당성은 확보되었

다고 볼 수 있다.

$$.934 + (2 \times .026) = .934 \neq 1$$

$$.934 - (2 \times .026) = .882 \neq 1$$

이상의 결과를 바탕으로 사회복지관 시설안전관리 척도의 타당도 검증결과를 제시하면 〈표 9-91〉과 같다.

〈표 9-91〉 시설안전관리 척도의 타당도 검증결과

	실내 · 외안전	안전점검
CR	.924	.955
상관계수 ± (2 × 표준오차) = .934, .882 ≠ 1		

사회복지관의 조직을 자체적으로 유지 · 관리할 수 있는 시설안전관리 척도를 개발하기 위하여 선행연구를 토대로 점검하여야 하는 문항을 선정하고 탐색적 요인분석을 실시하였다. 탐색적으로 개발된 항목들은 실천현장에 적용시키기에는 실증적인 타당도와 신뢰도가 충분하다고 볼 수 없다. 이에 본 연구에서는 사회복지관 시설안전관리 척도에 부합하지 않는다고 판단된 항목을 제거하는 과정을 거쳐 최종 2개 영역의 21개 문항으로 구성된 예비척도에서 2개의 항목을 제거하고 19개 문항으로 구성된 예비척도를 개발하였다. 즉, 여러 변수 내부에 존재하는 잠재 구조를 발견하기 위하여 탐색적 요인분석을 통해 요인구조를 개발하였으며, 탐색된 요인들을 대표성이 있는 언어로 명명한 후 개발된 요인구조의 경험적 타당도를 확보하기 위하여 모형을 수립하고 확인적 요인분석을 실시하여 모형 적합도의 유의미한 결과를 도출하였다. 결과적으로 원변수들 간의 복잡한 상관관계를 소수의 요인들의 관계로 재구성하여 공통요인 간의 관계에 의해서 원래 변수들의 성질을 보다 간단한 형태로 재기술하고자 하였다. 공통요인으로 묶이지 않는 중요도가 낮은 변수를 제거하였고, 동일 요인으로 묶인 항목들이 공통성이 있는지와 공통 개념을 측정하지 않는 설문 문항을 제거하는 확인적 요인분석 및 측정도구의 타당도 분석을 실시하였다. 그 결과, 다음의 〈표 9-92〉와 같이 사회복지관 시설안전관리 척도는 2개 요인으로 총 13개의 측정문항으로 결론을 도출하였다.

〈표 9-92〉 시설안전관리 척도의 최종 문항

요인	문항번호	질문문항	문항수
실내 · 외 안전	1	우리 복지관의 모든 내 · 외부 공간의 설비들은 활동하기에 안전하다.	6
	2	우리 복지관의 주방은 위생적이며 안전하게 관리되고 있다(보건증의 비치 등).	
	3	우리 복지관의 주방은 규칙적으로 식품위생에 대한 안전점검을 실시하고 있다.	
	4	우리 복지관은 화재발생을 대비한 소방모의훈련을 연 1회 이상 시행하고 있다.	
	5	우리 복지관은 모든 비상구의 문이 제대로 열린다.	
	6	우리 복지관은 가스 · 급수 · 배수(配水) · 배수(排水) · 환기 · 난방 등이 잘 되고 있다.	
안전점검	7	우리 복지관의 소화기는 위급 시 쉽게 사용할 수 있으며, 모든 직원들은 소화기의 정확한 사용법을 안다.	7
	8	우리 복지관은 정기적인 유지보수를 위해 관내를 정기적으로 순회하여 체크하고 있다.	
	9	우리 복지관은 전기, 가스, 승강기, 소방 등 월 1회 이상 점검하고 있다.	
	10	우리 복지관은 시설물안전관리 담당자를 두고 있으며 임무를 명확히 하고 있다.	
	11	우리 복지관은 위생 방역소독을 정기적으로 실시하고 있다.	
	12	우리 복지관은 피난안내자를 임명하고 있으며 임무를 명확히 하고 있다.	
	13	우리 복지관은 정기적인 점검으로 개선이나 지적사항이나 조치사항 발생 시 즉각 반영되고 있다.	

탐색적 요인분석과 확인적 요인분석의 과정, 타당도 검증을 통한 시설안전관리 척도의 개발단계는 〈표 9-93〉과 같다. 시설안전관리 척도 예비문항은 총 21개 문항이었으며, 탐색적 요인분석을 실시한 결과, 2개의 문항이 제거되었고 요인은 2개의 요인으로 구분되었다. 19개의 문항을 바탕으로 확인적 요인분석을 실시한 결과, 4개 문항이 제거되었다. 최종적으로 시설안전관리 척도는 13개 문항으로 구성되었으며, 2개의 요인으로 구분되었다.

〈표 9-93〉 시설안전관리 척도 개발단계

구분	예비문항	탐색적 요인분석	확인적 요인분석	최종 문항
척도문항	21개 문항	21개 문항	19개 문항	13개 문항
제거 문항수	–	2개 문항	6개 문항	
요인 수	4	2	2	2

5 최종 시설안전관리 척도 소개

척도명	시설안전관리 척도	대상	직원
척도소개	• 사회복지관 조직 성과관리를 측정하는 과정영역의 시설안전관리에 대한 직원들의 인식 정도를 파악하는 척도 • 직원들의 실내 · 외안전 관리와 안전점검을 인식할 수 있는 능력과 노력의 정도를 측정		
채점방법 및 해석	• 7점 척도, 총 13문항으로 구성 • 합산한 점수가 높을수록 시설안전관리가 잘 이루어지고 있다고 해석		
원척도출처	• 자체 개발		
신뢰도	• 실내 · 외안전의 Cronbach 알파계수는 .935, 안전점검은 .947로 나타나 시설안전관리 척도 요인1에 6개 문항, 요인2에 7개 문항에 대한 신뢰도가 확보되었음.		
타당도	• 수렴타당도: 수렴신뢰도 값이 0.7 이상이면 수렴타당도가 있는 것으로 해석. 본 척도의 수렴신뢰도는 요인1 .924, 요인2 .955로 나타났으며, 값이 0.7 이상으로 나타났기 때문에 수렴타당도가 확보되었음. • 판별타당도: 표준오차추정구간식을 활용한 판별타당도는 변수들 간의 상관관계가 낮아야 확보되었다고 할 수 있음. 요인1과 요인2의 계수 값 .934이며, 이에 해당하는 표준오차(S.E)는 .026을 대입하여 계산한 결과 값이 .934, .882 ≠ 1로 나타났다. 즉, 변수들 간에 동일하다는 가설이 기각되었으므로 판별타당도가 확보되었음.		

제11절 갈등관리 척도의 타당도

1 갈등관리 척도의 활용과 측정대상

사회복지관 조직성과개선을 위한 갈등관리는 조직에서 직원들 사이에 발생하는 갈등, 직원과 이용자 간의 갈등 그리고 직원과 관장이나 부장과의 갈등을 관리하는 것을 의미한다. 조직 안에서 발생하는 모든 갈등은 조직발전을 위한 학습의 요소가 되며 조직갈등을 해결하기 위한 조직적 차원에서의 노력은 조직갈등을 통한 조직발전을 담보할 수 있다. 또한 갈등관리를 통해 사회복지관은 갈등에 대한 부정적인 효과를 최소화할 수 있으며 갈등예방, 해결 및 해소를 통하여 사회복지관의 제반 활동 및 사업, 직원 간 그리고 이용자 간에 신뢰가 회복되어 사회자본이 크게 향상될 수 있다. 따라서 사회복지관은 조직 안에서 발생할 수 있는 갈등이 원만히 해결되고 처리될 수 있는 갈등관리시스템을 구축하는 것이 중요하다.

갈등관리 척도는 사회복지관 성과관리의 과정영역 중 조직에서 발생하는 갈등관리에 대한 직원들의 인식을 점검하는 측정도구이다. 즉, 갈등관리 척도는 사회복지관 성과관리의 과정영역 중 갈등관리에 대한 직원들의 인식을 점검하여 갈등관리의 수준이나 정도를 측정하는 척도이다. 사회복지관의 성과를 구성하는 과정영역 중 갈등관리 척도의 측정대상은 조직 내부적 관점에서 측정되므로 사회복지관의 갈등관리에 대한 직원들의 인식의 정도나 노력의 정도를 측정하는 측정대상자는 사회복지관에서 근무하는 (과장급)중간관리자 이하 전 직원이 된다.

2 갈등관리 척도 개발과정

사회복지관에서 발생하는 갈등을 해결하기 위한 조직적 차원에서의 갈등관리의 영역은, 첫째, 이용자들 간에 발생하는 갈등, 둘째, 이용자와 직원 간에 발생하는 갈등, 셋째, 직원들 사이에 발생하는 갈등, 즉, 동료직원 간에 발생할 수 있는 갈등과 직장상사와의 사이에서 발생할 수 있는 갈등, 넷째, 복지관의 직원들과 지자체 직원들 사이에 발생할 수 있는 갈등, 즉 복지관과 지자체사이의 갈등으로 나뉠 수 있으므로 사회복지관의 갈등관리의 수준이나 정도를 측정하기 위한 측정요소들도 앞과 같은 요소로 분류될 수 있다.

선행연구 및 이론적 근거를 바탕으로 도출된 갈등관리에 대한 직원들의 인식 정도를 측정하는 갈등관리 1차 예비척도의 측정요소는 앞에서 지적한 바와 같이, 첫째, 이용자들 간에 발생하는 갈등 5문항, 둘째, 이용자와 직원 간에 발생하는 갈등 5문항, 셋째, 직원들 사이에 발생하는 갈등 5문항, 넷째, 복지관의 직원들과 지자체직원들 사이에 발생할 수 있는 갈등 5문항 등 총 4개 영역의 20개 문항으로 구성되어 있다. 예비척도를 도출하기 위하여 2차에 걸친 사회복지영역의 학계 및 현장전문가들을 대상으로 하는 초점집단면접을 통해 수정 및 보완하여 내용타당도가 향상된 최종 20개 문항의 척도가 개발되었다. 특히, 예비척도 20개 질문항목 중 질문의 적절성에 대한 지적으로 두 차례에 걸친 전문가 면접(학계 및 현장전문가)에서 10개의 문항이 수정되어 내용타당도가 개선된 1차 예비지표가 도출되었다. 다음의 표는 최종 개발된 사회복지관 갈등관리 1차 예비척도이다.

〈표 9-94〉 갈등관리 1차 예비척도

갈등관리 측정내용		
이용자들 간의 갈등처리	1.	우리 복지관은 이용자들 간의 갈등을 파악하고 있다.
	2.	우리 복지관은 이용자 간의 갈등처리 규정이나 지침이 마련되어 있으며 이를 준수한다.
	3.	우리 복지관은 이용자 간 의견과 고충을 접수 · 해결하는 담당자가 지정되어 있다.
	4.	우리 복지관은 이용자 간 갈등을 해결하기 위한 갈등(또는 고충)처리위원회가 운영되고 있다.
	5.	우리 복지관은 이용자 간 갈등처리과정 및 결과에 대해 이용자에게 알려주고 기록을 관리하고 있다.
이용자와 직원 간의 갈등처리	6.	우리 복지관은 이용자와 직원 간의 갈등을 처리하는 규정이나 지침이 마련되어 있으며 이를 준수한다.
	7.	우리 복지관은 이용자와 직원 간의 갈등을 해결하기 위한 고충처리위원회가 운영되고 있다.

이용자와 직원 간의 갈등처리	8.	우리 복지관은 이용자와 직원 간의 면담과 소통의 기회를 정기적으로 마련하고 있다.
	9.	우리 복지관은 이용자와 직원 간 갈등처리과정 및 결과에 대해 당사자에게 알려 주고 기록을 관리하고 있다.
	10.	우리 복지관은 이용자와 직원 간에 발생하는 갈등을 사전 예방할 수 있도록 상호존중과 협력적 문제해결과정에 대한 교육을 이용자와 직원 모두에게 시행하고 있다.
직원 간의 갈등처리	11.	우리 복지관은 직원 간의 갈등을 처리하는 규정이나 지침이 마련되어 있으며 이를 준수한다.
	12.	우리 복지관은 직원 간의 갈등을 해결하기 위한 고충처리위원회가 운영되고 있다.
	13.	우리 복지관은 직원 간의 면담과 소통의 기회를 정기적으로 마련하고 있다.
	14.	우리 복지관은 직원 간 갈등처리과정 및 결과에 대해 당사자에게 알려 주고 기록을 관리하고 있다.
	15.	우리 복지관은 직원 간에 발생하는 갈등을 사전 예방할 수 있도록 상호존중과 협력적 문제해결과정에 대한 교육을 직원 모두에게 시행하고 있다.
지자체와의 갈등처리	16.	우리 복지관은 지자체와의 갈등을 처리하는 규정이나 지침이 마련되어 있으며 이를 준수한다.
	17.	우리 복지관은 지자체와의 갈등을 해결하기 위한 갈등(또는 고충)처리위원회가 운영되고 있다.
	18.	우리 복지관은 지자체와의 면담과 소통의 기회를 정기적으로 마련하고 있다.
	19.	우리 복지관은 지자체와 갈등처리과정 및 결과에 대해 당사자에게 알려 주고 기록을 관리하고 있다.
	20.	우리 복지관은 지자체와 발생하는 갈등을 사전 예방할 수 있도록 상호존중과 협력적 문제해결과정에 대한 교육을 직원 모두에게 시행하고 있다.

3 자료분석방법

총 4개 영역의 측정요소별로 구성된 갈등관리 1차 예비척도의 질문항목은 총 20개이며 리커트 7점 척도로 구성되어 있다. 사회복지관 성과를 구성하는 과정영역의 갈등관리 척도를 개발하고 타당도를 검증하기 위하여 자료분석은 SPSS 20.0 그리고 AMOS

21.0 통계프로그램을 사용하였다. 자료분석과정은 비전관리 척도 분석과정과 동일하다.

4 갈등관리 척도 검증

1) 탐색적 요인분석

확정된 갈등관리 척도 예비문항의 적절성을 평가하기 위하여 SPSS 21.0 통계프로그램을 활용하여 탐색적 요인분석을 실시하였다. 본 연구에서 수집된 자료가 요인분석에 적합한지 여부를 판단하기 위하여 통계적 과정으로 KMO 측정도구와 Bartlett의 구형성 검정을 실시하였으며, 결과는 〈표 9-95〉와 같다. KMO는 변수들 간의 상관관계가 다른 변수에 의해 잘 설명되는 정도를 나타내는 값으로 값이 적으면 요인분석을 위한 변수의 선정이 좋지 못함을 나타내는 것이다. 일반적으로 KMO값이 .90 이상이면 상당히 좋은 것으로 판단하고, .80~.89면 꽤 좋은 편이며, .50 이하이면 받아들일 수 없는 것으로 판단한다(송지준, 2015).

KMO값은 .941로 상당히 좋은 것으로 나타났다. 요인분석 모형의 적합성 여부를 나타내는 Bartlett's Test의 결과는 통계적으로 유의한 것으로($\chi^2 = 21175.442$, $df = 190$, $p = .000$) 나타났으며, 이는 수집된 자료가 요인분석 모형으로 적합함을 보여 주는 것이다. 즉, 확정된 예비문항은 요인분석의 사용이 적합하며 공통요인이 존재한다고 결론 내릴 수 있다.

〈표 9-95〉 갈등관리 척도 KMO 및 Bartlett 검정 결과

항목		값
KMO 표본 적합도		.962
Bartlett의 구형성 검정	근사 카이제곱	21175.442
	df	190
	유의확률	.000

〈표 9-96〉 사회복지관 갈등관리 척도 탐색적 요인분석 결과 (N=854)

요인	항목	요인적재치	공통성	고유값	분산 설명력	문항수
요인1 (내부갈등)	Q1	.615	.422	8.316	41.579	15
	Q2	.673	.601			
	Q3	.772	.625			
	Q4	.810	.748			
	Q5	.832	.768			
	Q6	.730	.767			
	Q7	.749	.757			
	Q8	.760	.691			
	Q9	.815	.804			
	Q10	.743	.778			
	Q11	.662	.770			
	Q12	.676	.717			
	Q13	.684	.718			
	Q14	.677	.748			
	Q15	.509	.749			
요인2 (외부갈등)	Q16	.884	.871	6.749	33.744	5
	Q17	.874	.872			
	Q18	.861	.857			
	Q19	.879	.903			
	Q20	.879	.899			

다음으로 요인 간에 독립성을 유지하면서 요인구조가 가장 뚜렷해질 때까지 요인을 회전시키는 직각요인회전 방식인 베리멕스 요인회전 결과 총 18문항 중 공통성이 .40 이하인 문항은 없는 것으로 나타났다. 이에 최종적으로 2개의 요인, 총 18문항이 추출되었다. 최종 추출된 예비문항을 이용해 탐색적 요인분석한 결과는 〈표 9-96〉과 같다. 분석결과 2개의 요인 모두 요인적재치 .40 이상, 공통성 .40 이상, 고유값 1 이상으로 나타났다. 총 누적분산설명력은 75.323%로 나타났다.

탐색적 요인분석의 결과 내용타당도가 검증된 갈등관리 척도의 영역이 2개 영역(요인)으로 총 20문항으로 나타났다.

2) 상관관계분석

탐색적 요인분석을 통해 추출된 2개의 요인 간의 상관관계분석의 결과는 〈표 9-97〉과 같다. 갈등관리 척도 예비문항의 2개 요인 사이는 통계적으로 유의한 것($p < .01$)으로 나타났다. 세부적으로 살펴보면 요인1과 요인2는 .772($p < .01$)로 상관관계가 나타났다.

〈표 9-97〉 갈등관리 척도 예비문항 상관관계분석 결과 (N=854)

변수	M(평균)	SD(표준편차)	요인1	요인2
요인1	5.82	1.20	1	
요인2	4.96	1.56	.772**	1

**$p < .01$

3) 신뢰도 분석

탐색적 요인분석 결과, 추출된 2개 요인 20문항에 대하여 각 요인 간 내적 일치도를 검증하기 위해 신뢰도 분석을 실시하였으며, 그 결과는 〈표 9-98〉과 같다. 내부갈등의 Cronbach 알파계수는 .986, 외부갈등은 .971로 나타났다. 일반적으로 Cronbach 알파계수가 .60 이상이면 신뢰도가 있다고 본다. 따라서 탐색적 요인분석 결과, 추출된 2개요인 20개 문항의 신뢰도는 높은 것으로 나타났다.

〈표 9-98〉 갈등관리 척도 예비문항 신뢰도 분석결과 (N=854)

요인	Cronbach 알파계수		문항수
	요인별	전체	
요인1	.986	.974	15
요인2	.971		5

4) 확인적 요인분석

탐색적 요인분석 결과 추출된 갈등관리 척도 예비문항에 대하여 요인구조의 타당도를 확보하기 위해 AMOS 21.0 통계프로그램을 활용하여 확인적 요인분석을 실시하였다. 확인적 요인분석은 자료의 타당도를 증명하는 데 이용되며, 탐색적 요인분석의 결과는 확인적 요인분석에 의해 검증됨으로써 보다 신뢰할 수 있는 결론에 도달할 수 있다. 일반적으로 연구모형에 이용되는 변수들은 대부분 다항목으로 측정하기 때문에 단일차원성을 확보하는 것이 중요하다. 확인적 요인분석은 단일차원성을 확보하는 것이 목적이며, 해당 요인을 측정하는 문항들을 각 요인에만 적재되도록 사전에 지정하는 분석방법이다. [그림 9-11]은 구조방정식 모형을 이용하여 분석한 최종 모델을 나타낸 것이다.

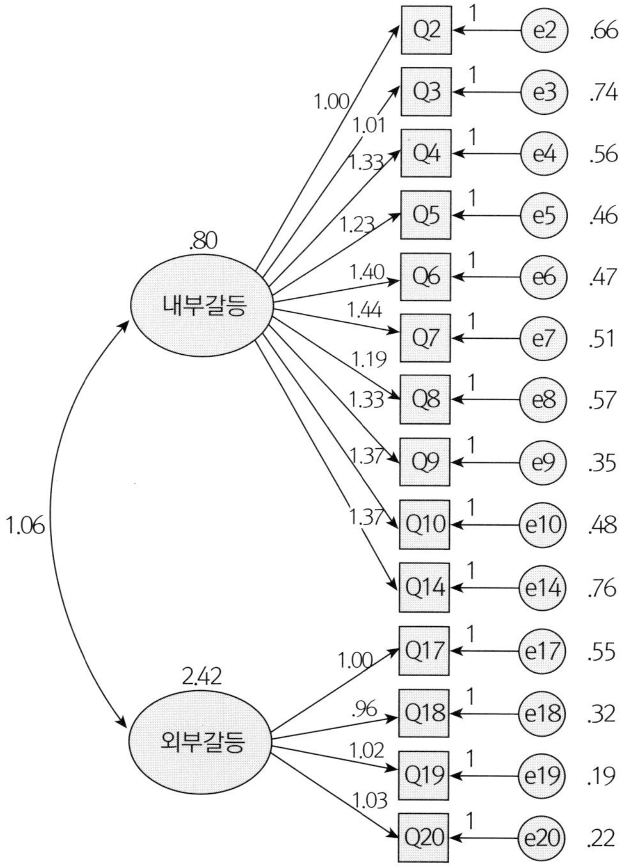

[그림 9-11] 사회복지관 갈등관리 척도 확인적 요인분석 모형

탐색적 요인분석결과 추출된 2개의 요인 20개 문항을 대상으로 확인적 요인분석을 실시한 결과 〈표 9-99〉와 같다. 20개의 문항에서 설명력이 낮은 6개 문항(1요인: Q1, Q11, Q12, Q13, Q15, 2요인: Q16)을 제거한 후 최종적으로 14개 문항을 이용하여 확인적 요인분석을 실시하였다. 절대적합지수는 $\chi^2=21175.442(df=190)$, $p=.000$, RMR =.069로 나타났다. 절대적합지수를 살펴본 결과 χ^2검증과 RMR 값이 모두 적합한 수준으로 나타났다. 증분적합지수는 IFI=.937, TLI=.925, CFI=.937으로, .90 이상으로 나타났기 때문에 전반적으로 모형 적합도가 적합하게 나타났다. 간명적합지수는 PCFI=.621로 .60 이상으로 나타나 적합한 것으로 나타났다. 적합도를 종합적으로 살펴보았을 때, 측정모형의 적합도는 전반적으로 양호하며, 측정모형이 자료에 잘 부합된다고 해석할 수 있다.

〈표 9-99〉 갈등관리 척도 모형 적합도 (N=854)

절대적합지수	RMR	.080
증분적합지수	NFI	.932
	RFI	.919
	CFI	.937
	TLI	.925
	IFI	.937
간명적합지수	PCFI	.621

최종 모형에서 측정변수와 요인 사이의 표준화된 회귀계수 및 공분산은 모두 통계적으로 유의하게 나타났다($p<.001$). 또한 표준화 회귀계수의 적재치는 모두 .50 이상으로 나타났다.

5) 타당도 검증

(1) 수렴타당도 검증

수렴타당도는 집중타당도라고도 불리며 동일한 개념을 측정하기 위하여 서로 다른 방법으로 측정한 값 사이에 높은 상관관계가 있어야 하는 것을 나타낸다. 본 연구에서는 수렴타당도를 검증하기 위해 수렴신뢰도(CR)를, 그리고 판별타당도를 검증하기 위해 표준오차추정구간 값을 사용하였다. 수렴타당도는 한 변수와 다른 변수 간의 측정한 값 사이에 높은 상관관계가 있어야 한다. 따라서 동일한 개념을 측정하는 여러 문항들이 어느 정도 일치하는가를 검증한다. 예를 들어, 사회복지관 갈등관리 척도를 측정하는 문항들 간에는 높은 상관관계가 존재해야 수렴타당도가 있다고 할 수 있다. 반대로 판별타당도는 변수들 간의 상관관계가 낮아야 확보될 수 있다. 먼저, 본 연구에서 수렴신뢰도(CR) 값을 기준으로 수렴타당도를 점검하였다. 표준화 추정치와 분산을 가지고 수렴신뢰도 값을 계산할 때, 변수 값의 입력은 해당변수의 오차항 번호를 확인하여 Estimate 값을 가지고 계산하여야 한다. 그리고 수렴신뢰도를 이용하여 수렴타당도를 검증할 때는 수렴신뢰도가 .700 이상이면 수렴타당도가 있다고 해석한다.

사회복지관 갈등관리 척도로서 내부갈등의 경우 수렴신뢰도 값이 .700보다 높은 .926으로 수렴타당도가 높다고 평가할 수 있으며, 내부갈등의 경우도 .973으로 수렴타당도가 높다고 평가할 수 있다. 2개 변수의 수렴신뢰도 값을 계산한 결과, 〈표 9-100〉과 같이 모든 변수에서 수렴신뢰도 값이 .700 이상(Bagozzi, 1980; Lages, Lages, & Lages, 2005)으로 높은 수렴타당도를 확보했다고 할 수 있다.

〈표 9-100〉 사회복지관 갈등관리 척도 수렴신뢰도 값

	내부갈등	외부갈등
CR	.926	.973

(2) 판별타당도 검증

판별타당도는 서로 다른 변수들 간에는 측정치에도 분명한 차이가 있어야 한다는 것을 전제로 한다. 즉, 한 변수와 다른 변수 간의 상관관계가 낮아야 판별타당도가 확보되었다고 할 수 있다. 표준오차추정구간식을 활용한 판별타당도는 변수들 간의 상관관계가 낮아야 확보되었다고 할 수 있기 때문에 변수들 간에 동일하다는 가설을 기각하는지를 보아야 한다(송지준, 2011; Fornell & Larcker, 1981). 내부갈등과 외부갈등의 계수 값은 .762이고 이에 해당하는 표준오차(S.E)는 .071의 값을 나타내었다. 검증 결과, 상관계수가 1이라는 가설을 기각하여 판별타당성은 확보되었다고 볼 수 있다.

$$.762 + (2 \times .071) = .904 \neq 1$$
$$.762 - (2 \times .071) = .620 \neq 1$$

〈표 9-101〉 갈등관리 척도 타당도 검증결과

	내부갈등	외부갈등
CR	.926	.973
상관계수 ± (2 × 표준오차) = .904, .620 ≠ 1		

이상의 결과를 바탕으로 사회복지관 갈등관리 척도 타당도 검증결과를 결과를 제시하면 〈표 9-101〉과 같다.

사회복지관이 자체적으로 유지 · 관리할 수 있는 갈등관리 척도를 개발하기 위하여 선행연구를 토대로 점검하여야 하는 문항을 선정하고 탐색적 요인분석을 실시하였다. 탐색적으로 개발된 항목들은 실천현장에 적용시키기에는 실증적인 타당도와 신뢰도가 충분하다고 볼 수 없다. 이에 본 연구에서는 갈등관리 척도에 부합하지 않는다고 판단된 항목을 제거하는 과정을 거쳐 최종 2개 영역의 20개 문항으로 구성된 예비척도를 개발하였다. 즉, 여러 변수들 내부에 존재하는 잠재 구조를 발견하기 위하여 탐색적 요인분석을 통해 요인구조를 개발하였으며, 탐색된 요인들을 대표성이 있는 언어로 명명한 후 개발된 요인구조의 경험적 타당도를 확보하기 위하여 모형을 수립하고 확인적 요인분석을 실시하여 모형 적합도의 유의미한 결과를 도출하였다. 결과적으로 원 변수들 간의 복잡한 상관관계를 소수의 요인들의 관계로 재구성하여 공통요인 간의 관계에 의해서 원래 변수들의 성질을 보다 간단한 형태로 재기술하고자 하였다. 즉, 동일 요인으로 묶인 항목은 공통성이 있는지와 공통 개념을 측정하지 않는 설문 문항을 제거하는 확인적 요인분석 및 측정도구의 타당도 분석을 실시하였다. 그 결과, 〈표 9-102〉와 같이 갈등관리 척도는 2개 요인으로 총 14개의 측정문항으로 결론을 도출하였다.

탐색적 요인분석과 확인적 요인분석의 과정, 타당도 검증을 통하여 갈등관리 척도의 개발단계는 〈표 9-103〉과 같다. 갈등관리 척도 예비문항은 총 20개 문항이었으며, 탐색적 요인분석을 실시한 결과, 제거되는 문항은 없는 것으로 나타났다. 20개의 문항을 바탕으로 확인적 요인분석을 실시한 결과, 6개 문항이 제거되었다. 최종적으로 자원개발관리 척도는 14개 문항으로 구성되었으며, 2개의 요인으로 구분되었다.

〈표 9-102〉 갈등관리 척도의 최종 문항

요인	문항번호	질문문항	문항수
내부갈등	1	우리 복지관은 이용자 간의 갈등처리 규정이나 지침이 마련되어 있으며 이를 준수한다.	10
	2	우리 복지관은 이용자 간 의견과 고충을 접수 · 해결하는 담당자가 지정되어 있다.	
	3	우리 복지관은 이용자 간 갈등을 해결하기 위한 갈등(또는 고충)처리위원회가 운영되고 있다.	
	4	우리 복지관은 이용자 간 갈등처리과정 및 결과에 대해 이용자에게 알려 주고 기록을 관리하고 있다.	
	5	우리 복지관은 이용자와 직원 간의 갈등을 처리하는 규정이나 지침이 마련되어 있으며 이를 준수한다.	
	6	우리 복지관은 이용자와 직원 간의 갈등을 해결하기 위한 고충처리위원회가 운영되고 있다.	
	7	우리 복지관은 이용자와 직원 간의 면담과 소통의 기회를 정기적으로 마련하고 있다.	
	8	우리 복지관은 이용자와 직원 간 갈등처리과정 및 결과에 대해 당사자에게 알려 주고 기록을 관리하고 있다.	
	9	우리 복지관은 이용자와 직원 간에 발생하는 갈등을 사전 예방할 수 있도록 상호존중과 협력적 문제해결과정에 대한 교육을 이용자와 직원 모두에게 시행하고 있다.	
	10	우리 복지관은 직원 간 갈등처리과정 및 결과에 대해 당사자에게 알려 주고 기록을 관리하고 있다.	
외부갈등	11	우리 복지관은 지자체와의 갈등을 해결하기 위한 갈등(또는 고충)처리위원회가 운영되고 있다.	4
	12	우리 복지관은 지자체와의 면담과 소통의 기회를 정기적으로 마련하고 있다.	
	13	우리 복지관은 지자체와 갈등처리과정 및 결과에 대해 당사자에게 알려 주고 기록을 관리하고 있다.	
	14	우리 복지관은 지자체와 발생하는 갈등을 사전 예방할 수 있도록 상호존중과 협력적 문제해결과정에 대한 교육을 직원 모두에게 시행하고 있다.	

〈표 9-103〉 갈등관리 척도 개발단계

구분	예비문항	탐색적 요인분석	확인적 요인분석	최종 문항
척도문항	20개 문항	20개 문항	20개 문항	14개 문항
제거 문항수	–	–	6개 문항	
요인 수	4	2	2	2

5 최종 갈등관리 척도 소개

<table>
<tr><th>척도명</th><td>갈등관리 척도</td><th>대상</th><td>직원</td></tr>
<tr><th>척도소개</th><td colspan="3">• 사회복지관 조직 성과관리를 측정하는 과정영역의 갈등관리에 대한 직원들의 인식 정도를 파악하는 척도
• 이용자 간, 직원 간의 내부갈등과 지자체 등의 외부조직과의 갈등을 인식할 수 있는 능력과 노력의 정도를 측정</td></tr>
<tr><th>채점방법 및 해석</th><td colspan="3">• 7점 척도, 총 14문항으로 구성
• 합산한 점수가 높을수록 갈등에 대한 관리가 잘 이루어지고 있다고 해석</td></tr>
<tr><th>원척도출처</th><td colspan="3">• 자체 개발</td></tr>
<tr><th>신뢰도</th><td colspan="3">• 내부갈등의 Cronbach 알파계수는 .986, 외부갈등은 .971으로 나타나 갈등관리척도 요인1에 10개 문항, 요인2에 4개 문항에 대한 신뢰도가 확보되었음.</td></tr>
<tr><th>타당도</th><td colspan="3">• 수렴타당도: 수렴신뢰도 값이 0.7 이상이면 수렴타당도가 있는 것으로 해석. 본 척도의 수렴신뢰도는 요인1 .926, 요인2 .973로 나타났으며, 값이 0.7 이상으로 나타났기 때문에 수렴타당도가 확보되었음.
• 판별타당도: 표준오차추정구간식을 활용한 판별타당도는 변수들 간의 상관관계가 낮아야 확보되었다고 할 수 있음. 내부갈등(요인1)과 외부갈등(요인2)의 계수 값은 .762이고 이에 해당하는 표준오차(S.E)는 .071이므로 이를 대입하여 계산한 결과 값이 .904, .620 ≠ 1로 나타났다. 즉, 변수들 간에 동일하다는 가설이 기각되었으므로 판별타당도가 확보되었음.</td></tr>
</table>

제12절 지역사회관리 척도의 타당도

1 지역사회관리 척도의 활용과 측정대상

지역사회의 변화는 곧 지역사회구성원들의 변화를 의미하므로 지역사회구성원들의 복지향상을 위해 노력하는 모든 사회복지조직들은 지역사회의 변화에 대한 심도 있는 연구와 조사를 등한시하여서는 안 된다고 할 수 있다. 즉, 사회복지기관에서는 지역사회가 직면한 문제가 무엇이며, 이러한 문제를 가진 주요한 대상자들은 누구이고, 이러한 문제를 발생하게 하는 원인은 무엇이며, 이들 문제에 대한 지역사회의 대응방안은 어떠한지 등에 대한 분석을 통해 그 지역의 특성을 반영한 사회복지서비스를 실천하기 위해 노력하여야 한다. 사회복지관의 조직관리적 측면에서 지역사회관리란 지역사회가 직면하고 있는 다양한 문제(특히, 노인문제나 사회복지 관련)에 대한 해결방안을 수립하고 정치, 제도, 경제, 사회, 문화를 포함하는 환경적 변화 및 인구통계적 변화를 수용하고 해결하기 위한 대응방안을 관리하는 것을 의미한다. 지역사회관리의 필요성은 지역에 기초한 사회복지조직들이 지역사회가 당면한 문제를 극복하고 해결하기 위해 지역사회의 환경적 변화 및 인구통계적 변화에 대한 올바른 이해와 이에 대한 체계적이고 과학적인 대응을 위한 관리의 필요성에 기반한다. 사회복지관은 현재 이용기준이 되고 있는 60세 이상 고령자들과 그 가족들을 위한 다양한 서비스를 제공하는 복합적인 기능을 수행할 것을 요구받고 있을 뿐만 아니라 향후 노년기에 접어들 약 700만 명의 베이비부머 세대의 새로운 수요에 대비하여야 한다는 인식이 확대되고 있다. 또한 노인인구의 증가의 또 다른 한편에는 농어촌 지역사회의 고령화 및 노인인구의 감소 역시 중요한 인구통계적 변화로 인식되고 있다.

지역사회관리 척도는 사회복지관 성과관리의 과정영역 중 지역사회관리의 적절성에 대한 직원들의 인식을 점검하는 측정도구이다. 즉, 사회복지관 성과관리의 과정영역 중 지역사회관리에 대한 직원들의 인식을 점검하고 사회복지관이 지역사회변화에 적극적으로 대응하는 데 최적화되어 있는가를 나타내는 지역사회관리의 적절성을 측정하는 척도이다. 사회복지관의 성과를 구성하는 과정영역 중 지역사회관리 척도의 측정대상은 조직 내부적 관점에서 측정되므로 사회복지관의 지역사회관리에 대한 직원들의 인식의 정도나 노력의 정도를 측정하는 측정대상자는 사회복지관에서 근무하는 (과장급)중간관리자 이하 전 직원이 된다.

2 지역사회관리 척도 개발과정

지역사회관리 척도는 사회복지관 성과관리의 과정영역 중 지역사회관리에 대한 직원들의 인식을 점검하는 측정도구이다. 즉, 사회복지관 성과관리의 과정영역 중 지역관리에 대한 직원들의 인식을 점검하며 특히 지역을 둘러싼 지역사회의 환경 및 인구통계분석 및 각종 노인관련 제도나 정책의 변화와 지역사회문제 등의 조사 및 대처노력의 적절성을 측정한다. 본 연구에서는 사회복지관의 지역사회관리의 정도를 측정하기 위하여 선행연구를 토대로 하여 지역사회관리를, 첫째, 지역사회의 정책적 변화인식, 둘째, 지역사회의 인구통계적 변화에 대한 인식, 셋째, 지역사회에 발생하는 다양하고 복잡한 문제에 대한 인식으로 측정요소를 구분하여 3개 영역의 12개 문항을 도출하였다.

선행연구 및 이론적 근거를 바탕으로 도출된 지역사회관리에 대한 직원들의 인식정도를 측정하는 지역사회관리 1차 예비척도의 측정요소는, 첫째, 지역사회의 정책적 변화인식, 둘째, 지역사회의 인구통계적 변화에 대한 인식, 셋째, 지역사회에 발생하는 다양하고 복잡한 문제에 대한 인식의 총 3개 영역 8개 문항으로 구성되어 있다. 특히, 1차적으로 도출된 12개 질문항목 중 질문의 적절성에 대한 지적으로 전문가집단(학계전문가 4인 및 현장전문가 7인)을 대상으로 이루어진 두 차례의 면접에서 4개의 문항이 삭제되고 1개의 문항이 수정 및 보완되었다. 〈표 9-104〉는 최종 개발된 사회복지관 자원개발관리 1차 예비척도이다.

〈표 9-104〉 지역사회관리 1차 예비척도

지역사회관리 측정내용		
지역사회 정책분석	1	우리 복지관은 변화하는 지역사회 욕구에 대해 조사를 하고 있다.
	2	우리 복지관은 지역의 노인, 장애인 및 지역주민들에게 영향을 미칠 수 있는 복지관련 정책이나 제도의 변화를 정확히 파악하고 있다
	3	우리 복지관은 노인, 장애인 및 지역주민들에게 제공되는 지역기관들의 서비스실태를 정확하게 파악하고 있다.
지역사회 인구통계 분석	4	우리 복지관은 지자체, 공공기관의 최신 통계를 반영하여 사업을 계획한다.
	5	우리 복지관은 인구의 증감 및 노인관련 각종 인구통계를 자료를 수시로 점검한다.
	6	우리 복지관은 유관기관의 복지관련 계획(보건복지백서, 보건복지통계연감, 지역사회보장계획, 보건의료계획 등)의 자료를 비치하고 활용한다.
지역사회 문제분석	7	우리 복지관은 최근에 지역사회에서 제기되고 있는 이슈나 특정상황을 잘 알고 있다.
	8	우리 복지관은 변화하는 지역사회문제를 주기적으로 조사하고 분석하고 있다.

③ 자료분석방법

총 3개 영역의 측정요소별로 구성된 지역사회관리 1차 예비척도의 질문항목은 총 8개이며 리커트 7점 척도로 구성되어 있다. 사회복지관 성과를 구성하는 과정영역의 지역사회관리 척도를 개발하고 타당도를 검증하기 위하여 자료분석은 SPSS 20.0 그리고 AMOS 21.0 통계프로그램을 사용하였다. 자료분석과정은 비전관리 척도 분석과정과 동일하다.

4 지역사회관리 척도 검증

1) 탐색적 요인분석

확정된 지역사회관리 척도 예비문항의 적절성을 평가하기 위하여 SPSS 21.0 통계프로그램을 활용하여 탐색적 요인분석을 실시하였다. 본 연구에서 수집된 자료가 요인분석에 적합한지 여부를 판단하기 위하여 통계적 과정으로 KMO 측정도구와 Bartlett의 구형성 검정을 실시하였으며, 결과는 <표 9-105>와 같다. KMO는 변수들 간의 상관관계가 다른 변수에 의해 잘 설명되는 정도를 나타내는 값으로 값이 적으면 요인분석을 위한 변수의 선정이 좋지 못함을 나타내는 것이다. 일반적으로 KMO값이 .90 이상이면 상당히 좋은 것으로 판단하고, .80～.89면 꽤 좋은 편이며, .50 이하이면 받아들일 수 없는 것으로 판단한다(송지준, 2015).

KMO값은 .941로 상당히 좋은 것으로 나타났다. 요인분석 모형의 적합성 여부를 나타내는 Bartlett's Test의 결과는 통계적으로 유의한 것으로($\chi^2 = 7401.874$, $df = 28$, $p = .000$) 나타났으며, 이는 수집된 자료가 요인분석 모형으로 적합함을 보여 주는 것이다. 즉, 확정된 예비문항은 요인분석의 사용이 적합하며 공통요인이 존재한다고 결론 내릴 수 있다.

<표 9-105> 지역사회관리 척도 KMO 및 Bartlett 검정 결과

항목		값
KMO 표본 적합도		.930
Bartlett의 구형성 검정	근사 카이제곱	7401.874
	df	28
	유의확률	.000

다음으로 요인 간에 독립성을 유지하면서 요인구조가 가장 뚜렷해질 때까지 요인을 회전시키는 직각요인회전 방식인 베리멕스 요인회전 결과 총 8문항 중 공통성이 .40 이하인 문항은 없는 것으로 나타났다. 이에 최종적으로 1개의 요인, 총 8문항이 추출되었다. 최종 추출된 예비문항을 이용해 탐색적 요인분석한 결과는 <표 9-106>과 같다. 분석결과 1개의 요인 모두 요인적재치 .40 이상, 공통성 .40 이상, 고유 값 1이상으로 나타났다. 총 누적분산설명력은 77.762%로 나타났다.

〈표 9-106〉 사회복지관 지역사회관리 척도 탐색적 요인분석 결과 (N=854)

요인	항목	요인적재치	공통성	고유값	분산 설명력	문항수
요인1 (공식관리)	Q1	.835	.698	6.221	77.762	8
	Q2	.894	.799			
	Q3	.892	.796			
	Q4	.879	.773			
	Q5	.884	.781			
	Q6	.869	.755			
	Q7	.913	.834			
	Q8	.886	.785			

탐색적 요인분석의 결과 내용타당도가 검증된 지역사회관리척도의 영역이 1개 영역(요인)으로 총 8문항으로 나타났다.

2) 신뢰도 분석

탐색적 요인분석 결과, 추출된 1개 요인 8문항에 대하여 각 문항 간 내적 일치도를 검증하기 위해 신뢰도 분석을 실시하였으며, 그 결과는 〈표 9-107〉과 같다. 지역사회관리의 Cronbach 알파계수는 .958로 나타났다. 일반적으로 Cronbach 알파계수가 .60 이상이면 신뢰도가 있다고 본다. 따라서 탐색적 요인분석 결과, 추출된 1개 요인 8개 문항의 신뢰도는 높은 것으로 나타났다.

〈표 9-107〉 지역사회관리 척도 예비문항 신뢰도 분석결과 (N=854)

요인	Cronbach 알파계수	문항수
1요인(지역사회관리)	.958	8

3) 확인적 요인분석

탐색적 요인분석 결과 추출된 지역사회관리척도 예비문항에 대하여 요인구조의 타당도를 확보하기 위해 AMOS 21.0 통계프로그램을 활용하여 확인적 요인분석을 실시하였다. 확인적 요인분석은 자료의 타당도를 증명하는 데 이용되며, 탐색적 요인분석의 결과는 확인적 요인분석에 의해 검증됨으로써 보다 신뢰할 수 있는 결론에 도달할 수 있다. 일반적으로 연구모형에 이용되는 변수들은 대부분 다항목으로 측정하기 때문에 단일차원성을 확보하는 것이 중요하다. 확인적 요인분석은 단일차원성을 확보하는 것이 목적이며, 해당 요인을 측정하는 문항들을 각 요인에만 적재되도록 사전에 지정하는 분석방법이다. [그림 9-12]는 구조방정식 모형을 이용하여 분석한 최종 모델을 나타낸 것이다.

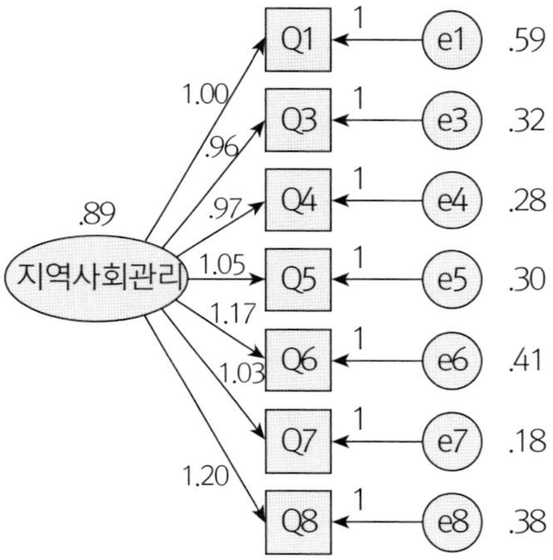

[그림 9-12] 사회복지관 지역사회관리 척도 확인적 요인분석 모형

탐색적 요인분석 결과 추출된 1개의 요인 8개 문항을 대상으로 확인적 요인분석을 실시한 결과 〈표 9-108〉과 같다. 8개의 문항에서 설명력이 낮은 1개 문항(Q2)을 제거한 후 최종적으로 7개 문항을 이용하여 확인적 요인분석을 실시하였다. 절대적합지수는 $\chi^2=7401.874(df=28)$, $p=.000$, GFI = .900, RMR = .040로 나타났다. 절대적합지수를 살펴본 결과 χ^2검증과 GFI, RMR 값이 모두 적합한 수준으로 나타났다. GFI는 1에 가까울수록 적합도는 좋은 것으로 해석할 수 있다(Browne & Cudneck, 1992). 증분적합지수는 IFI = .946, TLI = .918, CFI = .945으로, .90 이상으로 나타났기 때문에 전반적으로 모형 적합도가 적합하게 나타났다. 간명적합지수는 PCFI = .630로 .60 이상으로 나타나 적합한 것으로 나타났다. 적합도를 종합적으로 살펴보았을 때, 측정모형의 적합도는 전반적으로 양호하며, 측정모형이 자료에 잘 부합된다고 해석할 수 있다.

〈표 9-108〉 지역사회관리 척도 모형 적합도

(N=854)

절대적합지수	GFI	.900
	AGFI	.800
	RMR	.040
증분적합지수	NFI	.943
	RFI	.915
	IFI	.946
	TLI	.918
	CFI	.945
간명적합지수	PCFI	.630

최종 모형에서 측정변수와 요인 사이의 표준화된 회귀계수 및 공분산은 모두 통계적으로 유의하게 나타났다($p<.001$). 또한 표준화 회귀계수의 적재치는 모두 .50 이상으로 나타났다.

4) 타당도 검증

(1) 수렴타당도 검증

수렴타당도는 집중타당도라고도 불리며 동일한 개념을 측정하기 위하여 서로 다른 방법으로 측정한 값 사이에 높은 상관관계가 있어야 하는 것을 나타낸다. 본 연구에서는 수렴타당도를 검증하기 위해 수렴신뢰도(CR) 값을 사용하였다. 수렴타당도는 한 변수와 다른 변수 간의 측정한 값 사이에는 높은 상관관계가 있어야 한다. 따라서 동일한 개념을 측정하는 여러 문항들이 어느 정도 일치하는가를 검증한다. 예를 들어, 사회복지관 지역사회관리 척도를 측정하는 문항들 간에는 높은 상관관계가 존재해야 수렴타당도가 있다고 할 수 있다.

표준화 추정치와 분산을 가지고 수렴신뢰도 값을 계산할 때, 변수 값의 입력은 해당 변수의 오차항 번호를 확인하여 Estimate 값을 가지고 계산하여야 한다. 그리고 수렴신뢰도를 이용하여 수렴타당도를 검증할 때는 수렴신뢰도가 .700 이상이면 수렴타당도가 있다고 해석한다. 사회복지관 지역사회관리의 경우 수렴신뢰도 값을 계산한 결과, 〈표 9-109〉와 같이 모든 변수에서 수렴신뢰도 값이 .700 이상(Bagozzi, 1980; Lages, Lages, & Lages, 2005)으로 높은 수렴타당도를 확보했다고 할 수 있다.

〈표 9-109〉 사회복지관 지역사회관리 척도 수렴신뢰도 값

	지역사회관리
CR	.937

다음은 판별타당도를 평가하기 위해서는 변수 간 상관계수를 살펴보아야 하나 본 연구에서는 상관될 수 있는 변수가 존재하지 않아 판별타당성을 이미 확보하였다고 볼 수 있다.

사회복지관이 조직을 자체적으로 유지 · 관리할 수 있도록 하기 위한 지역사회관리 척도를 개발하기 위하여 선행연구를 토대로 점검하여야 하는 문항을 선정하고 탐색적 요인분석을 실시하였다. 탐색적으로 개발된 항목들은 실천현장에 적용시키기에는 실증적인 타당도와 신뢰도가 충분하다고 볼 수 없다. 이에 본 연구에서는 지역사회관리 척도에 부합하지 않는다고 판단된 항목을 제거하는 과정을 거쳐 최종 1개 영역의 8개 문항으로 구성된 예비척도를 개발하였다. 즉, 여러 변수들 내부에 존재하는 잠재 구조를 발견하기 위하여 탐색적 요인분석을 통해 요인구조를 개발하였으며, 탐색된 요인들을 대표성이 있는 언어로 명명한 후 개발된 요인구조의 경험적 타당도를 확보하기 위하여 모형을 수립하고 확인적 요인분석을 실시하여 모형 적합도의 유의미한 결과를 도출하였다. 결과적으로 원 변수들 간의 복잡한 상관관계를 소수의 요인들의 관계로 재구성하여 공통요인 간의 관계에 의해서 원래 변수들의 성질을 보다 간단한 형태로 재기술하고자 하였다. 공통요인으로 묶이지 않는 중요도가 낮은 변수를 제거하였고, 동일 요인으로 묶인 항목들이 공통성이 있는지와 공통 개념을 측정하지 않는 설문 문항을 제거하는 확인적 요인분석 및 측정도구의 타당도 분석을 실시하였다. 그 결과, 〈표 9-110〉과 같이 사회복지관 지역사회관리척도는 1개 요인 총 7개의 측정문항으로 결론을 도출하였다.

〈표 9-110〉 지역사회관리 척도의 최종 문항

요인	문항번호	질문문항	문항수
지역사회 관리	1	우리 복지관은 변화하는 지역사회 욕구에 대해 조사를 하고 있다.	7
	2	우리 복지관은 지역 노인들에게 제공되는 지역기관들의 서비스 실태를 정확하게 파악하고 있다.	
	3	우리 복지관은 지자체, 공공기관의 최신 노인통계를 반영하여 사업을 계획한다.	
	4	우리 복지관은 노인인구의 증감 및 노인관련 각종 인구통계를 자료를 수시로 점검한다.	
	5	우리 복지관은 유관기관의 복지관련 계획(보건복지백서, 보건복지통계연감, 지역사회보장계획, 보건의료계획 등)의 자료를 비치하고 활용한다.	
	6	우리 복지관은 최근에 지역사회에서 제기되고 있는 이슈나 특정 상황을 잘 알고 있다.	
	7	우리 복지관은 변화하는 지역사회문제를 주기적으로 조사하고 분석하고 있다.	

탐색적 요인분석과 확인적 요인분석의 과정, 타당도 검증을 통하여 지역사회관리 척도의 개발단계는 〈표 9-111〉과 같다. 지역사회관리 척도 예비문항은 총 8개 문항이었으며, 탐색적 요인분석을 실시한 결과, 제거되는 문항은 없는 것으로 나타났다. 8개의 문항을 바탕으로 확인적 요인분석을 실시한 결과, 1개 문항이 제거되었다. 최종적으로 지역사회관리 척도는 7개 문항으로 구성되었으며, 1개의 요인으로 구분되었다.

〈표 9-111〉 지역사회관리 척도 개발단계

구분	예비문항	탐색적 요인분석	확인적 요인분석	최종 문항
척도문항	8개 문항	8개 문항	8개 문항	7개 문항
제거 문항수	-	-	1개 제거	
요인 수	3	1	1	1

5 최종 지역사회관리 척도 소개

척도명	지역사회관리 척도	대상	직원
척도소개	• 사회복지관 조직 성과관리를 측정하는 과정영역의 지역사회관리에 대한 직원들의 인식 정도를 파악하는 척도 • 직원들의 지역사회관리를 인식할 수 있는 능력과 노력의 정도를 측정		
채점방법 및 해석	• 7점 척도, 총 7문항으로 구성 • 합산한 점수가 높을수록 지역사회에 대한 관리가 잘 이루어지고 있다고 해석		
원척도출처	• 자체 개발		
신뢰도	• 지역사회관리 Cronbach 알파계수 .958로 7개 문항에 대한 신뢰도가 확보되었음.		
타당도	• 수렴타당도: 수렴신뢰도 값이 0.7 이상이면 수렴타당도가 있는 것으로 해석. 본 척도의 수렴신뢰도는 .937로 나타났으며, 값이 0.7 이상으로 나타났기 때문에 수렴타당도가 확보되었음. • 판별타당도: 판별타당도를 평가하기 위해서는 변수 간 상관계수를 살펴보아야 하나 본 연구에서는 상관될 수 있는 변수가 존재하지 않아 판별타당성은 확보되었음.		

제10장

성과관리 결과영역의 척도 개발 및 타당도

제1절 서비스품질관리 척도의 타당도

1 서비스품질관리 척도의 활용과 측정대상

사회복지관에서 제공하는 서비스의 품질은 서비스이용자들의 욕구를 충족시킬 수 있는 능력이나 이용자의 입장에서 이용자가 원하고 필요한 것이라고 정의할 수 있으며 서비스품질관리는 결국 이용자가 원하고 필요로 하는 서비스가 제공되고 있는가를 관리의 최우선 목적으로 두는 것이라고 할 수 있다. 이를 위해 관리자의 측면에서 서비스품질관리의 핵심은 바로 이용자가 원하는 또는 필요로 하는 서비스를 제공하기 위해 사업을 지속적으로 개선(향상)하는 것이라고 할 수 있다. 필요로 하는 서비스를 제공하기 위해 지속적으로 서비스의 품질을 개선하는 것은 결국 사업전개의 과정에서 발생할 수 있는 부족이나 어려움을 수정하고 개선하는 것을 목적으로 하는 성과관리와 밀접한 연관이 있다고 할 수 있다. 결국 성과관리는 성과를 구성하는 한 영역으로서 사회복지조직이 제공하는 서비스의 품질관리를 통해서 이루어진다고 할 수 있다. 결론적으로 품질 보증은 품질개선(질의 향상)을 추구하며 품질개선이 지속적으로 이루어지도록 하는 것이 성과관리적 측면에서 품질을 측정하는 이유라고 할 수 있다. 결론적으로 서비스품질관리는 사회복지기관이 제공하는 서비스의 품질을 일정 수준 이상으로 유지 · 보존하고 향상시키기 위해 노력하는 것을 의미하며 품질관리의 노력 여부를 스스로 측정할 수 있는 자체적인 측정도구가 필요하다.

서비스품질관리 척도는 사회복지관에서 근무하는 직원들이 인식하는 사회복지관에서 제공하는 서비스에 대한 전반적인 품질의 인식을 측정하는 척도로서 서비스제공자 관점에서 서비스를 측정하는 제공자 관점의 척도이다. 서비스척도를 서비스제공자 관점에서 측정하는 이유는 서비스를 제공하는 제공자들(직원들)이 서비스의 내용 등 서비스에 대한 전반적인 정보를 잘 알고 있어 조직관리적 차원에서 유용하게 활용할 수 있다는 점에 기인한다. 사회복지관의 서비스품질척도에서는 서비스품질을 인간봉사조직과 비영리조직에서 제공하는 서비스라는 특성으로 이해하고 해석하여 서비스품질을 공감성, 유형성, 응답성, 신뢰성, 권리성, 확신성, 협력성, 접근성 등 총 8개 영역에서 측정한다.

사회복지관의 성과를 구성하는 결과영역 중 서비스품질관리에 대한 직원들의 인식 정도나 품질유지 및 개선을 위한 노력의 정도를 측정하는 측정대상자는 사회복지관에서 근무하는 (과장급)중간관리자 이하 전 직원이 된다.

2 서비스품질관리 척도 개발과정

선행연구를 통해 개발된 서비스품질 예비척도는 액면타당도를 검증받은 8개 품질영역의 36개 문항으로 구성되어 있었다. 개발된 예비척도를 대상으로 학계 및 현장전문가들을 대상으로 두 차례에 걸쳐 초점집단면접을 수행하여 예비척도에 대한 내용타당도를 점검하였고 일부 항목에 대한 수정 및 보완 과정을 거쳤다. 1차 학계전문가(노인복지전공 및 관련교수 5명) 면접에서는 문항의 불일치 및 부적절성으로 3개의 문항이 삭제되었고 8개의 문항에 대한 수정이 이루어졌으며 2차 현장전문가(사회복지관장 3명과 부장 4명) 면접에서도 문항의 불일치, 모호성, 부적절성을 지적받아 3개의 문항이 삭제되고 일부 문항이 수정되었다.

두 차례에 걸친 전문가들을 대상으로 하는 초점집단면접을 통해 수정 및 보완되어 내용타당도가 향상된 8개 영역의 최종 30개 문항의 척도가 개발되었다. 즉, 사회복지관 직원들이 인식하는 서비스품질의 정도를 측정하는 서비스품질관리 1차 예비척도는 서비스품질을 총 8개로 구성된 요소(유형성, 신뢰성, 응답성, 확신성, 협력성, 공감성, 접근성, 권리성)로 보며, 요소별로 유형성 4문항, 신뢰성 5문항, 응답성 4문항, 확신성 3문항, 공감성 4문항, 접근성 2문항, 협력성 4문항, 권리성 4문항 등 총 30개의 문항으로 구성되어 있다. 개발된 서비스품질관리 1차 예비척도는 〈표 10-1〉과 같다.

〈표 10-1〉 서비스품질관리 1차 예비척도

서비스품질관리 측정내용		
유형성	1.	우리 복지관의 장비(주방시설, 체육시설, 교육시설, 물리치료기구 등)는 잘 관리되고 있으며 현대적으로 보인다.
	2.	우리 복지관은 내·외부적으로 깨끗하고 깔끔한 분위기다.
	3.	우리 복지관의 강사들과 직원들은 밝고 용모가 단정하다.
	4.	우리 복지관은 어르신을 위한 편의시설(휴식공간, 승강기, 산책공간 등)을 가지고 있다.
신뢰성	5.	정해진 시간에 무엇인가를 하기로 약속을 했을 때 우리 복지관은 그것을 수행한다.
	6.	이용자들에게 문제가 발생하였을 때 강사들과 직원들은 공감을 해 주며 위안을 준다.
	7.	우리 복지관의 서비스는 믿을 만하다.
	8.	우리 복지관은 서비스를 제공하기로 약속한 시간에 서비스를 제공한다.
	9.	우리 복지관은 서비스관련 기록들을 정확하게 보관하고 있다.
응답성	10.	직원들은 이용자들에게 서비스가 제공될 시간을 정확하게 알려 준다.
	11.	직원들은 이용자들을 항상 도울 의지가 있다.
	12.	직원들은 이용자들의 요구에 신속하게 대응한다.
	13.	서비스는 이용자들의 상태나 의사를 반영하여 제공된다.
확신성	14.	직원들은 충분한 업무지식 및 기술을 갖추고 있다.
	15.	이용자들은 직원들과 교류하면서 안전함을 느끼는 것 같다.
	16.	직원들은 예의가 있고 친절하다.
공감성	17.	직원들은 이용자들에게 개별적 관심을 가지고 있다.
	18.	직원들은 우리가 무엇을 원하는지를 잘 알고 있다.
	19.	직원들은 이용자들의 심신상태를 잘 파악하고 있다.
	20.	우리 복지관에서 제공되는 서비스는 이용자들에게 편리한 시간에 제공된다.
접근성	21.	우리 복지관은 이용자나 이용자 가족이 접근하기에 용이한 곳에 위치하고 있다.
	22.	우리 복지관 교육의 홍보물과 자료집, 서비스 안내문은 쉽게 접할 수 있다.

권리성	23.	이용자들은 언제나 서비스를 거절 및 중지시킬 수 있다.
	24.	우리 복지관은 이용자들의 사생활과 자존심을 존중한다.
	25.	우리 복지관은 이용자들에게 서비스에 대한 정보(제공시간, 빈도, 기간)를 설명하고 동의를 얻는다.
	26.	직원들은 모든 이용자들을 차별 없이 대한다.
협력성	27.	우리 복지관에는 자원봉사자가 자주 찾아온다.
	28.	우리 복지관은 어르신이 위급 시 연락할 수 있는 가족 및 기타 긴급연락처를 파악하고 있다.
	29.	우리 복지관의 직원들은 서로 도와주고 잘 지낸다.
	30.	우리 복지관은 공공기관을 포함한 다른 노인복지기관이나 시설 및 단체 그리고 사회서비스 제공기관들과 협력하여 사업이나 서비스를 제공하고 있다.

3 자료분석방법

사회복지관에 맞게 수정된 서비스품질관리 1차 예비척도의 타당도를 검증하기 위하여 사업의 성격에 맞게 기존 질문항목에 대한 약간의 수정 및 보완 과정을 거쳐 도출된 8개 영역의 30개 질문항목으로 구성된 서비스품질관리 1차 예비척도에 대해서 탐색적 과정을 생략한 채 확인적 요인분석의 방법만을 거치도록 한다. 자료분석과정은 비전관리 척도 분석과정과 동일하다.

4 서비스품질관리 척도 검증

1) 상관관계분석

8개의 요인 간의 상관관계분석의 결과는 〈표 10-2〉와 같다. 먼저, 요인별 기술통계분석을 살펴보면 유형성의 평균은 6.24, 표준편차는 .78, 신뢰성의 평균은 6.20, 표준편차는 .80, 응답성의 평균은 6.28, 표준편차는 .78, 확신성의 평균은 6.19, 표준편차는 .79, 공감성의 평균은 5.91, 표준편차는 .82, 접근성의 평균은 5.85, 표준편차는 1.08,

〈표 10-2〉 서비스품질관리 척도 예비문항 상관관계분석 결과 (N=1,077)

변수	평균 (M)	표준편차 (SD)	유형성	신뢰성	응답성	확신성	공감성	접근성	권리성	협력성
유형성	6.24	.78	1							
신뢰성	6.20	.80	.771**	1						
응답성	6.28	.78	.720**	.893**	1					
확신성	6.19	.79	.686**	.843**	.875**	1				
공감성	5.91	.82	.639**	.750**	.734**	.781**	1			
접근성	5.85	1.08	.527**	.575**	.538**	.572**	.609**	1		
권리성	6.24	.78	.605**	.767**	.772**	.736**	.703**	.570**	1	
협력성	6.14	.80	.656**	.783**	.768**	.774**	.740**	.619**	.788**	1

**$p < .01$

권리성의 평균은 6.24, 표준편차는 .78, 마지막으로 협력성의 평균은 6.14, 표준편차는 .80으로 나타났다. 상관관계분석 결과, 서비스품질관리척도 예비문항의 8개 요인 사이에는 통계적으로 유의한 것($p < .01$)으로 나타났다. 세부적으로 살펴보면 신뢰성과 유형성은 .771, 응답성과 유형성은 .720, 응답성과 신뢰성은 .893, 확신성과 유형성은 .686, 확신성과 신뢰성은 .843, 확신성과 응답성은 .875, 공감성과 유형성은 .639, 공감성과 신뢰성은 .750, 공감성과 응답성은 .734, 공감성과 확신성은 .781, 접근성과 유형성은 .527, 접근성과 신뢰성은 .575, 접근성과 응답성은 .538, 접근성과 확신성은 .572, 접근성과 공감성은 .609, 권리성과 유형성은 .605, 권리성과 신뢰성은 .767, 권리성과 응답성은 .772, 권리성과 확신성은 .736, 권리성과 공감성은 .703, 권리성과 접근성은 .570, 협력성과 유형성은 .656, 협력성과 신뢰성은 .783, 협력성과 응답성은 .768, 협력성과 확신성은 .774, 협력성과 공감성은 .740, 협력성과 접근성은 .619, 협력성과 권리성은 .788로 상관관계가 나타났다.

2) 신뢰도 분석

8개 요인 30문항에 대하여 내적 일치도를 검증하기 위해 신뢰도 분석을 실시하였으며, 그 결과는 〈표 10-3〉과 같다. 유형성의 Cronbach 알파계수는 .874, 신뢰성의 Cronbach

알파계수는 .957, 응답성의 Cronbach 알파계수는 .952, 확신성의 Cronbach 알파계수는 .910, 공감성의 Cronbach 알파계수는 .925, 접근성의 Cronbach 알파계수는 .758, 권리성의 Cronbach 알파계수는 .903, 협력성의 Cronbach 알파계수는 .849로 나타났다. 일반적으로 Cronbach 알파계수가 .60 이상이면 신뢰도가 확보되었다고 본다. 따라서 8개 요인 30개 문항에 대한 신뢰도가 확보되었다.

〈표 10-3〉 서비스품질관리 척도 예비문항 신뢰도 분석결과 (N=1,077)

요인	문항번호	Cronbach 알파계수		문항수
		요인별	전체	
유형성	Q1	.844	.874	4
	Q2	.799		
	Q3	.844		
	Q4	.865		
신뢰성	Q5	.948	.957	5
	Q6	.949		
	Q7	.943		
	Q8	.942		
	Q9	.951		
응답성	Q10	.954	.952	4
	Q11	.931		
	Q12	.929		
	Q13	.933		
확신성	Q14	.871	.910	3
	Q15	.850		
	Q16	.890		
공감성	Q17	.907	.925	4
	Q18	.886		
	Q19	.892		
	Q20	.924		

접근성	Q21		.758	2
	Q22			
권리성	Q23	.921	.903	4
	Q24	.848		
	Q25	.857		
	Q26	.876		
협력성	Q27	.847	.849	4
	Q28	.816		
	Q29	.795		
	Q30	.778		

3) 확인적 요인분석

탐색적 요인분석 결과, 추출된 서비스품질관리 척도 예비문항에 대하여 요인구조의 타당도를 확보하기 위해 AMOS 21.0 통계프로그램을 활용하여 확인적 요인분석을 실시하였다. 확인적 요인분석은 자료의 타당도를 증명하는 데 이용되며, 탐색적 요인분석의 결과는 확인적 요인분석에 의해 검증됨으로써 보다 신뢰할 수 있는 결론에 도달할 수 있다. 일반적으로 연구모형에 이용되는 변수들은 대부분 다항목으로 측정하기 때문에 단일차원성을 확보하는 것이 중요하다. 확인적 요인분석은 단일차원성을 확보하는 것이 목적이며, 해당 요인을 측정하는 문항들을 각 요인에만 적재되도록 사전에 지정하는 분석방법이다. [그림 10-1]은 구조방정식 모형을 이용하여 분석한 최종 모형을 나타낸 것이다.

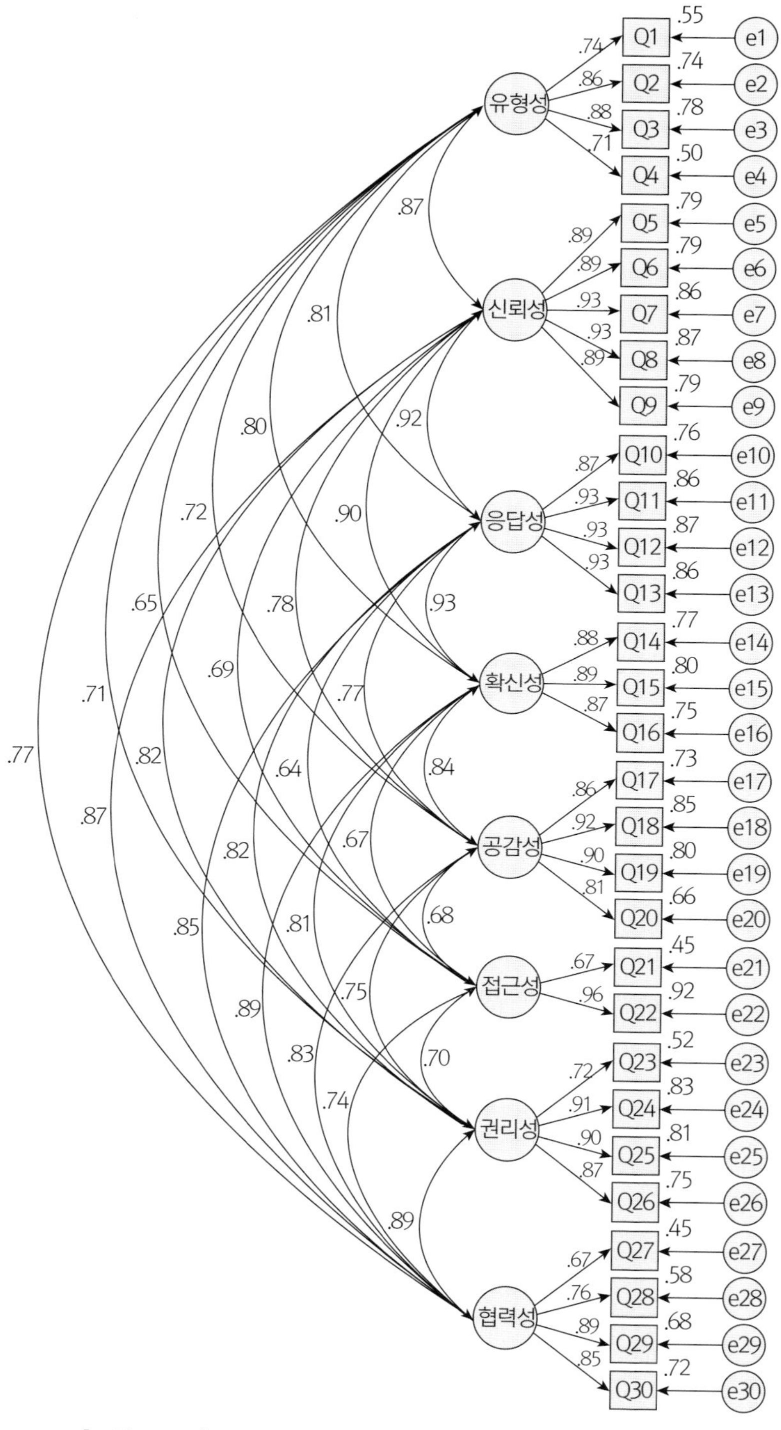

[그림 10-1] 서비스품질관리 척도 확인적 요인분석 모형

〈표 10-4〉 서비스품질관리 척도 모형 적합도 (N=1,077)

절대적합지수	$\chi^2(df)$	2155.557(377) (p=.000)
	GFI	.876
	RMSEA	.066
	RMR	.032
증분적합지수	IFI	.949
	TLI	.941
	CFI	.949
간명적합지수	PNFI	.813
	PCFI	.822
	AGFI	.847

8개의 요인 30개 문항을 대상으로 확인적 요인분석을 실시한 결과, 〈표 10-4〉와 같다. 30개의 문항에서 설명력이 낮은 문항은 없는 것으로 나타났으며, 최종적으로 30개 문항을 이용하여 확인적 요인분석을 실시하였다. 절대적합지수는 χ^2=2155.557(df=.377), p=.000, GFI=.876, RMSEA=.066, RMR=.032로 나타났다. 절대적합지수를 살펴본 결과, χ^2검증과 RMSEA, GFI, RMR 값이 모두 적합한 수준으로 나타났다. RMSEA는 .08보다 적어야 하고, RMR은 .05보다 적어야 하고, GFI는 1에 가까울수록 적합도는 좋은 것으로 해석할 수 있다(Browne & Cudeck, 1992).

증분적합지수는 IFI=.949, TLI=.941, CFI=.949로, .90 이상으로 나타났기 때문에 전반적으로 모형 적합도가 적합하게 나타났다. 간명적합지수는 PNFI=.813, PCFI=.822, AGFI=.847로 나타났다. PNFI, PCFI, AGFI 값이 모두 적합한 수준으로 나타났다. PNFI와 PCFI는 .60보다 높게 나와야 하고, AGFI는 1에 가까울수록 적합도는 좋은 것으로 해석할 수 있다. 모형 적합도를 종합적으로 살펴보았을 때, 측정모형의 적합도는 전반적으로 양호하며, 측정모형이 자료에 잘 부합된다고 해석할 수 있다.

최종 연구모형의 분석결과는 〈표 10-5〉와 같다. 최종 모형에서 측정변수와 요인 사이의 표준화된 회귀계수 및 공분산은 모두 통계적으로 유의하게 나타났다(p<.001). 또한 표준화 회귀계수의 적재치는 모두 .50 이상으로 나타났다.

〈표 10-5〉 서비스품질관리 척도 최종 모형 요인분석 결과 (N=1,077)

			Estimate	S.E.	C.R.	P
Q1	<---	유형성	1.000			
Q2	<---	유형성	.985	.034	28.785	***
Q3	<---	유형성	.865	.029	29.546	***
Q4	<---	유형성	.859	.037	23.153	***
Q5	<---	신뢰성	1.000			
Q6	<---	신뢰성	.972	.022	43.834	***
Q7	<---	신뢰성	.993	.020	48.588	***
Q8	<---	신뢰성	.968	.020	49.381	
Q9	<---	신뢰성	.975	.022	43.774	***
Q10	<---	응답성	1.000			
Q11	<---	응답성	1.026	.022	46.238	***
Q12	<---	응답성	1.096	.023	47.238	***
Q13	<---	응답성	1.021	.022	46.508	***
Q14	<---	확신성	1.000			
Q15	<---	확신성	1.005	.024	42.330	***
Q16	<---	확신성	.971	.025	39.589	***
Q17	<---	공감성	1.000			
Q18	<---	공감성	1.001	.024	42.411	***
Q19	<---	공감성	.982	.024	40.142	***
Q20	<---	공감성	.866	.026	33.838	***
Q21	<---	접근성	1.000			
Q22	<---	접근성	1.029	.048	21.543	***
Q23	<---	권리성	1.000			
Q24	<---	권리성	1.008	.034	29.852	***
Q25	<---	권리성	.996	.034	29.349	***
Q26	<---	권리성	.999	.035	28.324	***
Q27	<---	협력성	1.000			
Q28	<---	협력성	.913	.041	22.423	***

Q29	<---	협력성	.975	.040	24.092	***
Q30	<---	협력성	1.028	.042	24.600	***

***$p<.001$

4) 타당도 검증

(1) 수렴타당도 검증

수렴타당도는 집중타당도라고도 불리며 동일한 개념을 측정하기 위하여 서로 다른 방법으로 측정한 값 사이에 높은 상관관계가 있어야 하는 것을 나타낸다. 본 연구에서는 수렴타당도를 검증하기 위하여 수렴신뢰도(CR) 값을 기준으로 하는 방법을 사용하였다. CR 값은 0.7 이상이면 수렴타당도가 있는 것으로 해석한다(송지준, 2015; 지은구, 김민주, 2015; Anderson & Gerbing, 1998). 본 연구에서 나타난 수렴신뢰도는 유형성 .859, 신뢰성 .967, 응답성 .967, 확신성 .933, 공감성 .939, 접근성 .702, 권리성 .926, 협력성 .863으로 나타났으며, 값이 0.7 이상으로 나타났기 때문에 수렴타당도가 확보되었다.

(2) 판별타당도 검증

판별타당도는 서로 다른 변수들 간에는 측정치에도 분명한 차이가 있어야 한다는 것을 전제로 한다. 즉, 한 변수와 다른 변수 간의 상관관계가 낮아야 판별타당도가 확보되었다고 할 수 있다. 본 연구에서는 판별타당도를 검증하는 기준으로 표준오차추정구간을 사용하였다.

표준오차추정구간식을 활용한 판별타당도는 변수들 간의 상관관계가 낮아야 확보되었다고 할 수 있기 때문에 변수들 간에 동일하다는 가설을 기각할 수 있는지 알아보아야 한다(송지준, 2015; Fornell & Larcker, 1981). 응답성과 확신성의 계수 값은 .934이고 이에 해당하는 표준오차(S.E)는 .027의 값을 나타내었다. 응답성과 확신성의 계수 값은 .934이며, 이에 해당하는 표준오차 .027을 대입하여 계산한 결과 값이 .988, .880 ≠1로 나타났다. 즉, 변수들 간에 동일하다는 가설이 기각되었으므로 판별타당도가 확보되었다.

$$.934 + (2 \times .027) = .988 \neq 1$$

$$.934 - (2 \times .027) = .880 \neq 1$$

최종 모형의 타당도 검증결과는 〈표 10-6〉과 같다.

〈표 10-6〉 서비스품질관리 척도 타당도 검증결과

	유형성	신뢰성	응답성	확신성	공감성	접근성	권리성	협력성
CR	.859	.967	.967	.933	.939	.702	.926	.863
상관계수 ± (2 × 표준오차) = .988, .880 ≠ 1								

확인적 요인분석의 과정, 타당도 검증을 통하여 품질관리척도의 최종 문항은 유형성 4문항, 신뢰성 5문항, 응답성 4문항, 확신성 3문항, 공감성 4문항, 접근성 2문항, 권리성 4문항, 협력성 4문항 등 총 30문항으로 구성되었으며, 최종 문항은 〈표 10-7〉과 같다. 최종 문항을 바탕으로 신뢰도 분석을 실시한 결과, 유형성의 Cronbach 알파계수는 .874, 신뢰성의 Cronbach's α는 .957, 응답성의 Cronbach's α는 .952, 확신성의 Cronbach 알파계수는 .910, 공감성의 Cronbach 알파계수는 .925, 접근성의 Cronbach 알파계수는 .758, 권리성의 Cronbach 알파계수는 .903, 협력성의 Cronbach 알파계수는 .849로 나타났다. 서비스품질관리 척도에서 유형성 4문항, 신뢰성 5문항, 응답성 4문항, 확신성 3문항, 공감성 4문항, 접근성 2문항, 권리성 4문항, 협력성 4문항에 대한 신뢰도가 확보되었다.

〈표 10-7〉 서비스품질관리 척도 최종 문항 (N=1,077)

요인	문항번호	질문문항	문항수
유형성	1	우리 복지관의 장비(주방시설, 체육시설, 교육시설, 물리치료기구 등)는 잘 관리되고 있으며 현대적으로 보인다.	4
	2	우리 복지관은 내·외부적으로 깨끗하고 깔끔한 분위기다.	
	3	우리 복지관의 강사들과 직원들은 밝고 용모가 단정하다.	
	4	우리 복지관은 어르신을 위한 편의시설(휴식공간, 승강기, 산책공간 등)을 가지고 있다.	

신뢰성	5	정해진 시간에 무엇인가를 하기로 약속을 했을 때 우리 복지관은 그것을 수행한다.	5
	6	이용자들에게 문제가 발생하였을 때 강사들과 직원들은 공감을 해 주며 위안을 준다.	
	7	우리 복지관의 서비스는 믿을 만하다.	
	8	우리 복지관은 서비스를 제공하기로 약속한 시간에 서비스를 제공한다.	
	9	우리 복지관은 서비스관련 기록들을 정확하게 보관하고 있다.	
응답성	10	직원들은 이용자들에게 서비스가 제공될 시간을 정확하게 알려 준다.	4
	11	직원들은 이용자들을 항상 도울 의지가 있다.	
	12	직원들은 이용자들의 요구에 신속하게 대응한다.	
	13	서비스는 이용자들의 상태나 의사를 반영하여 제공된다	
확신성	14	직원들은 충분한 업무지식 및 기술을 갖추고 있다.	3
	15	이용자들은 직원들과 교류하면서 안전함을 느끼는 것 같다.	
	16	직원들은 예의가 있고 친절하다.	
공감성	17	직원들은 이용자들에게 개별적 관심을 가지고 있다.	4
	18	직원들은 우리가 무엇을 원하는지를 잘 알고 있다.	
	19	직원들은 이용자들의 심신상태를 잘 파악하고 있다.	
	20	우리 복지관에서 제공되는 서비스는 이용자들에게 편리한 시간에 제공된다.	
접근성	21	우리 복지관은 이용자나 이용자 가족이 접근하기에 용이한 곳에 위치하고 있다.	2
	22	우리 복지관 교육의 홍보물과 자료집, 서비스 안내문은 쉽게 접할 수 있다.	
권리성	23	이용자들은 언제나 서비스를 거절 및 중지시킬 수 있다.	4
	24	우리 복지관은 이용자들의 사생활과 자존심을 존중한다.	
	25	우리 복지관은 이용자들에게 서비스에 대한 정보(제공시간, 빈도, 기간)를 설명하고 동의를 얻는다.	
	26	직원들은 모든 이용자들을 차별 없이 대한다.	

협력성	27	우리 복지관에는 자원봉사자가 자주 찾아온다.	4
	28	우리 복지관은 어르신이 위급 시 연락할 수 있는 가족 및 기타 긴급연락처를 파악하고 있다.	
	29	우리 복지관의 직원들은 서로 도와주고 잘 지낸다.	
	30	우리 복지관은 공공기관을 포함한 다른 노인복지기관이나 시설 및 단체 그리고 사회서비스 제공기관들과 협력하여 사업이나 서비스를 제공하고 있다.	

확인적 요인분석의 과정, 타당도 검증을 통하여 서비스품질관리 척도의 개발단계는 〈표 10-8〉과 같다. 서비스품질관리 척도 예비문항은 총 30개 문항이었으며, 확인적 요인분석을 실시한 결과, 제거되는 문항은 없는 것으로 나타났다. 최종적으로 품질관리척도는 30개 문항으로 구성되었으며, 8개의 요인으로 구분되었다.

〈표 10-8〉 서비스품질관리 척도 개발단계

구분	예비문항	확인적 요인분석	최종 문항
척도문항	30개 문항	30개 문항	30개 문항
제거 문항수	–	–	–
요인 수	8	8	8

5 서비스품질관리 척도 소개

척도명	서비스품질관리 척도	대상	직원
척도소개	• 사회복지관에서 근무하는 직원들이 인식하는 사회복지관에서 제공하는 서비스에 대한 전반적인 품질의 인식을 측정 • 사회복지관의 서비스품질을 공감성, 유형성, 응답성, 신뢰성, 권리성, 확신성, 협력성, 접근성 등 총 8개 영역에서 측정		
채점방법 및 해석	• 7점 척도, 총 30문항으로 구성 • 합산한 점수가 높을수록 서비스품질관리가 잘 이루어지고 있다고 해석		

원척도출처	• Parasuraman, Zeithaml과 Berry(1988)이 개발한 SERVQUAL모델, Cronin과 Taylor(1992)의 SERVPERF모델, 지은구 등(2014; 2015)이 제시한 서비스품질관리 척도를 사회복지관 성과관리를 측정하기 위한 척도로 수정 및 보완하여 자체 개발
신뢰도	• 서비스품질관리의 8개 영역에 대한 신뢰도 확인 결과, 8개 영역의 Cronbach 알파계수는 각각 .874, .957, .952, .910, .925, .758, .903, .849로서 신뢰도는 검증됨.
타당도	• 수렴타당도: 수렴신뢰도 값이 0.7 이상이면 수렴타당도가 있는 것으로 해석하며 본 척도의 잠재요인 신뢰도는 유형성 .859, 신뢰성 .967, 응답성 .967, 확신성 .933, 공감성 .939, 접근성 .702, 권리성 .926, 협력성 .863로 나타나 모든 값이 0.7 이상으로 수렴타당도가 확보됨. • 판별타당도: 표준오차추정구간식을 활용한 판별타당도 계산 결과 값이 .988, .880 ≠ 1로 나타나 변수들 간에 동일하다는 가설이 기각되어 판별타당도는 확보됨.

제2절 효과관리 척도의 타당도

1 효과관리 척도의 활용과 측정대상

효과 또는 효과성은 기대된 또는 설정된 목적이나 목표 대비 성취된 목적이나 목표를 나타내는 지표를 통하여 알 수 있다. 따라서 조직관리 측면에서 조직이 성취하려는 목적의 달성 정도를 관리하는 과정이 곧 효과관리라고 할 수 있으며 일반적으로 목적은 미션과 같은 수준의 용어이므로 효과관리란 조직관리 측면에서 조직이 설정한 미션을 성취하도록 노력하는 과정이라고 정의할 수 있다. 효과는 조직의 성과관리의 결과영역에서 산출과 함께 중요한 부분을 차지하는데 이는 산출이 없으면 결과도 존재하지 않기 때문이다. 사회복지조직의 성과를 결과영역에서 측정하기 위하여 효과를 측정하고 효과의 향상을 위한 노력을 관리하는 효과관리는 무엇보다도 중요한 사회복지관 결과영역의 성과관리요소라고 할 수 있다.

사회복지관의 미션성취에 대한 효과는 복지관에서 제공하는 다양한 사업과 프로그램 등을 통해서 입증되는 것이므로 효과관리를 위해 측정되어야 하는 주된 대상은 사업과 프로그램의 효과이다. 사업이나 프로그램은 교육이나 상담과 같은 서비스를 제공하고 효과는 서비스를 이용하는 이용자들의 변화에서 측정되는 것이므로 이용자들에게서 나타나는 효과 역시 효과측정의 대상이다. 이용자들의 변화는 가족과 주변 사람들에게 그리고 나아가 지역사회에도 영향을 가져다주므로 효과측정의 대상은 또한 이용자들의 가족을 포함하는 지역사회구성원(지역주민들)과 지역사회도 포함하게 된다. 결국 효과관리 척도는 사회복지관 사업의 효과성을 측정하는 척도로서 프로그램의 효과와 이용자효과 그리고 가족 및 지역사회에 대한 효과가 측정을 구성하는 요소가 된다.

사회복지관의 성과를 구성하는 결과영역 중 프로그램에 대한 효과 및 이용자 그리고 이용자 가족 및 지역사회에 대한 복지관 사업의 영향력 또는 효과의 측정은 조직관리 측면에서 내부적 관점을 통해 측정된다. 즉, 사회복지관의 효과관리에 대한 직원들의 인식이나 노력의 정도를 측정하는 측정대상자는 사회복지관에서 근무하는 (과장급) 중간관리자 이하 전 직원이 된다.

2 효과관리 척도 개발과정

사회복지관의 효과는 사회복지관을 이용하는 이용자와 이용자를 둘러싼 가족 및 지역사회환경과의 관계를 제공하는 사업이나 프로그램과 연관하여 효과성을 측정하는 영역이지만 기존에 개발된 척도가 존재하지 않아 자체 개발하여 활용하였다. 척도 개발을 위해 사회복지관의 효과는 프로그램에 대한 효과와 이용자효과 그리고 가족 및 지역사회에 대한 효과를 관리하는 영역으로 규정하고 대표적인 측정질문항목은 앞의 세 영역에 근거하여 도출하였다. 성과관리 결과영역의 효과관리 척도 개발을 위해 효과관리는 이용자효과, 프로그램효과 그리고 지역사회효과로 구성된 개념임을 이미 앞에서 설명하였으며 앞의 세 영역의 관리지침항목으로부터 일차적으로 예비지표를 도출하고 도출된 측정질문에 대한 액면타당도의 점증과정을 거쳐 3개 영역 15개 문항으로 구성된 척도를 도출하였다.

도출된 효과관리 척도의 내용타당도를 검증하기 위하여 두 차례에 걸친 전문가면접을 수행하였다. 1차 학계전문가(노인복지전공 및 관련교수 5명) 면접에서는 문장의 불일

〈표 10-9〉 효과관리 1차 예비척도

효과관리 측정내용		
프로그램 효과	1.	우리 복지관은 프로그램의 효과를 입증하기 위해 논리모델에 입각하여 프로그램의 과정을 단계별로 명확하게 제시하고 있다.
	2.	우리 복지관의 모든 프로그램의 결과목표는 성취여부를 판단할 수 있도록 측정 가능하게 설정되어 있다.
	3.	우리 복지관의 프로그램은 산출과 결과를 명확히 구분하고 있다.
	4.	우리 복지관의 프로그램이 성취하려는 목표는 결과목표와 과정목표로 구분되어 기술되어 있다.
이용자 효과	5.	우리 복지관은 이용자들의 생활상의 변화(기능, 태도, 인식, 생각, 감정 등의 변화)를 측정할 수 있는 측정도구인 척도나 지수를 활용하고 있다.
	6.	우리 복지관은 이용자들의 변화의 정도가 프로그램 종료 후 또는 개시 전과 종료 후의 자료를 바탕으로 비교분석된다.
	7.	우리 복지관 프로그램에서 제공되는 서비스의 양과 질은 이용자들의 욕구가 해결될 정도로 적절하다.
	8.	나는 우리 복지관의 서비스가 이용자들에 생활상의 변화(기능, 태도, 인식, 생각, 감정 등의 변화)를 가져다줄 것이라고 확신한다.
가족 및 지역사회 효과	9.	우리 복지관의 모든 사업과 프로그램에는 이용자의 가족 및 지역사회에 미치는 영향에 대한 결과(성과)목표나 기대결과에 대한 진술이 포함되어 있다.
	10.	우리 복지관의 프로그램은 기관을 이용하는 이용자 가족 그리고 지역사회 주민에 대한 복지관이 제공하는 각종 사업에 대한 인식, 생각, 태도 등의 변화를 측정할 수 있도록 세부목표를 설정하고 있다(사업의 부수효과).
	11.	우리 복지관의 프로그램은 복지관이 제공하는 각종 사업에 대해 기관을 이용하는 이용자 가족, 그리고 지역사회주민들의 인식이나 생각 등을 측정할 수 있는 척도나 지수 등을 활용한다.
	12.	우리 복지관은 기관을 이용하는 이용자 가족, 지역사회주민 그리고 전체 지역사회에 복지관의 사업이나 프로그램의 효과를 알리기 위해 노력하고 있다.
	13.	우리 복지관은 사업계획서 작성 시 사업에 참여하는 이용자들의 가족이나 지역사회에 미치는 사업의 효과에 대해 고려한다.

치 및 모호성 등의 지적으로 2개의 문항이 삭제되었고 3개의 문항에 대한 수정이 이루어졌으며 2차 현장전문가(사회복지관장 3명과 부장 4명) 면접에서도 일부 문항이 수정되어 최종 3개 영역의 총 13개 문항으로 구성된 효과관리 1차 예비척도가 개발되었다. 개발된 1차 평가관리 예비척도는 〈표 10-9〉와 같다.

③ 자료분석방법

총 3개 영역의 측정요소별로 구성된 사회복지관 효과관리 1차 예비척도의 질문항목은 3개 영역의 총 13개 문항이며 리커트 7점 척도로 구성되어 있다. 사회복지관 성과를 구성하는 결과영역의 효과관리 척도를 개발하고 타당도를 검증하기 위하여 자료분석은 SPSS 20.0 그리고 AMOS 21.0 통계프로그램을 사용하였다. 자료분석과정은 비전관리 척도 분석과정과 동일하다.

④ 효과관리 척도 검증

1) 탐색적 요인분석

확정된 효과관리 척도 예비문항의 적절성을 평가하기 위하여 SPSS 21.0 통계프로그램을 활용하여 탐색적 요인분석을 실시하였다. 본 연구에서 수집된 자료가 요인분석에 적합한지 여부를 판단하기 위하여 통계적 과정으로 KMO 측정도구와 Bartlett의 구형성 검정을 실시하였으며, 결과는 〈표 10-10〉과 같다. KMO는 변수들 간의 상관관계가 다른 변수에 의해 잘 설명되는 정도를 나타내는 값으로, 값이 적으면 요인분석을 위한 변수의 선정이 좋지 못함을 나타내는 것이다. 일반적으로 KMO값이 .90 이상이면 상당히 좋은 것으로 판단하고, .80~.89면 꽤 좋은 편, .50 이하이면 받아들일 수 없는 것으로 판단한다(송지준, 2015).

KMO 값은 .958로 상당히 좋은 것으로 나타났다. 요인분석 모형의 적합성 여부를 나타내는 Bartlett의 구형성 검정의 결과는 통계적으로 유의한 것으로($\chi^2=17573.329$, $df=78$, $p=.000$) 나타났는데 이는 수집된 자료가 요인분석 모형으로 적합하다는 것을 보여 주는 것이다. 즉, 확정된 예비문항은 요인분석의 사용이 적합하며 공통요인이 존재한다고 결론 내릴 수 있다.

〈표 10-10〉 효과관리 척도 KMO 및 Bartlett 검정 결과

항목		값
KMO 표본 적합도		.958
Bartlett의 구형성 검정	근사 카이제곱	17573.329
	df	78
	유의확률	.000

다음으로 베리맥스 요인회전 결과, 총 13문항 중 공통성이 .40 이하인 문항은 없는 것으로 나타났다. 이에 최종적으로 1개의 요인, 총 13문항이 추출되었다. 최종 추출된 예비문항을 이용해 탐색적 요인분석을 실시한 결과는 〈표 10-11〉과 같다. 분석의 결과, 1개의 요인 모두 요인적재치 .40 이상, 공통성 .40 이상, 고유값 1 이상으로 나타났다. 총 누적분산 설명력은 76.860%로 나타났다.

〈표 10-11〉 효과관리 척도 탐색적 요인분석 결과 (N=1,076)

요인	문항번호	공통성	고유값	분산 설명력	문항수
1요인 (프로그램 및 이용자효과)	Q1	.736	9.992	76.860	13
	Q2	.794			
	Q3	.787			
	Q4	.790			
	Q5	.770			
	Q6	.801			
	Q7	.781			
	Q8	.736			
	Q9	.790			
	Q10	.760			
	Q11	.759			
	Q12	.724			
	Q13	.764			

탐색적 요인분석의 결과, 내용타당도가 검증된 효과관리 1차 예비척도의 영역이 3개의 영역(요인)에서 1개의 영역(요인)으로 조정되었다. 즉, 효과관리영역의 프로그램 효과, 이용자효과 지역사회효과의 3개 요인이 1개 요인으로 수렴되었는데 이는 프로그램의 효과가 이용자, 이용자 가족 그리고 나아가 지역사회에 대한 효과를 포함하는 프로그램의 직간접적인 효과로 나타남을 의미하는 것으로 해석할 수 있다. 탐색적 요인분석의 결과를 토대로 효과관리요소는 단일 구성요소인 프로그램 및 이용자효과요소로 명명하도록 한다.

2) 신뢰도 분석

탐색적 요인분석 결과, 추출된 1개 요인 13문항에 대하여 내적 일치도를 검증하기 위해 신뢰도 분석을 실시하였으며, 그 결과는 〈표 10-12〉와 같다. 1요인의 Cronbach 알파계수는 .975로 나타났다. 일반적으로 Cronbach 알파계수가 .60 이상이면 신뢰도

〈표 10-12〉 효과관리 척도 예비문항 신뢰도 분석결과 (N=1,076)

요인	문항번호	Cronbach 알파계수		문항수
		요인별	전체	
1요인 (프로그램 및 이용자효과)	Q1	.973	.975	13
	Q2	.972		
	Q3	.972		
	Q4	.972		
	Q5	.972		
	Q6	.972		
	Q7	.972		
	Q8	.973		
	Q9	.972		
	Q10	.973		
	Q11	.973		
	Q12	.973		
	Q13	.973		

가 확보되었다고 본다. 따라서 탐색적 요인분석 결과, 추출된 1개의 요인 13개 문항에 대한 신뢰도가 확보되었다.

3) 확인적 요인분석

탐색적 요인분석 결과, 추출된 효과관리척도 예비문항에 대하여 요인구조의 타당도를 확보하기 위해 AMOS 21.0 통계프로그램을 활용하여 확인적 요인분석을 실시하였다. 확인적 요인분석은 자료의 타당도를 증명하는 데 이용되며, 탐색적 요인분석의 결과는 확인적 요인분석에 의해 검증됨으로써 보다 신뢰할 수 있는 결론에 도달할 수 있다. 일반적으로 연구모형에 이용되는 변수들은 대부분 다항목으로 측정하기 때문에 단일차원성을 확보하는 것이 중요하다. 확인적 요인분석은 단일차원성을 확보하는 것이 목적이며, 해당 요인을 측정하는 문항들을 각 요인에만 적재되도록 사전에 지정하는 분석방법이다. [그림 10-2]는 구조방정식 모형을 이용하여 분석한 최종 모형을 나타낸 것이다.

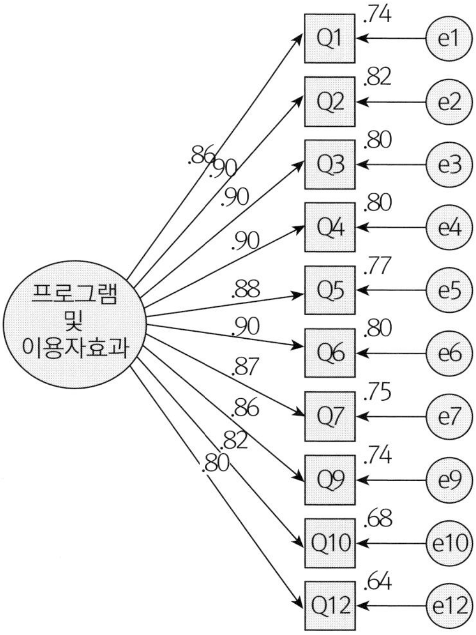

[그림 10-2] 효과관리 척도 확인적 요인분석 모형

〈표 10-13〉 효과관리 척도 모형 적합도 (N=1,076)

절대적합지수	$\chi^2(df)$	806.341(35) (p=.000)
	GFI	.855
	RMR	.039
증분적합지수	IFI	.938
	TLI	.920
	CFI	.938
간명적합지수	PNFI	.727
	PCFI	.729
	AGFI	.773

탐색적 요인분석 결과, 추출된 1개의 요인 13개 문항을 대상으로 확인적 요인분석을 실시하여 〈표 10-13〉과 같은 결과를 얻었다. 13개의 문항에서 설명력이 낮은 3개 문항(1요인: Q8, Q11, Q13)을 제거한 후 최종적으로 10개 문항을 이용하여 확인적 요인분석을 실시하였다. 절대적합지수는 χ^2=806.341(df=35), p=.000, GFI=.855, RMR=.039로 나타났다. 절대적합지수를 살펴본 결과, χ^2검증과 RMR, GFI 값이 모두 적합한 수준으로 나타났다. RMR은 .05보다 적어야 하고 GFI는 1에 가까울수록 적합도는 좋은 것으로 해석할 수 있다(Browne & Cudeck, 1992).

증분적합지수는 IFI=.938, TLI=.920, CFI=.938로, .90 이상이기 때문에 전반적으로 모형 적합도가 적합하게 나타났다. 간명적합지수는 PNFI=.727, PCFI=.729, AGFI=.773으로 나타났다. PNFI, PCFI, AGFI 값이 모두 적합한 수준으로 나타났다. PNFI와 PCFI는 .60보다 높게 나와야 하고, AGFI는 1에 가까울수록 적합도는 좋은 것으로 해석할 수 있다. 모형 적합도를 종합적으로 살펴보았을 때, 측정모형의 적합도는 전반적으로 양호하며, 측정모형이 자료에 잘 부합된다고 해석할 수 있다.

최종 연구모형의 분석결과는 〈표 10-14〉와 같다. 최종 모형에서 측정변수와 요인 사이의 표준화된 회귀계수 및 공분산은 모두 통계적으로 유의하게 나타났다(p<.001). 또한 표준화 회귀계수의 적재치는 모두 .50 이상으로 나타났다.

〈표 10-14〉 효과관리 척도 최종 모형 요인분석 결과 (N=1,076)

			Estimate	S.E.	C.R.	P
Q1	<---	요인1	1.000			
Q2	<---	요인1	.979	.023	42.655	***
Q3	<---	요인1	.951	.023	41.973	***
Q4	<---	요인1	.978	.023	41.940	***
Q5	<---	요인1	1.025	.025	40.280	***
Q6	<---	요인1	1.000	.024	42.015	***
Q7	<---	요인1	.846	.022	39.055	***
Q9	<---	요인1	.911	.024	38.704	***
Q10	<---	요인1	.912	.026	35.684	***
Q12	<---	요인1	.833	.025	33.735	***

***$p < .001$

4) 타당도 검증

(1) 수렴타당도 검증

수렴타당도는 집중타당도라고도 불리며 동일한 개념을 측정하기 위하여 서로 다른 방법으로 측정한 값 사이에 높은 상관관계가 있어야 하는 것을 나타낸다. 본 연구에서는 수렴타당도를 검증하기 위하여 수렴신뢰도(CR) 값을 기준으로 하는 방법을 사용하였다. CR 값은 0.7 이상이면 수렴타당도가 있는 것으로 해석한다(송지준, 2015; 지은구, 김민주, 2015; Anderson & Gerbing, 1998). 본 연구에서 나타난 수렴신뢰도는 요인1 .959로 나타났으며, 값이 0.7 이상으로 나타났기 때문에 수렴타당도가 확보되었다. 효과관리 척도의 수렴타당도 검증결과는 〈표 10-15〉와 같다.

구성타당도 중 판별타당도를 평가하기 위해서는 변수 간 상관계수를 살펴보아야 하

〈표 10-15〉 효과관리 척도 타당도 검증결과

	요인1
CR	0.959

나 본 효과관리 척도에서는 상관될 수 있는 변수가 존재하지 않아(하나의 요인으로 수렴) 판별타당도를 이미 확보하였다고 볼 수 있다.

탐색적 요인분석과 확인적 요인분석의 과정, 타당도 검증을 통하여 효과관리 척도의 최종문항은 요인1 10문항이며, 최종 문항은 〈표 10-16〉과 같다. 최종 문항을 바탕

〈표 10-16〉 효과관리 척도 최종 문항

(N=1,076)

요인	문항번호	질문문항	문항수
프로그램 및 이용자효과	1	우리 복지관은 프로그램의 효과를 입증하기 위해 논리모델에 입각하여 프로그램의 과정을 단계별로 명확하게 제시하고 있다.	10
	2	우리 복지관의 모든 프로그램의 결과목표는 성취여부를 판단할 수 있도록 측정 가능하게 설정되어 있다.	
	3	우리 복지관의 프로그램은 산출과 결과를 명확히 구분하고 있다.	
	4	우리 복지관의 프로그램이 성취하려는 목표는 결과목표와 과정목표로 구분되어 기술되어 있다.	
	5	우리 복지관은 이용자들의 생활상의 변화(기능, 태도, 인식, 생각, 감정 등의 변화)를 측정할 수 있는 측정도구인 척도나 지수를 활용하고 있다.	
	6	우리 복지관은 이용자들의 변화의 정도가 프로그램 종료 후 또는 개시 전과 종료 후의 자료를 바탕으로 비교분석된다.	
	7	우리 복지관 프로그램에서 제공되는 서비스의 양과 질은 이용자들의 욕구가 해결될 정도로 적절하다.	
	8	우리 복지관의 모든 사업과 프로그램에는 이용자의 가족 및 지역사회에 미치는 영향에 대한 결과(성과)목표나 기대결과에 대한 진술이 포함되어 있다.	
	9	우리 복지관의 프로그램은 기관을 이용하는 이용자 가족 그리고 지역사회주민에 대한 복지관이 제공하는 각종 사업에 대한 인식, 생각, 태도 등의 변화를 측정할 수 있도록 간접적인 목표를 설정하고 있다(사업의 부수효과).	
	10	우리 복지관은 기관을 이용하는 이용자 가족, 지역사회주민 그리고 전체 지역사회에 복지관의 사업이나 프로그램의 효과를 알리기 위해 노력하고 있다.	

으로 신뢰도 분석을 실시한 결과, 요인1의 Cronbach 알파계수=.968로 나타났다. 효과관리 척도 요인1에 10개 문항에 대한 신뢰도가 확보되었다.

탐색적 요인분석과 확인적 요인분석의 과정, 타당도 검증을 통하여 효과관리 척도의 개발단계는 〈표 10-17〉과 같다. 효과관리 척도의 예비문항은 총 13개 문항이었으며, 탐색적 요인분석을 실시한 결과, 제거되는 문항은 없는 것으로 나타났다. 13개의 문항을 바탕으로 확인적 요인분석을 실시한 결과, 3개 문항이 제거되었다. 최종적으로 효과관리 척도는 10개 문항으로 구성되었으며, 1개의 요인으로 구분되었다.

〈표 10-17〉 효과관리 척도 개발단계

구분	예비문항	탐색적 요인분석	확인적 요인분석	최종 문항
척도문항	13개 문항	13개 문항	10개 문항	10개 문항
제거 문항수	–	–	3개 문항	–
요인 수	3	1	1	1

5 최종 효과관리 척도 소개

<table>
<tr><td>척도명</td><td>효과관리 척도</td><td>대상</td><td>직원</td></tr>
<tr><td>척도소개</td><td colspan="3">• 사회복지관 성과관리의 결과영역 중 효과관리에 대한 직원들의 인식을 점검
• 효과관리의 영역은 프로그램의 효과, 이용자에 대한 효과 그리고 가족 및 지역사회에 대한 효과영역으로 구분하여 측정</td></tr>
<tr><td>채점방법 및 해석</td><td colspan="3">• 7점 척도, 총 10문항으로 구성
• 합산한 점수가 높을수록 효과관리가 잘 이루어지고 있다고 해석</td></tr>
<tr><td>원척도출처</td><td colspan="3">• 자체 개발</td></tr>
<tr><td>신뢰도</td><td colspan="3">• 효과관리의 1개의 영역에 대한 신뢰도 확인 결과, Cronbach 알파계수=.975로서 신뢰도는 검증됨</td></tr>
<tr><td>타당도</td><td colspan="3">• 수렴타당도: 수렴신뢰도 값이 0.7 이상이면 수렴타당도가 있는 것으로 해석하며 본 척도의 수렴신뢰도는 요인(영역)1이 .959로 나타나 값이 0.7 이상으로 수렴타당도가 확보됨.
• 판별타당도: 판별타당도를 평가하기 위해서는 변수 간 상관계수를 살펴보아야 하나, 본 효과관리 척도에서는 상관될 수 있는 변수가 존재하지 않아(하나의 요인으로 수렴) 판별타당도를 이미 확보하였다고 볼 수 있음.</td></tr>
</table>

제3절 평가관리 척도의 타당도

1 평가관리 척도의 활용과 측정대상

평가는 원하는 성과가 성취되었는지를 검사하고 판단하기 위한 목적적 과정이므로 평가에 대한 관리, 즉 평가관리는 성과관리의 중요한 하나의 요소가 된다고 할 수 있다. 사회복지관에게 있어서 평가관리는 조직적 실천행동을 개선시키기 위한 그리고 서비스의 제공과 사용에 대한 경험을 개선시키기 위한 기회를 제공한다고 볼 수 있다. 사회복지관의 평가관리는 성과관리의 결과영역을 구성하는 한 요소로서 조직의 가치 실현을 위한 실천행동을 개선시키기 위해 그리고 서비스의 제공과 사용에 대한 경험을 개선시키기 위해 시행되는 조직관리기법이다.

통상 평가는 단위사업이나 프로그램에 대한 평가를 의미한다고 볼 수 있지만 현재 시행되고 있는 사회복지시설에 대한 평가 역시 중요한 조직관리의 영역이라고 할 수 있다. 현실적으로 사회복지관 국고보조금사업에 대한 책임성은 곧 정부 주도가 되는 사회복지시설평가를 통해서만 공개적으로 입증된다고 할 수 있으므로 사회복지관의 사회복지시설평가를 위한 관리는 조직관리를 위한 중요한 관리영역이 될 수 있다. 사회복지조직의 서비스를 개선시키는 것을 목적으로 조직행동을 평가한다는 의미에서 평가와 함께 프로그램평가라는 용어가 자주 사용되어 왔는데, 이는 조직적 차원에서의 사회복지사 개개인들의 실천행동들이 대부분 프로그램을 통해서 실현되기 때문이다. 따라서 기관에서 제공하는 프로그램에 대한 평가는 조직 성과개선 및 관리를 위한 중요한 관리의 영역이다. 또한 직원보상과 직원승진 등의 인력관리적 측면에서 직원평가 역시 평가가 이루어지는 주된 영역이다. 기관은 직원들에 대한 평가를 통해 직원들의 능력을 객관적으로 평가하여 역량을 강화하기 위한 조직적 노력을 기울이게 된다. 직원들에 대한 업무분담의 내용이나 보상체계 등에 대한 조직적 차원에서의 주기적인 평가는 결국 조직이 성취하려는 성과를 유지 · 개선하는 데 있어 매우 중요한 관리영역이다.

따라서 평가관리의 대상은 사회복지관(시설평가)에 대한 평가와 직원들에 대한 평가 그리고 프로그램에 대한 평가로 구분될 수 있다. 즉, 평가관리는 조직이 제공하는 프로그램의 평가관리가 가장 핵심적인 내용을 구성하며 3년마다 이루어지는 사회복지시설에 대한 평가 역시 관리의 필요성이 있고 마지막으로 직원들의 업무수행능력에 대한 평가 역시 조직성과 및 효과성을 향상시키기 위해 필요하다. 따라서 평가관리는 크게 시설평가관리, 직원평가관리 그리고 프로그램 평가관리의 세 부분으로 구성된다. 즉, 평가관리는 직원평가와 단위사업이나 프로그램 그리고 사회복지관을 포함한 사회복지시설평가에 대한 지침과 지표를 관리하기 위해 조직 자체적인 평가척도를 개발하고 적용하여 체계적으로 사회복지관의 평가체계가 확립되고 운영되도록 관리하는 것을 포함한다. 결론적으로 평가관리의 효과적인 운용과 이를 통한 성과개선을 위해서는 조직의 자체적이고 지속적인 평가관리 노력 및 실행 여부를 스스로 측정할 수 있는 자체적인 측정도구가 필요하다.

사회복지관 평과관리 척도는 사회복지관에서 정부에 의해 주기적으로 이루어지는 시설평가에 대한 준비와 노력에 대한 관리의 정도, 프로그램(또는 사업)의 유지 · 관리를 위한 자체적인 평과관리의 노력과 정도 그리고 직원들에 대한 사회복지관의 자체적인 평가노력을 측정하는 척도이다. 사회복지관의 성과를 구성하는 결과영역 중 평가관리에 대한 직원들의 인식 정도나 평가를 위한 준비 등 노력의 정도를 측정하는 측정대상자는 사회복지관에서 근무하는 (과장급)중간관리자 이하 전 직원이 된다.

2 평가관리 척도 개발과정

사회복지관의 평가관리는 복지관에서 이루어지는 다양한 평가준비 및 평가노력을 관리하는 영역으로서 대표적인 측정질문항목은 선행연구를 통하여 시설평가, 직원평가, 프로그램평가의 세 영역에 근거하여 도출되었다. 사회복지관 운영을 위한 성과관리의 한 요소로서 평가관리 척도는 객관적으로 입증된 척도가 존재하지 않으므로 자체 개발하였다. 성과관리 결과영역의 평가관리 척도 개발을 위해 앞의 세 영역의 관리지침항목으로부터 일차적으로 예비지표를 도출하였으며 예비척도는 시설평가관리의 문항, 직원평가관리의 문항 그리고 프로그램 평가관리의 문항 총 20문항으로 구성되어 있었다. 예비척도에 대한 연구자의 액면타당도에 대한 검증과정을 거친 후 이를 토대로 보다 검증된 척도를 확보하기 위하여 2차에 걸친 전문가들을 대상으로 하는 초점집단면접을 통해 내용타당도가 향상된 사회복지관 평가관리 척도를 개발하였다. 1차 학계전문가(노인복지전공 및 관련 교수 5명) 면접에서는 문장의 불일치 및 모호성 등의 지적으로 2개의 문항이 삭제되었고 2개의 문항에 대한 수정이 이루어졌으며 2차 현장전문가(사회복지관장 3명과 부장 4명) 면접에서도 질문의 부적절성을 지적받아 1개의 문항이 삭제되고 일부 문항이 수정되어 최종 3개 영역의 총 17개 문항으로 구성된 평가관리 1차 예비척도가 개발되었다.

사회복지관 평가관리 척도는 사회복지시설평가에 대한 관리, 직원에 대한 평가관리 그리고 프로그램에 대한 평가관리를 중심으로 이루어진다. 사회복지기관시설평가는 다시 평가계획노력, 평가준비과정 그리고 평가서류점검 등의 세 구성요소에서 측정된

〈표 10-18〉 평가관리 1차 예비척도

평가관리 측정내용		
시설평가	1.	우리 복지관은 사회복지시설 평가결과가 복지관 운영에 도움이 되도록 노력하고 있다.
	2.	우리 복지관은 시설평가를 위한 계획에 따라 평가를 준비하고 있다.
	3.	우리 복지관은 시설평가준비를 위해 평가준비팀(T/F팀)이 구성되어 있다.
	4.	시설평가결과는 우리 복지관의 운영계획에 반영된다.
직원평가	5.	우리 복지관은 직원평가를 위한 공정한 지침이 있다.
	6.	우리 복지관은 직원들의 자기계발 노력을 지지한다.
	7.	우리 복지관은 나의 능력을 잘 평가한다고 생각한다.
	8.	나는 나의 직무에 만족한다.
	9.	우리 복지관은 직원 보상 및 승진에 대한 기본계획을 준수한다.
	10.	우리 복지관은 직원들의 직무태도(직무몰입과 직무만족 그리고 이직의사 등)에 대해 정기적으로 조사하여 관리에 활용하고 있다.
	11.	내가 다루는 업무는 나의 전문성과 연관이 깊다.
	12.	내가 다루는 업무의 양은 내가 감당할 수 있는 수준이다.
프로그램 평가	13.	우리 복지관의 모든 프로그램(사업)은 평가계획서에 따라 평가를 시행한다.
	14.	우리 복지관 프로그램평가를 전담하는 평가전담 팀이나 직원이 있다.
	15.	우리 복지관은 사업별, 프로그램별로 정기적으로 평가결과보고서를 작성한다.
	16.	우리 복지관의 프로그램 평가결과는 다음 연도 사업/프로그램에 반영한다.
	17.	우리 복지관은 프로그램평가를 위해 측정도구(척도나 지수)를 적극 활용한다.

다. 직원평가는 직원들이 다루는 업무의 적절성, 직무 자체의 적절성 그리고 업무 또는 직무역량으로 측정되고 마지막으로 프로그램 평가관리는 시설평가를 위한 준비, 평가 노력, 그리고 평가결과의 활용여부에 대한 측정질문항목으로 구성된다. 개발된 평가관리 1차 예비척도는 〈표 10-18〉과 같다.

3 자료분석방법

총 3개 영역의 측정요소별로 구성된 사회복지관 평가관리 1차 예비척도의 질문항목은 총 17개이며 리커트 7점 척도로 구성되어 있다. 사회복지관 성과를 구성하는 결과영역의 평가관리 척도를 개발하고 타당도를 검증하기 위하여 자료분석은 SPSS 20.0 그리고 AMOS 21.0 통계프로그램을 사용하였다. 자료분석과정은 비전관리 척도 분석과정과 동일하다.

4 평가관리 척도 검증

1) 탐색적 요인분석

확정된 평가관리 척도 예비문항의 적절성을 평가하기 위하여 SPSS 21.0 통계프로그램을 활용하여 탐색적 요인분석을 실시하였다. 본 연구에서 수집된 자료가 요인분석에 적합한지 여부를 판단하기 위하여 통계적 과정으로 KMO 측정도구와 Bartlett의 구형성 검정을 실시하였으며, 결과는 〈표 10-19〉와 같다. KMO는 변수들 간의 상관관계가 다른 변수에 의해 잘 설명되는 정도를 나타내는 값으로, 값이 적으면 요인분석을 위한 변수의 선정이 좋지 못함을 나타내는 것이다. 일반적으로 KMO 값이 .90 이상이면 상당히 좋은 것으로 판단하고, .80~.89면 꽤 좋은 편, .50 이하이면 받아들일 수 없는 것으로 판단한다(송지준, 2015).

KMO 값은 .956으로 상당히 좋은 것으로 나타났다. 요인분석 모형의 적합성 여부를 나타내는 Bartlett의 구형성 검정의 결과는 통계적으로 유의한 것으로($\chi^2=15606.291$, $df=136$, $p=.000$) 나타났으며, 이는 수집된 자료가 요인분석 모형으로 적합함을 보여

〈표 10-19〉 평가관리 척도 KMO 및 Bartlett 검정 결과

항목		값
KMO 표본 적합도		.956
Bartlett의 구형성 검정	근사 카이제곱	15606.291
	df	136
	유의확률	.000

준다. 즉, 확정된 예비문항은 요인분석의 사용이 적합하며 공통요인이 존재한다고 결론 내릴 수 있다.

다음으로 요인 간에 독립성을 유지하면서 요인구조가 가장 뚜렷해질 때까지 요인을 회전시키는 직각요인회전 방식인 베리맥스 요인회전 결과, 총 17문항 중 공통성이 .40 이하인 문항은 없는 것으로 나타났다. 이에 최종적으로 2개의 요인 총 17문항이 추출되었다. 최종 추출된 예비문항을 이용해 탐색적 요인분석을 실시한 결과는 〈표 10−20〉과 같다. 분석의 결과, 2개의 요인 모두 요인적재치 .40 이상, 공통성 .40 이상, 고유값 1 이상으로 나타났다. 총 누적분산 설명력은 68.363%로 나타났다.

탐색적 요인분석의 결과, 내용타당도가 검증된 평가관리 척도의 영역이 3개의 영역(요인)에서 2개의 영역(요인)으로 조정되었다. Q14번 문항(우리 복지관은 프로그램평가를 전담하는 평가전담 팀이나 직원이 있다)의 경우 프로그램평가요인에서 직원평가요인으로 이동하였는데 이는 Q14번 문항이 직원평가요인에 해당하는 질문문항으로 더 적합하기 때문인 것으로 예측할 수 있다. 그리고 프로그램평가요인의 대부분의 질문들이 시설평가요인으로 묶인 것은 프로그램평가도 크게 보면 사회복지관이라는 시설에 포함되기 때문인 것이라고 이해될 수 있다. 따라서 1요인은 시설 및 프로그램평가로 그리고 2요인은 직원평가로 새롭게 명명하도록 한다.

〈표 10-20〉 평가관리 척도 탐색적 요인분석 결과 (N=1,058)

요인	문항번호	공통성	고유값	분산 설명력	문항수
1요인 (시설 및 프로그램평가)	Q1	.668	1.320	7.765	8
	Q2	.710			
	Q3	.422			
	Q4	.723			
	Q13	.735			
	Q15	.741			
	Q16	.786			
	Q17	.690			
2요인 (직원평가)	Q5	.674	10.302	60.598	9
	Q6	.683			
	Q7	.788			
	Q8	.711			
	Q9	.773			
	Q10	.765			
	Q11	.656			
	Q12	.638			
	Q14	.459			

2) 상관관계분석

탐색적 요인분석을 통해 추출된 2개의 요인 간의 상관관계분석의 결과는 〈표 10-21〉과 같다. 먼저, 요인별 기술통계분석을 살펴보면 1요인의 평균은 5.94, 표준편차는 .91, 2요인의 평균은 5.65, 표준편차는 1.02로 나타났다. 상관관계분석 결과, 평가관리 척도 예비문항의 2개 요인 사이에는 통계적으로 유의한 것($p < .01$)으로 나타났다. 세부적으로 살펴보면 요인1과 요인2는 .796으로 상관관계가 나타났다.

〈표 10-21〉 평가관리 척도 예비문항 상관관계분석 결과 (N=1,058)

변수	평균(M)	표준편차(SD)	1요인	2요인
1요인	5.94	.91	1	
2요인	5.65	1.02	.796**	1

**p <.01

3) 신뢰도 분석

탐색적 요인분석 결과, 추출된 2개 요인 17문항에 대하여 내적 일치도를 검증하기

〈표 10-22〉 평가관리 척도 예비문항 신뢰도 분석결과 (N=1,058)

요인	문항번호	Cronbach 알파계수		문항수
		요인별	전체	
1요인 (시설 및 프로그램평가)	Q1	.912	.923	8
	Q2	.910		
	Q3	.936		
	Q4	.908		
	Q13	.910		
	Q15	.910		
	Q16	.908		
	Q17	.911		
2요인 (직원평가)	Q5	.925	.933	9
	Q6	.925		
	Q7	.921		
	Q8	.925		
	Q9	.920		
	Q10	.921		
	Q11	.926		
	Q12	.928		
	Q14	.939		

위해 신뢰도 분석을 실시하였으며, 그 결과는 〈표 10-22〉와 같다. 1요인의 Cronbach 알파계수는 .923, 2요인의 Cronbach 알파계수는 .933으로 나타났다. 일반적으로 Cronbach 알파계수가 .60 이상이면 신뢰도가 확보되었다고 본다. 따라서 탐색적 요인분석 결과, 추출된 2개의 요인 17개 문항에 대한 신뢰도가 확보되었다.

4) 확인적 요인분석

탐색적 요인분석 결과, 추출된 평가관리척도 예비문항에 대하여 요인구조의 타당도를 확보하기 위해 AMOS 21.0 통계프로그램을 활용하여 확인적 요인분석을 실시하였다. 확인적 요인분석은 자료의 타당도를 증명하는 데 이용되며, 탐색적 요인분석의 결과는 확인적 요인분석에 의해 검증됨으로써 보다 신뢰할 수 있는 결론에 도달할 수 있다. 일반적으로 연구모형에 이용되는 변수들은 대부분 다항목으로 측정하기 때문에 단일차원성을 확보하는 것이 중요하다. 확인적 요인분석은 단일차원성을 확보하는 것이 목적이며, 해당 요인을 측정하는 문항들을 각 요인에만 적재되도록 사전에 지정하는 분석방법이다. [그림 10-3]은 구조방정식 모형을 이용하여 분석한 최종 모형을 나타낸 것이다.

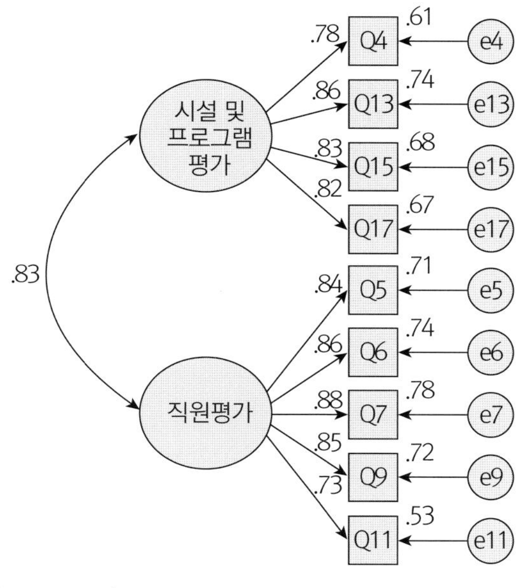

[그림 10-3] 평가관리 척도 확인적 요인분석 모형

〈표 10-23〉 평가관리 척도 모형 적합도 (N=1,058)

절대적합지수	$\chi^2(df)$	184.192(26) (p=.000)
	GFI	.965
	RMSEA	.076
	RMR	.039
증분적합지수	IFI	.978
	TLI	.969
	CFI	.978
간명적합지수	PNFI	.704
	PCFI	.706
	AGFI	.940

탐색적 요인분석 결과, 추출된 2개의 요인 17개 문항을 대상으로 확인적 요인분석을 실시하여 〈표 10-23〉과 같은 결과를 얻었다. 17개의 문항에서 설명력이 낮은 8개 문항(1요인: Q1, Q2, Q3, Q16, 2요인: Q8, Q10, Q12, Q14)을 제거한 후 최종적으로 9개 문항을 이용하여 확인적 요인분석을 실시하였다. 절대적합지수는 χ^2=184.192(df=26), p=.000, GFI=.965, RMSEA=.076, RMR=.039로 나타났다. 절대적합지수를 살펴본 결과, χ^2검증과 RMSEA, GFI, RMR 값이 모두 적합한 수준으로 나타났다. RMSEA는 .08보다 적어야 하고, RMR은 .05보다 적어야 하고, GFI는 1에 가까울수록 적합도는 좋은 것으로 해석할 수 있다(Browne & Cudeck, 1992).

증분적합지수는 IFI=.978, TLI=.969, CFI=.978로, .90 이상이기 때문에 전반적으로 모형 적합도가 적합하게 나타났다. 간명적합지수는 PNFI=.704, PCFI=.706, AGFI=.940으로 나타났다. PNFI, PCFI, AGFI 값이 모두 적합한 수준으로 나타났다. PNFI와 PCFI는 .60보다 높게 나와야 하고, AGFI는 1에 가까울수록 적합도는 좋은 것으로 해석할 수 있다. 모형 적합도를 종합적으로 살펴보았을 때, 측정모형의 적합도는 전반적으로 양호하며, 측정모형이 자료에 잘 부합된다고 해석할 수 있다.

〈표 10-24〉 평가관리 척도 최종 모형 요인분석 결과 (N=1,058)

			Estimate	S.E.	C.R.	P
Q3	<---	요인1	1.000			
Q13	<---	요인1	1.021	.034	30.293	***
Q15	<---	요인1	1.071	.037	28.891	***
Q17	<---	요인1	1.083	.038	28.619	***
Q5	<---	요인2	1.000			
Q6	<---	요인2	.895	.025	35.423	***
Q7	<---	요인2	.939	.026	36.693	***
Q9	<---	요인2	1.035	.030	34.353	
Q11	<---	요인2	.786	.029	27.272	***

***$p < .001$

최종 연구모형의 분석결과는 〈표 10-24〉와 같다. 최종 모형에서 측정변수와 요인 사이의 표준화된 회귀계수 및 공분산은 모두 통계적으로 유의하게 나타났다($p < .001$). 또한 표준화 회귀계수의 적재치는 모두 .50 이상으로 나타났다.

5) 타당도 검증

(1) 수렴타당도 검증

수렴타당도는 집중타당도라고도 불리며 동일한 개념을 측정하기 위하여 서로 다른 방법으로 측정한 값 사이에 높은 상관관계가 있어야 하는 것을 나타낸다. 본 연구에서는 수렴타당도를 검증하기 위하여 수렴신뢰도(convergent reliability: CR) 값을 기준으로 하는 방법을 사용하였다. CR 값은 0.7 이상이면 수렴타당도가 있는 것으로 해석한다(송지준, 2015; 지은구, 김민주, 2015; Anderson & Gerbing, 1998). 본 연구에서 나타난 수렴신뢰도는 요인1 .876, 요인2 .893으로 나타났으며, 값이 0.7 이상으로 나타났기 때문에 수렴타당도가 확보되었다.

(2) 판별타당도 검증

판별타당도는 서로 다른 변수들 간에는 측정치에도 분명한 차이가 있어야 한다는 것을 전제로 한다. 즉, 한 변수와 다른 변수 간의 상관관계가 낮아야 판별타당도가 확보되었다고 할 수 있다. 본 연구에서 판별타당도를 검증하는 기준인 표준오차추정구간을 사용하였다.

표준오차추정구간식을 활용한 판별타당도는 변수들 간의 상관관계가 낮아야 확보되었다고 할 수 있기 때문에 변수들 간에 동일하다는 가설을 기각할 수 있는지 알아보아야 한다(송지준, 2015; Fornell & Larcker, 1981). 요인1과 요인2의 계수 값은 .830이고 이에 해당하는 표준오차(S.E)는 .044의 값을 나타내었다. 요인1과 요인2의 계수 값 .830이며, 이에 해당하는 표준오차 .044를 대입하여 계산한 결과 값이 .918, .742 ≠ 1로 나타났다. 즉, 변수들 간에 동일하다는 가설이 기각되었으므로 판별타당도가 확보되었다.

$$.830 + (2 \times .044) = .918 \neq 1$$
$$.830 - (2 \times .044) = .742 \neq 1$$

최종 모형의 타당도 검증결과는 〈표 10-25〉와 같다.

〈표 10-25〉 평가관리 척도 타당도 검증결과

	요인1	요인2
CR	.876	.893
상관계수 ± (2 × 표준오차) = .918, .742 ≠ 1		

탐색적 요인분석과 확인적 요인분석의 과정, 타당도 검증을 통하여 평가관리 척도의 최종 문항은 요인1 4문항, 요인2 5문항으로 총 9문항이며, 최종 문항은 〈표 10-26〉과 같다. 최종 문항을 바탕으로 신뢰도 분석을 실시한 결과, 요인1의 Cronbach 알파계수=.891, 요인2의 Cronbach 알파계수=.916으로 나타났다. 평가관리 척도 요인1에 4개 문항, 요인2에 5개 문항에 대한 신뢰도가 확보되었다.

〈표 10-26〉 평가관리 척도 최종 문항 (N=1,058)

요인	문항번호	질문문항	문항수
시설 및 프로그램 평가	1	시설평가결과는 우리 복지관의 운영계획에 반영된다.	4
	2	우리 복지관의 모든 프로그램(사업)은 평가계획서에 따라 평가를 시행한다.	
	3	우리 복지관은 사업별, 프로그램별로 정기적으로 평가결과보고서를 작성한다.	
	4	우리 복지관은 프로그램평가를 위해 측정도구(척도나 지수)를 적극 활용한다.	
직원평가	5	우리 복지관은 직원평가를 위한 공정한 지침이 있다.	5
	6	우리 복지관은 직원들의 자기계발 노력을 지지한다.	
	7	우리 복지관은 나의 능력을 잘 평가한다고 생각한다.	
	8	우리 복지관은 직원 보상 및 승진에 대한 기본계획을 준수한다.	
	9	내가 다루는 업무는 나의 전문성과 연관이 깊다.	

탐색적 요인분석과 확인적 요인분석의 과정, 타당도 검증을 통하여 평가관리 척도의 개발단계는 〈표 10-27〉과 같다. 평가관리 척도의 예비문항은 총 17개 문항이었으며, 탐색적 요인분석을 실시한 결과, 제거되는 문항은 없는 것으로 나타났다. 17개의 문항을 바탕으로 확인적 요인분석을 실시한 결과, 8개 문항이 제거되었다. 최종적으로 평가관리 척도는 9개 문항으로 구성되었으며, 2개의 요인으로 구분되었다.

〈표 10-27〉 평가관리 척도 개발단계

구분	예비문항	탐색적 요인분석	확인적 요인분석	최종 문항
척도문항	17개 문항	17개 문항	9개 문항	9개 문항
제거 문항수	–	–	8개 문항	–
요인 수	3	2	2	2

⑤ 최종 평가관리 척도 소개

척도명	평가관리 척도	대상	직원
척도소개	• 사회복지관 성과관리의 결과영역 중 평가관리에 대한 직원들의 인식 및 기관의 노력 여부를 점검 • 평가관리의 측정영역은 사회복지시설평가에 대한 준비, 직원 및 프로그램의 평가 영역으로 구분하여 측정		
채점방법 및 해석	• 7점 척도, 총 9문항으로 구성 • 합산한 점수가 높을수록 평가관리가 잘 이루어지고 있다고 해석		
원척도출처	• 자체 개발		
신뢰도	• 평가관리의 두 영역에 대한 신뢰도 확인 결과, 두 영역은 각각 Cronbach 알파계수=.891, .916으로서 신뢰도는 검증됨		
타당도	• 수렴타당도: 수렴신뢰도 값이 0.7 이상이면 수렴타당도가 있는 것으로 해석하며 본 척도의 수렴신뢰도는 요인(영역)1이 .876, 요인(영역)2가 .893으로 나타나 모든 값이 0.7 이상으로 수렴타당도가 확보됨. • 판별타당도: 표준오차추정구간식을 활용한 판별타당도 계산 결과 값이 .918, .742 ≠ 1로 나타나 변수들 간에 동일하다는 가설이 기각되어 판별타당도는 확보됨.		

제11장

결론

제1절 연구의 결과

사회복지관의 성과를 관리할 수 있는 성과관리모형에 입각하여 1차 도출된 가치와 과정 그리고 결과관점의 18개 성과관리영역의 예비지표를 활용하여 최종 개발된 성과관리 척도는 신뢰도 및 타당도가 검증된 18개 성과관리 척도의 총 248개 질문항목으로 구성되어 있다. 〈표 11-1〉은 최종 개발된 사회복지관 성과관리 척도를 나타낸다.

〈표 11-1〉 사회복지관 성과관리 척도의 측정영역 및 문항 수

관리별			척도명	하위변수	문항
가치영역	1.	비전관리	비전관리 척도	비전과 미션의 공유와 달성 노력	8
				지도자의 비전 및 미션달성 능력과 태도	7
	2.	규범관리	규범관리 척도	규범관리	4
	3.	신뢰관리	신뢰관리 척도	이용자들의 조직 및 직원에 대한 신뢰	5
				직원들의 조직에 대한 신뢰	4
				직원들의 직장상사에 대한 신뢰	6
				직원의 프로그램에 대한 신뢰	3
3개 가치영역의 총 37개 항목					

과정영역	4.	프로그램관리	프로그램관리 척도	프로그램 계획의 적절성	10
				프로그램 모니터링의 적절성	3
				프로그램 참여인력의 적절성	5
				프로그램 대상자의 적절성	3
	5.	인적자원관리	인적자원관리 척도	직원보상	5
				직원고충처리	4
				직무적절성	4
				직원계발	5
	6.	혁신관리	혁신관리 척도	혁신준비	7
				변화노력	8
	7.	이용자관리	이용자관리 척도	이용자 권리보장노력	8
				이용자 사례관리	5
	8.	협력관리	협력관리 척도	협력노력	5
	9.	조직관리	조직(구조)관리 척도	공식관리	7
				조직문화	4
	10.	자원개발관리	자원개발관리 척도	내부자원개발	3
				외부자원개발	10
	11.	재무관리	재무관리 척도	재무관리	17
	12.	정보문서관리	정보문서관리 척도	온라인정보관리시스템	7
				오프라인정보관리시스템	2
				문서정보시스템	6
	13.	시설안전관리	시설안전관리 척도	실내 · 외안전	6
				안전점검	7
	14.	갈등관리	갈등관리 척도	내부갈등	10
				외부갈등	4
	15.	지역사회관리	지역사회관리 척도	지역사회관리	7
12개 과정영역의 총 162개 항목					

결과영역	16.	서비스 품질관리	서비스품질 관리 척도	유형성	4
				신뢰성	5
				응답성	4
				확신성	3
				공감성	4
				접근성	2
				권리성	4
				협력성	4
	17.	평가관리	평가관리 척도	시설 및 프로그램평가	4
				직원평가	5
	18.	효과관리	효과관리 척도	프로그램 및 이용자효과	10
3개 결과영역의 총 49개 항목					
성과관리영역별 총 18개 척도(248개 문항)					

본 척도는 사회복지관 자기주도성 성과관리모형에서 제시된 3개 영역의 총 18개 성과관리요소별 성과관리지침을 질문항목으로 수정하여 1차 성과관리영역별 측정도구로 예비 선정하고, 학계 및 현장전문가집단으로부터 액면타당도 및 내용타당도를 검증받아 수정 및 보완한 후 최종 요인분석을 통해 신뢰도 및 타당도가 검증된 총 18개 영역의 248개 질문으로 구성된 척도를 개발하여 제시하였다.

특히, 본 저서에서 제시하는 사회복지관 성과관리 척도에서 사회복지관의 성과를 해석하고 성과관리의 관점으로는 조직발전이론와 조직사회자본이론 그리고 학습조직이론을 적용하여 성과관리의 구성요소를 총 18개로 도출하였다. 본 성과관리의 모든 척도는 대답의 정확도 및 유의미성을 학보하기 위하여 7점 척도로 구성되어 있으며 조직의 성과를 직원들 스스로 평가하는 자기기입식 측정도구이다. 또한 성과영역별 상대적 중요도 분석을 통하여 가치영역이 54%, 과정영역 19% 그리고 결과영역이 27%의 중요도를 나타내는 것으로 분석되었고 최종 사회복지관 성과관리모형에 따른 성과관리 척도는 1,000점을 기준으로 하여 〈표 11-2〉와 같이 제시되었다.

〈표 11-2〉 사회복지관 성과관리모형에 따른 성과관리 척도

관리별			척도명	상대적 중요도를 반영한 점수
가치 영역	1.	비전관리	비전관리 척도	189점
	2.	규범관리	규범관리 척도	146점
	3.	신뢰관리	신뢰관리 척도	205점
3개 가치영역 총 540점 만점(37개 문항)				
과정 영역	4.	프로그램관리	프로그램관리 척도	13.3점
	5.	인적자원관리	인적자원관리 척도	22.8점
	6.	혁신관리	혁신관리 척도	13.3점
	7.	이용자관리	이용자관리 척도	17.1점
	8.	협력관리	협력관리 척도	11.4점
	9.	조직관리	조직관리 척도	24.7점
	10.	자원개발관리	자원개발관리 척도	13.3점
	11.	재무관리	재무관리 척도	20.9점
	12.	정보문서관리	정보문서관리 척도	9.5점
	13.	시설안전관리	시설안전관리 척도	9.5점
	14.	갈등관리	갈등관리 척도	19점
	15.	지역사회관리	지역사회인식관리 척도	15.2점
12개 과정영역 총 190점 만점(162개 문항)				
결과 영역	16.	품질관리	서비스품질관리 척도	108점
	17.	효과관리	효과관리 척도	94.5점
	18.	평가관리	평가관리 척도	67.5점
3개 결과영역 총 270점 만점(49개 문항)				
성과관리영역별 총 18개 척도(총 1,000점: 248개 문항)				

제2절 연구의 한계 및 함의

본 저서가 제시한 사회복지관 성과관리를 위한 18개 척도의 한계점으로는 18개의 성과관리영역에 대한 합의나 동의의 과정을 거지 않아 모든 현장전문가들이 18개 관리영역에 대해서 추가적인 관리영역의 필요성이나 특정 영역의 내용에 대해 합의하지 못하는 경우가 발생할 수 있다는 점이다. 또한 장애인, 노인 그리고 지역종합사회복지관을 모두 하나의 사회복지관 사업으로 통일하여 성과를 관리하는 척도로 제시하였다는 점에서 복지관별 특성이 반영되지 못한 것 역시 한계로 지적될 수 있다. 하지만 이러한 한계에도 불구하고 본 성과관리 척도는 증가하는 사회복지관의 사회적 책임성 및 사회적 효과성 강화에 대한 최소한의 평가시스템 및 관리시스템을 가지고 있지 못한 현 상황하에서 조직발전 및 조직구성원들의 학습능력 고양을 통한 역량강화 그리고 조직구성원들의 공유된 비전 및 인식을 바탕으로 조직에 대한 신뢰를 강화할 수 있는 조직사회 자본강화라는 궁극적인 성과관리의 역할에 부응하도록 개발되었다는 점에서 의의가 있다고 할 수 있다.

마지막으로 이 책의 목적은 사회복지관 직원들이 스스로 자체 성과관리가 가능하도록 하는 사회복지관 성과관리척도를 제시하는 것이었으므로 이용자 또는 지역주민이나 지역사회에 대한 사회복지조직의 영향력을 측정하는 이용자 중심의 영향력 척도의 개발 및 제시는 제외하였다. 결과는 이용자들에 대한 변화나 이용자 가족, 지역주민 나아가 지역사회에 대한 조직행동의 영향력을 포함하므로 조직성과관리 척도에 영향력을 측정하는 척도가 포함되는 것이 올바르나, 영향력의 정도를 측정하는 척도는 그 범위가 매우 넓고 다양하여 본 연구의 범위를 넘어선다. 이 책에서 제시하는 성과관리척도의 결과영역에서 영향력 척도를 함께 활용한다면 더욱 현실적이고 활용 가능하며 객관적인 성과관리가 될 수 있다. 대표적인 영향력 척도들은 사회참여활동, 사회적응력, 자아존중감, 가족통합이나 가족적응, 생활만족이나 삶의 만족, 행복감, 사기, 삶의 질, 복지인식, 사회통합, 사회자본 등으로 매우 다양하며, 이들 척도들은 대부분 조직성과를 구성하는 영향력을 나타내 준다. 향후 연구의 과제로서 사회복지관 성과관리모형의 완벽한 구축을 위해 영향력을 측정하는 검증받은 척도의 개발을 제안한다.

부록

최종 사회복지관 성과관리 척도집(직원용)

I. 가치영역: 비전관리 척도

다음은 가치영역의 비전관리에 대한 질문입니다. 다음 각 문항에 어느 정도 동의하시는지 귀하의 의견을 해당하는 칸에 ✓로 표시해 주십시오.

● 점수부여 기준표 ●

구분	1점	2점	3점	4점	5점	6점	7점
내용	전적으로 동의하지 않는다	대체로 동의하지 않는다	조금 동의하지 않는다	보통이다	조금 동의한다	대체로 동의한다	전적으로 동의한다

비전관리 측정내용			동의 정도 1	2	3	4	5	6	7
비전과 미션의 공유와 달성노력	1.	나는 우리 복지관의 미션과 비전을 잘 알고 있다.							
	2.	우리 복지관은 미션을 성취하기 위해 노력하고 있다.							
	3.	우리 복지관의 모든 과업행동은 미션성취와 연관이 있다.							
	4.	우리 복지관의 비전은 미션과 상호 연관이 있다.							
	5.	우리 복지관의 비전은 사회적 가치실현(노인복지증진)과 연관이 있다.							
	6.	우리 복지관은 비전을 성취하기 위해 노력하고 있다.							
	7.	우리 복지관의 모든 과업행동은 비전성취와 연관이 있다.							
	8.	우리 복지관의 직원들은 우리 조직이 조직의 미션 및 비전을 성취하기 위해 노력하고 있다고 생각한다.							
지도자의 비전 및 미션달성 능력과 태도	9.	관장은 복지관을 둘러싼 환경에 적극적으로 대처할 수 있는 능력이 있다.							
	10.	관장은 직원 및 이용자의 생각을 이해하기 위해 노력한다.							
	11.	관장은 직원들로부터 업무수행에 있어 전문적 능력을 인정받고 있다.							
	12.	관장은 직원들의 성장 및 역량강화에 도움이 되는 슈퍼비전을 제공한다.							
	13.	관장은 개인의 이익보다 사회적 이익을 더욱 중요시한다(=개인적 이익은 복지관 버스 등과 같은 비품이나 용품의 개인적 사용이나 직원들에게 개인적 업무 부탁 등 의미).							
	14.	관장은 모든 직원들과 열린 의사소통을 한다.							
	15.	관장은 직원들의 성장을 중요하게 생각하며 이를 적극적으로 지원한다.							

I. 가치영역: 규범관리 척도

다음은 가치영역의 규범관리에 대한 질문입니다. 다음 각 문항에 어느 정도 동의하시는지 귀하의 의견을 해당하는 칸에 ✓로 표시해 주십시오.

● 점수부여 기준표 ●

구분	1점	2점	3점	4점	5점	6점	7점
내용	전적으로 동의하지 않는다	대체로 동의하지 않는다	조금 동의하지 않는다	보통이다	조금 동의한다	대체로 동의한다	전적으로 동의한다

규범관리 측정내용			동의 정도						
			1	2	3	4	5	6	7
규범관리	1.	우리 복지관은 직원들의 윤리적 행동을 규정하는 각종 지침이나 규정(윤리헌장/윤리강령/윤리기준)을 가지고 있다.							
	2.	우리 복지관은 설정된 윤리경영을 실현하기 위해 노력하고 있다.							
	3.	우리 복지관의 윤리경영 규정은 현실에 맞게 설정되어 있으며 실현 가능하다.							
	4.	우리 직원들은 조직의 윤리헌장/윤리강령/윤리기준을 잘 알고 있다.							

* 개인별 실천계획서는 직원 개인별로 작성한 윤리강령을 어떻게 준수할 것인가에 대한 계획서를 의미함.

I. 가치영역: 신뢰관리 척도

다음은 가치영역의 신뢰관리에 대한 질문입니다. 다음 각 문항에 어느 정도 동의하시는지 귀하의 의견을 해당하는 칸에 ✓로 표시해 주십시오.

● 점수부여 기준표 ●

구분	1점	2점	3점	4점	5점	6점	7점
내용	전적으로 동의하지 않는다	대체로 동의하지 않는다	조금 동의하지 않는다	보통이다	조금 동의한다	대체로 동의한다	전적으로 동의한다

신뢰관리 측정내용			동의 정도						
			1	2	3	4	5	6	7
이용자들의 조직 및 직원에 대한 신뢰	1.	나는 우리 복지관의 이용자들이 복지관의 운영원칙이나 규정을 신뢰한다고 생각한다.							
	2.	나는 우리 복지관의 이용자들이 복지관을 신뢰한다고 생각한다.							
	3.	우리 복지관의 이용자들은 복지관이 그들에게 든든한 지원을 제공할 것이라고 믿고 있는 것 같다.							
	4.	우리 복지관의 이용자들은 복지관의 결정에 잘 따른다.							
	5.	우리 복지관의 이용자들은 관장을 포함한 직원들을 신뢰한다고 생각한다.							
직원들의 조직에 대한 신뢰	6.	나는 복지관이 직원들에게 한 약속을 잘 이행한다고 생각한다.							
	7.	나는 우리 복지관이 직원 의견을 반영하기 위해 노력한다고 생각한다.							
	8.	우리 직원의 복지관에 대한 신뢰는 매우 두텁다.							
	9.	나는 우리 복지관의 의사결정구조와 결정을 신뢰한다.							
직원들의 직장 상사에 대한 신뢰	10.	나는 직무와 관련해서 어려움에 처하는 경우 직장 상사들에게 의지할 수 있다.							
	11.	직장상사들은 조직에 해를 끼치는 어떠한 행동도 하지 않을 것이다.							
	12.	직장상사들은 약속한 것을 지킬 것이다.							
	13.	직장상사들은 수행되어야 하는 일들에 관해 충분한 지식을 가지고 있다.							
	14.	직장상사들의 말과 행동은 일치한다.							
	15.	직장상사들은 직원들과 정보를 공유한다.							
직원의 프로그램에 대한 신뢰	16.	나는 우리 복지관이 제공하는 사업이나 프로그램을 신뢰한다.							
	17.	나는 우리 복지관이 제공하는 프로그램이 이용자들에게 많은 도움이 될 것이라고 생각한다.							
	18.	우리 복지관의 프로그램은 타 기관에 추천할 만하다.							

II. 과정영역: 인적자원관리 척도

다음은 과정영역의 인적자원관리에 대한 질문입니다. 다음 각 문항에 어느 정도 동의하시는지 귀하의 의견을 해당하는 칸에 ✓로 표시해 주십시오.

● 점수부여 기준표 ●

구분	1점	2점	3점	4점	5점	6점	7점
내용	전적으로 동의하지 않는다	대체로 동의하지 않는다	조금 동의하지 않는다	보통이다	조금 동의한다	대체로 동의한다	전적으로 동의한다

인적자원관리 측정내용			동의 정도						
			1	2	3	4	5	6	7
직원 보상	1.	우리 복지관은 인력채용 공고와 공식적 채용절차를 거쳐 인력을 선발하고 있고 관련근거들이 보관되어 있다.							
	2.	우리 복지관은 직원 채용을 위한 인사위원회가 잘 운영되고 있다.							
	3.	우리 복지관은 직원들의 보수지원 지침과 절차가 규정대로 시행하고 있다.							
	4.	우리 복지관은 직원의 건강관리를 위한 정기검진을 정기적으로 실시하고 있다.							
	5.	우리 복지관은 직원들의 법정 휴가 사용이 잘 이루어지고 있다.							
직원 고충 처리	6.	우리 복지관은 고충상담에 필요한 절차와 과정(개인면담 신청, 메일 등)이 직원들에게 적절히 고지되고 있다.							
	7.	우리 복지관은 고충상담 결과를 반영하여 기관의 업무환경 개선, 업무의 재배치, 문제해결과 관련한 프로그램 등을 파악하여 결과를 상담 후 개인에게 통보하고 있다.							
	8.	우리 복지관의 고충상담 신청은 비공개적으로 가능하도록 하며, 고충상담의 내용은 비밀보장을 하고 있다.							
	9.	우리 복지관은 고충상담 결과에 따라 업무의 재배치와 대상자의 변경 등이 필요할 경우 복지관 내 제도의 개선을 통해 해결하고 있다.							
직무 적절성	10.	우리 복지관은 직원의 경력 및 전문성, 역량에 대한 분석이 이루어지고 있다.							
	11.	우리 복지관은 직무분석에 따른 업무분장을 명시화하고 있다.							
	12.	우리 복지관의 직원들은 직무분석에 따른 직무를 실행하고 있다.							
	13.	우리 복지관은 서비스 특성을 고려하여 필요한 인력의 유형과 규모를 파악하고 있다.							

직원 계발	14.	우리 복지관은 직원의 역량강화를 위한 계획이 수립되어 있다.							
	15.	우리 복지관은 신입직원의 직무교육이 잘 이루어지고 있다.							
	16.	우리 복지관은 업무수행에 필요한 교육에 참여하도록 행정적 · 재정적으로 지원하고 있다							
	17.	우리 복지관의 슈퍼바이저는 슈퍼비전을 제공하기 위해 필요한 내 · 외부 교육을 정기적으로 받고 있다.							
	18.	우리 복지관의 슈퍼바이저는 사업담당자에게 주 5회 이상의 정기적인 슈퍼비전을 주고 있다.							

II. 과정영역: 프로그램관리 척도

다음은 과정영역의 프로그램관리에 대한 질문입니다. 다음 각 문항에 어느 정도 동의하시는지 귀하의 의견을 해당하는 칸에 ✓로 표시해 주십시오.

● 점수부여 기준표 ●

구분	1점	2점	3점	4점	5점	6점	7점
내용	전적으로 동의하지 않는다	대체로 동의하지 않는다	조금 동의하지 않는다	보통이다	조금 동의한다	대체로 동의한다	전적으로 동의한다

프로그램관리 측정내용			동의 정도						
			1	2	3	4	5	6	7
프로그램 계획의 적절성	1.	우리 복지관의 모든 사업계획서에는 기관이 추구하는 미션과 비전이 포함되어 있다.							
	2.	우리 복지관은 지역사회 사정 및 클라이언트의 욕구나 문제에 기반을 두어 사업계획서를 작성한다.							
	3.	우리 복지관은 계획서 작성 시 계획실행에 따르는 직원 업무부담을 고려한다.							
	4.	우리 복지관은 계획서 작성 시 계획실행에 따르는 예산을 고려한다.							
	5.	우리 복지관은 계획서 작성 시 자문위원의 자문을 받고 계획서에 반영한다.							
	6.	우리 복지관은 사업의 추진상태를 정기적으로 점검하고 있다.							
	7.	우리 복지관은 프로그램의 분기별 점검 계획안을 설정하고 이를 실시하고 있다.							
	8.	우리 복지관은 모든 프로그램에 대해 운영과정을 점검하는 과정평가를 실시하고 있다.							
	9.	우리 복지관은 점검결과를 반영하여 서비스 계획을 조정하고 실행한다.							
	10.	우리 복지관은 접수 양식 및 접수과정에서 소요기간 등에 대한 지침이 마련되어 있고, 이를 준수한다.							
프로그램 모니터링의 적절성	11.	우리 복지관은 이용자와 서비스를 계약하고 서비스 관련 내용을 설명한다.							
	12.	우리 복지관은 이용자에게 서비스 동의서 사본과 서비스 관련 내용에 대해 자료를 제공하고 있다.							
	13.	우리 복지관은 서비스 계획서와 서비스 일지(진행일지, 자원봉사자 일지, 출석부 등), 회의 기록, 서비스 결과보고서 등을 관리하고 있다.							

프로그램 참여인력의 전문성	14.	자원봉사자 모집 안내를 적극적으로 홍보하고 있다.							
	15.	우리 복지관은 자원봉사자 관리를 하며 다른 직원들에게도 이들의 활동시기와 활동 내용 등을 알리고 있다.							
	16.	우리 복지관은 사업계획에 근거한 참여인력관리가 이루어지고 있다.							
	17.	우리 복지관은 외부강사와 같은 시간제 인력에 대한 관리가 되고 있다.							
	18.	우리 복지관은 담당 직원과 슈퍼바이저는 이들의 활동과 관련하여 지속적인 피드백을 제공하고 있다.							
프로그램 대상자 적절성	19.	우리 복지관의 프로그램에 참여하는 대상자의 수는 적절하다.							
	20.	우리 복지관의 프로그램에 참여하는 이용자들의 자격기준은 적절하다.							
	21.	우리 복지관의 프로그램은 서비스를 필요로 하는 대상자들에게 제공되고 있다.							

II. 과정영역: 이용자관리 척도

다음은 과정영역의 이용자관리에 대한 질문입니다. 다음 각 문항에 어느 정도 동의하시는지 귀하의 의견을 해당하는 칸에 ✓로 표시해 주십시오.

● 점수부여 기준표 ●

구분	1점	2점	3점	4점	5점	6점	7점
내용	전적으로 동의하지 않는다	대체로 동의하지 않는다	조금 동의하지 않는다	보통이다	조금 동의한다	대체로 동의한다	전적으로 동의한다

이용자관리 측정내용			동의 정도						
			1	2	3	4	5	6	7
이용자 권리 보장노력	1.	우리 복지관은 불만사항이 신속하게 처리되고 있다.							
	2.	우리 복지관은 이용자의 권리가 보장되고 있다.							
	3.	우리 복지관은 이용자 권리보장에 대한 직원교육이 연 1회 이상 정기적으로 이루어지고 있다.							
	4.	우리 복지관은 이용자 개인정보를 철저히 관리하고 있다.							
	5.	우리 복지관은 직원들에게 개인정보보호 교육을 연 1회 이상 실시하고 있다.							
	6.	우리 복지관은 이용자와 가족이 자유롭게 참여하여 자신들의 의견을 충분히 개진할 수 있다.							
	7.	우리 복지관은 이용자가 이의를 제기하면 받아들여진다.							
	8.	이용자의 서비스 중단은 이용자와 직원이 함께 논의하고 기록된다.							
이용자 사례관리	9.	우리 복지관은 사례관리 적격성 여부를 결정하여 이용자들에게 신속하게 통보한다.							
	10.	우리 복지관은 사례관리를 전담하는 사례관리 전담 직원(또는 팀)을 확보하고 있다.							
	11.	우리 복지관은 사례관리를 위한 개별 공간(사례관리 상담실)을 확보하고 활용하고 있다.							
	12.	우리 복지관은 사례관리회의를 주기적으로 개최한다.							
	13.	우리 복지관은 사례관리를 위해 자문위원을 활용하고 있다.							

II. 과정영역: 협력관리 척도

다음은 과정영역의 협력관리에 대한 질문입니다. 다음 각 문항에 어느 정도 동의하시는지 귀하의 의견을 해당하는 칸에 ✓로 표시해 주십시오.

● 점수부여 기준표 ●

구분	1점	2점	3점	4점	5점	6점	7점
내용	전적으로 동의하지 않는다	대체로 동의하지 않는다	조금 동의하지 않는다	보통이다	조금 동의한다	대체로 동의한다	전적으로 동의한다

협력관리 측정내용			동의 정도						
			1	2	3	4	5	6	7
협력노력	1.	우리 복지관의 관리자(관장, 부장, 사무국장)는 정기적 회의를 통하여 직원들에게 중요 안건의 내용과 결정 경위를 설명한다.							
	2.	우리 복지관은 타 기관과의 공동사업을 위한 협약서를 작성하여 체결하고 있고 이를 실현하기 위해 노력한다.							
	3.	우리 복지관은 타 조직과의 협력을 전담하는 전담직원을 확보하고 잘 활용하고 있다.							
	4.	우리 복지관은 지역사회 조직·단체와의 네트워크에 참여하고 있다.							
	5.	우리 복지관은 지역주민이 참가할 수 있는 자체 행사를 기획하고 운영하고 있다.							

II. 과정영역: 재무관리 척도(회계 담당직원만 답변)

다음은 과정영역의 재무관리에 대한 질문입니다. 다음 각 문항에 어느 정도 동의하시는지 귀하의 의견을 해당하는 칸에 ✓로 표시해 주십시오.

● 점수부여 기준표 ●

구분	1점	2점	3점	4점	5점	6점	7점
내용	전적으로 동의하지 않는다	대체로 동의하지 않는다	조금 동의하지 않는다	보통이다	조금 동의한다	대체로 동의한다	전적으로 동의한다

재무관리 측정내용			동의 정도						
			1	2	3	4	5	6	7
재무관리	1.	우리 복지관의 회계장부 및 증빙서류는 정확하게 관리되고 있다.							
	2.	우리 복지관 운영자는 회계와 관련하여 벌칙, 과태료, 행정처분 등의 내용들을 기본적으로 숙지하고 있다.							
	3.	우리 복지관의 사업비는 사업계획서에 근거하여 집행하고 있다.							
	4.	우리 복지관은 세입예산은 재원별, 성질별로 관 · 항 · 목으로 구분하여 편성하고 있다.							
	5.	우리 복지관의 세출예산은 경비의 성질과 기능을 고려하여 관 · 항 · 목으로 구분하여 편성하고 있다.							
	6.	우리 복지관의 보조금 수입은 각 보조사업별로 명확히 구분하고 있다.							
	7.	우리 복지관은 세출 시 예산과목 또는 사업목적의 위배 사항은 없는지 확인한다.							
	8.	우리 복지관은 수입원이 수납하는 금액에 대해서는 영수증을 발급해서, 1부는 납부자에게, 또 1부는 복지관에서 보관하고 있다.							
	9.	지출은 지출결의서에 의해 지출업무를 담당하는 관리자의 지출명령이 있는 것에 한하여 지출하고 있다.							
	10.	우리 복지관은 수입재원(보조금, 후원금, 사업수입, 법인전입금) 사용용도의 해당기준을 명확히 이해하고 집행하고 있다.							
	11.	우리 복지관은 회계관련 담당자에 대하여 재정보증보험을 들고 있다.							
	12.	우리 복지관은 공사 또는 물품구매에 대한 계약을 하기 전에 먼저 이 계약에 대한 내부 의사결정의 과정을 거친다.							
	13.	우리 복지관은 물품관리자(물품출납원)를 두고 있다.							
	14.	우리 복지관은 불용품을 처리절차에 따라 처리하고 있다.							
	15.	우리 복지관은 법인으로부터 예산 관련 매년 1회 이상 지도점검을 받고 있다.							
	16.	우리 복지관은 수입결의서, 지출결의서, 일계표, 총계정원장, 현금출납부를 정확하게 관리하고 있다							
	17.	우리 복지관은 정해진 날짜에 정확하게 세무관련 신고를 하고 있다.							

II. 과정영역: 시설안전관리 척도(과장 또는 팀장만 답변)

다음은 과정영역의 시설안전관리에 대한 질문입니다. 다음 각 문항에 어느 정도 동의하시는지 귀하의 의견을 해당하는 칸에 ✓로 표시해 주십시오.

● 점수부여 기준표 ●

구분	1점	2점	3점	4점	5점	6점	7점
내용	전적으로 동의하지 않는다	대체로 동의하지 않는다	조금 동의하지 않는다	보통이다	조금 동의한다	대체로 동의한다	전적으로 동의한다

시설안전관리 측정내용			동의 정도						
			1	2	3	4	5	6	7
실내·외 안전	1.	우리 복지관의 모든 내·외부 공간의 설비들은 활동하기에 안전하다.							
	2.	우리 복지관의 주방은 위생적이며 안전하게 관리되고 있다(보건증의 비치 등).							
	3.	우리 복지관의 주방은 규칙적으로 식품위생에 대한 안전점검을 실시하고 있다.							
	4.	우리 복지관은 화재발생을 대비한 소방모의훈련을 연 1회 이상 시행하고 있다.							
	5.	우리 복지관은 모든 비상구의 문이 제대로 열린다.							
	6.	우리 복지관은 가스·급수·배수(配水)·배수(排水)·환기·난방 등이 잘 되고 있다.							
안전 점검	7.	우리 복지관의 소화기는 위급 시 쉽게 사용할 수 있으며, 모든 직원들은 소화기의 정확한 사용법을 안다.							
	8.	우리 복지관은 정기적인 유지보수를 위해 관내를 정기적으로 순회하여 체크하고 있다.							
	9.	우리 복지관은 전기, 가스, 승강기, 소방 등 월 1회 이상 점검하고 있다.							
	10.	우리 복지관은 시설물안전관리 담당자를 두고 있으며 임무를 명확히 하고 있다.							
	11.	우리 복지관은 위생 방역소독을 정기적으로 실시하고 있다.							
	12.	우리 복지관은 피난안내자를 임명하고 있으며 임무를 명확히 하고 있다.							
	13.	우리 복지관은 정기적인 점검으로 개선이나 지적사항이나 조치사항 발생 시 즉각 반영되고 있다.							

II. 과정영역: 혁신관리 척도

다음은 과정영역의 혁신관리에 대한 질문입니다. 다음 각 문항에 어느 정도 동의하시는지 귀하의 의견을 해당하는 칸에 ✓로 표시해 주십시오.

● 점수부여 기준표 ●

구분	1점	2점	3점	4점	5점	6점	7점
내용	전적으로 동의하지 않는다	대체로 동의하지 않는다	조금 동의하지 않는다	보통이다	조금 동의한다	대체로 동의한다	전적으로 동의한다

혁신관리 측정내용			동의 정도						
			1	2	3	4	5	6	7
혁신준비	1.	우리 복지관은 서비스 제공과정 및 내용에 대해 주기적으로 점검을 실시하고 있다.							
	2.	우리 복지관은 클라이언트의 서비스 개선사항에 대한 피드백을 받을 수 있는 체계가 되어 있다.							
	3.	우리 복지관은 조직 내 모든 부서의 구분과 업무내용에 대한 규정이 마련되어 있다.							
	4.	우리 부서가 다루는 업무의 책임성과 자율성은 우리 부서가 가지고 있다.							
	5.	우리 복지관은 조직을 둘러싼 위험요소를 파악하기 위해 SWOT분석 등을 실시하고 있다.							
	6.	우리 복지관은 지역사회와 클라이언트 욕구에 근거하여 명확한 목표와 목적을 설정하여 중장기계획안을 제시하고 있으며 이를 준수한다.							
	7.	우리 복지관은 이용자들로부터의 정보와 피드백을 주기적으로 점검한다.							
변화노력	8.	나의 기관은 높은 성과를 가지고 있는 조직이라고 생각된다.							
	9.	우리는 규칙적으로 이용자들로부터의 정보와 피드백을 추구한다. 그 결과 우리는 더 좋은 서비스를 이용자들에게 제공할 수 있다.							
	10.	우리 복지관은 지난 1년간 새로운 프로그램 또는 사업을 실행했다.							
	11.	우리 복지관은 서비스 전달을 개선시키기 위한 최근의 지식이나 기술을 사용하고 있다.							
	14.	이용자들은 나의 기관에서 서비스를 빨리 그리고 꾸준히 제공받는다.							
	15.	우리 복지관은 새로운 프로그램과 서비스를 빠르게 도입하는 데 있어 성공적이다.							

II. 과정영역: 조직관리 척도

다음은 과정영역의 조직관리에 대한 질문입니다. 다음 각 문항에 어느 정도 동의하시는지 귀하의 의견을 해당하는 칸에 ✓로 표시해 주십시오.

● 점수부여 기준표 ●

구분	1점	2점	3점	4점	5점	6점	7점
내용	전적으로 동의하지 않는다	대체로 동의하지 않는다	조금 동의하지 않는다	보통이다	조금 동의한다	대체로 동의한다	전적으로 동의한다

조직관리 측정내용			동의 정도						
			1	2	3	4	5	6	7
공식관리	1.	우리 복지관은 이용자, 이용자 가족 및 보호자, 후원자, 전문가 등을 운영위원으로 참여시키고 있다.							
	2.	우리 복지관은 운영위원회 내용을 직원, 이용자 및 보호자, 후원자, 지역주민 등에게 공개한다.							
	3.	우리 복지관은 운영위원회 건의사항을 반영한 결과를 위원들에게 안내 · 통보하고 있다.							
	4.	우리 복지관의 운영위원회 구성(규모, 대표성)은 적절하다.							
	5.	우리 복지관은 복지관 운영의 전문성 강화를 위하여 자문위원을 활용하고 있다.							
	6.	우리 복지관의 인사위원회 구성(규모, 대표성)은 적절하다.							
	7.	우리 복지관은 인사위원회 운영과 관련하여 회의록을 작성하여 보고절차에 의해 보고하고 보관, 관리되고 있다.							
조직문화	8.	우리 복지관은 정기적, 비정기적 팀별 분임토의 및 사례관리 토론 등의 지식공유 모임을 운영한다.							
	9.	우리 복지관은 기관 내 직원 간 유기적 관계 형성 및 공동체 의식 함양 및 교류를 위한 모임이 있다.							
	10.	우리 복지관은 직원의 성장과 발전을 위한 다양한 모임을 지원하고 있다.							
	11.	우리 복지관은 인간적이며, 따뜻한 것 같다.							

II. 과정영역: 정보문서관리 척도

다음은 과정영역의 정보문서관리에 대한 질문입니다. 다음 각 문항에 어느 정도 동의하시는지 귀하의 의견을 해당하는 칸에 ✓로 표시해 주십시오.

● 점수부여 기준표 ●

구분	1점	2점	3점	4점	5점	6점	7점
내용	전적으로 동의하지 않는다	대체로 동의하지 않는다	조금 동의하지 않는다	보통이다	조금 동의한다	대체로 동의한다	전적으로 동의한다

정보문서관리 측정내용			동의 정도						
			1	2	3	4	5	6	7
온라인 정보관리 시스템	1.	우리 복지관은 정보관리를 위한 사회복지통합관리망 프로그램을 적절히 활용하고 있다.							
	2.	우리 복지관은 사회복지통합관리망 관리(권한부여, 직원 입퇴사 등)를 위한 담당자가 지정되어 있다.							
	3.	우리 복지관은 정보운영 및 관리방안이 구축되어 있다.							
	4.	우리 복지관은 이용자의 정기적인 정보관리가 되고 있다.							
	5.	우리 복지관은 이용자의 개인정보 수집 및 활용에 관한 지침이 명문화되어 있으며 이를 준수한다.							
	6.	우리 복지관은 기록의 보존과 파기에 관한 절차가 있으며 이를 준수한다.							
	7.	우리 복지관은 정보관리를 위한 전산시스템을 구축하고 있다.							
오프라인 정보관리 시스템	8.	우리 복지관은 이용자와의 서신이나 편지를 통한 비공식적 접촉이 이루어지고 있다.							
	9.	우리 복지관은 이용자와 관련하여 필요시 현장방문할 수 있는 전담인력이 있다.							
문서정보 시스템	10.	우리 복지관은 문서관리규정을 제정하여 시행하고 있다.							
	11.	우리 복지관은 각종 문서관련 양식이 잘 구비되어 있다.							
	12.	우리 복지관은 일관된 서식이나 규정에 의한 기록정비체제를 마련하고 있다.							
	13.	우리 복지관은 문서의 보존과 관리에 담당자를 지정하고 있다.							
	14.	우리 복지관은 정기적으로 양식이 수정·보완되어 최신으로 관리되고 있다.							
	15.	우리 복지관은 모든 문서에 보존기한을 정하고, 이에 따라 관리하고 있다.							

II. 과정영역: 자원개발관리 척도

다음은 과정영역의 자원개발관리에 대한 질문입니다. 다음 각 문항에 어느 정도 동의하시는지 귀하의 의견을 해당하는 칸에 ✓로 표시해 주십시오.

● 점수부여 기준표 ●

구분	1점	2점	3점	4점	5점	6점	7점
내용	전적으로 동의하지 않는다	대체로 동의하지 않는다	조금 동의하지 않는다	보통이다	조금 동의한다	대체로 동의한다	전적으로 동의한다

자원개발관리 측정내용			동의 정도						
			1	2	3	4	5	6	7
내부자원 개발	1.	우리 복지관은 자원개발에 있어서 진실성, 정직성, 법적 내용을 준수한다.							
	2.	나는 자원개발 시 윤리적 기준을 준수하고, 투명한 운영을 위해 정직한 자세로 성실하게 임한다.							
	3.	나는 공인으로서의 품행과 처신을 통해 사회복지사로서 신뢰받을 수 있도록 노력한다.							
외부자원 개발	4.	우리 복지관은 기부자와 충실한 의사소통(감사편지 등)을 하고 있다.							
	5.	우리 복지관은 기부자의 동기, 가치, 욕구, 상황 등에 대한 배려 및 개별화를 통한 관리를 하고 있다.							
	6.	우리 복지관은 다른 기관과 지역사회 내 네트워크를 통해 지역자원을 공유하고 있다.							
	7.	우리 복지관은 자원개발을 위해 목표를 계획하고 모금활동, 홍보 및 전략을 수립할 수 있는 능력을 가지고 있다.							
	8.	우리 복지관은 기부자 욕구에 부합하는 제안서를 작성할 수 있다.							
	9.	우리 복지관은 자원개발에 있어서 협상에 필요한 핵심적인 행동이 무엇인지 파악할 수 있다.							
	10.	우리 복지관은 기부자, 이용자 등 자원개발과 관련된 사람들의 생각, 감정, 관심사를 이해하기 위해 노력한다.							
	11.	우리 복지관은 자원개발의 업무를 수행하기 위해 필요한 지식을 교육하고 있다.							
	12.	우리 복지관은 지역사회의 사회, 경제, 정치 및 문화적 상황에 대해서 잘 이해하고 있다.							
	13.	우리 복지관은 기부자와 관련된 법과 세제 등을 이해하고 권리향상과 옹호를 실행하고 있다.							

II. 과정영역: 갈등관리 척도

다음은 과정영역의 갈등관리에 대한 질문입니다. 다음 각 문항에 어느 정도 동의하시는지 귀하의 의견을 해당하는 칸에 ✓로 표시해 주십시오.

● 점수부여 기준표 ●

구분	1점	2점	3점	4점	5점	6점	7점
내용	전적으로 동의하지 않는다	대체로 동의하지 않는다	조금 동의하지 않는다	보통이다	조금 동의한다	대체로 동의한다	전적으로 동의한다

갈등관리 측정내용			동의 정도						
			1	2	3	4	5	6	7
내부갈등	1.	우리 복지관은 이용자 간의 갈등처리 규정이나 지침이 마련되어 있으며 이를 준수한다.							
	2.	우리 복지관은 이용자 간 의견과 고충을 접수·해결하는 담당자가 지정되어 있다.							
	3.	우리 복지관은 이용자 간 갈등을 해결하기 위한 갈등(또는 고충)처리위원회가 운영되고 있다.							
	4.	우리 복지관은 이용자 간 갈등처리과정 및 결과에 대해 이용자에게 알려 주고 기록을 관리하고 있다.							
	5.	우리 복지관은 이용자와 직원 간의 갈등을 처리하는 규정이나 지침이 마련되어 있으며 이를 준수한다.							
	6.	우리 복지관은 이용자와 직원 간의 갈등을 해결하기 위한 고충처리위원회가 운영되고 있다.							
	7.	우리 복지관은 이용자와 직원 간의 면담과 소통의 기회를 정기적으로 마련하고 있다.							
	8.	우리 복지관은 이용자와 직원 간 갈등처리과정 및 결과에 대해 당사자에게 알려 주고 기록을 관리하고 있다.							
	9.	우리 복지관은 이용자와 직원 간에 발생하는 갈등을 사전 예방할 수 있도록 상호존중과 협력적 문제해결과정에 대한 교육을 이용자와 직원 모두에게 시행하고 있다.							
	10.	우리 복지관은 직원 간 갈등처리과정 및 결과에 대해 당사자에게 알려 주고 기록을 관리하고 있다.							
외부갈등	11.	우리 복지관은 지자체와의 갈등을 해결하기 위한 갈등(또는 고충)처리위원회가 운영되고 있다.							
	12.	우리 복지관은 지자체와의 면담과 소통의 기회를 정기적으로 마련하고 있다.							
	13.	우리 복지관은 지자체와 갈등처리과정 및 결과에 대해 당사자에게 알려 주고 기록을 관리하고 있다.							
	14.	우리 복지관은 지자체와 발생하는 갈등을 사전 예방할 수 있도록 상호존중과 협력적 문제해결과정에 대한 교육을 직원 모두에게 시행하고 있다.							

II. 과정영역: 지역사회관리 척도

다음은 과정영역의 지역사회관리에 대한 질문입니다. 다음 각 문항에 어느 정도 동의하시는지 귀하의 의견을 해당하는 칸에 ✓로 표시해 주십시오.

● 점수부여 기준표 ●

구분	1점	2점	3점	4점	5점	6점	7점
내용	전적으로 동의하지 않는다	대체로 동의하지 않는다	조금 동의하지 않는다	보통이다	조금 동의한다	대체로 동의한다	전적으로 동의한다

지역사회관리 측정내용			동의 정도						
			1	2	3	4	5	6	7
지역사회 관리	1.	우리 복지관은 변화하는 지역사회 욕구에 대해 조사를 하고 있다.							
	2.	우리 복지관은 지역 노인들에게 제공되는 지역기관들의 서비스 실태를 정확하게 파악하고 있다.							
	3.	우리 복지관은 지자체, 공공기관의 최신 노인통계를 반영하여 사업을 계획한다.							
	4.	우리 복지관은 노인인구의 증감 및 노인관련 각종 인구통계를 자료를 수시로 점검한다.							
	5.	우리 복지관은 유관기관의 복지관련 계획(보건복지백서, 보건복지통계연감, 지역사회보장계획, 보건의료계획 등)의 자료를 비치하고 활용한다.							
	6.	우리 복지관은 최근에 지역사회에서 제기되고 있는 이슈나 특정 상황을 잘 알고 있다.							
	7.	우리 복지관은 변화하는 지역사회문제를 주기적으로 조사하고 분석하고 있다.							

III. 결과영역: 서비스품질관리 척도

다음은 결과영역의 서비스품질관리에 대한 질문입니다. 다음 각 문항에 어느 정도 동의하시는지 귀하의 의견을 해당하는 칸에 ✓로 표시해 주십시오.

● 점수부여 기준표 ●

구분	1점	2점	3점	4점	5점	6점	7점
내용	전적으로 동의하지 않는다	대체로 동의하지 않는다	조금 동의하지 않는다	보통이다	조금 동의한다	대체로 동의한다	전적으로 동의한다

서비스품질관리 측정내용			동의 정도						
			1	2	3	4	5	6	7
유형성	1.	우리 복지관의 장비(주방시설, 체육시설, 교육시설, 물리치료기구 등)는 잘 관리되고 있으며 현대적으로 보인다.							
	2.	우리 복지관은 내·외부적으로 깨끗하고 깔끔한 분위기다.							
	3.	우리 복지관의 강사들과 직원들은 밝고 용모가 단정하다.							
	4.	우리 복지관은 어르신을 위한 편의시설(휴식공간, 승강기, 산책공간 등)을 가지고 있다.							
신뢰성	5.	정해진 시간에 무엇인가를 하기로 약속을 했을 때 우리 복지관은 그것을 수행한다.							
	6.	이용자들에게 문제가 발생하였을 때 강사들과 직원들은 공감을 해 주며 위안을 준다.							
	7.	우리 복지관의 서비스는 믿을 만하다.							
	8.	우리 복지관은 서비스를 제공하기로 약속한 시간에 서비스를 제공한다.							
	9.	우리 복지관은 서비스관련 기록들을 정확하게 보관하고 있다.							
응답성	10.	직원들은 이용자들에게 서비스가 제공될 시간을 정확하게 알려 준다.							
	11.	직원들은 이용자들을 항상 도울 의지가 있다.							
	12.	직원들은 이용자들의 요구에 신속하게 대응한다.							
	13.	서비스는 이용자들의 상태나 의사를 반영하여 제공된다.							
확신성	14.	직원들은 충분한 업무지식 및 기술을 갖추고 있다.							
	15.	이용자들은 직원들과 교류하면서 안전함을 느끼는 것 같다.							
	16.	직원들은 예의가 있고 친절하다.							

공감성	17.	직원들은 이용자들에게 개별적 관심을 가지고 있다.							
	18.	직원들은 우리가 무엇을 원하는지를 잘 알고 있다.							
	19.	직원들은 이용자들의 심신상태를 잘 파악하고 있다.							
	20.	우리 복지관에서 제공되는 서비스는 이용자들에게 편리한 시간에 제공된다.							
접근성	21.	우리 복지관은 이용자나 이용자 가족이 접근하기에 용이한 곳에 위치하고 있다.							
	22.	우리 복지관 교육의 홍보물과 자료집, 서비스 안내문은 쉽게 접할 수 있다.							
권리성	23.	이용자들은 언제나 서비스를 거절 및 중지시킬 수 있다.							
	24.	우리 복지관은 이용자들의 사생활과 자존심을 존중한다.							
	25.	우리 복지관은 이용자들에게 서비스에 대한 정보(제공시간, 빈도, 기간)를 설명하고 동의를 얻는다.							
	26.	직원들은 모든 이용자들을 차별 없이 대한다.							
협력성	27.	우리 복지관에는 자원봉사자가 자주 찾아온다.							
	28.	우리 복지관은 어르신이 위급 시 연락할 수 있는 가족 및 기타 긴급연락처를 파악하고 있다.							
	29.	우리 복지관의 직원들은 서로 도와주고 잘 지낸다.							
	30.	우리 복지관은 공공기관을 포함한 다른 노인복지기관이나 시설 및 단체 그리고 사회서비스 제공기관들과 협력하여 사업이나 서비스를 제공하고 있다.							

III. 결과영역: 효과관리 척도

다음은 결과영역의 효과관리에 대한 질문입니다. 다음 각 문항에 어느 정도 동의하시는지 귀하의 의견을 해당하는 칸에 ✓로 표시해 주십시오.

● 점수부여 기준표 ●

구분	1점	2점	3점	4점	5점	6점	7점
내용	전적으로 동의하지 않는다	대체로 동의하지 않는다	조금 동의하지 않는다	보통이다	조금 동의한다	대체로 동의한다	전적으로 동의한다

효과관리 측정내용			동의 정도						
			1	2	3	4	5	6	7
프로그램 및 이용자 효과	1.	우리 복지관은 프로그램의 효과를 입증하기 위해 논리모델에 입각하여 프로그램의 과정을 단계별로 명확하게 제시하고 있다.							
	2.	우리 복지관의 모든 프로그램의 결과목표는 성취여부를 판단할 수 있도록 측정 가능하게 설정되어 있다.							
	3.	우리 복지관의 프로그램은 산출과 결과를 명확히 구분하고 있다.							
	4.	우리 복지관의 프로그램이 성취하려는 목표는 결과목표와 과정목표로 구분되어 기술되어 있다.							
	5.	우리 복지관은 이용자들의 생활상의 변화(기능, 태도, 인식, 생각, 감정 등의 변화)를 측정할 수 있는 측정도구인 척도나 지수를 활용하고 있다.							
	6.	우리 복지관은 이용자들의 변화의 정도가 프로그램 종료 후 또는 개시 전과 종료 후의 자료를 바탕으로 비교분석된다.							
	7.	우리 복지관 프로그램에서 제공되는 서비스의 양과 질은 이용자들의 욕구가 해결될 정도로 적절하다.							
	8.	우리 복지관의 모든 사업과 프로그램에는 이용자의 가족 및 지역사회에 미치는 영향에 대한 결과(성과)목표나 기대결과에 대한 진술이 포함되어 있다.							
	9.	우리 복지관의 프로그램은 기관을 이용하는 이용자 가족 그리고 지역사회주민에 대한 복지관이 제공하는 각종 사업에 대한 인식, 생각, 태도 등의 변화를 측정할 수 있도록 간접적인 목표를 설정하고 있다(사업의 부수효과).							
	10.	우리 복지관은 기관을 이용하는 이용자 가족, 지역사회주민 그리고 전체 지역사회에 복지관의 사업이나 프로그램의 효과를 알리기 위해 노력하고 있다.							

III. 결과영역: 평가관리 척도

다음은 결과영역의 평가관리에 대한 질문입니다. 다음 각 문항에 어느 정도 동의하시는지 귀하의 의견을 해당하는 칸에 ✓로 표시해 주십시오.

● 점수부여 기준표 ●

구분	1점	2점	3점	4점	5점	6점	7점
내용	전적으로 동의하지 않는다	대체로 동의하지 않는다	조금 동의하지 않는다	보통이다	조금 동의한다	대체로 동의한다	전적으로 동의한다

평가관리 측정내용			동의 정도						
			1	2	3	4	5	6	7
시설 및 프로그램 평가	1.	시설평가결과는 우리 복지관의 운영계획에 반영된다.							
	2.	우리 복지관의 모든 프로그램(사업)은 평가계획서에 따라 평가를 시행한다.							
	3.	우리 복지관은 사업별, 프로그램별로 정기적으로 평가결과보고서를 작성한다.							
	4.	우리 복지관은 프로그램평가를 위해 측정도구(척도나 지수)를 적극 활용한다.							
직원평가	5.	우리 복지관은 직원평가를 위한 공정한 지침이 있다.							
	6.	우리 복지관은 직원들의 자기계발 노력을 지지한다.							
	7.	우리 복지관은 나의 능력을 잘 평가한다고 생각한다.							
	8.	우리 복지관은 직원 보상 및 승진에 대한 기본계획을 준수한다.							
	9.	내가 다루는 업무는 나의 전문성과 연관이 깊다.							

참고문헌

김광점(2000). 조직간 협력의 영향요인과 성과. 고려대학교 대학원 박사학위논문.
김근세, 이경호(2005). 책임운영기관의 조직문화와 효과성에 관한 연구: 운전면허시험관리단을 중심으로. 한국행정학보, 39(3), 179-203.
김은정, 정소현(2009). SERVQUAL 모형에 근거한 사회서비스품질의 구성차원과 서비스 만족도: 노인 돌보미 바우처 서비스를 중심으로. 사회복지정책, 36(2), 191-217.
김정린(2005). 비영리조직 경영. 서울: 아르케.
김준기, 이민호(2006). 한국의 네트워크 거버넌스에 관한 연구: 사회복지관의 네트워크와 조직효과성.
김현주, 정재상 역(2005). 조직설계방법론. 서울: 시그마인사이트컴.
김호정(2003). 조직문화, 리더십, 조직효과성의 관계: 부산광역시를 대상으로. 한국행정학보, 37(4), 103-124.
노연희(2007). 비영리 사회복지조직에서의 책임성은 무엇을 의미하는가?: 책임성의 주체, 대상 및 확보방안을 중심으로. 사회복지연구, 33, 35-64.
박연호(2000). 조직행동론. 서울: 박영사.
보건복지부(2014). 2014 사회복지시설 안전관리 매뉴얼.
보건복지부(2016a). 2016 노인보건복지사업안내.
보건복지부(2016b). 2016 사회복지관 운영관련 업무처리 안내.
보건복지부(2017). 2017 제Ⅲ권 장애인 복지시설 사업안내.
사회갈등연구소(2014). 행정능률 향상을 위한 갈등관리시스템 개선방안 마련 연구.
서강훈(2013). 사회복지사를 위한 사회복지 용어사전. 경기: 이담북스.
서울복지재단(2006). 복지관 경영매뉴얼 제2권 리더십 · 계획수립 및 평가 · 인적자원관리.
서울복지재단(2016). 2015 서울형 데이케어센터 인증심사 안내서.
서울시노인종합복지관(2011). 운영매뉴얼.
손성철, 정범구(2010). 카리스마적 리더십과 조직사회자본간의 관계 연구-팔로어십의 조절효과를 중심으로. 생산성논집(구 생산성연구), 24(4), 5-34.
송지준(2011). SPss/AMos 통계분석방법. 서울: 21세기사.
송지준(2015). 논문작성에 필요한 SPSS/AMOS 통계분석방법. 서울: 21세기사.

신형재, 권용만(2009). 조직행동론. 서울: 무역경영사.

안우환(2005). 가족 내 사회적자본과 학업성취와의관계. 경기: 한국학술정보.

우정자(2006). 사회복지 조직간 협력관리 요인에 관한 탐색적 연구. 한국사회복지학, 58(4), 37-63.

유수진(2009). 최고 관리자의 변혁적 리더십과 조직의 사명달성 및 윤리경영과의 관계에 관한 연구. 서울여자대학교 대학원 석사학위논문.

윤은기(2012). AHP(Analytic Hierarchy Process) 기법을 이용한 삶의 질 평가요인들의 상대적 중요성 분석. 한국행정학보, 46(2), 395-419.

이덕로, 김태열, 박기찬, 박원우 역(2011). 조직행동론(제14판). 한티미디어.

이재규, 조영대(1993). 교사집단의 갈등관리방법에 관한 실증적 연구. 조직과 인사관리연구, 17, 17-42.

이종운(2017). 사회복지사의 자원개발역량척도 개발에 관한 연구. 계명대학교 대학원 박사학위논문.

이학식, 임지훈(2011). SPSS 12.0 매뉴얼. 서울: 집현재.

이학종, 양혁승(2014). 전략적 인적자원 관리. 서울: 도서출판 오래.

임정재 역(2004). 짐 콜린스의 경영전략. 서울: 위즈덤하우스.

임창희(2006). 경영학원론. 경기: 학현사.

전영빈(2014). 공공부문 스마트워크 활성화를 위한 조직문화 연구: 경쟁가치모형을 이용한 현재문화와 적합문화의 차이분석을 중심으로. 경성대학교 대학원 박사학위논문.

정무성(2000). 사회복지기관의 민간자원 동원전략. 한국지역사회복지학, 8, 1-21.

주효진(2004). 조직구조, 조직문화 및 조직 효과성의 관계에 관한 연구: 업무특성별 기관분류를 중심으로. 행정논총, 42(2), 29-53.

지성애, 김영옥, 홍혜경(1998). 농어촌 보육시설의 안전점검 척도 개발에 관한 연구. 한국영유아보육학, 15, 133-170.

지은구(2003). 지역복지론. 서울: 청목출판사.

지은구(2005). 사회복지행정론. 서울: 청목출판사.

지은구(2007). 사회복지 조직연구. 서울: 청목출판사.

지은구(2009). 비영리조직변화연구. 서울: 청목출판사.

지은구(2012a). 비영리조직변화연구. 서울: 청목출판사.

지은구(2012b). 비영리조직성과관리. 서울: 나눔의집.

지은구, 김민주(2015). 사회복지 측정도구의 개발과 실제. 서울: 학지사.

지은구, 이원주, 김민주(2014). 노인요양시설 서비스품질척도 타당도 연구. 노인복지연구, 66, 141-165.

지은구, 이원주, 김민주(2018). 지역사회복지관 서비스 품질관리척도 개발연구. 사회복지정책, 40(3), 347-374.

지은구, 이원주, 김민주(2018). 사회복지관 자기주도성 성과관리모형. 서울: 학지사.

최재성, 장신재(2001). 수요자 중심의 원칙에서 조명한 우리나라 보육료 지원제도의 성격에 관한 소고. 한국아동복지학, (11), 125-150.

최해진(1999). 갈등의 이해와 관리. 서울: 도서출판 두남.

하상장애인복지관(2004). 복지관 5개년 발전계획 내용 및 수립방법 하상장애인복지관 내부자료.

한국사회복지사협회(2011). 사회복지사 인력활용방안 연구.

황성철(2000). 사회복지관의 지역사회 자원동원 능력 결정요인 분석. 한국사회복지행정학, (2), 173-191.

Adler, P. S., & Kwon, S. W. (2002). Social capital: Prospects for a new concept. *Academy of Management Review, 27*(1), 17-40.

Anderson, J. C., & Gerbing, D. W. (1988). Structural equation modeling in practice: A review and recommended two-step approach. *Psychological Bulletin, 103*(3), 411.

Armstrong, M., & Baron, A. (1998). *Performance management: The new realities.* State Mutual Book & Periodical Service.

Atchley, R. C. (1980). *The social forces in later life: An introduction to social gerontology.* Belmont, California: Wadsworth Publishing Company.

Austin, M. J., & Solomon, J. R. (2009). Managing the planning process. *The Handbook of Human Services Management*, 321-337.

Babakus, E., & Boller, G. W. (1992). An empirical assessment of the SERVQUAL scale. *Journal of Business Research, 24*(3), 253-268.

Bagozzi, R. P. (1980). *Causal models in marketing.* Hoboken, New Jersey: Wiley.

Beierle, T. C. (1998). *Public participation in environmental decisions: An evaluation framework using social goals.* Washington, DC: Resources for the Future.

Berman, S. J. (1998). Using the balanced scorecard in strategic compensation. *ACA news, 41*(6), 16-19.

Bickman, L. (1987). The functions of program theory. *New directions for evaluation, 1987*(33), 5-18.

Biggerstaff, R. H. (1977). Forensic dentistry and the assessment of skeletal age using hand-wrist film standards. *Dental Clinics of North America, 21*(1), 159-166.

Blake, R. R., & Mouton, J. S. (1964). The new managerial grid: strategic new insights into a proven system for increasing organization productivity and individual effectiveness, plus a revealing examination of how your managerial style can affect your mental and physical health. Gulf Pub. Co.

Bloch, P. H., Sherrell, D. L., & Ridgway, N. M. (1986). Consumer search: An extended framework. *Journal of Consumer Research, 13*(1), 119−126.

Brager, G., & Holloway, S. (1978). *Changing Human Organizations*: Politics and Practice. New York: Free Press.

Browne, M. W., & Cudeck, R. (1992). Alternative ways of assessing model fit. *Sociological Methods & Research, 21*(2), 230−258.

Bryson, J. M. (1995). *Strategic planning for public and nonprofit organizations: A guide to strengthening and sustaining organizational achievement*, (rev. ed.)(pp. 21−24). San Francisco, CA: Jossey-Bass.

Budd, J. W., & Colvin, A. J. (2014). The goals and assumptions of conflict management in organizations. *The Oxford Handbook of Conflict Management in Organizations*, 12.

Butterfield, D. A., & Grinnell, J. P. (1999). Gender influences on performance evaluations. *Handbook of Gender at Work*, 223−238.

Buttle, F. (1996). SERVQUAL: Review, critique, research agenda. *European Journal of Marketing, 30*(1), 8−32.

Carrow, M. M., R. P., & Cordes, J. J. (Eds.). (1998). *Democracy, social values, and public policy*. Santa Barbara, California: Churchill: Greenwood Publishing Group.

Cialdini, R. B., & Trost, M. R. (1998). *Social influence: Social norms, conformity and compliance*. In D. T. Gilbert, S. T. Fiske & G. Lindzey (Eds.), *The handbook of social psychology* (pp. 151−192). New York, NY: McGraw−Hill.

Cronin Jr, J. J., & Taylor, S. A. (1992). Measuring service quality: A reexamination and extension. *The Journal of Marketing*, 55−68.

Cummings, T., & Worley, C. (2005). *Organizational Development and Change*. Madison, WI: Thomson.

De Graaf, F. J., & Herkströter, C. A. (2007). How corporate social performance is institutionalised within the governance structure. *Journal of Business Ethics, 74*(2), 177−189.

Deep, S. D. (1978). *Human relations in management*. New York: McGraw-Hill/Glencoe.

Forehand, A. (2000). Mission and organizational performance in the healthcare industry. *Journal of Healthcare Management, 45*(4), 267−277.

Fornell, C., & Larcker, D. F. (1981). Structural equation models with unobservable variables and measurement error: Algebra and statistics. *Journal of Marketing Research*, 382–388.

Fox, M. (1987). Marketing/advertising research: In China,"Guanxi" is everything. *Advertising Age, 58*(47), 12–14.

Freeman, R. E., & Phillips, R. A. (2002). Stakeholder theory: A libertarian defense. *Business Ethics Quarterly, 12*(3), 331–349.

Glick, W. H. (1985). Conceptualizing and measuring organizational and psychological climate: Pitfalls in multilevel research. *Academy of Management Review, 10*(3), 601–616.

Gray, B. (1985). Conditions Facilitating Interorganizational Collaboration. *Human Relations 38*, 911–936.

Gray, B. (1989). *Collaborating: Finding common ground for multiparty problems.* San Francisco: Jossey–Bass Publishers.

Grönroos, C. (1984). A service quality model and its marketing implications. *European Journal of Marketing, 18*(4), 36–44.

Harbert, A. S., Finnegan, D., & Tyler, N. (1997). Collaboration: A study of a children's initiative. *Administration in Social Work, 21*(3–4), 83–107.

Hasenfeld, Y., & Paton, A. (1983). *Human service organizations* (p. 50). Englewood Cliffs, NJ: Prentice-Hall.

Hedvall, M. B., & Paltschik, M. (1989). An investigation in, and generation of, service quality concepts. *Marketing Thought and Practices in the 1990s, European Marketing Academy*, 473–483.

Hunter, A., & Staggenborg, S. (1988). Local communities and organized action. *Community Organizations: Studies in Resource Mobilization and Exchange*, 243–273.

Ibarra, H. (1995). Race, opportunity, and diversity of social circles in managerial networks. *Academy of Management Journal, 38*(3), 673–703.

Ivens, B. S. (2002). Governance norms in relational exchange: What we do know and what we do not know. *In Proceedings of the 18th Annual IMP Conference, Dijon* (Vol. 5, No. 7).

Jain, S. K., & Gupta, G. (2004). Measuring service quality: SERVQUAL vs. SERVPERF scales. *Vikalpa, 29*(2), 25–38.

Kanter, R. M. (1985). *The Change Masters.* New York: Simon and Schuster

Kim, J. R. (2005). *The non-profit organization management*. Seoul: Arche.

Kinnear, T. C., & Bernhardt, K. L. (1983). *Principles of marketing*. Illinois: Pearson Scott Foresman.

Kirkwood, P. (2012). American Association of Heart Failure Nurses' mission, vision, and strategic plan: What do these mean to me — the member? *Heart & Lung: The Journal of Acute and Critical Care, 41*(2), 105–106.

Kotler, P. (1971). *Marketing decision making: A model building approach*. New York: Holt, Rinehart and Winston.

Kotler, P. (1982). *Marketing for nonprofit organizations*. New Jersey: Prentice–Hall.

Kotler, P. (1987). Semiotics of person and nation marketing. Marketing and Semiotics. New directions in the study of signs for sale, 3–12.

Kouzes, J. M., & Posner, B. Z. (1987). *The leadership challenge: How to get extraordinary things done in organizations*. San Francisco: Jossey–Bass Publishers.

Lages, C., Lages, C. R., & Lages, L. F. (2005). The RELQUAL scale: A measure of relationship quality in export market ventures. *Journal of Business Research, 58*(8), 1040–1048.

Lawyer, J. (1994). *Negotiation: Theory and Practice*. New York: Henneberry Hill Consultants, Inc.

LeBlanc, G., & Nguyen, N. (1988). Customers' perceptions of service quality in financial institutions. *International Journal of Bank Marketing, 6*(4), 7–18.

Lehtinen, U., & Lehtinen, J. R. (1982). Service quality: A study of quality dimensions. Service Management Institute.

Lewin, K. (1951). *Field theory in social science: selected theoretical papers* (Edited by Dorwin Cartwright). Oxford, England: Harpers.

Lin, N., Cook, K. S., & Burt, R. S. (Eds.). (2001). *Social capital: Theory and research*. New Jersey: Transaction Publishers.

Lohmann, R., & Lohmann, N. (2002). *Social administration*. New York: Columbia University Press.

MacCallum, R. C., Browne, M. W., & Sugawara, H. M. (1996). Power analysis and determination of sample size for covariance structure modeling. *Psychological Methods, 1*(2), 130.

Margolis, J. D., & Walsh, J. P. (2003). Misery loves companies: Rethinking social initiatives by business. *Administrative Science Quarterly, 48*(2), 268–305.

Marr, B. (2009). *Strategic performance management in government and public sector organizations*. London: ELSEVIER.

Martin, L. L. (2009). Program planning and management. In R. J. Patti (Ed.), *The handbook of human services management* (2nd ed.). London: Sage.

Martin, L. L., & Kettner, P. M. (2010). *Measuring the performance of human service programs*. Thousand Oaks, California: Sage.

Miller, M. D., Farnet, C. M., & Bushman, F. D. (1997). Human immunodeficiency virus type 1 preintegration complexes: Studies of organization and composition. *Journal of Virology, 71*(7), 5382–5390.

Mirvis, P., Googins, B., & Kinnicutt, S. (2010). Vision, mission, values: Guideposts to sustainability. *Organizational Dynamics, 39*(4), 316–324.

Mondy, R. W., Noe, R. M., Premeaux, S. R. (1990). *Human Resource Management*. London: PEARSON.

Moxley, D. P. (1989). *Practice of case management* (Vol. 58). London: U. K. Sage.

Nadler, D. A., & Shaw, R. B. (1995). Change leadership: Core competency for the twenty-first century, *In Discontinuous change: Leading organizational transformation*.

Netting, F. E., Kettner, P. M., & McMurtry, S. L. (2004). *Social work macro practice*. Boston, MA: Allyn and Bacon.

Parasuraman, A., Zeithaml, V. A., & Berry, L. L. (1988). Servqual: A multiple-item scale for measuring consumer perc. *Journal of Retailing, 64*(1), 12.

Pascale, R. T., & Athos, A. G. (1981). The art of Japanese management. *Business Horizons, 24*(6), 83–85.

Piliavin, I., & McDonald, T. (1977). On the fruits of evaluative research for the social services. *Administration in Social Work, 1*(1), 63–70.

Pillinger, D. J. (2002). *Disability and the Quality of Services*. The Policy Institute of Trinity College Dublin, Ireland.

Poister, T. H. (2003). *Measuring performance in public and nonprofit organizations*. San Francisco: Jossey-Bass.

Poister, T. H. (2008). *Measuring performance in public and nonprofit organizations*. San Francisco: John Wiley & Sons.

Proehl, R. A. (2001). *Organizational change in the human services* (Vol. 43). Sage.

Roche, W. K., Teague, P., & Colvin, A. J. (Eds.). (2014). *The Oxford handbook of conflict management in organizations*. San francisco: Oxford University Press.

Rogers, E. M. (1962). *The diffusion of innovation*. New York: The Free Press.

Rokeach, M. (1973). *The nature of human values*. Michigan: Free press.

Schein, E. H. (1983). The role of the founder in creating organizational culture. *Organizational Dynamics, 12*(1), 13–28.

Schein, E. H. (1985). *Organisational culture and leadership: A dynamic view*. San Francisco: Jossey–Bass.

Skidmore, R. A. (1995). *Social work administration: Dynamic management and human relationships*. San francisco: Allyn & Bacon.

Tangpong, C., Hung, K. T., & Ro, Y. K. (2010). The interaction effect of relational norms and agent cooperativeness on opportunism in buyer–supplier relationships. *Journal of Operations Management, 28*(5), 398–414.

Tribe, J. (1997). *Corporate strategy for tourism*. New York: International Thomson Business Press.

Witham, T. (2007). Manage by Missions: Build a stronger culture, improve teamwork and achieve your objectives when everything you do reflects your mission. *Credit Union Management, 30*(6), 46.

Wood, D. J. (1991). Corporate social performance revisited. *Academy of Management Review, 16*(4), 691–718.

Zeithaml, V. A., Berry, L. L., & Parasuraman, A. (1988). Communication and control processes in the delivery of service quality. *The Journal of Marketing*, 35–48.

찾아보기

지은구(Eungu Ji, 사회복지학 박사)

현 계명대학교 사회과학대학 사회복지학과 교수

〈주요 저서〉

한국사회복지전달체계연구(계명대학교 출판부, 2016)

사회복지경제와 측정(민주, 2014)

사회복지경제분석론(청목출판사, 2013)

비영리조직 성과관리(나눔의집, 2012)

비영리조직변화연구(청목출판사, 2012)

〈주요 논문〉

A study of the structural risk factors of homelessness in 52 metropolitan areas in the United States (2006) 외 다수

김민주(Minjoo Kim, 사회복지학 박사)

전 창신대학교 사회복지학과 겸임교수

현 계명대학교 사회복지학과 BK21플러스 지역사회통합인재양성사업단 연구교수

〈주요 저서〉

사회서비스와 성과측정(공저, 학지사, 2017)

사회복지 측정도구의 개발과 실제(공저, 학지사, 2015)

최신사회문제론(공저, 학지사, 2015)

복지국가와 사회통합(공저, 청목출판사, 2014)

장애인복지론(공저, 공동체, 2011)

이원주(Wonjoo Lee, 사회복지학 박사)

현 대구공업대학교 사회복지경영계열 교수

〈주요 저서〉

사회복지현장실습(공저, 공동체, 2017)

최신 지역사회복지론(공동체, 2016)

노인요양시설과 성과측정(공저, 학지사, 2015)

이영광(Youngkwang Lee, 사회복지학 박사 수료)

현 계명대학교 사회과학연구소 전임연구원

계명대학교 사회복지학과 BK21플러스 지역사회통합인재양성사업단 선임연구원

〈주요 논문〉

자기효능감척도 개발 연구(2017)

장애아동급여정책(현금, 바우처)과 부모만족도와의 관계(2016)

Gender differences in child maltreatment in South Korea(2016)

Factors associated with life satisfaction among workers with disabilities(2016)

사회복지관 성과관리 척도집
Performance Management Scale for the Welfare Centers

2019년 2월 20일 1판 1쇄 인쇄
2019년 2월 28일 1판 1쇄 발행

지은이 • 지은구 · 김민주 · 이원주 · 이영광
펴낸이 • 김진환
펴낸곳 • (주) 학지사
04031 서울특별시 마포구 양화로 15길 20 마인드월드빌딩
대표전화 • 02)330-5114 팩스 • 02)324-2345
등록번호 • 제313-2006-000265호

홈페이지 • http://www.hakjisa.co.kr
페이스북 • https://www.facebook.com/hakjisa

ISBN 978-89-997-1628-7 93330

정가 23,000원

이 도서의 국립중앙도서관 출판시도서목록(CIP)은 서지정보유통지원시스템 홈페이지(http://seoji.nl.go.kr)와 국가자료공동목록시스템(http://www.nl.go.kr/kolisnet)에서 이용하실 수 있습니다.
(CIP 제어번호: CIP2019003684)